GESCHICHTLICHE WELTKUNDE Band 2

Vorwort

1. Die Geschichtliche Weltkunde ist ein Buch, aus dem man lernen kann, geschichtlich zu denken. Das bedeutet, kritisch zu prüfen, wie Menschen früher lebten, welche Probleme sie hatten, welchen Ordnungen sie sich unterwarfen, um so zu erkennen, wie die heutigen Verhältnisse entstanden sind. Aber es ist nicht genug, nur im Blick auf die Vergangenheit geschichtlich zu denken. Man muß diese Fähigkeit auch auf die Gegenwart und Zukunft anwenden. Darum will die Geschichtliche Weltkunde dazu befähigen,

- politische und soziale Verhältnisse deutlicher zu sehen und sie treffender zu beschreiben; denn wer geschichtlich informiert ist, kann besser mitreden;
- auf Probleme der Gegenwart vernünftige Antworten zu finden; denn wer geschichtlich orientiert ist, kann sicherer urteilen;
- leichter zu erkennen, was in unserer Welt zu verändern und was zu erhalten ist; denn wer sich der Geschichte bewußt ist, kann entschiedener mitbestimmen.

2. Dieser Band umfaßt den Zeitraum vom 15. bis zum Ende des 19. Jahrhunderts; freilich nicht lückenlos: Vieles mußte unerwähnt bleiben. Auch dieser Band setzt Schwerpunkte.

- Einen Schwerpunkt bildet die Darstellung der sozialen und wirtschaftlichen Verhältnisse, der Lebens- und Arbeitsbedingungen der Menschen und des Wandels dieser Verhältnisse. Diese Themen sind eigens in den Kapiteln 4, 11, 12 und 13 behandelt und stehen außerdem im Mittelpunkt der Arbeitseinheiten 1.3., 3.2., 10.3. und 14.5.
- Ein zweiter Schwerpunkt liegt in der Geschichte der Machtverhältnisse, der Entwicklung der Staats- und Gesellschaftsordnung und der Ausbildung der modernen Demokratie. Diese Themen bilden den Inhalt der Kapitel 5, 6, 9 und 14 und werden außerdem in den Arbeitseinheiten 4.1., 8.3., 10.1. und in einzelnen Abschnitten des Kapitels 15 behandelt.
- Einen dritten Schwerpunkt stellt die Entwicklung einzelner europäischer sowie außereuropäischer Völker, Staaten und Kulturen dar. Ihre Eigenart wie auch die Beziehungen und Konflikte zwischen einzelnen Staaten oder Kontinenten werden in den Kapiteln 2, 8, 10 und 15, sowie in den Arbeitseinheiten 3.6., 4.4., 5.3. und 6.1. näher behandelt.
- Den vierten Schwerpunkt bildet die Geschichte geistiger und religiöser Entwicklungen (Humanismus, Reformation, Aufklärung). Sie wird in den Kapiteln 1, 3 und 7 sowie in einzelnen Abschnitten der Arbeitseinheiten 4.3., 12.4. und 14.5. dargestellt.

3. Bei der Darstellung der Themen bestand nicht die Absicht, die Ereignisse nacheinander zu erzählen. Es kam vielmehr darauf an, die Zusammenhänge nach Gesichtspunkten zu ordnen und so die „Struktur“ oder Gestalt einzelner geschichtlicher Einheiten herauszuarbeiten.

Ein Beispiel: Das 4. Kapitel stellt die Epoche des Absolutismus dar, also die Zeit zwischen dem Dreißigjährigen Krieg und der Französischen Revolution. Das Kapitel berichtet nun nicht in chronologischer Reihenfolge, was in dieser Zeit nacheinander geschehen ist, was die Könige taten und welche Kriege man führte, sondern zeigt verschiedene Teilbereiche aus dieser Zeit – Wirtschaft, Lage der Bauern, Leben der Höflinge, Regierungsweise des Königs, Reform der Armee, Ziele und Ergebnisse der Außenpolitik –, um an ihnen und ihrer Wechselwirkung zu verdeutlichen, wie Gesellschaft und Staat damals geformt waren.

4. Die Geschichtliche Weltkunde bietet keine fortlaufende Erzählung der Vergangenheit; denn wer lernen will, geschichtlich zu denken, kann sich nicht damit begnügen, Geschichten zu erfahren. Darum enthält dieses Buch neben den darstellenden Texten auch Fragen und Aufgaben und bietet Materialien an, aus denen man selbst Er-

kenntnisse und Urteile gewinnen kann. Den Aufbau des Buches bestimmen im wesentlichen folgende Teile:

(1) Lernziele zu Beginn jedes Kapitels: Sie stellen klar, worauf es in dem Kapitel ankommt und was daraus zu lernen ist, damit man weiß, wozu man sich mit diesem Thema auseinandersetzen soll. Am Ende des Kapitels befinden sich Aufgaben zur Lernkontrolle. Sie sind wie die Lernziele mit kräftigem Gelb hervorgehoben.

(2) Drei verschiedene Arten von Texten: Darstellungen von den Verfassern des Buches, Auszüge aus „Quellen" und Auszüge aus anderen Büchern zur Geschichte.

a) Die darstellenden Texte, die die Verfasser des Buches geschrieben haben, berichten und informieren über einzelne Vorgänge, erläutern Zusammenhänge und beurteilen sie. Man kann diesen Texten Informationen entnehmen und kritisch dazu Stellung nehmen.

b) Die Auszüge aus den schriftlichen Quellen, d.h. aus geschichtlichen Zeugnissen, die aus der Zeit stammen, über die sie berichten, zeigen, worauf unsere Kenntnisse von der Vergangenheit zurückgehen. Man kann versuchen, sich aus ihnen ein Bild davon zu machen, was geschehen ist, indem man ihren Inhalt sorgfältig erarbeitet und herauszufinden sucht, ob sie jeweils die ganze Wahrheit berichten oder einseitig bleiben. Die Quellen sind mit blauer Farbe unterlegt.

c) Die Auszüge aus Büchern zur Geschichte, d.h. aus geschichtlichen Darstellungen, zeigen, wie bestimmte Ereignisse und Probleme der Geschichte von Geschichtsforschern oder anderen Sachkundigen dargestellt werden. Diese Texte sollen auch dazu anregen, solche Bücher zur weiteren Information zu benutzen. Die Zitate aus den geschichtlichen Darstellungen sind durch graue Farbe kenntlich gemacht.

(3) Bilder, Karten, Tabellen und grafische Darstellungen. Die Bilder vergegenwärtigen das Vergangene auf anschauliche Weise. Da sie aus der jeweiligen Zeit stammen, über die in dem Kapitel berichtet wird, stellen sie eine Art von „Quellen" dar, die man wie die schriftlichen Quellen auswerten muß. Auf Karten lassen sich die räumlichen Verhältnisse erkennen. Tabellen und grafische Darstellungen dienen dazu, Zusammenhänge zu verdeutlichen und Entwicklungen zusammenzufassen.

(4) Aufgaben und Fragen (Arbeitsvorschläge). Sie haben den Zweck, einzelne Gesichtspunkte zu vertiefen und gründlicher zu verarbeiten; häufig fordern sie zu Vergleichen mit der Gegenwart auf. Wer mehr als das Nötigste für Geschichte arbeiten möchte, findet in den Arbeitsvorschlägen Anregungen und Aufgaben. Die Fragen und Aufgaben sind mit hellgelber Farbe gekennzeichnet.

(5) Stichworte, Begriffe und Daten. Sie befinden sich am Rand jeder Seite, außerdem im Anhang des Buches in Register und Zeittafel. Sie sollen es erleichtern, den Überblick zu behalten, zusammenzufassen oder zu wiederholen und sich einen festen Bestand an klaren Begriffen anzueignen.

Zur Erläuterung des Umschlagbildes

Ausschnitt aus einem über drei Wände laufenden Fresko, das den Zug der Heiligen Drei Könige darstellt. Das von Benozzo Gozzoli 1459/60 gemalte Bild befindet sich in der Hauskapelle des Palastes der Medici in Florenz. Das Gelände mit Bergen, Felsen und Wäldern ist panoramaartig dargestellt. Der Zug bewegt sich auf einem schmalen Bergpfad. Die Personen der biblischen Szene tragen prunkvolle Gewänder der Renaissancezeit. Im Gefolge der Heiligen Drei Könige reitet Cosimo de' Medici, der Auftraggeber des Bildes (Rückseite, ganz rechts mit besticktem Gewand). Neben ihm auf einem Maultier sein Bruder Lorenzo. Ganz links reitet Cosimos Sohn Piero. Er war der Vater von Lorenzo „dem Prächtigen", über den auf Seite 5 berichtet wird.

Inhaltsverzeichnis

1. Humanismus und Renaissance: Eine neue Zeit beginnt

Lernziele

- Mit der Renaissance endet das Mittelalter und beginnt die Neuzeit. Informiere dich, wie und warum sich in dieser Zeit die Einstellung der Menschen zum Leben und zur Welt geändert hat und prüfe, was dir daran modern erscheint.
- Die Kunst der Renaissance zeigt am besten die veränderte Einstellung der Menschen zur Welt. Du kannst erfahren, für wen die Künstler arbeiteten, und feststellen, was sie mit ihren Werken ausdrücken wollten. Versuche, einzelne Bilder aus der Renaissancezeit zu erklären.
- An der Wende zur Neuzeit änderte sich auch die Einstellung vieler Menschen zur Wirtschaft und Politik. Du kannst sehen, wer neue Wege fand, um reich zu werden und Macht auszuüben. Nimm Stellung zu den Methoden, die sie benutzten.

1.1. Die Wendung zum Diesseits

Warum eine „neue Zeit"? Immer wieder erleben die Menschen in der Geschichte umwälzende Ereignisse und glauben, eine „neue Zeit" sei gekommen. In unserer Zeit spricht man z.B. vom Anbruch des „Atomzeitalters" oder vom „Zeitalter der Raumfahrt". Auch vor 500 Jahren waren viele Menschen der Ansicht, eine Epoche sei zu Ende gegangen: das Mittelalter. Diese Auffassung verbreitete sich zuerst in Italien, wo damals ein ganz neues Interesse am Altertum erwachte. Man entdeckte wieder die Zeugnisse der römischen und griechischen Vergangenheit: alte Bauwerke, Bildnisse, Schriften. Dort, wo 1000 Jahre zuvor die Antike zu Ende gegangen war, wollte man wieder anknüpfen, um das Bestehende von Grund auf zu erneuern. Das Mittelalter, das jetzt als ein ungebildetes, ungehobeltes Zeitalter galt, wollte man überwinden durch eine Wiedergeburt der Antike, eine „Renaissance". Die „neue Zeit" sollte nicht mehr von Bibel und Kirche beherrscht werden; die Welt sollte künftig dem Menschen gehören und nicht nur Gott dienen.

Wiedergeburt der Antike

Im 15. Jh.

Welt des Menschen

„Die Welt ist wohl von Gott geschaffen, aber der Mensch hat sie verwandelt und verbessert. Denn alles, was uns umgibt, ist unser eigenes Werk, das Werk des Menschen; alle Wohnstätten, alle Schlösser, alle Gebäude aus der ganzen Welt . . . Von uns sind die Gemälde, die Skulpturen; von uns kommen der Handel, die Wissenschaften und philosophischen Systeme. Von uns kommen alle Erfindungen und alle Arten von Sprachen und Literaturen . . . !"

(Ghianozzo Manetti im Jahr 1452. In: J.R. Hale, Fürsten, Künstler, Humanisten. Rowohlt Life 35, Hamburg 1973, S. 26)

Das Mittelalter ging zu Ende. Die „Neuzeit" begann.

Neue Bildungsziele. Von wem sollte die Erneuerung des Menschen ausgehen? Schule und Bildung, Wissenschaft und Literatur kamen vor allem dafür in Frage.

„O Jahrhundert, o Wissenschaften! Es ist eine Lust zu leben. Ausgerottet und verjagt werden müssen diejenigen, welche sich als hindernde Wolke der aufgehenden Sonne der Bildung entgegenstellen. Die schönen Wissenschaften müssen wieder aufleben. Deutschland muß der Bildung gewonnen werden; die Barbarei muß über die Wüste hinaus verstoßen werden!"

(Ulrich Hutten in einem Brief an Pirckheimer, im Jahr 1518. In: Geschichtliche Quellenhefte mit Überblick, Heft 4/5. Diesterweg 7344, S. 23, leicht gekürzt)

Das Forum in Rom. Gemälde des flämischen Malers Paulus Bril (1566–1645). Es zeigt, wie im Mittelalter die antiken Bauten vernachlässigt wurden. Welche Bedeutung hatte das Forum im alten Rom? Wozu wurde es offenbar später benutzt? Was ist daraus zu schließen?

Die Schule von Athen. Wandgemälde von Raffael (um 1510) im Vatikan. Dargestellt ist eine Versammlung von Philosophen, Gelehrten und Künstlern der Antike; in der Mitte Aristoteles und Platon (mit weißem Bart), dem Raffael die Züge Leonardo da Vincis verlieh (vgl. S. 6). Im zweiten Porträt von rechts hat sich Raffael selbst dargestellt. Mit welchen Mitteln stellt Raffael die Wiedergeburt des antiken Denkens in der Renaissance dar?

Bildung ist alles

„Was ist der Mensch ohne Bildung, und mag er noch so reich und noch so mächtig sein! Welchen Unterschied gibt es zwischen einem bildungslosen Menschen und einem Standbild aus Stein? Kein Herzog, kein König, kein Kaiser hat ohne wissenschaftliche Bildung irgendwie Wert und Bedeutung."

(Äneas Silvius um 1450. In: Materialien für den Geschichtsunterricht, Die Neuzeit. Diesterweg 7333, S. 9)

Im Mittelalter war Bildung ein Vorrecht der Geistlichen. Die Lehrer waren Kleriker, und wer zur Schule ging, wurde Mönch oder Priester.

Praktische Bildung

„Im Gegensatz zum Mittelalter, das theologische Studien in den Vordergrund gestellt hatte, bedurfte die Renaissance einer auf das praktische Leben bezogenen Bildung. Fachkenntnisse waren ebenso notwendig wie ein weltgewandtes Auftreten. Das humanistische Erziehungsprogramm paßte sich diesen Erfordernissen an. Es schloß sowohl die Lektüre der antiken Autoren wie das Studium der Grammatik, Rhetorik, Geschichte und Ethik ein. Schon im 15. Jh. wurde der diese Gebiete umfassende Lehrplan offiziell als ‚studia humanitatis' bezeichnet. Die Vertreter dieses Bildungsprinzips hießen später Humanisten . . ."

Einer dieser humanistischen Lehrer war Vittorino da Feltre.

Moderne Lehrmethoden

„Vittorino vertrat die Auffassung, daß man den Wissensstoff attraktiv darbieten könne. Er unterrichtete Lesen und Schreiben vermittels beweglicher Buchstaben und die Grundformen der Arithmetik mit Hilfe von Spielen. In die klassische Literatur führte er seine Schüler durch Geschichten und Gespräche über ihren Inhalt ein. In den unteren Jahrgängen wurde noch Religion gelehrt, in den höheren Klassen konzentrierte sich der Unterricht auf griechische und – vor allem – römische Literatur . . . Stets wurde betont, daß das Erwerben von Wissen weniger der Zierde als dem lebendigen, täglichen Gebrauch diene."

(J.R. Hale: Fürsten, Künstler, Humanisten, a.a. O., S. 15 u. S. 50)

(1) Zeige an einer Zeitleiste, wie lange Altertum und Mittelalter dauerten und wann die Neuzeit begann.
(2) Erkläre anhand des Zitates von Manetti (S. 1), welche Rolle man seit der Renaissance dem Menschen in der Welt zuschreibt.
(3) Was für ein Gefühl spricht aus dem Brief des Ulrich von Hutten?
(4) Diskutiert über die Bildungsziele und Unterrichtsmethoden, die damals aufkamen.

Antike Literatur

Was heißt „Humanismus"? Die Gebildeten der Renaissance suchten nicht mehr in der Bibel und bei den Kirchenvätern, sondern in den Werken der „Alten", bei den Dichtern und Schriftstellern des Altertums Orientierung und Antwort auf die Probleme der Zeit. Bei ihnen konnte man die Welt und den Menschen studieren. Sie schilderten das Leben nicht als Vorbereitung auf das Jenseits wie die christlichen Schriftsteller des Mittelalters, sondern zeigten, wie der Mensch seine Fähigkeiten entwickeln und seine Kräfte entfalten, wie er die Welt gestalten und verändern kann.
Jetzt trat der Mensch in den Mittelpunkt des wissenschaftlichen und künstlerischen Interesses. Darum erhielt die geistige Bewegung, die sich von Florenz ausgehend über Italien und ganz Europa ausbreitete, den Namen „Humanismus" (vom lateinischen Wort „humanum", d.h. das Menschliche).

Klassisches Latein

Ein Humanist war, wer als Lehrer, Wissenschaftler oder Berater eines Fürsten seine Bildung für praktische Aufgaben benutzte. Dabei galt als wichtigste Voraussetzung, daß er sich im Stil der römischen Schriftsteller in klassischem Latein ausdrücken konnte.
Die Humanisten gewannen neue Erkenntnisse, indem sie begannen, die Welt zu erforschen, und zwar durch Beobachtung und Erfahrung. Je mehr sie sich mit der Natur beschäftigten, desto genauer erkannten sie ihre Gesetzmäßigkeiten. So begründeten die Humanisten den Aufstieg der Naturwissenschaft.

Naturforschung

In humanistischem Geist begannen die Künstler, den Menschen und die Natur um ihrer selbst willen darzustellen. Religiöse Motive wurden von weltlichen Themen zurückgedrängt. Wie in der Antike stellten die Künstler jetzt auch wieder den nackten Menschen dar. Künstler und Ärzte studierten die Anatomie des menschlichen Körpers. Architekten konstruierten mit Hilfe geometrischer Regeln neuartige Bauwerke mit gewaltigen Kuppeln.

Gemälde des florentinischen Malers Botticelli (um 1485). Es stellt auf symbolische Weise die Geburt der irdischen und himmlischen Liebe dar. Mit welchen Sinnbildern drückt der Maler aus, was ihm Liebe bedeutet? Bei der Gestalt handelt es sich um die antike Göttin Venus. Wie hat der Maler Irdisches und Überirdisches verknüpft?

Links: Inneres einer Druckerei. Kupferstich von Hans Merian. Im Vordergrund zwei Stöße bedruckter Bogen, daneben unbedrucktes Papier. Dahinter Drucker bei der Arbeit an den Pressen. Der Drucker ganz rechts schwärzt den Letternsatz mit zwei Ballen ein. Im Hintergrund stehen die Setzer an den Kästen, in denen sich die Lettern befinden. Die Manuskripte für ihre Arbeit sind an Ständern befestigt.

Abb. unten: Herstellung einer Letter durch Gutenberg. Gutenberg schnitt für jeden Buchstaben des Alphabets einen Stempel aus Eisen. Dieser Stempel wurde nun in weicheres Metall, in ein Kupferklötzchen, eingeschlagen. So erhielt Gutenberg eine Matrize (Gegenform), aus der beliebig viele gleiche Lettern (Buchstaben) gegossen werden konnten. Die gegossenen Lettern bestanden aus einer Bleilegierung.

Stadtschulen

Erfindung des Buchdrucks. Die humanistische Bildung blieb noch ein Vorrecht für wenige. Auf dem Land, wo auch zu Beginn der Neuzeit mindestens 85 % der Bevölkerung lebten, gab es kaum Schulen. In den Städten jedoch wurde es üblich, daß Handwerksmeister, Geschäftsleute und fürstliche oder städtische Beamte ihre Söhne zur Schule schickten oder sich einen Hauslehrer hielten. Das Interesse an Bildung und die Möglichkeiten, etwas zu lernen, sich weiterzubilden und sich zu informieren, wuchsen besonders durch die Erfindung des Buchdrucks.

um 1450

Johannes Gutenberg

„Zu dieser Zeit [1450] wurde zu Mainz, einer Stadt Deutschlands am Rheine, . . . jene wunderbare und früher unerhörte Kunst, Bücher mittels Buchstaben zusammenzusetzen und zu drucken, durch Johannes Gutenberg, einen Mainzer Bürger, erfunden und ausgedacht. Nachdem er beinahe sein ganzes Vermögen für die Erfindung dieser Kunst aufgewendet hatte, vollbrachte er, mit übergroßen Schwierigkeiten kämpfend, doch endlich mit dem Rat und den Vorschüssen des Johann Fust, ebenfalls Bürger von Mainz, die angefangene Sache. Demnach druckten sie zuerst

Herstellung einer Letter

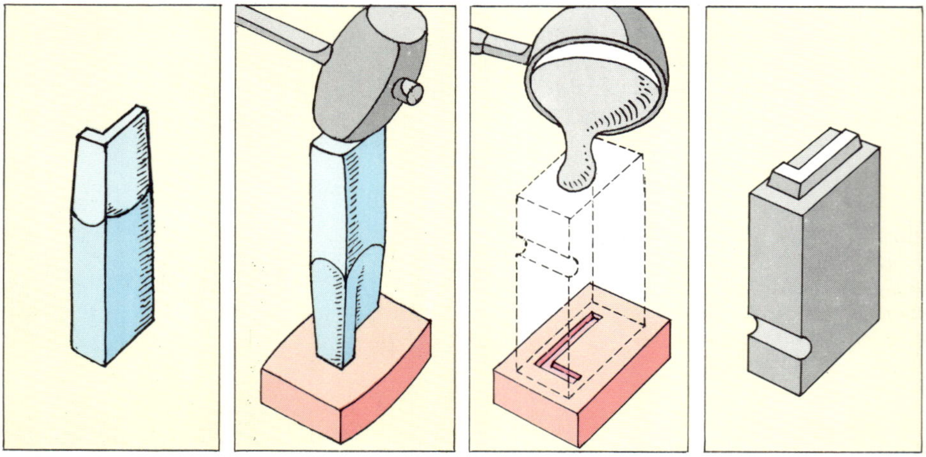

das unter dem Namen Catholicon bezeichnete Wörterbuch; allein mit denselben Formen konnten sie nichts anderes drucken, weil die Buchstaben nicht von den Tafeln ablösbar und beweglich, sondern eingeschnitzt waren. Nach diesen Erfindungen folgten kunstreichere. Sie erfanden die Kunst, die Formen aller Buchstaben des lateinischen Alphabets zu gießen. Diese Formen nannten sie Matrizen, und aus ihnen gossen sie wiederum eherne oder zinnerne, zu jeglichem Drucke geeignete Buchstaben; solche hatte man früher mit den Händen geschnitzt ... Sie hielten ihre Art und Weise, zu drucken, einige Zeit geheim, bis sie durch Gehilfen, ohne deren Mitwirkung sie die Kunst nicht selbst ausüben konnten, zuerst bei den Straßburgern und schließlich bei allen Nationen verbreitet wurde."

„Schwarze Kunst"

(Abt Trithemius von Sponheim in den Annalen des Klosters Hirsau, zum Jahre 1450. In: Historisch-politisches Quellenbuch, Band 1. Diesterweg 7376, S. 267f., leicht gekürzt)

(5) Nenne Ziele der Humanisten und sag, was du an ihnen richtig findest.
(6) Ein deutscher Humanist schrieb damals: „Auf keine Erfindung können wir Deutsche so stolz sein wie auf die des Bücherdrucks. Welch ein anderes Leben regt sich jetzt in allen Klassen des Volkes!" War diese Auffassung berechtigt? Begründe deine Meinung.

1.2. Die Kunst der Renaissance

Kunst für neue Auftraggeber. Während im Mittelalter Kunstwerke fast nur für Kirchen und Klöster geschaffen wurden, arbeiteten jetzt Architekten und Künstler im Auftrag von Fürsten, Stadtherren und reichen Patriziern. Diese ließen sich mächtige Paläste, eigene Kirchen, Altäre oder prachtvolle Grabmonumente errichten und kostbare Gemälde anfertigen. So wollten sie sich selbst ein Denkmal setzen, denn diese Kunstwerke dienten nicht mehr zuerst der Verherrlichung Gottes, sondern der Darstellung des Menschen. Der größte Auftraggeber der damaligen Künstler war der Stadtherr von Florenz, Lorenzo de' Medici. Über ihn urteilt ein Zeitgenosse:

Lorenzo de' Medici

„Lorenzo de' Medici hatte viele vorzügliche Eigenschaften, daneben auch einige Fehler, die aber teils natürlich, teils unvermeidlich waren ... Sein Bestreben war es, Florenz an Künsten und Fähigkeiten über jede andere Stadt zu erheben. In Pisa gründete er eine Hochschule und holte die ausgezeichnetsten und berühmtesten Männer Italiens dorthin, zahlte ihnen die höchsten Gehälter und scheute keine Kosten und Mühen, sie zu gewinnen ... Dieselbe Gunst erwies er der Dichtkunst, Musik, Architektur, Bildhauerei ..."

(Aus: Guicciardini, Geschichte von Florenz (nach 1530). In: Geschichte in Quellen, Band III. Bayerischer Schulbuch-Verlag, München 1966, S. 15f.)

Ansicht der Stadt Florenz (Anfang 16. Jh.). Links neben der vierten Brücke über den Arno sieht man das Stadthaus (Palazzo Vecchio) und die 1436 vollendete Kuppel des Domes, das Wahrzeichen der Stadt. Ihr Erbauer, Filippo Brunelleschi, der in Rom die Ruinen des Altertums genau vermessen hatte, begründete die Baukunst der Renaissance.

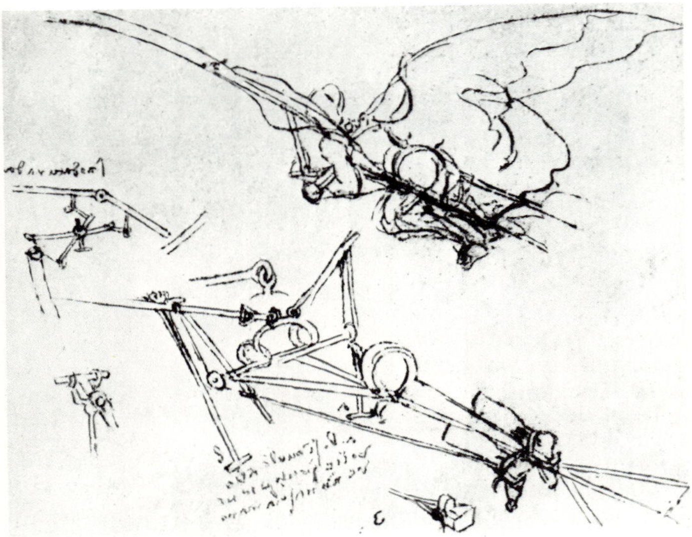

Links: Studie Leonardos für eine Flugmaschine mit liegendem Flieger (um 1490). Der Flieger ist durch zwei Ringe (einen um den Hals, den anderen um den Leib) mit der Maschine fest verbunden. Die Bewegung der Flügel soll beim Heben durch die Hände, beim Senken durch die Füße erfolgen.

Rechts: Die Sintflut. Ausschnitt aus Michelangelos Fresken an der Decke der Sixtinischen Kapelle des Vatikans. Im Auftrag des Papstes hat Michelangelo die gewaltige Aufgabe in vierjähriger, oft qualvoller Arbeit bewältigt. Die einzelnen Bildfelder erzählen die Schöpfungsgeschichte und die Geschichte der ersten Menschen, wie sie im Alten Testament berichtet werden. Du kannst die Geschichte von der Sintflut dort nachlesen und die Vorgänge erklären, die Michelangelo auf diesem Bild darstellt.

Reiche Patrizier wollten den Fürsten nicht nachstehen. Über das Haus der Fugger in Augsburg (vgl. S. 11) berichtet ein Besucher:

Patrizierhäuser

„Es ist an den meisten Orten gewölbt und mit steinernen Säulen gestützt. Was soll ich von den weitläufigen und zierlichen Zimmern, den Stuben und Sälen und dem Kabinette des Herrn selbst sagen ... Alles aber zieren vortreffliche Malereien von außen und von innen. Raymund Fuggers Haus ist gleichfalls köstlich und hat auf allen Seiten die angenehmste Aussicht auf Gärten ... Nachdem wir ins Haus hinaufgegangen, beobachteten wir sehr breite Stuben, weitläufige Säle und Zimmer, die mit Kaminen, aber auf sehr zierliche Weise zusammengefügt waren. Alle Türen gehen so auf, daß man immer von einem Zimmer ins andere kommt. Hier sahen wir die trefflichsten Gemälde. Jedoch noch mehr ergriffen uns, nachdem wir ins obere Stockwerk gekommen, so zahlreiche und große Denkmale des Altertums, daß ich glaube, man wird selbst in Italien nicht mehr bei einem Manne finden ..."

(Aus einem Brief von 1531. In: E. u. I. Hühns, Bürger, Bauer, Edelmann. Verlag Neues Leben, Berlin 1963, S. 140f.)

(1) Nenne Themen, die bei den Künstlern im Mittelalter im Mittelpunkt stehen, und solche, die seit der Renaissance vorwiegend dargestellt werden.
(2) In der Kunst der Renaissance wurde die Antike „wiedergeboren". Suche Beispiele dafür.

Leonardo da Vinci

Vielseitige Künstler. Die Künstler der Renaissance waren vielseitig begabt. Zu den bedeutendsten zählt Leonardo da Vinci (1442–1519). Über ihn berichtet ein Zeitgenosse:

Anatomische Studien

„Dieser ausgezeichnete Maler unseres Zeitalters zeigte drei Bilder. Das eine stellte eine vornehme Florentinerin dar und war nach der Natur auf Befehl des weiland Magnifico Giuliano de'Medici gemalt, das zweite einen Sankt Johannes den Täufer als Jüngling, das dritte eine Madonna mit dem Kinde auf dem Schoße der heiligen Anna. Alle drei waren sehr vollendet ... Und kann auch gedachter Meister Leonardo nicht mehr mit jener Zartheit ausmalen, wie er früher pflegte, so ist er doch imstande zu zeichnen und andere anzuleiten. Dieser ausgezeichnete Mann hat eine Anatomie verfaßt, die, durch Zeichnungen verdeutlicht, bis ins einzelne geht, sowohl was die Gliedmaßen, wie Muskeln, Sehnen, Adern, Gelenke und Eingeweide anbelangt, und er vermag über dies alles so ausführlich zu sprechen, sowohl was den männlichen wie den weiblichen Körper anbelangt, wie bisher noch niemand. Dies haben wir mit eigenen Augen gesehen, und er sagte, daß er bereits mehr als dreißig Männer- und Frauenkörper jeglichen Alters anatomisch

untersucht hat. Er hat auch Notizen und Zeichnungen zusammengestellt über die Natur des Wassers, über mannigfache Maschinen und andere Gegenstände . . ."

(Aus: Antonio de Beatis, 10. 10. 1517, in: H. Schimank, Epochen der Naturforschung. Heinz Moos Verlag, München 1964, S. 38f.)

Universalgenie

Leonardo, von dem so berühmte Gemälde wie die Mona Lisa (im Louvre) und das Abendmahl (in Mailand) stammen, war Künstler, Wissenschaftler und Techniker in einem. Er schrieb Bücher über Baukunst und Mathematik. Er entwarf und konstruierte Wasserspiele, Befestigungsanlagen, Belagerungsmaschinen und neuartige Verteidigungssysteme. Er erfand Maßnahmen, um Arbeitsgänge zu vereinfachen und Menschenarbeit durch Maschinen zu ersetzen. Er war ein Universalgenie.

Michelangelo

Viele berühmte Künstler arbeiteten in Rom, z. B. Bramante und Michelangelo, die die Kuppel des Petersdomes mit einer Spannweite von 42 Metern konstruierten (vgl. S. 29). Michelangelo (1475–1564) malte die Fresken an der Decke und das Jüngste Gericht an der Altarwand der Sixtinischen Kapelle. Etwa zur gleichen Zeit berichtet ein Zeitgenosse in einem Brief über Raffael (1483–1520):

Raffael

„Der Liebling des Papstes ist Raffael von Urbino, ein reicher Jüngling von höchster Herzensgüte und zugleich ein wunderbares Genie. Er ist ein Mensch von hervorragenden Eigenschaften, unter den Malern ohne Frage der erste, ob man auf Theorie oder Praxis sieht. Als Baumeister aber ist er so tätig, daß er Dinge erfindet und vollendet, an deren Möglichkeit die geschicktesten Köpfe verzweifelt waren. Augenblicklich hat er ein wunderbares Werk in Arbeit, das der Nachwelt unglaublich dünken wird; ich meine nicht die Peterskirche, deren Bauleiter er ja ist; aber er zeigt uns das alte Rom selbst, in seinem damaligen Aussehen, Umfange und den gegenseitigen Verhältnissen größtenteils wiederhergestellt. Denn er hat auf den Höhen und in den tiefgelegenen Fundamenten Ausgrabungen veranstalten lassen und das Ergebnis mit den Beschreibungen bei den Alten verglichen . . ."

(Brief Calcagninis, um 1520. In: Geschichtliche Quellenhefte mit Überblick, Heft 4/5, a. a. O., S. 22)

Albrecht Dürer

(3) Auch Leonardos und Michelangelos Zeitgenosse Albrecht Dürer schuf nicht nur Gemälde und Zeichnungen, sondern entwarf Befestigungsanlagen u. ä. Informiere dich im Kunstunterricht über die Künstler der Renaissancezeit.

(4) Die religiöse Kunst wurde durch die weltlichen Kunstwerke nicht verdrängt. Zeige das am Beispiel der Arbeiten von Michelangelo.

Ansicht einer idealen Stadt. Gemälde von Piero della Francesca (um 1475). An diesem Bild kann man die Wirkung der Zentralperspektive erkennen und erklären, wodurch sie zustande kommt. Du kannst selbst einen „räumlichen Gegenstand" (z. B. ein Haus) perspektivisch zeichnen.

Perspektivische Darstellung

Zentralperspektive. Im 15. Jh. hatten italienische Künstler entdeckt, daß ihre Bilder der Natur viel näher kamen, wenn sie die Gegenstände in einer Perspektive darstellten. Diese Entdeckung faszinierte die Maler so sehr, daß z. B. Paolo Uccello Nächte an seinem Zeichentisch verbrachte und seiner Frau, die ihn zu später Stunde aufforderte, sich endlich schlafen zu legen, antwortete: „Welch schöne Sache ist die Perspektive!"

„Mit der Zentralperspektive beginnt die Renaissance, kann man sagen, wenn man nach einem Zeitpunkt sucht, von dem an das neue Zeitalter zu datieren ist. Der Bezug aller Dinge auf einen Menschen und dessen Standpunkt macht plötzlich sichtbar: hier steht der Mensch, hier steht ein Ich. Alles ringsum bezieht sich auf ihn, er ist – allerdings in neuer, verwandelter Form – wenn auch nicht das Maß, so doch der Bezugspunkt aller Dinge. Die Bewältigung der Welt, Ziel und Absicht, sie in den Griff zu bekommen, drückt sich in diesem Schema aus, diesem Seh-Netz, das der Natur, der Landschaft übergeworfen wird."

(Aus: W. Rüdiger, Die Welt der Renaissance. Desch Verlag, München 1970, S. 251)

Fortschritte in vielen Bereichen. So wie die Künstler in der Zeit der Renaissance die Welt mit neuen Augen sahen, suchten auch die Gelehrten, tiefer in die Geheimnisse der Natur einzudringen. Der Engländer Roger Bacon bekämpfte den Aberglauben, der alle Erkenntnisse zudecke und die Ursache aller Verwirrung sei. Mit nüchternem Sinn entwickelten Handwerker in jener Zeit zahlreiche Verbesserungen in ihrer Technik. Im Bergbau wurden mächtige Hebewerke konstruiert und die Schachtanlagen immer tiefer in die Erde getrieben. Wichtige Erfindungen stammen aus dieser Zeit, so z. B.:

Erfindungen

Brille, Pulver, Kanonen (14. Jh.), Papiermühle (1389), Buchdruck (1450), Spinnrad mit Flügeln (um 1480), Taschenuhr (1510).

Fortschritte der Medizin

Große Fortschritte machte die Medizin. Ein berühmter Arzt jener Zeit war Paracelsus (1493–1541), der in Italien studiert und dann halb Europa kennengelernt hatte, bis er sich in Basel niederließ. Er lehrte an der Universität und benutzte dabei als erster Hochschullehrer statt des üblichen Latein die deutsche Sprache. Anstelle so seltsamer Heilmittel wie Taubenmist, bei Vollmond gesammelte Kräuter oder Schlangenblut führte er chemische Medikamente ein, deren Dosierung er durch Experimente genau bestimmte. Er betonte den Zusammenhang zwischen seelischem Zustand und Körpererkrankung, untersuchte die Ursachen bestimmter Berufskrankheiten und verordnete Wasserheilkuren. Von einer Begegnung mit dem berühmten Mann berichtet ein Zeitgenosse:

Paracelsus

„Wie ich einige Zeit bei ihm (bei Paracelsus) gewesen bin, kam eine Frau zu ihm, die beklagte sich, ihr lieber Mann sei sehr schwach und sie fürchte, daß er die Nacht nicht überleben werde. Paracelsus befahl, das Wasser des Kranken zu bringen, untersuchte es und sagte dann zu der Frau: ‚Euer Mann wird morgen das Frühstück mit Euch essen und wieder gesund werden.' ‚Wenn das Gott wollte', hat sie gesagt. ‚Ich habe noch einen Gulden, jedoch nicht mehr in meinem Vermögen, den will ich Euch gern geben.' Der Doktor aber antwortete: ‚Gebt ihm nur zu essen, Ihr werdet es wohl sehen!' Am andern Tag um den Mittag ist sie wiedergekommen und hat ihren Gulden mitgebracht, ist vor dem Doktor niedergefallen und hat ihn gebeten, denselben anzunehmen. Sie sagte, daß sie nicht mehr besitze, sonst wolle sie gerne mehr bezahlen, denn ihr Mann sei gesund geworden von der Arznei, die er ihr gegeben habe. Darauf antwortete Paracelsus: ‚Liebes Weib, nimm deinen Gulden und kaufe dir und deinem Mann Essen und Trinken, und danket Gott!' Was er ihr aber als Arznei gegeben hat, weiß ich nicht. Es war ein weißes Pulver, das sollte sie ihm in warmem Wein geben und ihn dann schwitzen lassen.

Die Entwicklung des Bergbaus wird auch in Büchern aus damaliger Zeit sichtbar. Unten zwei Abbildungen aus dem Bergbaubuch des Agricola (1557). Links: Verschiedene Schachtsysteme und die Einfahrtmethoden der Bergleute. Einer der Bergleute wird mit Hilfe einer Winde in den Schacht befördert. Von einer anderen Winde, die durch zwei Bergleute bedient wird, rollt ein Seil ab, an dessen Ende ein Knebel als Sitz befestigt ist. – Rechts: Ein durch einen langen Hebel gedrehter Wellbaum (Göpel) zum Antrieb von zwei Blasebälgen. Darunter ein Tretrad, das von einem Pferd bewegt wird. Ganz unten eine Tretvorrichtung für die Blasebälge zur Bewetterung der Schachtanlage.

Krankheiten

Desgleichen weiß ich, daß er Aussätzige, Wassersüchtige, Fallsüchtige, viele andere Kranke umsonst kurierte, doch mochten ihm das die übrigen Doktoren nicht nachtun; dadurch gerieten sie dann in große Verachtung bei jedermann, während Paracelsus dagegen überall geehrt wurde . . ."

(Michael Neander in einem Brief. Abgedruckt in: Kulturgeschichte aus erster Hand. Arena Verlag, Würzburg 1963, S. 179)

(5) Erkläre die Bedeutung einiger Erfindungen aus der Zeit der Renaissance, z. B. des Schießpulvers, des Buchdrucks, der Brille – für die damalige Zeit, für heute.

Erfahrungswissenschaft

(6) Leonardo da Vinci sagte einmal: „Mir scheint, es sei alles das Wissen bloße Einbildung und voller Irrtum, das nicht von der Erfahrung, der Mutter aller Gewißheit, zur Welt gebracht wird." Zeige an Beispielen, wie die Künstler und Wissenschaftler diesen Grundsatz angewandt haben.

1.3. Reichtum und Macht verbünden sich

Großkaufleute

„Schlafen bringt keinen Gewinn". Die italienischen Städte – vor allem Florenz und Venedig – hatten in der Renaissance nicht nur die meisten Kunstschätze aufzuweisen. Sie waren auch wirtschaftlich führend. Die Florentiner Kaufleute verstanden es, durch den Tuchhandel zuerst reich und dadurch auch mächtig zu werden. Sie kauften Wolle in England und unverarbeitete Tuche in Flandern, dann ließen sie die Rohware in Florenz und anderen Städten weiterverarbeiten und verkauften die veredelten Stoffe auf allen Märkten und Messen Europas und bis in den Orient. Die Tuchhändler waren jedoch nicht auf den Textilhandel spezialisiert, sondern handelten mit allem, was die Kundschaft verlangte: Rohstoffe für die Handwerker, Fertigwaren und Luxusgüter für die reicheren Leute. Zielstrebig vermehrten sie ihren Gewinn und nutzten jeden Vorteil planmäßig aus. Ein Florentiner Handelshaus, das drei Brüdern gehörte, erhielt eines Morgens Bescheid, daß ein Schiff mit kostbarer Ladung aus dem Orient im Hafen von Pisa eingelaufen sei. Nun sollten umgehend die Preise festgesetzt werden, bevor die Konkurrenz mit ihrer Ware eintraf. Doch zwei Brüder wollten nicht auf ihre Mittagsruhe verzichten; da ritt der Jüngste allein nach Pisa – und machte allein das Geschäft; dabei erzielte er einen solchen Gewinn, daß er sich davon einen Palast bauen konnte, an dessen Giebel er den Spruch einmeißeln ließ „Schlafen bringt keinen Gewinn!"

„Zeit ist Geld"

Profite im Bankgeschäft. Bald hatten die italienischen Unternehmer gelernt, daß mit dem Geldhandel noch mehr zu verdienen ist als mit dem Warenhandel (vgl. Bd. 1, S. 171).

Der Geldwechsler und seine Frau. Gemälde von Martinus van Reymerswaele (1538). Welche Gegenstände sind auf dem Bild zu erkennen?

„Bereits im Jahr 1282 war der Florentiner Wollhändler Bartolo de' Bardi zugleich Vorstand der Wechslerzunft. Die Wechsler hatten damals noch wie die Handwerker auf der Straße offene Buden, die man Banco nannte, nach dem Ladentisch, der dazu diente, die Gold- und Silbermünzen aufklingen zu lassen; am Klang erkannte man dann die Legierung. Aus dem Geldwechsel entwickelte sich das Bankwesen. Der fiorino d'oro, der goldene Florentiner oder Florin, war jahrhundertelang Europas angesehenste und stabilste Währung. Im Norden wurde daraus der Güldene oder Gulden, und noch heute ist das internationale Zeichen für den Gulden das fl. Zahllose Fachausdrücke der Handelssprache wie Konto, Giro, Bank, bankrott usw. erinnern an Italien als Ursprungsland des Bankwesens. Selbst das Zahlwort „Million" stammt von dort; während der Renaissance lernte man mit diesem vorher imaginären [unvorstell-

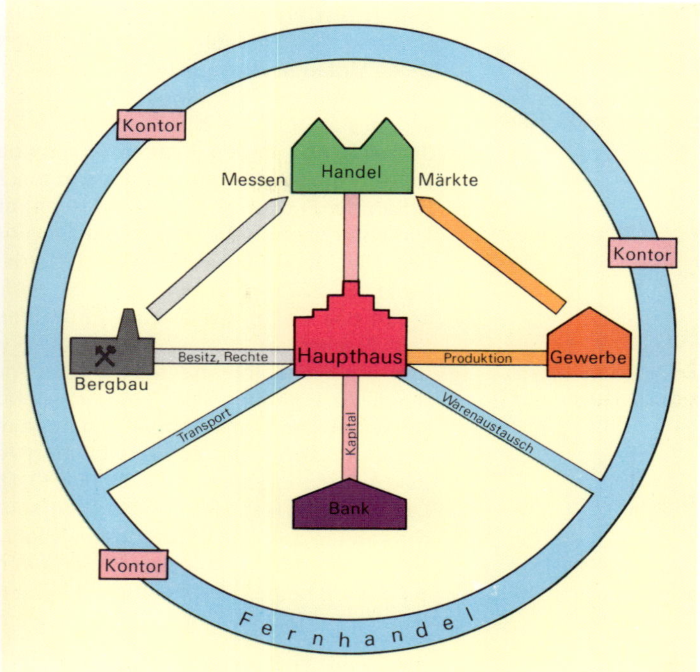

Links: Jakob Fugger in einem Kontor mit seinem Hauptbuchhalter Matthäus Schwarz. Schwarz trat nach seiner Lehrzeit in Italien in den Dienst Fuggers und ist Verfasser eines der ersten Lehrbücher über doppelte Buchführung (1519). Einige Jahre darauf gab er eine biographische Bilderfolge in Auftrag, aus der auch die nebenstehende Abbildung stammt. Die Schilder im Hintergrund nennen Orte, an denen sich Kontore (Handelsniederlassungen) Fuggers befanden.
Rechts: Struktur eines Handelsunternehmens.

baren] Wert rechnen. In Italien entwickelten sich auch die ersten Monopole, das erste Handelsgericht tagte in der Mercanzia [Kaufhaus] in Florenz, Wechselbriefe, Girokonten, Transportversicherungen und anderes boten sich als Neuerungen dem Handel an. Auf ihrer Bank an der Budenstraße hatten die Bardi begonnen – später besaßen sie die größte europäische Geld- und Kreditanstalt mit einem Kundenkreis in Frankreich, England, Flandern, Zypern und Kleinasien ..."

Zahlungsverkehr

(Aus: W. Rüdiger, Die Welt der Renaissance, a.a.O., S. 306f.)

Das bedeutendste Florentiner Handelshaus wurde das der Medici. Auch sie hatten mit dem Wollhandel begonnen und waren dann in das Geldgeschäft eingestiegen. Neben ihrer Hauptbank in Florenz hatten sie Filialen in Rom, Venedig, Mailand und Pisa, in Genf, Lyon, Avignon, Brügge und London. Die Medici arbeiteten mit zahlreichen Fürsten und Bischöfen zusammen und waren das Bankhaus der Päpste, die ihnen das Monopol für den Verkauf von Alaun übertrugen: Dieser chemische Stoff diente zur Reinigung der Wollfaser und wurde zum Färben der Wollstoffe benötigt. Die Medici waren so einflußreich, daß sie Florenz als ungekrönte Herren regierten.

Internationale Bankhäuser

(1) Auch in der Einstellung der Florentiner Kaufleute zeigt sich die „Wendung zum Diesseits". Beschreibe die neue Einstellung zur Zeit („Zeit ist Geld") und das Profitstreben am Verhalten der damaligen Kaufleute.
(2) Erkläre an Beispielen die Ausdrücke „Girokonto", „Monopol", „Wechsel".

Leineweber-Großhändler-Bergbauunternehmer

Der Aufstieg der Fugger. In der Zeit nach 1500 verloren die Medici ihre führende Stellung. In dieser Zeit wurden die Fugger das größte Handelsunternehmen Europas. Diese Unternehmerfamilie aus Augsburg hatte mit Leinenweben begonnen, war dann zum Handel mit Tuchen übergegangen, weil das mehr Gewinn brachte. Einige Fugger ließen sich auch in die Zunft der Goldschmiede aufnehmen, um mit Gold, Silber, Juwelen und Perlen handeln zu können. Dieses Geschäft brachte sie mit adligen Herren in enge Verbindung. Wenn ein Fürst oder Landesherr einen Kredit brauchte, ließen die Fugger sich mit dem Recht abfinden, nach Kupfer und Silber zu schürfen. Daneben kauften sie planmäßig Bergwerke und Hütten auf und nahmen allmählich fast alle Erzgruben in Süd- und Ostdeutschland in Besitz. Kaiser Maximilian (vgl. Bd. 1, S. 227), dem Tirol gehörte, verlieh den Fuggern zum Dank für einen hohen Kredit das Recht, als einzige Firma das Tiroler Silber zu kaufen und zu verkaufen. Sein Nachfolger, Karl V. (vgl. S. 37), war bei den Fuggern noch mehr verschuldet und erweiterte ihre Rechte zu dem Monopol, fast den gesamten Metallhandel im Reich zu betreiben. Die Fugger verstanden es, gewinnbringende Geschäfte abzuschließen. Das Unternehmen war hervorragend organisiert und besaß Niederlassungen in ganz Europa. Die Zentrale blieb in Augsburg.

Monopol für den Metallhandel

Jakob Fugger, genannt der Reiche († 1525), stiftete hier eine Wohnsiedlung für arme Leute, in der fast 100 Familien auf seine Kosten in kleinen Einzelhäusern wohnten. Sie zahlten nur eine ganz geringe Miete, sollten aber als Gegenleistung täglich für das Seelenheil des Stifters, seiner Vorfahren und Nachkommen beten. Diese „Fuggerei" wird noch heute bewohnt, und die Mieter zahlen wie ehedem lediglich 1 Rheinischen Gulden (= DM 1,72) im Jahr an die Familie Fugger, die noch heute in Augsburg lebt.

„Fuggerei"

Bilanz

Bilanz der Firma Fugger von 1522

Bergwerke und Bergwerksanteile (in Ungarn und Tirol)	270000 fl
Sonstige Immobilien	150000 fl
Waren (größtenteils Kupferlager, bes. in Antwerpen)	380000 fl
Bargeld	50000 fl
Ausstände	1650000 fl
Privatkonti der Gesellschafter	430000 fl
Verschiedene schwebende Geschäfte	70000 fl
Aktiva	3000000 fl
Passiva	870000 fl
Nach Abschreibung zweifelhafter Forderungen usw. ergibt sich für 1527 ein Gesamtvermögen von	2021000 fl
1511 betrug das Anlagekapital	197000 fl
Mithin verblieb für 17 Jahre ein Gewinn von jährlich ca. 14%, insgesamt:	1824000 fl

(Zitiert nach: Historisch-politisches Quellenbuch, Bd. 1. Diesterweg 7376, S. 312)

(3) Die Fugger gelten als Vorläufer der „Kapitalisten". Informiere dich im Lexikon (z. B. im Jugendlexikon Politik), was man darunter versteht.
(4) Wie beurteilst du die soziale Einstellung der Fugger? Berücksichtige dabei auch die Höhe des Gewinns, den die Firma in der Zeit machte, als die „Fuggerei" gebaut wurde.

Machiavelli

Regeln für den Gebrauch der Macht. In der Zeit, als die Medici in Florenz regierten, wirkte Niccolò Machiavelli als Beamter im Auftrag der Stadtverwaltung. Aufgrund der Erfahrungen, die er gewonnen hatte, schrieb er 1513 ein Buch mit dem Titel „Der Fürst", in dem er die Politik als ein nüchternes Geschäft analysierte und den Herrschern zeigte, wie sie ihre Macht behaupten und ausbauen konnten:

Politik ohne Moral

„Jemand, der es darauf anlegt, in allen Dingen moralisch gut zu handeln, muß unter einem Haufen, der sich nicht daran kehrt, zugrunde gehen. Daher muß ein Fürst, der sich behaupten will, sich darauf verstehen, nach Gelegenheit schlecht zu handeln, und dies tun oder lassen, so wie es die Notwendigkeit erfordert.

Die Menschen machen sich weniger daraus, den zu beleidigen, der sich beliebt macht, als den, der gefürchtet wird. Denn die Zuneigung der Menschen beruht auf einem Bande der Dankbarkeit, das wegen der schlechten Beschaffenheit der menschlichen Natur abreißt, sobald der Eigennutz damit in Streit gerät: Die Furcht vor Züchtigung aber läßt niemals nach. Es fragt sich, ob es für den Fürsten besser sei, geliebt oder gefürchtet zu werden. Beides wäre allerdings zu wünschen, aber da dies sehr schwer ist und daher eine Wahl getroffen werden muß, so ist letzteres vorzuziehen."

(Niccolò Machiavelli, Der Fürst, 1513. In: Geschichtliche Quellenhefte mit Überblick, Heft 4/5, a.a.O., S. 26f.)

(5) Diskutiert die Ansichten Machiavellis und prüft seine Argumente: Muß ein Fürst auch schlecht handeln können? Warum ist es für ihn besser, gefürchtet als geliebt zu werden? Gelten diese Grundsätze auch für Politiker heute?

Machtpolitik

Die Politik der europäischen Staaten wurde seitdem von Machiavelli stark beeinflußt. Viele Herrscher wandten seine Grundsätze an. Der französische König holte ihn als Berater an seinen Hof. Die Fürsten betrachteten es als ihre Aufgabe, ihren Staat stark und erfolgreich zu machen, indem sie ein Heer aufstellten, Kriege führten, um ihr Gebiet zu erweitern, und sich mit den reichen Unternehmern verbündeten, um ihre Macht zu vergrößern.

Zur Lernkontrolle

1. Erkläre an Beispielen, was die Überschrift „Die Wendung zum Diesseits" besagt und welche Einstellung der Menschen in der Renaissance damit gekennzeichnet wird.
2. Berichte über einen Künstler der Renaissance und zeige, für wen er arbeitete, welche Fähigkeiten und welches Ansehen er besaß.
3. Nenne verschiedene Erfindungen oder Fortschritte aus der Zeit der Renaissance und sprich über ihre Bedeutung.
4. Beschreibe den Aufstieg einer Unternehmerfamilie zu Beginn der Neuzeit und nenne Gründe für ihren Reichtum.

2. Europa nimmt von Afrika, Amerika und Asien Besitz

Lernziele

- Informiere dich in diesem Kapitel darüber, wie die Europäer in andere Erdteile eindrangen, um dort Handel zu treiben, ihre Religion zu verbreiten und Kolonien in Besitz zu nehmen.
- Du kannst die Interessen der Entdecker und Eroberer erkennen und sehen, wie die Völker in Afrika, Amerika und Asien von den Europäern abhängig wurden.
- Die Kenntnisse über die Ausbreitung der europäischen Kolonialherrschaft ermöglichen dir, die heutigen Verhältnisse in der Dritten Welt auf Ursachen zurückzuführen.

2.1. Der Seeweg nach Indien

Tiefere Ursachen. Europa war im Mittelalter im Norden und Westen vom Meer, im Süden und Südosten von islamischen Mächten umgeben. Als die mohammedanischen Türken 1453 Byzanz eroberten und ihre Macht bis zum Balkan ausdehnten, wurde das christliche Abendland noch mehr eingeschnürt. Zur gleichen Zeit hatte sich in den europäischen Städten und an den Fürstenhöfen Wohlstand und Reichtum entwickelt, das Bedürfnis nach Gütern aus fernen Ländern stieg an. Aber die europäischen Kaufleute konnten die Gewürze und Seidenstoffe, Parfüme und Farben, das Elfenbein, Silber und Gold nicht direkt besorgen: Die Araber beherrschten den Zwischenhandel zur See, und das Osmanenreich der Türken (vgl. Bd. 1, S. 192) sperrte den Landweg nach Osten. Hohe Zölle und Handelsgewinne der Türken und Araber trieben die Preise nach oben. War das zu ändern?

Orientwaren

Mehr denn je wurden seit der Renaissance die wirtschaftlichen Interessen eine Frage der Macht. So versuchten Kaufleute und Fürsten in den europäischen Ländern am

Stellung der Araber

1492

Mittelmeer, die Araber aus Europa und aus ihrer Stellung im Orienthandel zu verdrängen. Zugleich wurde der Kampf gegen die Araber als Kreuzzug gegen die Heiden zur Ausbreitung des christlichen Glaubens verstanden. Im Jahr 1492 mußten die Araber ihren letzten Stützpunkt (Granada) auf dem europäischen Kontinent aufgeben; Spanien und Portugal kamen wieder ganz unter christliche Herrschaft (vgl. Bd. 1, S. 223f.).

Der Zugang zu den Schätzen Asiens jedoch blieb den Europäern versperrt. Wenn man nun einen Weg fände, um die arabischen Herrschaftsgebiete zu umsegeln und mit den „Indern" (so nannte man alle Völker in Asien) direkt ins Geschäft zu kommen – nicht über das Mittelmeer, sondern über die offene See um die Südküste Afrikas?

Weltmeer

Zwar verbreiteten arabische Seeleute Schauergeschichten, im Weltmeer hausten grausige Ungeheuer, es gäbe Magnetberge, die alle Nägel aus den Planken zögen, und das Wasser würde im Süden zu einer zähen, sirupartigen Masse. Aber in Europa nahm man jetzt nicht mehr ungeprüft hin, was andere sagten oder was die Menschen seit Jahrhunderten glaubten. Man begann, die Welt zu erforschen und zu entdecken (vgl. S. 3). Diese Haltung mischte sich mit dem Willen, den Ring zu sprengen, den die Araber und Türken um das christliche Abendland gelegt hatten.

Technische Voraussetzungen. Als erste wagten sich portugiesische Seeleute entlang der Küste Westafrikas weiter nach Süden. Sie suchten Sklaven und Gold. Beides mußte man bisher von arabischen Händlern kaufen, die Menschen und Metall mit ihren Karawanen nach Nordafrika brachten.

Neue Schiffstypen

„Solche Reisen [die Fahrten der Entdecker in der Zeit um 1500] wären noch vor hundert Jahren undenkbar gewesen. Doch inzwischen hatten sich die plumpen Rundschiffe des Nordens und die mittelländischen Küstengaleeren zu seetüchtigen ‚Karracken' und ihren schlankeren Schwestern, den Galeonen, entwickelt, die die Fahrt auf offener See nicht schreckte. Sie vereinten in sich den robusten Schiffskörper der nordischen Handelsschiffe mit den eleganten Linien der südlichen Galeeren. Vom Norden hatten sie die viereckigen Segel an drei oder vier Masten, vom Süden die Lateinsegel zur besseren Manövrierung und vom Norden wiederum das Steuerruder zur verläßlicheren Kontrolle. Für eine Erhöhung der Geschwindigkeit wurden Spriet-, Mars- und Bramsegel gesetzt. Auf Deck erschienen die Kanonen, und einige Zeit später wurden sie auch unter Deck durch Stückpforten [Luken für Geschützrohre] abgeschossen. Auch Handels-

Links: Der Hafen von Neapel. Gemälde von Pieter Brueghel d. Ä. (1525 bis 1569). Das Bild zeigt verschiedene Arten von Segelschiffen aus der Zeit der Entdeckungen.

Rechts: Eine europäische Darstellung Westafrikas aus dem Jahre 1500. Diese spanische Karte zeigt, daß die Europäer nicht auf einen Kontinent ohne Kultur stießen. Die Mittel der Darstellung entsprechen allerdings nicht der Realität. Die Herrscher Westafrikas erscheinen als europäisch aussehende Könige, Prälaten und Burgherren.

schiffe waren gezwungen, sich gegen eventuelle Überfälle durch islamische Piraten oder nordische Freibeuter zu bewaffnen.

Die Steuerung dieser großen Schiffe auf hoher See, in unbekannten Weiten, erforderte neue Einsichten in die Kunst der Navigation. Kompaß, Stundenglas und Log wurden zu alltäglichen Schiffsgeräten. Weitere Fortschritte waren das Resultat eingehender Studien in Portugal, wo Prinz Heinrich der Seefahrer eine Art Seefahrtsakademie gegründet hatte, an die er die besten Köpfe der Zeit, sowohl Christen, Juden als auch Mohammedaner berief. Vom Jahr 1418 an begann er, die Theorie in die Praxis umzusetzen, und sandte die portugiesischen Schiffe auf immer weitere Reisen, . . . und die Erfahrungen dieser Reisen wurden dann in Handbüchern der Navigation zusammengefaßt und in See- und Landkarten eingetragen, denn die damaligen Entdecker waren gleichzeitig gute Kartenzeichner."

Navigation

Seefahrtsakademie

(Aus: C. Canby, Geschichte der Schiffahrt. Editions Rencontre, Lausanne 1965, S. 43ff.)

(1) Zähle auf, was die Europäer in „Indien" suchten.
(2) Zeige, wie sich in der Renaissance die Einstellung der Menschen zur Welt änderte und was das für die Zeit der Entdeckungen bedeutet.
(3) Worin bestand die Überlegenheit der europäischen Schiffe und ihrer Ausrüstung?

Was fand man in Westafrika? Von der Bevölkerung Afrikas herrschten damals seltsame Vorstellungen. Lange blieben die Berichte der portugiesischen Seefahrer geheim: Das Ausland sollte nichts von den Handelsmöglichkeiten erfahren. Die Portugiesen trafen keineswegs nur auf primitive Stämme. Ein Araber, der zum Christentum übergetreten war, schrieb 1525 einen Reisebericht, in dem es z. B. heißt:

Afrikanische Königreiche

„Das Reich von Timbuktu ist nach der gleichnamigen Stadt benannt, die im Jahre 610 der Hedschra gegründet wurde. Die Stadt bietet einen prächtigen Anblick, hier gibt es zahlreiche Händler und Künstler, und die Bewohner sind meist sehr reich. Die Frauen gehen alle verschleiert, nur die Sklavinnen und die Marktweiber nicht. Zahlreiche Zisternen sorgen für Frischwasser, auch Getreide und Vieh gibt es genug, aber an Salz herrscht großer Mangel. Das muß von Tegasa, etwa 500 Meilen weit weg, hergebracht werden. Als ich Timbuktu besuchte, sah ich selbst, daß man für eine Kamellast Salz acht Goldstücke zahlte.

Der König hat eine sehr vornehme Hofhaltung. Sooft er auszureiten pflegt, besteigt er ein Kamel, das dann von einigen Adligen geführt wird, so auch im Kriege, obgleich alle seine Soldaten mit

Pferden ausgerüstet sind. Wer sich ihm zum erstenmal naht, fällt auf die Knie und bestreut sein Haupt mit Erde. Stets hat er dreitausend Reiter und eine gewaltige Schar Fußvolk, die mit vergifteten Pfeilen ausgerüstet sind, unter Waffen, um sogleich die Stämme zu bekriegen, die ihm Tribut verweigern, aber auch um Sklaven gewinnen zu können."

(Leo Africanus, Beschreibung Afrikas. In: Kulturgeschichte aus erster Hand, a.a.O., S. 186)

Handelsstadt Gao

„Gao ist eine sehr große Stadt. Die Einwohner der Stadt sind reiche Kaufleute, die beständig mit ihren Waren im Land umherziehen. Viele Schwarze bringen Gold in die Stadt, um europäische und berberische Waren einzuhandeln. Aber sie finden niemals genügend Ware, um all ihr Gold dafür auszugeben, und nehmen deshalb stets die Hälfte oder zwei Drittel davon wieder mit nach Hause. Die Stadt ist im Vergleich zu Timbuktu wohlverwaltet. Brot und Fleisch gibt es im Überfluß, aber Wein und Früchte sind nicht aufzutreiben. Es gibt Melonen, Gurken und hervorragende Kürbisse in Mengen, und sie haben große Mengen Reis. Die Süßwasserbrunnen der Stadt sind sehr zahlreich. Es ist auch ein großer Marktplatz vorhanden, wo man an Markttagen zahllose . . . Sklaven verkauft. Ein 15jähriges Mädchen ist etwa sechs Dukaten wert, und ein junger Mann kostet ungefähr ebenso viel. Kleine Kinder und ältere Sklaven kosten dagegen nur die Hälfte dieses Betrages."

Sklavenhandel

(Leo Africanus, Beschreibung Afrikas. In: B. Davidson, Afrika. Stämme, Staaten, Königreiche. Rowohlt Life 28, Hamburg 1972, S. 89)

(4) Stelle aus den beiden Berichten zusammen, was du über die wirtschaftlichen und politischen Verhältnisse in den beiden afrikanischen Staaten erfahren hast.
(5) Nimm anhand dieser Informationen zu der Meinung Stellung, die Bevölkerung Afrikas sei bis zur Ankunft der Europäer primitiv gewesen.
(6) Das Datum der Gründung von Timbuktu kannst du berechnen, wenn du vom Jahr der „Hedschra" 622 ausgehst.
(7) Preisvergleich für den Sklavenmarkt: Im Bergbau erhielten Bergarbeiter für 1 Zentner Roheisen ca. 0,5 Dukaten; in Venedig kostete der Zentner Eisen 3 Dukaten.

Vasco da Gama

Was konnte Indien bieten? Im Sommer 1497 verließ eine kleine Flotte von 4 Schiffen unter der Führung des erfahrenen Kapitäns Vasco da Gama Lissabon mit dem Auftrag des Königs, einen Seeweg nach Indien zu erkunden. Nach mehr als drei Monaten umschiffte da Gama als erster das Südkap von Afrika und gelangte

Der Markt von Goa. 1510 wurde Goa zur Hauptstadt der portugiesischen Besitzungen in Indien und zum Mittelpunkt des portugiesisch - indischen Handels.

Links: *Der Holzschnitt zeigt die mittelalterliche Vorstellung von der Erde als Scheibe und der darüber sich wölbenden Himmelsglocke. Ein Mensch hat das Himmelsgewölbe durchbrochen und erblickt das Räderwerk, von dem Sonne, Mond und Sterne bewegt werden.*

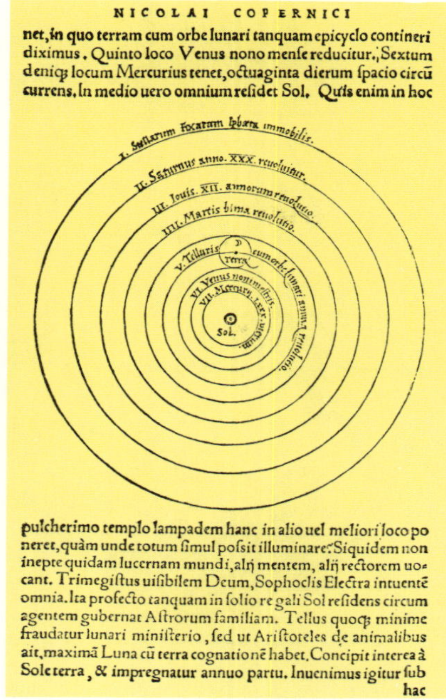

NICOLAI COPERNICI

net, in quo terram cum orbe lunari tanquam epicyclo contineri diximus. Quinto loco Venus nono menſe reducitur. Sextum deniq; locum Mercurius tenet, octuaginta dierum ſpacio circũ currens. In medio uero omnium reſidet Sol. Quis enim in hoc

pulcherimo templo lampadem hanc in alio uel meliori loco poneret, quàm unde totum ſimul poſsit illuminare? Siquidem non inepte quidam lucernam mundi, alij mentem, alij rectorem uocant. Trimegiſtus uiſibilem Deum, Sophoclis Electra intuentẽ omnia. Ita profecto tanquam in ſolio regali Sol reſidens circum agentem gubernat Aſtrorum familiam. Tellus quoq; minime fraudatur lunari miniſterio, ſed ut Ariſtoteles de animalibus ait, maximã Luna cũ terra cognationẽ habet. Concipit interea à Sole terra, & impregnatur annuo partu. Inuenimus igitur ſub hac

Rechts: Das Sonnensystem des Kopernikus. Der Punkt auf dem dritten Kreis (von innen) stellt die Erde dar (terra). Sie bewegt sich zusammen mit dem Mond (unter der vierten Kreisbahn) um die Sonne. Die weiteren Kreise bezeichnen die Bahn von Mars, Jupiter und Saturn. Ganz außen: die Fixsterne.

nordwärts der Küste entlang zur Hafenstadt Mocambique. Schließlich erreichte er 1498 mit Hilfe eines indischen Lotsen, der seit langem die Araber auf ihren Handelsfahrten zwischen Ostafrika und Südindien begleitete, Kalikut an der Malabarküste. Zwischen Arabern und Indern bestanden gute Handelsbeziehungen, vor allem seit in Indien muslimische Herrscher regierten. Die arabischen Händler sahen den europäischen Eindringling nur ungern. So konnte da Gama nur wenige Waren nach Lissabon mitbringen, wo er nach zwei Jahren mit nur 44 von ursprünglich 170 Matrosen eintraf. Aber der König von Portugal erkannte die Chance und war überzeugt, bald ganz Europa mit Gewürzen und Edelsteinen aus Indien zu versorgen. Und er behielt recht:

1498

Stützpunkt in Indien

„Von diesem winzigen Punkt an der Malabar-Küste ausgehend schuf das kleine und so ungeheuer weit entfernte Portugal im gesamten Arabischen Meer ein bedeutendes Handelsmonopol. Seine Schiffe fuhren bald regelmäßig viele stark befestigte Forts an der ganzen Westküste Indiens an . . . und kehrten mit wertvollen Frachten über Moçambique nach Europa zurück.

Portugiesische Kolonien

Der durchschlagende Erfolg der Portugiesen ist auf eine Reihe von Ursachen zurückzuführen . . . In zivilisierten Gebieten wie der Malabar-Küste kam den Portugiesen die Überlegenheit ihrer Waffen zugute; in weniger entwickelten Gebieten wie auf Ceylon half ihnen der zusätzliche Vorteil der Überraschung. Von den ersten portugiesischen Seeleuten, die auf Ceylon erschienen, berichtet ein lokaler Chronist, daß sie ‚eine Rasse von sehr weißen und schönen Menschen sind, die Stiefel tragen und Hüte aus Eisen und niemals an einem Ort haltmachen. Sie essen eine Art weißen Stein (Zwieback) und trinken Blut (Wein) . . . Sie haben Kanonen mit dem Geräusch eines Donners, und ein Ball aus einer von ihnen durchdringt noch, nachdem er fünf Kilometer durchflogen hat, eine Burg aus Marmor.' . . .

Als die Portugiesen an der indischen Küste eine Organisation aufgebaut hatten, die ihren Handel sicherte, wandten sie ihre Aufmerksamkeit weiter nach Osten – zu den reichsten Gebieten

Gewürzhandel

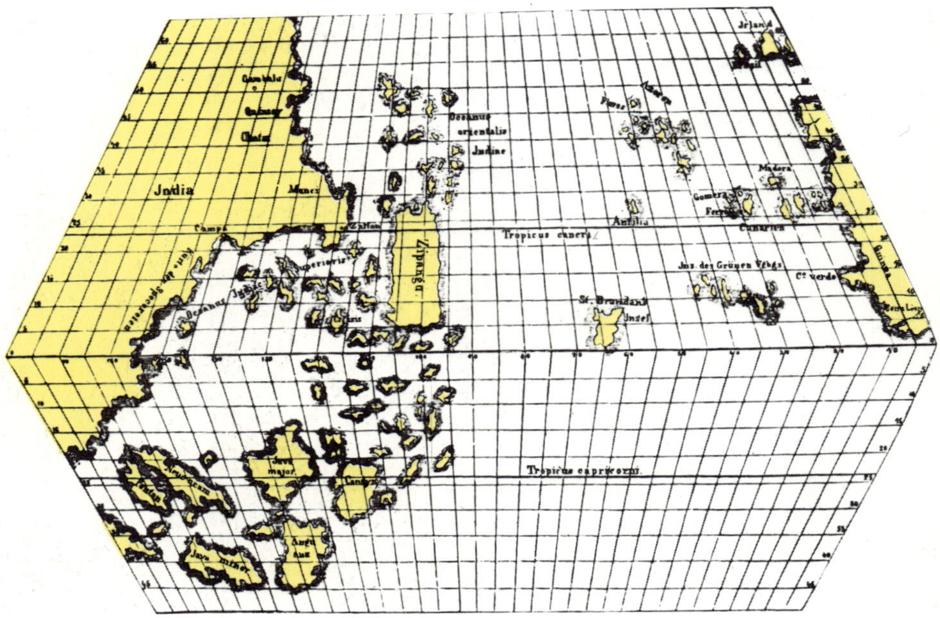

Ostasiens. Sie gründeten Handelsstationen auf den Molukken, die oft auch Gewürzinseln genannt werden."

(Aus: J. R. Hale, Die Reisen der Entdecker. Rowohlt Life 21, Hamburg 1971, S. 106f.)

(8) Man nannte den König von Portugal „König Gewürzkrämer". Warum?
(9) Die Portugiesen haben sich darauf beschränkt, Küstenplätze in Afrika, Indien und Südostasien in Besitz zu nehmen. Das Hinterland blieb frei. Worin siehst du den Vorteil dieser Methode für die Europäer?

2.2. Amerika wird entdeckt und erobert

Der „Westweg" nach Indien. Im Mittelalter hielten die meisten Menschen im Abendland die Erde für eine kreisrunde Scheibe: Jenseits der bekannten und bewohnten Gebiete lag der Ozean, ein Weltmeer, das, wie man glaubte, alles Land wie eine unüberwindliche Schranke umschloß. Diese Erde stand nach der alten Auffassung im Mittelpunkt der Welt, um den sich die Sonne, der Mond und die Sterne in Kreisbahnen bewegten. Erst Kopernikus († 1543) kam endgültig zu der Erkenntnis, daß die Erde ein Planet ist, der um die Sonne kreist. Schon viele Jahre vor Kopernikus war der florentinische Gelehrte Toscanelli davon überzeugt, daß die Erde Kugelgestalt besitzt. Im Jahr 1474 schrieb er einem Geistlichen in Lissabon:

Toscanelli

„Obzwar ich schon zu anderer Gelegenheit mit Dir über einen Seeweg nach den Gewürzländern gesprochen habe, der wesentlich kürzer ist als Euer Weg, der über Guinea führt, trat Dein durchlauchtigster König an mich mit dem Ansuchen heran, eine Erklärung oder, besser gesagt, eine Beweisführung zusammenzustellen ... So habe ich Seiner Majestät eine von mir selbst gezeichnete Karte geschickt, auf der die Küsten Eures Landes, die Inseln, von denen aus Ihr Eure Fahrt nach dem Westen ohne jede Kursänderung antreten werdet, eingezeichnet sind. Auf dieser Karte werdet Ihr die Länder finden, zu denen Ihr gelangen werdet, mit den genauen Angaben der Entfernungen, die Ihr sowohl dem Pol als dem Äquator gegenüber einhalten müßt. Auf Grund dieser Karte werdet Ihr auch die Seemeilen errechnen können, die Ihr zurückzulegen haben werdet, um die Gegenden zu erreichen, die so überaus reich an Gewürzen und Edelsteinen sind..."

Erdkreis – Erdkugel

(Aus: Paolo Toscanelli an Fernan Martins zu Lissabon. Abgedruckt in: Materialien für den Geschichtsunterricht. Die Neuzeit. Diesterweg 7333, S. 12f.)

Links: Rekonstruktion der Erdkarte Toscanellis aus dem Jahr 1474. Rechts die Küste von Europa und Westafrika, links die vermutete Küste von Asien mit China, Indien und Japan (Zipangu).

Rechts: Kolumbus landet auf der Insel Guanahani, der er den Namen „San Salvador" gibt. Zeichnung von Theodor de Bry in „Grands voyages", Frankfurt 1594. Vergleiche diese spätere Darstellung mit dem Bericht des Kolumbus.

(1) Erkläre, warum Toscanelli annehmen kann, auf dem Weg nach Westen an die Ostküste Chinas zu gelangen.
(2) Woher stammten die Kenntnisse der Europäer über den Fernen Osten? Wiederhole in Bd. 1, S. 236 ff.

Wie hat Kolumbus Amerika entdeckt? Was Toscanelli am Schreibtisch fand, wollte ein Seemann aus Genua, Christoph Kolumbus, durch die Tat nachweisen. Lange versuchte Kolumbus vergeblich, beim König von Portugal die nötigen Mittel für eine Expedition nach Westen zu bekommen. Schließlich finanzierte die spanische Königin den Bau von drei Schiffen und die Aufstellung einer Besatzung von 120 Mann. Das größte Schiff war nur 23 m lang und 6,7 m breit. Das Flaggschiff trug – zu Ehren der Gottesmutter – den Namen „Santa Maria". Im Herbst 1492 nahm das kleine Geschwader Kurs nach Westen. Die Fahrt über das fremde Meer dauerte länger, als Kolumbus angenommen hatte. Dann aber notierte er in seinem Bordtagebuch:

Christoph Kolumbus

1492
Expedition

„Donnerstag und Freitag, den 11. und 12. Oktober 1492. – Ich blieb weiterhin auf west-südwestlichem Kurs. Wir erblickten einige Sturmvögel und ein grünes Schilfrohr, das an der Bordwand des Schiffes vorbeistrich. Die Leute der Karavelle ‚Pinta' erspähten ein Rohr und einen Stock, fischten dann noch einen zweiten Stock heraus, der anscheinend mit einem scharfen Eisen bearbeitet worden war. Die Mannschaft der ‚Nina' sichtete den Ast eines Dornbusches, der rote Früchte trug. Diese Vorboten versetzten alle in gehobene, freudvolle Stimmung . . . Um 2 Uhr morgens kam dann also tatsächlich Land in Sicht, von dem wir etwa acht Seemeilen entfernt waren. Wir holten alle Segel ein und fuhren nur mit einem Großsegel ohne Nebensegel. Dann legten wir bei und warteten bis zum Anbruch des Tages, der ein Freitag war, an welchem wir zu einer Insel gelangten, die in der Indianersprache ‚Guanahani' hieß. Ich begab mich, begleitet von Martin Alonso Pinzon, dem Kapitän der ‚Pinta', und dessen Bruder Vicente Yánez, dem Kapitän der ‚Ninta', an Bord eines mit Waffen versehenen Bootes an Land. Dort entfaltete ich die königliche Flagge . . . Sofort sammelten sich an jener Stelle zahlreiche Eingeborene der Insel an. In der Erkenntnis, daß es sich um Leute handle, die man weit besser durch Liebe als mit dem Schwerte retten und zu unserem heiligen Glauben bekehren könne, gedachte ich sie mir zu Freunden zu machen und schenkte also einigen unter ihnen rote Kappen und Halsketten aus

„Land in Sicht"

„Eingeborene"

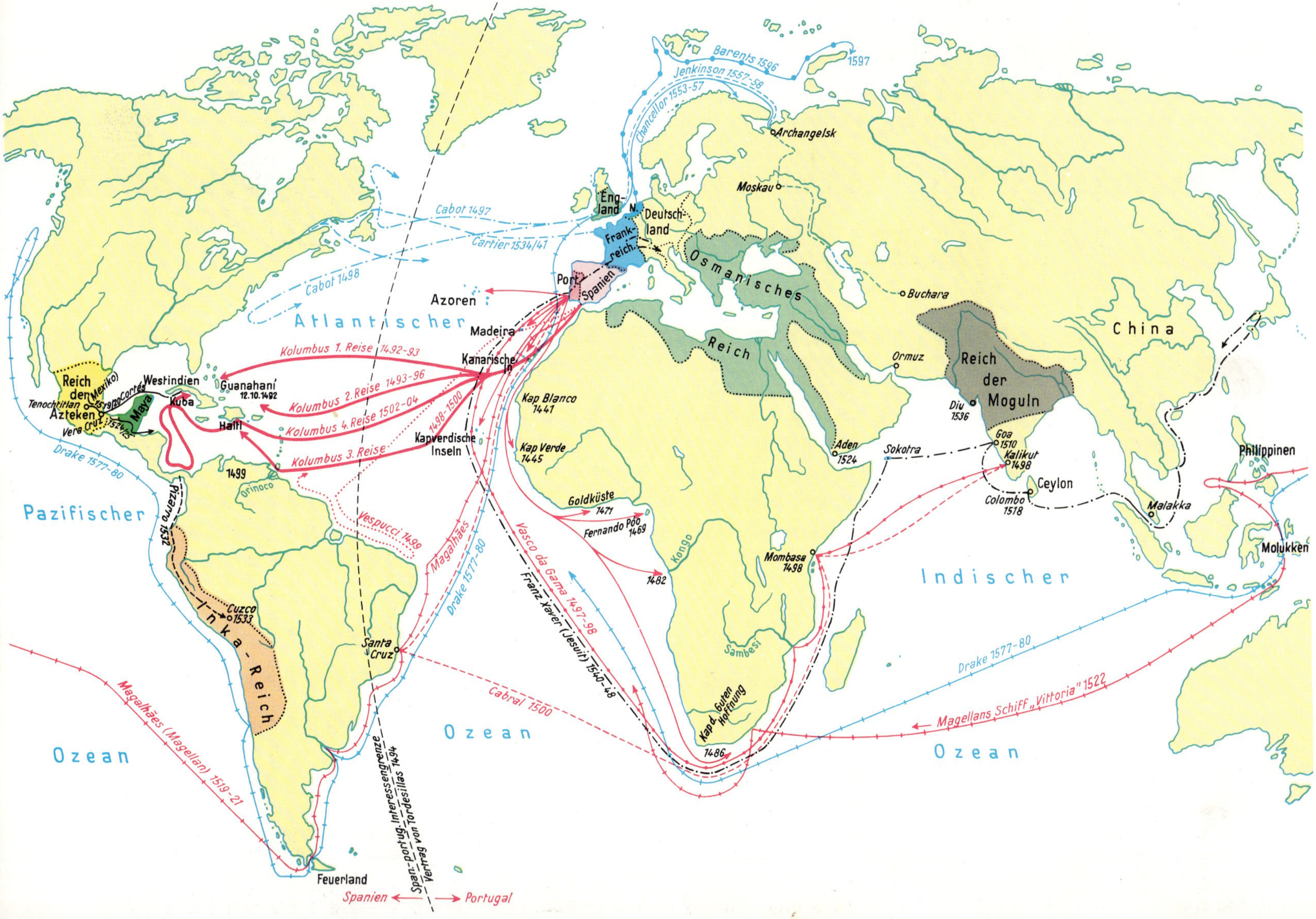

Barents 1596
1597
Jenkinson 1557–58
Chancellor 1553–57
Archangelsk
Moskau
Eng-land
N.
Deutsch-land
Frank-reich
Port.
Spanien
Osmanisches Reich
Buchara
China
Ormuz
Reich der Moguln
Diu 1536
Goa 1510
Kalikut 1498
Ceylon
Colombo 1518
Malakka
Philippinen
Molukken
Sokotra
Aden 1524
Mombasa 1498
Indischer Ozean
Kongo
Sambesi
Kap d. Guten Hoffnung
1486
1482
Fernando Póo 1469
Goldküste 1471
Kap Verde 1445
Kap Blanco 1441
Kapverdische Inseln
Kanarische In.
Madeira
Azoren
Atlantischer Ozean
Cabot 1497
Cartier 1534/41
Cabot 1498
Kolumbus 1. Reise 1492–93
Kolumbus 2. Reise 1493–96
Kolumbus 4. Reise 1502–04
Kolumbus 3. Reise
1498–1500
Guanahani 12.10.1492
Westindien
Kuba
Haiti
1499
Orinoco
Reich der Azteken
(Mexiko)
Tenochtitlan
1519/20 Cortés
Vera Cruz
1524/25
Maya
Vespucci 1499
Magalhães
Drake 1577–80
Vasco da Gama 1497–98
Franz Xaver (Jesuit) 1540–48
Cabral 1500
Santa Cruz
Pizarro 1532
Cuzco 1533
Inka-Reich
Pazifischer Ozean
Magalhães (Magellan) 1519–21
Magellans Schiff „Vittoria" 1522
Feuerland
Span.-portug. Interessengrenze
Vertrag von Tordesillas 1494
Spanien
Portugal

Glas und noch andere Kleinigkeiten von geringem Wert, worüber sie sich ungemein erfreut zeigten. Sie wurden so gute Freunde, daß es eine helle Freude war. Sie erreichten schwimmend unsere Schiffe und brachten Papageien, Knäuel von Baumwolle, lange Wurfspieße und viele andere Dinge noch, die sie mit dem eintauschten, was wir ihnen gaben wie Glasperlen und Glöckchen. Sie gaben und nahmen alles vom Herzen gern. Allein, mir schien es, als litten sie Mangel an allen Dingen . . . Sie führten keine Waffen mit sich, die ihnen nicht einmal bekannt waren. Ich zeigte ihnen die Schwerter, und da sie sie aus Unkenntnis bei der Scheide anfaßten, so schnitten sie sich. Sie besaßen keine Art Eisen . . . Sie müssen gewiß treue und kluge Diener sein, da ich die Erfahrung machte, daß sie in Kürze alles, was ich sagte, zu wiederholen verstanden. Überdies glaube ich, daß sie leicht zum Christentum übertreten können . . ."

Christentum

(Aus: Christoph Kolumbus, Bordbuch von 1492. Auszug in: M. Wein (Hrsg.), Ich kam, sah und schrieb. Augenzeugenberichte aus fünf Jahrtausenden. dtv Tb. 187/188, München 1964, S. 161ff.)

Obwohl Kolumbus nach seiner Rückkehr nach Spanien noch dreimal nach Westen segelte und dabei auch die Küste von Mittelamerika erreichte, blieb er überzeugt, das „Ende des Orients" gefunden zu haben. Erst nach seinem Tod überquerte ein spanischer Seefahrer die Landenge von Panama und bestätigte damit, daß Kolumbus einen neuen Erdteil entdeckt hatte: Amerika, wie man den Kontinent nach einem Forschungsreisenden (Amerigo Vespucci) taufte.

Name „Amerika"

(3) Wie urteilt Kolumbus über die Menschen, mit denen er auf dem neuen Kontinent zusammentraf? Was bietet er ihnen zum Tausch oder als Geschenk an?
(4) Erkläre die Bezeichnungen „Westindien", „Indianer" bzw. „Indios".
(5) Das Wort „Eingeborene" wird von den Menschen in anderen Kontinenten abgelehnt. Ersetze es durch einen geeigneten Ausdruck.

Eine alte Kultur wird zerstört. Immer weitere Expeditionen folgten Kolumbus; man entdeckte zahllose Inseln und Küstenstriche Mittel- und Südamerikas und drang auch ins Landesinnere vor. Der spanische Ritter Hernán Cortés unternahm mit einer Truppe von 550 Mann eine Expedition in das Aztekenreich von Mexiko. Er wollte das Gold des Kaisers Montezuma, von dem die Indianer sagenhafte Geschichten erzählten. Mit Hilfe anderer Indianerstämme, die gegen den Aztekenherrscher rebellierten, gelangte Cortés in die Hauptstadt Tenochtitlan, die mit ihren rund 300000 Einwohnern wie ein zweites Venedig mitten in einem See lag. Cortés beschrieb die Stadt mit eigenen Worten:

Hernán Cortés

Tenochtitlan (Mexiko)

„Die Stadt hat viele öffentliche Plätze, auf denen beständig Markt gehalten wird. Dann hat sie auch einen anderen öffentlichen Platz, rundum ganz mit Säulenhallen umgeben, wo sich täglich über 60000 Seelen zusammenfinden: Käufer und Verkäufer von Lebensmitteln, Kleinodien aus Gold und Silber, Blech, Messing, Knochen, Muscheln, Hummerschalen und Federn . . . Es gibt Apotheken, wo man zubereitete Arzneien verkauft, Tränke und auch Salben und Pflaster. Es gibt Häuser, wo man für Geld Essen und Trinken verabreicht. Es gibt Leute zum Lasttragen. Man verkauft viel Holz, tönerne Kohlenpfannen und Matten von ganz verschiedener Art, teils Schlafmatten, teils feinere zu Sitz- und Fußdecken in Sälen und Zimmern . . . Es gibt in dieser Stadt viele sehr gute und sehr große Häuser. Es gibt so viele vornehme Häuser, weil alle großen Herren des Landes und Vasallen des Montezuma ihre Häuser in der Stadt haben und dort eine gewisse Zeit des Jahres residieren; aber auch sonst gibt es viele reiche Bürger, die gleichfalls sehr schöne Häuser besitzen. Sie alle haben außer sehr schönen, großen Gemächern auch sehr hübsche Blumengärten . . . An allen Eingängen der Stadt und wo die Kähne ausgeladen werden, also an den Stellen, durch die der größere Teil aller Lebensmittel in die Stadt gelangt, sind Hütten gebaut, wo sich Wachtposten aufhalten, die eine Abgabe von allem erheben, was eingeht. Ich weiß aber nicht, ob diese Beträge für den Herrscher oder für die Stadt erhoben werden.
Auf allen Märkten und öffentlichen Plätzen der Stadt sind täglich viele Arbeitsleute und Meister aller Handwerke zu finden, die abwarten, ob jemand sie in Taglohn dinge. Das Volk dieser Stadt

Reichtum der Stadt

Links: Entdeckungsfahrten im 15. und 16. Jahrhundert.

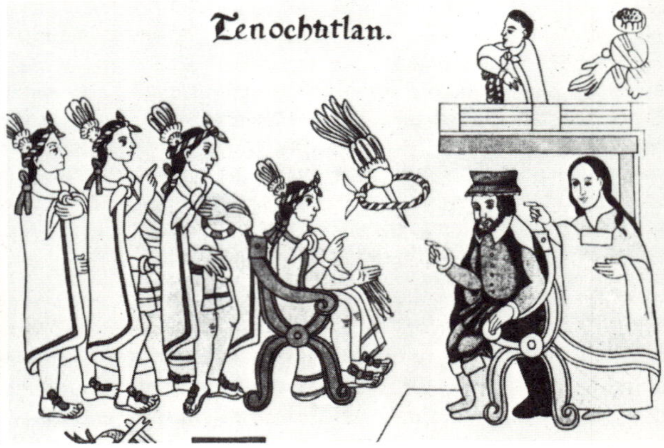

Links: Eine Federkrone, die vermutlich zu den Gastgeschenken gehörte, welche Montezuma dem Eroberer Cortés 1519 überreicht hat. Sie gehörte zu einem Hohepriestergewand und besteht aus kostbaren grünen, rotbraunen und blauen Federn, die von Goldplättchen zusammengehalten werden, und ist 175 cm breit. – Rechts: Begegnung von Cortés und Montezuma 1519. Darstellung auf einem mexikanischen Teppich. Hinter Cortés eine indianische Dolmetscherin.

Montezuma

ist manierlich und geschickter in Kleidung und Dienstleistungen als das Volk der anderen Provinzen und Städte. Denn weil dort der Herr Montezuma beständig residierte und alle seine großen Herren sich immer dort einfanden, so war da auch mehr Gesittung und Ordnung in allen Dingen."

(Aus: Die Eroberung von Mexiko, drei eigenhändige Berichte von Cortés an Kaiser Karl V., abgedruckt in: Geschichtliche Quellenhefte mit Überblick, Heft 4/5, Diesterweg 7344, S. 35ff.)

(1) Was bewundert Cortés an Tenochtitlan? Worauf führt er den Reichtum der Stadt zurück? Berichte, was für Leute in der Stadt wohnten und was sie arbeiteten.

Die Azteken betrachteten die „kalkgesichtigen" Fremden als Boten einer weißen Gottheit und nahmen sie gastfreundlich auf. Erst als die Spanier ihre Gottesdienste störten, um sie zum Christentum zu bekehren, kam es zum Aufstand. Cortés konnte sich mit wenigen Überlebenden retten. Im nächsten Jahr kam er mit Verstärkung zurück, eroberte und zerstörte Tenochtitlan und nahm das Aztekenreich in spanische
1521 Verwaltung (1521). Mexiko erhielt den Namen „Vizekönigreich Neuspanien".

Das Ende des Inkareiches. Wie das Reich der Azteken zog auch das Inkareich in Peru durch die Kunde von seinem Goldschatz das Interesse der Spanier auf sich. Das Land in den Anden war mit kunstvollen Anlagen bewässert, es wurden z. B. Tabak und Kartoffeln angebaut. Die Inkas mußten Gemeinschaftsarbeit leisten;

„Sozialstaat"

Luxus war verboten, Faulheit galt als Verbrechen. Der Staat garantierte allen Menschen, auch den Alten und Kranken, Kleidung und Nahrung. Die Inkas besaßen ein großes Heer und konnten ihr Land mit zahlreichen Bergfestungen, die aus mächtigen Quadern gebaut waren, gegen die zahlenmäßig unterlegene Expeditionstruppe der Spanier verteidigen. Da nahm der spanische Feldherr Pizarro den Inkafürsten, der ohne Waffen zu einer Unterredung gekommen war, gefangen und forderte von der Bevölkerung ein unvergleichliches Lösegeld: Ein ganzes Zimmer von rund 100 qm Fläche sollte mit Gold gefüllt werden. Obwohl die Inkas dieser Forderung nach-

Pizarro

kamen und Gold im Wert von mehr als 30 Millionen Mark aufbrachten, ließ Pizarro den Fürsten erwürgen, nachdem man ihn vorher zur Annahme des Christentums gezwungen hatte. Das Volk gab seinen Widerstand auf, und das Inkareich wurde spanisch. Pizarro aber wurde 1541 von Anhängern seines spanischen Rivalen Almagro ermordet.

2.3. Der Aufbau der Kolonialherrschaft

Der Übersee-Handel. Mit der Suche nach Gold und Gewürzen im fernen „Indien" hatten die großen Entdeckungen begonnen. Jetzt kamen jährlich ein paar Dutzend portugiesische Schiffe nach Lissabon, voll beladen mit Pfeffer, Zimt, Muskatnüssen und Gewürznelken, zum Teil auch mit Gold und Elfenbein, Seide und Porzellan. Weit wichtiger als der portugiesische Orienthandel wurde jedoch der Warenaustausch zwischen Spanien und der „Neuen Welt". Über den Atlantik verkehrten jährlich 50 bis 100 Schiffe, von denen jedes im Durchschnitt ein paar hundert Tonnen Fracht laden konnte. Sie fuhren meist im Geleitzug, zum Schutz gegen Piraten. Aus Sevilla brachten sie Stoffe, Waffen, Haushaltsgegenstände, Glas, Papier, Bücher und all die Güter, die die spanischen Kolonisten aus ihrer Heimat gewohnt waren. Die spanische Regierung duldete nicht, daß man sie in der Neuen Welt selbst herstellte, denn sie wollte das europäische Gewerbe schützen; darum mußten sie importiert werden.

Fertigwaren

Die Kolonien lieferten dafür ihre Erzeugnisse: Zucker, den man auf großen Plantagen anbaute, Tabak und Kakao, später auch Baumwolle, – und vor allem Edelmetall. Das Gold, das die Eroberer in Mexiko und Peru an sich gerissen hatten, stammte aus Schätzen, die in Palästen und Tempeln gehortet waren. Sie waren schnell verbraucht, aber um 1550 entdeckten die Spanier bei Potosí im heutigen Bolivien die reichsten Silberminen der Welt. Unter Anleitung deutscher Bergbaufachleute mußten Zehntausende indianischer Zwangsarbeiter das Erz abbauen. Der spanischen Herrenschicht in den Kolonien brachte der Bergbau noch mehr Gewinn als die Plantagenwirtschaft. Das Silber strömte nach Spanien; ein Fünftel ging an die Krone, mit dem übrigen wurden vor allem Importe bezahlt.

Rohstoffe

Gold und Silber

Europäer brachten nach Amerika:	Aus Amerika kamen nach Europa:
Pferde, Rinder, Schafe, Schweine, Hühner, Weizen, Zuckerrohr, Kaffee, Oliven-, Orangen-, Zitronenbäume, Rebstöcke	Mais, Erdnüsse, Kakao, Tabak, Ananas, Kartoffel, Tomaten, Silber, Gold

(2) Europa lieferte Fertigwaren, die Kolonien Bodenschätze und Plantagenprodukte. Vergleiche mit dem Handel zwischen Industriestaaten und Entwicklungsländern.
(3) Wie mußte sich der Zwang zum Import der Fertigwaren auf das Handwerk in den Kolonien auswirken?

Welche Folgen hatte die „Silberschwemme"? Von 1550 bis 1600 stieg die Einfuhr von Silber aus Amerika auf das Fünfzehnfache.

Silbereinfuhr aus Amerika (durchschnittliche Menge pro Jahr)

1540–1550	17500 kg Silber	1570–1580	über	100000 kg Silber
1550–1560	30000 kg Silber	1580–1590		200000 kg Silber
1560–1570	94000 kg Silber	1590–1600		270000 kg Silber

Das Silber finanzierte nicht nur den Warenbedarf der Spanier in Übersee. Auch das Mutterland kaufte jetzt Getreide, Weine, Gewebe, Metallwaren, Pulver und Kanonen in Frankreich, Italien, den Niederlanden, in Deutschland und England in wachsendem Umfang. Während die Silberproduktion in Amerika anstieg, sank der Wert des

Rechts: Ein goldenes Opfermesser aus der Inkazeit mit eingelegten Türkisen. Das Messer stellt die Figur eines Gottes dar.

Metalls und die Preise stiegen: Es herrschte eine Inflation. Zwischen 1500 und 1600 verlor in Europa das Geld rund drei Viertel seines Wertes. Wer um 1600 Brotgetreide kaufte, bezahlte dafür im Durchschnitt den vierfachen Preis, den es 100 Jahre zuvor gekostet hatte. Am härtesten traf diese Entwicklung das spanische Mutterland. Da die Spanier es versäumten, Gewerbe und Landwirtschaft im eigenen Land mit dem Geld aus Übersee zu fördern, und weil sie statt dessen die Einnahmen aus den Kolonien für den Import aus den europäischen Nachbarländern verbrauchten, war ihr Land durch den Übersee-Handel am Ende ärmer geworden als vor dem Erwerb der Kolonien.

(4) Erkläre, worauf die Inflation in Europa im 16. Jahrhundert zurückgeht.
(5) Nenne kurzfristige und langfristige Auswirkungen des Übersee-Handels für Spanien.

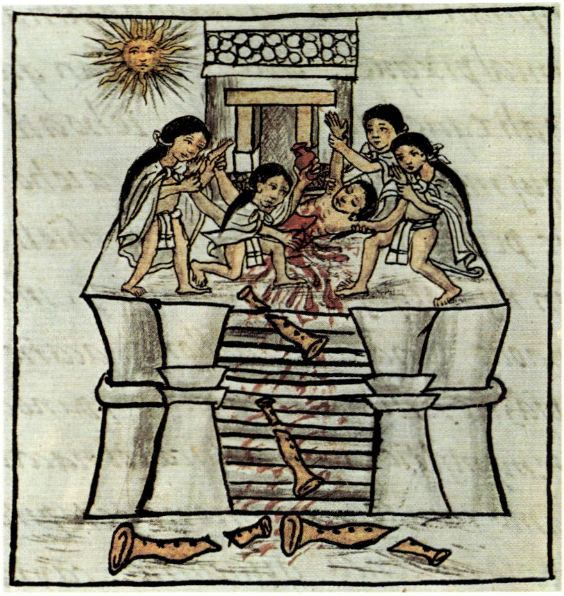

Die Götter und die religiösen Bräuche spielten im Leben der Azteken eine große Rolle. Zu diesen Bräuchen gehörten auch Menschenopfer (aus einer mexikanischen Bilderhandschrift).

Das Schicksal der Indios. Für die meisten Indios schien sich zunächst durch die spanische Eroberung wenig zu verändern. Aber mit den gewohnten Herrschern und den alten Göttern verschwand auch die feste Ordnung. In Peru verfielen die Bewässerungsanlagen, die Organisation der Städte und Dörfer in Mexiko brach zusammen. Die Indios übernahmen das Christentum, das aus ihrer Sicht die weißen Eindringlinge so überlegen gemacht hatte, zwar rasch aber oft nur in oberflächlicher Form. Und auch die getauften Indios blieben in untergeordneter Stellung, denn die weißen Herren eigneten sich nicht nur das Land an:

encomiendas

Haziendas

„Die meisten Spanier um Cortés waren habgierige, gewalttätige Menschen, die sich nur für Reichtum interessierten und die bitter enttäuscht darüber waren, daß es nur wenig Gold in Mexiko gab. Um sie von offener Meuterei abzuhalten, versah Cortés sie mit ‚encomiendas', d.h. er schenkte ihnen Indianer. Theoretisch waren diese Indianer keine Sklaven, denn der spanische König hatte strenge Bestimmungen zum Schutz der Indianer erlassen. Der Besitzer einer encomienda [= Auftrag] sollte sich eigentlich um das Wohlergehen der Indianer kümmern, sie zu guten Christen erziehen und lediglich in bestimmtem Umfang gewisse Tribute und Arbeitsleistungen von ihnen verlangen. In einigen Fällen funktionierte dieses System ziemlich gut, aber meistens wurden die Indianer erbarmungslos von den Spaniern ausgenutzt . . . Die Besitzer der Haziendas, der großen Latifundien, nahmen den Indianern mit Hilfe juristischer Winkelzüge ihr Land weg und zwangen sie so, für ihren bloßen Lebensunterhalt zu arbeiten. Die Spanier eigneten sich solcherart immer mehr Boden an, und die fruchtbaren Gebiete des Landes, in denen einst die indianischen Kulturzentren gewesen waren, wurden fast ausschließlich von spanischen Haziendas und Städten eingenommen. Die indianische Oberschicht der gebildeten Häuptlinge und Priester verschwand, und nur die Bauern, Arbeiter, Handwerker und kleinen Händler blieben übrig . . . Die spanischen Siedler kamen aus einem Feudalstaat, in dem alle Menschen davon träumten, vornehme Großgrundbesitzer zu werden und von den Dienstleistungen ihrer Leibeigenen zu leben. In den zivilisierten Teilen Mexikos wurden diese Wünsche der Spanier erfüllt, und mancher einfache Soldat wurde hier schnell zu einem großen Herrn mit vielen fleißigen Indianern, die ihn ernährten, bedienten und unterhielten."

(Aus: J.N. Leonard, Amerika. Die indianischen Imperien. Rowohlt Life 27, Hamburg 1971, S. 172f.)

Viele Spanier nahmen indianische Mädchen zur Frau. Ihre Nachkommen, die Mestizen, standen im Ansehen zwischen den Weißen und den Indios. So entstand eine abgestufte Gesellschaft mit wachsenden Gegensätzen. *Weiße, Mestizen, Indios*

Verheerend wirkte sich etwas aus, was die Spanier ohne Absicht in die Kolonien einschleppten: Seuchen wie Pocken, Typhus, vielleicht auch die Syphilis, außerdem Masern und Grippe, denen die Indios wegen der mangelnden Immunität ihres Körpers erlagen. Mexiko verlor bis zum Jahre 1600 ungefähr 80 % seiner Bevölkerung; in Peru wurden die einst dichtbesiedelten Gebiete menschenleer. *Epidemien*

Die Bevölkerung Mittelamerikas (Schätzung)

1519	11 000 000 Menschen	1565	4 409 180 Menschen
1540	6 427 466 Menschen	1597	2 500 000 Menschen

(Nach: J. H. Parry, Zeitalter der Entdeckungen. Kindler Verlag, Zürich 1963, S. 454)

(6) Das Verhalten der Spanier hat scharfe gesellschaftliche Gegensätze in den Kolonien geschaffen. Informiere dich, ob sie noch heute in Lateinamerika bestehen (vgl. auch S. 221).
(7) Die Haziendas (d. h. der Großgrundbesitz) überwiegen in den meisten Ländern Lateinamerikas bis heute. Es wird geschätzt, daß z. B. in Brasilien 1968 6 % der Bevölkerung 94 % des bewirtschafteten Bodens besaßen. Welche Folgen hat das für die Landbevölkerung?

Warum Negersklaven nach Amerika? Viele Indios mußten als Zwangsarbeiter auf Plantagen, in Bergwerken und Goldwäschereien arbeiten. Gegen die unmenschliche Behandlung, der sie dabei ausgesetzt waren, protestierte Las Casas, ein *Las Casas*

Grausamkeiten der Spanier in Mexiko. Illustration von Theodor de Bry zu einer lateinischen Ausgabe von de Las Casas' Traktat über die Vernichtung der Indianer Amerikas (Frankfurt, 1598).

Dominikanermönch und Bischof, indem er die Zustände dem König in Madrid berichtete:

Behandlung der Indios

„Die spanischen Aufseher behandelten die versklavten Indianer mit solcher Strenge und Härte und derart unmenschlich, daß man sie nur für Teufelsknechte halten konnte, sie ließen ihnen bei Tag und Nacht nicht einen Augenblick Ruhe. Sie gaben ihnen Stock- und Rutenhiebe, Ohrfeigen, Peitschenschläge, Fußtritte und nannten sie nie anders als Hunde. Bei der fortgesetzten unmenschlich harten Behandlung, der pausenlosen unerträglichen Arbeit, bei der man sie niemals ausruhen ließ, und da sie genau wußten, daß nur der Tod sie davon befreien werde, wie ihre Leidensgenossen, die sie neben sich sterben sahen, ergriff sie eine Verzweiflung wie die Verdammten im Höllenfeuer, und einzelne flohen in die Berge, um sich dort zu verstecken . . ."

(Aus Las Casas Bericht über die Verwüstung Indiens)

Negersklaven

Die Missionare, zu denen Las Casas gehörte, hatten die Indios zu Christen bekehrt und fühlten sich für sie verantwortlich. Auf ihr Drängen hatte der König die schon erwähnten strengen Gesetze zugunsten der indianischen Arbeiter erlassen (vgl. S. 24); doch wie wollte er kontrollieren, ob man sie einhielt? Noch folgenschwerer war, daß man jetzt, um die Indianer zu schonen, Negersklaven aus Afrika heranführte und sie in den Bergwerken und auf den Plantagen einsetzte. So wurde ein Übel durch ein anderes ersetzt, und zwar ein noch schlimmeres, denn nun lebte die Sklaverei in neuer Form wieder auf.

(8) Lies diesen Abschnitt noch einmal und unterscheide: Wo berichtet er Tatsachen – wie bewertet und beurteilt er sie? Stimmst du den Urteilen zu?

Sklavenhandel - Dreieckshandel. Für die Sklavenhändler ergab sich ein neuer Markt:

Menschenhandel

„Es entwickelte sich ein gewinnbringendes Dreiecks-Geschäft: mit billigen Tauschwaren befrachtet, segelten die Schiffe von Europa nach Afrika, handelten dort von den Häuptlingen der Küste das ‚schwarze Elfenbein' ein, löschten diese Ladung in den amerikanischen Häfen und kehrten von dort mit den Erzeugnissen der Plantagen nach ihren Heimathäfen zurück. Träger des Sklavenhandels und Besitzer der Küstenfestungen in Afrika waren meist Privatunternehmen, die staatliche Patente [Handelsgenehmigungen] besaßen. Der Grundstock für den bürgerlichen Wohlstand mancher westeuropäischen Hafenstadt ruht auf dem Sklavenhandel. Allmählich sicherte sich England den entscheidenden Geschäftsanteil."

(Aus: F. Ansprenger, Afrika, eine politische Länderkunde. Colloquium Verlag, Berlin [4]1969, S. 14)

Mehr als dreihundert Jahre lang trieben die Europäer den Sklavenhandel. Menschen wurden als Ware behandelt. An den Küsten und im Innern Afrikas wurden sie gejagt und gefangen, auf Schiffe gepfercht, unter qualvollen Umständen nach Amerika gebracht und wie Vieh verkauft. Als Sklaven mußten sie dann ein Leben lang schuften, den Launen der Herren und ihrer Aufseher ausgeliefert, beim geringsten Vergehen von barbarischen Strafen bedroht; sie kannten kein Familienleben, keine Hoffnung. Mit der Ware Mensch waren gute Geschäfte zu machen: Wenn der König den Höchstpreis für den Ankauf auf 100 Dukaten festsetzte, erhielt man beim Verkauf ein Vielfaches davon. Die Transportkosten waren gering, und mochten auch häufig dreißig von hundert auf der Überfahrt sterben, die Ladung brachte noch immer einen Profit von 100 Prozent oder darüber. Ähnlich kalkulierte, wer einen Sklaven kaufte: Nach ein paar Jahren hatte die Arbeitskraft mehr erbracht, als ihr Ankauf gekostet hatte. Kein Wunder, daß man immer mehr Sklaven verlangte. Man schätzt, daß

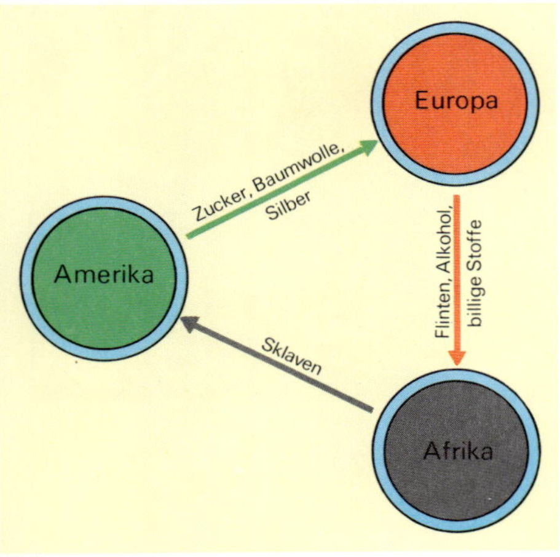

Dreieckshandel

im 16. Jahrhundert rund 1 Million, im 17. Jahrhundert das Dreifache und im 18. Jahrhundert die zehnfache Anzahl von Afrikanern nach Amerika gebracht worden sind. Afrika verlor insgesamt mindestens 20 Millionen Menschen.

(9) Erkläre, was man unter „Dreieckshandel" oder „Ringhandel" versteht, und untersuche, wer ein Interesse am Sklavenhandel hatte.

Zur Lernkontrolle

1. Trage in eine Liste verschiedene Ursachen und Motive für die Entdeckungen ein; denke an Könige, Kaufleute, Kapitäne und Matrosen, Missionare, Wissenschaftler.
2. Schildere die politischen, wirtschaftlichen oder kulturellen Verhältnisse bei Afrikanern oder Indios, bevor die Europäer kamen.
3. Man sagt, mit dem Zeitalter der Entdeckungen habe die „Europäisierung der Welt" begonnen. Was verstehst du darunter?
4. Schreib auf, welche Auswirkungen die Entdeckungen und Eroberungen der Europäer a) für Europa, b) für die anderen Kontinente hatten. Wie beurteilst du das Vorgehen der Europäer?

3. Glaubensspaltung und Glaubenskrieg

Lernziele

- Warum gibt es katholische und evangelische Christen? Was trennt sie? Dieses Kapitel informiert dich über die Entstehung und Ausbreitung der protestantischen Kirchen.
- Um was ging es im deutschen Bauernkrieg? Du sollst Ursachen und Bedeutung dieser größten sozialen Erhebung am Anfang der Neuzeit einschätzen lernen.
- Aus der weiteren Entwicklung lernst du verstehen, weshalb sich die katholische Kirche behaupten konnte.
- Die Geschichte der „Glaubenskriege", vor allem des Dreißigjährigen Krieges, zeigt beispielhaft, wie Religion und Machtpolitik zusammenhingen. Arbeite diesen Zusammenhang heraus; dann kannst du ihn auch künftig bei weltanschaulich begründeten Kriegen wiedererkennen.

3.1. Erneuerung oder Spaltung der Kirche?

Christliche Konfessionen in der Welt

Weltbevölkerung insgesamt (1975)	ca. 4,0 Milliarden
Christen	ca. 1,13 Milliarden
davon:	
Katholiken	ca. 710 Millionen
Protestanten	ca. 320 Millionen
Orthodoxe	ca. 100 Millionen

(Zahlen aus: Fischer Weltalmanach '77)

Christliche Konfessionen in der Bundesrepublik

Bevölkerung der Bundesrepublik insgesamt (1975)	61,6 Millionen
Christen	55 Millionen
davon:	
Katholiken	27,6 Millionen
Protestanten	27,4 Millionen

(Zahlen aus: Statistisches Jahrbuch der Bundesrepublik Deutschland 1976)

Warum hat man die Kirche kritisiert? Vor 500 Jahren war ganz West-, Nord- und Südeuropa katholisch. Der Papst leitete die Kirche. Seinem Willen sollten die Bischöfe und Äbte, Priester und Mönche gehorchen. Er hatte die letzte Entscheidung darüber, was den Christen als wahrer Glaube gelehrt werden sollte. Religion war keine Privatsache. Die Kirche stand mitten im öffentlichen Leben. Der Pfarrer war zuständig für Hochzeit und Begräbnis; Erziehung und Schule, Armenfürsorge und Krankenpflege waren Sache der Kirche.

Humanismus und Renaissance hatten neues Interesse am Diesseits geweckt. Dennoch sorgten sich die meisten Menschen immer noch brennend um das, was auf den Tod folgen sollte. Die Mehrheit des Volkes praktizierte eine handfeste Frömmigkeit. Sie äußerte sich in Prozessionen und in z. T. tumultartigen Wallfahrten. Wer wäre imstande gewesen, in diesem ungestümen Verlangen, das Heil durch Anhäufung von Gebeten, Geldstiftungen oder sonstigen „guten Werken" erzwingen zu wollen, die Grenze zwischen Glauben und Aberglauben zu ziehen? Die Geistlichen, die auf die Frage nach dem

Kirchliche Mißstände

Wallfahrt zur Kapelle der schönen Maria in Regensburg 1519. Holzschnitt von Michael Ostendorfer. Die Kirche war an der Stelle erbaut, wo die Synagoge der aus der Stadt vertriebenen Juden gestanden hatte. Sie war das Ziel großer Wallfahrten. Auf dem Bild im Vordergrund Kranke, die sich vor der Bildsäule zu Boden werfen. Warum tun sie das? Erkläre, welche Frömmigkeit sich darin ausdrückt.

ewigen Heil hätten antworten sollen, versagten weitgehend. Die hohe Geistlichkeit versagte, weil sie Geld und Macht und Kunst wichtiger nahm als das religiöse Bedürfnis des Volkes, und der einfache Klerus, weil seine Ausbildung mangelhaft war. Dagegen stieg die allgemeine Bildung der Menschen (vgl. S. 2), vor allem in den Städten; man wußte mehr als früher. Damit nahm auch die Kritik an der Kirche zu. In Florenz fand der Mönch Savonarola bei den Bürgern lauten Beifall, als er – an die Adresse der Geistlichen gerichtet – predigte:

Kritik an der Kirche
Savonarola

„Tut Buße, ihr Priester, ihr Geistlichen, ihr Prälaten, laßt ab von den Pfründen, laßt euren Prunk, eure Gastmäler und Gelage. Laßt eure Geliebten. Ihr Mönche, laßt eure fetten Abteien und euren Überfluß an Kleidung und Silber. Ihr Nonnen, wenn ihr Novizinnen aufnehmt, laßt euch nicht mit Geld bezahlen; laßt ab von Tand und Prunk und mehrstimmigen Gesängen. Meine Brüder, laßt alles Überflüssige, eure Bilder und Possen. Macht eure Kutten enger und aus grobem Stoff!"

(Aus den Predigten Savonarolas um 1495. In: W. Rüdiger, Die Welt der Renaissance, a.a.O., S. 35, leicht gekürzt)

Savonarolas Predigten entsprangen nicht nur religiösen, seelsorgerlichen Motiven; sie hatten auch eine politische Stoßrichtung gegen das mächtige Haus Medici (vgl. S. 5 und 11), aus dem der verschwenderische Papst Alexander VI. hervorgegangen war. Als der französische König 1494 die Medici aus Florenz vertrieb, sah das Volk in Savonarola den gottgewollten Erneuerer des alten demokratischen Stadtstaates. Zu dessen König rief der Prediger Christus aus. Strenge, an den Evangelien ausgerichtete Gesetze sollten künftig das öffentliche und private Leben ordnen. Aber dieser „Gottesstaat" war nur von kurzer Dauer; Papst Alexander erwies sich als der Stärkere. Er verbot Savonarola zu predigen und erreichte, daß er 1498 als Ketzer verbrannt wurde.

(1) Die Kritik an der Kirche war nicht neu. Wiederhole (Bd. 1, S. 163 ff.), worauf sich im Mittelalter die Kritik an der Kirche bezog und was sie bewirkte.
(2) An wen wendet sich Savonarola in seiner Predigt? Welche Schlüsse kannst du aus seinen Worten in bezug auf das Verhalten der Geistlichen ziehen?

Martin Luther
1483–1546

Wie kam es zum Ausbruch der Reformation? Die Kritik verstummte nicht, aber sie blieb meist unter Gelehrten. Zwanzig Jahre nach Savonarola fand jedoch eine andere Stimme ein lautes Echo beim Volk: die Stimme Martin Luthers (1483–1546).

Das Echo beschränkte sich nicht auf seine Zuhörer in Wittenberg, wo Luther seit 1513 als Professor der Bibelkunde an der kursächsischen Landesuniversität und als Prediger in der Schloßkirche wirkte. Im Herbst tat Luther etwas, was ihn mit einem Schlag im ganzen Reich bekannt machte. Das kam so: Der Papst plante den Bau eines neuen Petersdomes (vgl. S. 7). Er brauchte viel Geld, darum versprach er in einem Rundschreiben allen Christen einen „Ablaß", wenn sie für den Bau Geld spendeten. Nach jahrhundertealter Lehre der Kirche bewirkte der Ablaß einen vor Gott wirksamen Nachlaß zeitlicher Sündenstrafen.

„Prediger wanderten durch Europa und drängten die Menschen, zu dem Projekt beizusteuern. Einige der Prediger erlaubten sich Freiheiten mit der Kirchenlehre; was sie sagten, kam dem Versprechen gleich, daß der bloße Kauf dieses Ablasses den Eintritt in den Himmel sichern würde, nicht nur für die Spender, sondern auch für ihre toten Verwandten, die im Fegefeuer ihre Sünden büßten. Es gab viele Ablaßprediger in Europa; der bemerkenswerteste unter ihnen war der Dominikanermönch Johannes Tetzel (1465–1519). Er war ein ausgezeichneter Händler und ein vollendeter Schausteller, und seine Ankunft in einer Stadt hatte etwas von dem Einzug eines Zirkus. Er war ein großer Geldeintreiber für Rom, aber allen ernsthaften Menschen ein Greuel. Im April 1517 errichtete er eine prunkvolle Kanzel in der unmittelbaren Umgebung von Wittenberg . . ."

Ablaßprediger Tetzel

(Aus: E. Simon, Ketzer, Bauern, Jesuiten. Rowohlt Life 36, Hamburg 1973, S. 36f.)

Auch Leute aus Wittenberg kauften sich Ablaßbriefe bei Tetzel. Als sie nun zu Martin Luther kamen, um zu beichten und dabei so große Sünden wie Ehebruch, Wucher und Diebstahl bekannten, wollte sie Luther nicht absolvieren (lossprechen), weil er keine rechte Buße feststellte. Da beriefen sich die Beichtenden auf ihre Ablaßbriefe, die sie von Tetzel hatten.

1517

Darauf wandte sich Luther im Oktober 1517 an die zuständigen Bischöfe, u.a. an den Erzbischof Albrecht von Mainz mit der Bitte, den Mißbrauch mit dem Ablaß doch einzustellen. Aber Albrecht war selbst an dem Geschäft beteiligt: Er erhielt die Hälfte der „Spenden" und zahlte damit seine Schulden zurück. Er hatte nämlich bei den Fuggern einen hohen Kredit aufgenommen – nach heutiger Währung wohl einige Millionen Mark –, weil der Papst eine Sondergebühr dafür verlangt hatte, daß er ihn zum Bischof mehrerer Bistümer gemacht hatte. Luther legte seinem Schreiben an die Bischöfe 95 Thesen zur Ablaßfrage bei, in denen es u.a. heißt:

Luthers Ablaß-Thesen

„Da unser Meister und Herr Jesus Christus spricht: Tut Buße, so will er, daß das ganze Leben seiner Gläubigen auf Erden eine stete und fortgesetzte Buße sei.
Die kirchlichen Bußgesetze sind bloß den Lebenden auferlegt und können die Sterbenden gar nicht treffen.
Deshalb irren die Ablaßprediger, die da sagen, daß durch des Papstes Ablaß der Mensch von aller Strafe frei werde.

Die um 1532 entstandene Zeichnung zeigt den Bau der neuen Peterskirche, in der noch Teile der alten Basilika stehengeblieben sind. Über der offenen Vierung erhob sich später die gewaltige Kuppel, die 1590 nach Plänen Michelangelos (vgl. S. 7) vollendet wurde.

Flugblatt gegen den Ablaßhandel. Holzschnitt von Jörd Breu d. Ä. Rechts Erzbischof Albrecht von Mainz, in der Mitte ein Münzmeister. Links ist die Einnahme von Ablaßgeldern dargestellt.

Die predigen menschliche Dummheit,welche sagen, daß, sobald der Groschen im Kasten klingt, die Seele in den Himmel springt ...
Der rechte wahre Schatz der Kirche ist das heilige Evangelium der Herrlichkeit und Gnade Gottes."

(Aus Luthers Thesen vom 31. 10. 1517. In: Geschichtliche Quellenhefte mit Überblick, Heft 4/5, a.a.O., S. 48)

Verbreitung der Thesen

„Da Doktor Martin Luther sah, daß die Bischöfe auch nichts in dieser Sache tun wollten, ... ließ er dieselben [95 Thesen] drucken und wollte nur mit den Gelehrten ... darüber disputieren, was der Ablaß in Wirklichkeit wäre, was er vermöchte, wo er herkäme und wieviel er gelte usw. Aber ehe 14 Tage vergangen waren, hatten diese Thesen das ganze Deutschland und in vier Wochen fast die ganze Christenheit durchlaufen, als wären die Engel selbst die Botenläufer und trügen sie vor aller Menschen Augen ..."

(F. Mykonius, Reformationsgeschichte [1541/42]. In: Die Reformation in Augenzeugenberichten, hrsg. v. H. Junghans, dtv-Verlag, München 1973, S. 51f.)

(3) Im Mittelalter konnte die Kirche in der Beichte dem Sünder Strafen auferlegen (z. B. bei einem Kirchenbau mitzuhelfen oder eine Pilgerreise nach Rom zu machen). Ein „Ablaß" bewirkte den Nachlaß solcher, d. h. zeitlich begrenzter Strafen, falls der Sünder Reue zeigte. Worin siehst du den „Skandal" beim „Ablaßhandel"?
(4) Informiere dich, woran das „Reformationsfest" am 31. Oktober jedes Jahres erinnert.
(5) Nenne Voraussetzungen für die Breitenwirkung, die Luther mit seinen Thesen fand.

Erste Verhandlungen

Der Bruch mit dem Papst. Als Tetzel Luthers Thesen las, prahlte er: „Der Ketzer soll mir in drei Wochen ins Feuer geworfen werden." Die Sache wurde nach Rom berichtet. Der Papst hielt das Ganze mehr für ein „Mönchsgezänk", schickte aber schließlich einen Legaten (Gesandten), der die Sache mit Luther – wie dieser selbst berichtet – zunächst „freundlich und väterlich schlichten wollte", ihm dann aber die Forderung stellte, „den Irrtum zu widerrufen", worauf Luther entgegnete:

„Ich bin mir nicht bewußt, etwas gesagt zu haben, was gegen die Heilige Schrift, die Kirchenväter, die päpstlichen Erlasse oder die rechte Vernunft ist, sondern alles, was ich gesagt habe, erscheint mir auch heute noch als vernünftig, wahr und katholisch. Ich erbiete mich, persönlich hier oder an einem anderen Ort, auch öffentlich, über meine Äußerungen Rechenschaft zu geben."

(Acta Augustana 1518. In: Die Reformation in Augenzeugenberichten, a.a.O., S. 61)

Der junge Luther als Mönch. Kupferstich von Lucas Cranach d.Ä. (1520).

Diese neue, jetzt öffentliche Auseinandersetzung fand im Sommer 1519 in Leipzig statt. Als Vertreter der alten Lehre stand Professor Eck aus Ingolstadt Martin Luther gegenüber. Eck verlangte, daß jeder die Autorität des Papstes bedingungslos anerkenne. Luther bestritt die oberste Kirchengewalt des Papstes und äußerte, der Papst und selbst Konzilien könnten sich irren, die Heilige Schrift sei die einzige Quelle des Glaubens. Mit dieser Auffassung trat Luther in klaren Widerspruch zur Auffassung der römisch-katholischen Kirche, die davon ausgeht, daß der Glaube nicht nur auf der Bibel, sondern auch auf der „Überlieferung" aufbaue, d.h. auf Glaubenssätzen, die im Laufe der Zeit vom Papst und den Bischöfen verkündet und von den Gläubigen befolgt worden sind.

1519

Was hat Luther gewollt? Der Bruch mit der alten Kirche war nicht die Tat eines Augenblicks, kein Ereignis, das sich auf einmal vollzog. Luther war ein sehr gewissenhafter Mensch, der sein Mönchtum ernst nahm. Tief betroffen erkannte er, daß alles menschliche Mühen den Abstand zu dem großen, gerechten Gott nicht verringern könne, daß der Mensch durch die Ursünde Adams „ganz verderbt" sei. Luther stellte sich die quälende Frage: „Wie bekomme ich einen gnädigen Gott, wie kann ich des Heiles gewiß werden, wie kann ich den majestätischen Gott lieben?" In seiner Studierstube im Turm des Wittenberger Klosters hatte er ein Erlebnis, das er selbst später schilderte:

„Die Gerechtigkeit Gottes"

„Diese Worte ‚gerecht' und ‚Gerechtigkeit' wirkten auf mein Gewissen wie ein Blitz; hörte ich sie, so entsetzte ich mich: Wenn Gott gerecht ist, so wird er strafen. Doch, Gott sei es gedankt, als ich einmal in diesem Turm und meiner Studierstube über diese Worte: ‚Der Gerechte lebt aus dem Glauben' [Röm. 1,17] und ‚die Gerechtigkeit Gottes' nachsann, dachte ich alsbald: Wenn wir als Gerechte aus dem Glauben leben sollen und wenn die Gerechtigkeit Gottes jedem, der glaubt, zum Heil gereichen soll, so wird sie nicht unser Verdienst, sondern die Barmherzigkeit Gottes sein. So wurde mein Geist aufgerichtet. Denn die Gerechtigkeit Gottes besteht darin, daß wir durch Christus gerechtfertigt und erlöst werden."

(Luther, Tischreden 3, Nr. 3232c)

Evangelium

In andächtigem Studium der Heiligen Schrift entwickelte Luther die Grundgedanken seiner Lehre. Die Bibel stellte er in den Mittelpunkt des Christentums. Im Evangelium sollte jeder Christ selbst erfahren, was Gott ihm zu sagen habe. Die Heilige Schrift allein, nicht die gelehrten Abhandlungen der Theologen bildeten für Luther die Quelle des Glaubens. Indem er die Gläubigen lehrte, daß der Mensch sich weder selbst rechtfertigen, noch seine Schuld aus eigener Kraft wiedergutmachen könne, gab er ihnen zugleich die Hoffnung, daß Gott jedem Verzeihung und Gnade schenken werde, der sich im Glauben seiner Gerechtigkeit anvertraut. Luther machte deutlich, daß die Äußerlichkeiten im religiösen Leben – die Wallfahrten, Kirchen- und Glockenweihen, der Handel mit Reliquien, Heiligenbildern und Ablaßbriefen, die Feste der Bruderschaften und Kirchenvereine – den wahren, eigentlichen Glauben verdeckten. Er lehrte die Menschen, daß gute Werke ohne gläubige Gesinnung nichts wert seien. Luther vertrat die Auffassung, daß mit der Taufe jeder Christ einen „geistlichen Stand" erwarb und daß es darum kein besonderes Weihepriestertum gebe. Alle Amtsträger der Kirche seien von der Gemeinde zu wählen, der sie vorstehen sollen.

Glaube allein

Allgemeines Priestertum

(6) Aus welchen Worten Luthers S. 31 kannst du erkennen, daß er keinen Bruch mit der römischen Kirche beabsichtigte? Wodurch kam es trotzdem zur Kirchenspaltung?
(7) Du kannst jetzt erklären, woher die Ausdrücke „Reformation", „Evangelisch" kommen.

Wie reagierte die Öffentlichkeit? Nach der Leipziger Disputation sprach man landauf und landab von dem Doktor Luther, der die Mißstände der Kirche und die Mißstände im Reich so schonungslos aufdeckte und der mit seinen Ideen das religiöse wie das politische Leben von Grund auf umzugestalten, d.h. zu reformieren versprach. Die Menschen kamen in Massen zu seinen Predigten. Seine Schüler aus der Universität trugen seine Gedanken hinaus in das Land. Und vor allem schrieb Luther zahlreiche Flugblätter, Abhandlungen und volkstümlich gehaltene Darstellungen seiner Lehren. Die Buchdrucker hatten alle Hände voll zu tun; noch nie hatte Gedrucktes so reißenden Absatz gefunden. Jeder fühlte sich angesprochen.

Reformforderungen

Schritt für Schritt war Luther mit seinen Ideen immer mehr in Gegensatz zur „römischen" Kirche geraten. Er bestritt eine Reihe von Sakramenten und ließ nur Taufe, Buße und Abendmahl gelten. Er lehrte, daß ein Christ frei sei und in Glaubensfragen auch nicht dem Papst unterstehe.

Lange zögerte der Papst, und zwar aus politischen Gründen, gegen Luther entschiedener vorzugehen (vgl. Aufgabe 8). Im Sommer 1520 war es so weit: Eine päpstliche Bulle (d.h. ein Erlaß) wurde nach Wittenberg abgesandt, in der Luthers Schriften verdammt und ihre Verbrennung befohlen war. Luther erhielt 60 Tage Zeit, um zu widerrufen, andernfalls war er exkommuniziert, d.h. aus der Kirche ausgestoßen. Doch Luther verbrannte zusammen mit seinen Studenten die Bannandrohungsbulle öffentlich, und als der Papst nun die Exkommunikation verkündete, mußte der päpstliche Nuntius (Botschafter) erkennen:

Kirchenbann

„Ganz Deutschland ist in hellem Aufruhr. Für neun Zehntel ist das Feldgeschrei ‚Luther', für die übrigen, falls ihnen Luther gleichgültig ist, wenigstens ‚Tod der Römischen Kurie', und jedermann verlangt und schreit nach einem Konzil."

(Aleander in einem Brief am 8. 2. 1521. In: Handbuch der Kirchengeschichte, hrsg. v. H. Jedin, Bd. IV. Herder Verlag, Freiburg 1967, S. 77)

Kaiser Karl V.
1519–1556

Nach geltendem Recht hätte dem Kirchenbann die Reichsacht unverzüglich nachfolgen müssen. Aber im Juni 1519 war Karl V. zum Kaiser gewählt worden. Er hatte den Fürsten das Zugeständnis gemacht, keinen Deutschen ohne Verhör zu verurteilen.

1521

Der Reichstag in Worms. 1521 trat ein Reichstag in Worms zusammen, und Luther war geladen. Das Volk feierte ihn auf seinem Weg nach Worms. Er erwartete eine gründliche theologische Auseinandersetzung mit seinen Gegnern. Doch er sah sich getäuscht: Man fragte nur, ob er sich zu seinen Büchern und Schriften bekenne oder ob er sie widerrufe. Luther erbat sich einen Tag Bedenkzeit und erklärte dann:

Luther vor dem Reichstag

„Wenn ich nicht durch Zeugnisse der Schrift oder einleuchtende Gründe überführt werde, – denn ich glaube weder dem Papst noch den Konzilien allein, da es feststeht, daß sie öfter geirrt und sich selbst widersprochen haben, – so bin ich überwunden durch die von mir angeführten Schriftstellen, und mein Gewissen ist gefangen in Gottes Wort; widerrufen kann und will ich nichts, da gegen das Gewissen zu handeln weder ungefährlich, noch ehrenhaft ist. Gott helfe mir. Amen."

(Luther vor dem Reichstag. In: Geschichtliche Quellenhefte mit Überblick, Heft 4/5, Diesterweg 7344, S. 54)

Der Reichstag zeigte sich unschlüssig, doch der Kaiser erklärte am folgenden Tag:

„. . . Nachdem wir gestern die Rede Luthers hier gehört haben, sage ich euch, daß ich bedaure, so lange gezögert zu haben, gegen ihn vorzugehen. Ich werde ihn nie wieder hören. Er habe sein Geleit; aber ich werde ihn fortan als notorischen Ketzer betrachten und hoffe, daß ihr als gute Christen gleichfalls das Eure tut."

(Nach: Reichstagsakten Bd. 2, S. 594. In: Geschichte in Quellen, Bd. 3. Bayerischer Schulbuch-Verlag, München 1966, S. 126)

Wormser Edikt

Einen Monat später wurde im „Wormser Edikt" die Reichsacht über Luther verhängt. Er war vogelfrei. Auch seine Anhänger verfielen der Acht. Niemand durfte seine Schriften lesen, verbreiten oder drucken. Luther hatte das kaiserliche Edikt nicht abgewartet, sondern Worms frühzeitig verlassen. Sein Landesherr, der sächsische Kurfürst, war entschlossen, „seinen Professor" gegen Papst und Kaiser zu schützen. Er ließ ihn zum Schein überfallen und auf die Wartburg bei Eisenach bringen, damit der Eindruck entstehe, Luther sei verschwunden. Die Monate erzwungener Ruhe benutzte Luther zu gesteigerter Arbeit. Er verfaßte mehrere Schriften und übersetzte das Neue Testament ins Deutsche. In späteren Jahren folgten auch die Bücher des Alten Testaments, so daß 1534 erstmals eine Gesamtausgabe der Bibel – die sogenannte Lutherbibel – in einer Sprache vorlag, die in ganz Deutschland verstanden wurde.

Lutherbibel

(8) Der Papst hatte die Entscheidung über Luther bis zur Wahl des neuen Kaisers hinausgeschoben, weil er die Kandidatur des französischen Königs und zuletzt die des Kurfürsten von Sachsen begünstigt hatte. Der Kurfürst von Sachsen war Luthers Landesherr. Wie hängen hier Religion und Politik zusammen?

(9) Luther hat mit seiner Bibelübersetzung die „neuhochdeutsche Sprache" begründet. Was bedeutet die Bibelübersetzung für Luthers Wirkung beim Volk?

3.2. Der deutsche Bauernkrieg

Was hielten die Bauern für ungerecht? Die Mehrzahl der Menschen – gut vier Fünftel der Bevölkerung um 1500 – gehörte dem Bauernstand an. Die Obrigkeit (Grundherren, hohe Geistliche und Landesfürsten) beherrschte die Bauern; sie waren zins- und zehntpflichtig. Doch seit dem 14. Jh. lehnten sich Bauern an vielen Orten dagegen auf, daß sie immer mehr Rechte verloren. So häuften sich Aufstände: In England, Frankreich, Ungarn und an verschiedenen Orten des deutschen Reiches. Aber die Aufstände der Bauern wurden gewaltsam niedergeschlagen, ihre Anführer wurden wie Hans Böheim, der „Pfeifer von Niklashausen" im Taubertal, zum Tode verurteilt. Die Lage der Bauern schildert ein Zeitgenosse:

Bauernunruhen

„Den Herren fronen sie oftmals im Jahr, bauen das Feld, besäen es, ernten die Früchte, bringen sie in die Scheunen; hauen Holz, bauen Häuser, bauen Gräben für sie. Es gibt nichts, was dieses sklavische und elende Volk den Herren nicht schuldig sein soll. Nichts, was ihnen befohlen wird, können die Bauern verweigern, ohne daß ihnen von den Herren Gefahr droht. Der Schuldige wird streng bestraft. Am härtesten ist es für die Leute, daß der größte Teil der Güter, die sie besitzen, nicht ihnen, sondern den Herren gehört . . ."

(Johannes Boemus, Über den Bauernstand, 1520. In: G. Franz, Quellen zur Geschichte des deutschen Bauernstandes in der Neuzeit, Oldenbourg Verlag, München 1963, S. 3)

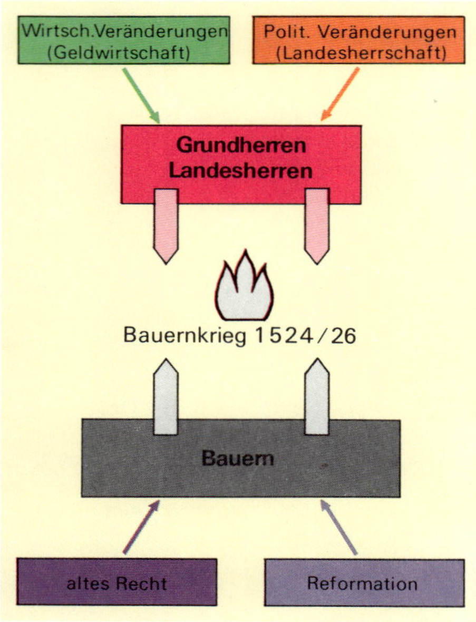

Ursachen des Bauernkrieges.

Gegen ungerechte Obrigkeit. Im Jahr 1524 wehrten sich Bauern am Oberrhein (zuerst bei Stühlingen) und klagten beim Kaiser, sie müßten Abgaben bezahlen, ohne den Grund dafür zu kennen; vor Gericht benachteiligte man sie und begünstigte die adligen Herren; bei Treibjagden verwüsteten die Herren ihre Äcker und weigerten sich, für den Schaden aufzukommen. Solche und ähnliche Klagen bezeugen, daß es den Bauern vor allem um ihr Recht ging. Sie sahen, daß sie im Dorf immer weniger zu sagen hatten, daß sie abhängiger wurden; denn die Obrigkeit dehnte auf vielerlei Arten ihre Macht aus: Sie setzte z. B. Amtleute ein, die sich nicht mehr an das seit Jahrhunderten geltende Gewohnheitsrecht hielten, sondern nach dem römischen Recht urteilten, das die Bauern nicht kannten (vgl. Bd. 1, S. 219 u. S. 226).

Wirtschaftlich traf nicht alle Bauern das gleiche Los. Man hat festgestellt, daß gegen Ende des Mittelalters die Bevölkerung zunahm und sich an manchen Orten in der Zeit zwischen 1470 und 1520 nahezu verdoppelt hat. Landwirtschaftliche Erzeugnisse waren gefragt, doch zugleich wurde der Boden knapper und mußte immer mehr Menschen ernähren. Bauern mit großen Höfen konnten Brotgetreide und Vieh zu steigenden Preisen verkaufen. Wer selbst Nahrungsmittel kaufen mußte, und das betraf gut die Hälfte der Landbevölkerung jedenfalls in schlechten Erntejahren, konnte sie kaum mehr bezahlen. Die wohlhabenden Bauern wehrten sich in dieser Lage selbstbewußt dagegen, daß die Landesherren ihre Rechte beschnitten und ihnen die Mitsprache verweigerten. Die Armen und die kleinen Leute empörten sich aus Verzweiflung und Not. Die Lehren Luthers schienen den Bauern recht zu geben. So schrieb Luther 1523 an die Fürsten:

Luther für die Bauern

„Man wird nicht, man kann nicht, man will nicht eure Tyrannei und euren Mutwillen länger leiden. Liebe Fürsten und Herren, lernet euch danach zu richten, Gott wills nicht länger haben. Es ist jetzt nicht mehr eine Welt wie vorzeiten, da ihr die Leute wie das Wild jagtet und triebet. Darum laßt ab von eurem Frevel und eurer Gewalttat."

(Luther, Von weltlicher Obrigkeit, 1523. In: Handbuch der Kirchengeschichte, Bd. IV, a.a.O., S. 141)

(1) Schildere Beispiele, die zeigen, wie ungerecht die Bauern damals behandelt wurden.
(2) Erkläre den Zusammenhang zwischen den reformatorischen Lehren und dem Widerstand der Bauern gegen die Obrigkeit. Lies dazu auch den folgenden Abschnitt.

Revolutionäre Forderungen? Die Menschen hatten durch die Reformation gelernt, sich auf die Heilige Schrift zu berufen. So betrachteten sie vieles, was sie bisher als selbstverständlich hinnahmen, kritisch; sie machten sich eigene Gedanken. Und Luther hatte gezeigt, daß man sich gegen die höchste Autorität, gegen Papst und Kaiser, wehren kann. Die „Freiheit eines Christenmenschen", von Luther verkündet, bezogen die Bauern auch auf die politischen und sozialen Verhältnisse. Was sie forderten, wirkte revolutionär: Die Beseitigung adliger Vorrechte. Sie sangen: „Als Adam grub und Eva spann, wo war denn da der Edelmann?"

Politische Forderungen

1525

Ein Städter, der Kürschnergeselle Sebastian Lotzer, half einer Gruppe von Bauern, die sich im Frühjahr 1525 bei Memmingen versammelt hatten: Er faßte ihre Forderungen zu einem Programm zusammen, den „Zwölf Artikeln der Bauern"

Die „zwölf Artikel"

„ . . . Die Bauern wollen keinen Aufruhr und keine Gewalt, sondern nur die Lehren des Evangeliums: Frieden, Geduld und Einigkeit sollen Wirklichkeit werden.

1. Jeder Gemeinde steht das Recht zu, ihren Pfarrer selbst zu wählen und abzusetzen. Dieser soll das Evangelium lauter und klar, ohne menschlichen Zusatz predigen.
2. Die Bauern sind gewillt, den Kornzehnten weiterzuzahlen, aber er soll für den Unterhalt des Pfarrers und für die Armen verwendet werden.
3. Die Leibeigenschaft soll aufgehoben werden. Die Bauern werden der von Gott eingesetzten Obrigkeit allezeit gehorsam sein.
4. Die Bauern fordern, daß sie frei jagen und fischen dürfen.
5. Die Bauern wollen ihr Holz frei aus dem Gemeindewald nehmen, sie wollen es nicht mehr vom Burgherrn oder von der Kirche gegen Geld kaufen.
6. Die Dienstleistungen, die Hand- und Spanndienste, sind auf ein erträgliches Maß herabzusetzen.
7. Die Bauern fordern, daß sie weitere Dienste darüber hinaus bezahlt bekommen.
8. Zinsen, Steuern und andere Abgaben sollen nach der Ertragslage eines Hofes neu festgesetzt werden.
9. Die Bauern verlangen, daß Recht nach dem alten geschriebenen Gesetz gesprochen wird und nicht ‚nach Gunst'.
10. Gemeindeland, das einige zu Unrecht sich angeeignet haben, soll wieder zurückgegeben werden.
11. Im Fall, daß der Bauer stirbt, sollen Witwe und Waisen nicht mehr mit dem ‚Todfall' (Abgabe zum Zeichen der Leibeigenschaft) belastet werden.
12. Jeden Artikel, der nicht mit der Heiligen Schrift übereinstimmt, wollen die Bauern sofort fallen lassen. Der Friede Gottes sei mit euch allen."

(Die Memminger 12 Artikel von 1525. In: W. Rüdiger, Die Welt der Renaissance, a. a. O., S. 95f.)

(3) Welche dieser Forderungen erscheinen dir maßvoll, welche radikal?
(4) In welchen Teilen berufen sich die Bauern auf die Heilige Schrift?

Bauern mit der Bundschuhfahne (Bundschuh = bäuerlicher Schnürschuh) bedrohen einen Ritter. Holzschnitt aus der Zeit des Bauernkrieges im „Trostspiegel" von Hans Schäufelin.

Gefangene Bauern werden abgeführt. Zeitgenössischer Holzschnitt.

Aufstände

Der große Bauernkrieg. Die „Zwölf Artikel" verbreiteten sich – ähnlich wie Luthers Thesen – in ganz Deutschland; und die Bauern erhoben sich: im Schwarzwald, im Breisgau, im Elsaß, im Odenwald, in Franken, Hessen, Thüringen, in Westfalen, im Allgäu und in Tirol. Die Unruhen waren zunächst nicht kriegerisch. Die Bauern rotteten sich wohl zusammen, aber nur um ihren Forderungen Nachdruck zu verleihen. Überall führten sie die Zwölf Artikel ins Feld.

Niederlage der Bauern

„Weitere Programme schlugen eine Umgestaltung der Reichsverfassung vor, um die Fürsten zu entmachten und ein demokratisches Kaisertum herzustellen. In Thüringen trat der Pfarrer Thomas Müntzer dafür ein, ein kommunistisches Gottesreich auf Erden revolutionär herbeizuführen. Als Leitgedanke schwebte der Mehrheit der Bauern wohl die Idee der ständischen Gleichberechtigung nach christlichem Muster vor . . . [Doch] weder einigten sie sich auf ein Programm, noch konnten sie eine geschlossene schlagkräftige Streitmacht ins Feld führen. Vereinzelte Ausschreitungen der Bauern bestimmten Luther, der ursprünglich zu vermitteln wünschte, ihre Gegner entschieden zu unterstützen. Die württembergischen, fränkischen, elsässischen und thüringischen Bauern wurden in getrennten Schlachten geschlagen. Die Besiegten wurden das Opfer grausamer Strafen; die Sieger überschritten in der Rache die bäuerlichen Missetaten weit. Man schätzt, daß 1525 von 10 Millionen Einwohnern Deutschlands 100 000 zu Tode kamen."

(R. Engelsing, Sozial- und Wirtschaftsgeschichte Deutschlands. Vandenhoeck und Ruprecht Verlag, Göttingen 1973, S. 72 f.)

Der Erhebung der Bauern haben sich vielerorts die unteren Bürgerschichten der Städte und die Bergknappen angeschlossen: Wie nie zuvor war es zu einem Aufstand des „gemeinen Mannes", der breiten Bevölkerungsschichten gekommen. Ihr Freiheitskampf scheiterte, weil die Landesfürsten entschlossen waren, die Bauern mit allen Mitteln der Macht zu unterwerfen. Luther hatte zunächst beide Seiten zum Frieden ermahnt. Als aber der kriegerische Aufstand um sich griff, ließ er die Bauern im Stich, weil er den Aufruhr gegen die Obrigkeit für eine Sünde hielt. In einer Schrift gegen die „räuberischen und mörderischen Rotten der Bauern" ermunterte er die Fürsten sogar, die Bauern totzuschlagen wie „tolle Hunde".

Luther gegen die Bauern

Die Folgen der Niederlage werden heute widersprüchlich beurteilt. Auf dem Reichstag in Speyer wurden 1526 zahlreiche Forderungen der Bauern als berechtigt anerkannt, und es wurde empfohlen, „daß sich eine jede Obrigkeit davor hüten sollte, ihre Untertanen unbillig zu belästigen". In Memmingen war während des Aufstandes die Leibeigenschaft aufgehoben und den Bauern freie Jagd und Fischerei zugestanden worden. Dabei blieb es auch nach 1525. Aber im Ganzen waren die Ziele der Bauern gescheitert. Die Lage der Landbevölkerung hat sich in der folgenden Zeit besonders im

Osten Deutschlands verschlechtert. Hier wurden die Bauern durchweg zu Leibeigenen, die den Großgrundbesitz der Gutsherren zu bewirtschaften hatten. Um 1500 war ein Bauer z. B. in Mecklenburg an dreieinhalb Tagen im Jahr verpflichtet, auf dem Hof des Gutsherrn zu arbeiten, 1517 alle drei Wochen einen Tag, 1550 einen Tag pro Woche und um 1600 drei Tage in jeder Woche. Aus einer Schrift von 1550 erfahren wir:

Frondienste

Armut

„Der vierte Stand ist der der Menschen auf dem Feld; sitzen in den Dörfern, Höfen, Weilern. Sie führen ein gar schlecht und niederträchtig Leben. Ihre Häuser sind schlechte Häuser, von Kot und Holz gemacht, auf das Erdreich gesetzt und mit Stroh gedeckt. Ihre Speise ist schwarzes Roggenbrot, Hirsebrei und gekochte Erbsen und Linsen. Wasser und Molken ist fast ihr einziger Trunk. Eine Zwillichjoppe, zwei Bundschuhe und ein Filzhut ist ihre Kleidung. Die Leute haben nimmer Ruh, früh und spät hangen sie der Arbeit an. Ihren Herren müssen sie oft durch das Jahr hindurch dienen. Da ist nichts, was das arme Volk nicht tun muß."

(Aus: Sebastian Münster, Kosmographie, 1598. In: Historisch-politisches Quellenbuch, Bd. 1, a.a.O., S. 319f., gekürzt)

(5) Nenne Gründe für die Niederlage der Bauern. Berücksichtige dabei das Verhalten der Bauern und das der Landesherren.
(6) Welche Stellung nahm Luther im Bauernkrieg ein?
(7) Vergleiche die beiden Berichte über die Lage der Bauern zu Beginn und am Ende dieses Kapitels.

3.3. Katholischer Kaiser – protestantische Fürsten 1519–1556

Karl V., Kaiser eines Weltreichs. Der Habsburger Karl V. – von 1519 bis 1556 Kaiser des Römischen Reiches deutscher Nation – war zugleich König von Spanien, von Neapel und Sizilien, Herzog von Burgund und der Niederlande und Herr der spanischen Gebiete in Übersee. Österreich, das er ebenfalls erbte, übertrug er seinem Bruder Ferdinand, dem 1526 auch noch Ungarn und Böhmen durch Erbschaft zufielen. Die Dynastie der Habsburger regierte über ein Weltreich, „in dem die Sonne nicht unterging". Karl V. war überzeugt, daß die Einheit dieses universalen Reiches im Kaisertum beruhe und daß er als Kaiser die Einheit im Glauben erhalten müsse. In Worms schwor er 1521, den katholischen Glauben in der ganzen Welt zu verteidigen. Doch gegen die lutherfreundlichen Fürsten, gegen den Adel und die städtischen Bürger konnte er nichts tun. Kursachsen, Preußen, Hessen, Württemberg, die Pfalz und die meisten Reichsstädte hielten an Luthers Lehre fest.

Karl V. mußte sich in der Zeit nach 1521 um die Außenpolitik kümmern. Er führte Krieg mit Frankreich, und zwar wegen Italien. Die Truppen Karls V. errangen mehrere Siege, den größten 1525 bei Pavia; sie eroberten und plünderten 1527 sogar die „Heilige Stadt" Rom, und der französische König mußte Italien aufgeben. Karl V. bekämpfte gleichzeitig die Türken, die 1526 Ungarn eroberten und 1529 bis Wien vorstießen. Die Stadt konnte zwar die Belagerung abwehren, aber fast ganz Ungarn blieb in türkischer Hand. Karls Bruder Ferdinand verblieb nur ein kleiner Teil des Landes (vgl. S. 100). Außerdem eroberten arabische Korsaren Algier und Tunis; Süditalien war bedroht. Vergeblich versuchte der Kaiser, die Araber aus Nordafrika zu vertreiben.

Kaiser Karl V. Gemälde von Tizian (1548), einem der bedeutendsten Künstler der Renaissance.

„Protestanten". Karl V. war seit dem Reichstag von 1521 ständig außerhalb Deutschlands. Da er alle Kräfte für seine Kriege benötigte, mußte er den deutschen Fürsten in Religionsfragen nachgeben. Man einigte sich 1526 auf einem Reichstag, daß jeder es mit der lutherischen Lehre so halte, wie er es vor Gott und dem Kaiser

1529

zu verantworten hoffe. Als 1529 Ferdinand zusammen mit den katholisch gebliebenen Fürsten die strenge Anwendung des Wormser Edikts durchsetzen wollte, spaltete sich der Reichstag in zwei Parteien: Mehrere Fürsten und 14 Reichsstädte legten feierlich Protest ein gegen die Entscheidung Ferdinands. Sie wurden „protestantische

„Protestantische Stände"

Stände" genannt, und so entstand der Name „Protestanten" für alle diejenigen, die sich von der römischen Kirche lossagten.

1530

„1530 kam Karl V. nach Deutschland und berief einen Reichstag nach Augsburg, zu dem er führende Theologen beider Bekenntnisse kommen ließ, mit Ausnahme Luthers, der noch immer geächtet war. Beide Parteien trafen sich im Geist der Versöhnung. Die Protestanten, die noch einmal versuchten – es sollte das letzte Mal sein –, von der Kirche akzeptiert zu werden, bemühten sich, zu beweisen, daß der lutherische Glaube nichts enthielte, was unvereinbar mit der Heiligen Schrift oder mit der römischen Kirchenlehre wäre. Sie legten eine allgemeine Erklärung über ihre Glaubensartikel vor, deren Kardinalpunkt die Rechtfertigung durch den Glauben allein war.

Augsburger Konfession

(Diese Erklärung, die als Augsburger Konfession in die Geschichte einging, ist bis heute das Glaubensbekenntnis der lutherischen Kirche geblieben und hat die Abfassung späterer Glaubensbekenntnisse beeinflußt.) Die Theologen versuchten zu disputieren, konnten jedoch zu keiner Einigung gelangen. Der Kaiser entließ den Reichstag mit dem Versprechen, den Papst um Einberufung eines ökumenischen Konzils zu ersuchen, das über die strittigen Fragen entscheiden sollte. Den Lutheranern wurde befohlen, in der Zwischenzeit zum katholischen Glauben zurückzukehren ..."

(E. Simon, Ketzer, Bauern, Jesuiten, a.a.O., S. 76f.)

(1) Nenne einige politische Ursachen für die Ausbreitung der Reformation.
(2) Wiederhole: Welchen Inhalt hatte das „Wormser Edikt"? – Warum wurde es nicht durchgeführt?

Wie sind die evangelischen Landeskirchen entstanden? Die protestantischen Landesfürsten und Reichsstädte weigerten sich, zum katholischen Glauben zurückzukehren. Denn inzwischen hatte die neue Lehre große Veränderungen bewirkt:

„Die Klöster waren leer, viele Pfarrer hatten geheiratet und kümmerten sich weder um Kirche noch Schule; Gottesdienste fanden kaum noch statt, das gesamte geistliche Wesen – einschließlich seiner unentbehrlichen sozialen und karitativen Aufgaben – lag darnieder. Zur Behebung dieser trostlosen Zustände wurden Kirchenordnungen entworfen (zuerst in Kursachsen 1528). Sie regelten die Besetzung der Pfarrstellen, Tätigkeit und Besoldung der Pfarrer und organisierten die Kirchen- und Schulaufsicht. Der Vereinheitlichung der Lehre dienten neue, verbindlich gemachte Kirchenbücher (1526 Luthers ‚Deutsche Messe und Ordnung des Gottesdienstes'; 1528 Großer und Kleiner Katechismus) ... Das Kirchengut wurde in den protestantischen

Einzug der Kirchengüter

Territorien fast ausnahmslos säkularisiert [d.h. verstaatlicht], zum Teil weiterverkauft, meist aber dem Besitz des Landesherren zugeschlagen. Einen Teil verwendete man zur Besoldung der Pfarrer, für den Unterhalt von Schulen und für die Armenpflege. Die erste protestantische Universitätsgründung (Marburg 1527) erfolgte ebenfalls aus beschlagnahmtem Kirchenbesitz."

(I. Mieck, Europäische Geschichte der frühen Neuzeit. Eine Einführung. Kohlhammer Verlag, Stuttgart 1970, S. 106f.)

In den protestantisch gewordenen Ländern übernahm die weltliche Obrigkeit die Verantwortung für die neue religiöse Ordnung. Die Landesherren erhielten mit Luthers Zustimmung die Rolle von „Notbischöfen" und wurden später Landesbischöfe, jeder in seinem Gebiet. Sie ernannten die Pfarrer und geistlichen Würden-

Kirchenleitung

träger, an der Spitze den „Superintendenten". Zusammen mit einem Kirchenrat (dem

Der kursächsische Kanzler verliest vor dem Kaiser (unter dem Baldachin) die Augsburger Konfession. Kupferstich von M. Herz und G. Köler (1530).

Konsistorium) entschieden sie über die Anwendung der neuen Lehre. Sie setzten „Visitatoren" ein, die zu den Pfarrgemeinden reisten, um über Lebenswandel und Pflichterfüllung der Pfarrer in Gottesdienst, Schule und Seelsorge zu wachen.

Kirchenaufsicht

(3) Prüfe, was Luther an die Stelle der „Amtskirche", die er bei der römisch-katholischen Kirche bekämpfte, setzte.
(4) Erkläre, warum der Aufbau der evangelischen Landeskirchen die Stellung der Landesherren stärkte.

Der Schmalkaldische Krieg. Nach dem gescheiterten Versöhnungsversuch von 1530 schlossen protestantische Fürsten und Städte ein Bündnis, den Schmalkaldischen Bund. Der Kaiser war weiterhin durch Kriege gebunden. Erst 1544 – nach einem Friedensschluß mit dem französischen König und einem Waffenstillstand mit den Türken – erhielt er freie Hand. Nun entschloß er sich zum Krieg gegen die Protestanten, denn er überlegte:

„Die unaufhaltsame Ausbreitung der lutherischen Ketzerei habe ihren Grund in der ständischen Hoheit [d.h. landesherrlichen Selbständigkeit] der Reichsfürsten. Die abgewichenen Stände verteidigten mit ihrem Glauben zugleich ihre landesherrliche Selbständigkeit und umgekehrt ... Es komme darauf an, diese Selbständigkeit der Landesherren zuerst zu zerstören, aus Deutschland einen Staat zu machen, in dem die Macht beim Kaiser lag. Erst wenn das gelungen sei, bestehe Aussicht, durch eine starke Reichsgewalt auch die Abgewichenen zum rechten Glauben und in die durch das Konzil reformierte Kirche zurückzuführen."

Kaisermacht gegen Fürstengewalt

(Nach: P. Rassow, Karl V., der letzte Kaiser des Mittelalters. Musterschmidt Verlag, Göttingen 1957, S. 62)

Der Kaiser hatte zunächst Erfolg: Die Schmalkaldener wurden 1547 bei Mühlberg an der Elbe geschlagen, ihre Fürsten gerieten in Gefangenschaft. Aber je mehr die deutschen Reichsfürsten den Plan des Kaisers durchschauten, desto entschlossener verteidigten sie ihre politische Macht und Selbständigkeit. Fürsten wie Moritz von Sachsen, die zuvor zum Kaiser gehalten hatten, wechselten das politische Lager und zwangen den Kaiser mit einem überraschenden Angriff zum Nachgeben. Karl V. mußte fliehen; er übertrug die Verhandlungen mit den Protestanten seinem Bruder Ferdinand und legte schließlich 1556 die Kaiserwürde freiwillig nieder.

Sieg der Fürsten

Der Augsburger Religionsfrieden. Ferdinand schloß mit den Gegnern einen Waffenstillstand und berief für das Jahr 1555 einen Reichstag nach Augsburg, auf dem die beiden Parteien – Katholiken und Lutheraner – sich auf einen „immerwährenden Religionsfrieden" einigten. Er enthielt folgende Punkte:

1555

Gleichberechtigung

1. Fürsten und Reichsstädte mit lutherischem Bekenntnis sind mit denen katholischer Konfession gleichberechtigt. Keiner darf dem andern Schaden zufügen.
2. Die Untertanen müssen das Bekenntnis des Landesherrn annehmen. Wer regiert, bestimmt die Religion der Bevölkerung. Andersgläubige dürfen auswandern.
3. Die protestantischen Landesherren dürfen die eingezogenen Kirchengüter behalten.

Das Reich Karls V.

4. In den Reichsstädten mit konfessionell gemischter Bevölkerung haben beide Kirchen das Recht zur Ausübung ihrer Religion.
Die religiöse Spaltung Deutschlands war mit diesem Frieden besiegelt. Trotz der Gleichberechtigung von Katholiken und Lutheranern konnte man noch nicht von Gewissensfreiheit und religiöser Toleranz sprechen, denn

„Glaubensfreiheit gab es nur für die Reichsstände [d.h. für die Landesherren und die Reichsstädte], nicht für die Untertanen. Immerhin wurde diesen das Recht zugesichert, im Fall abweichender Glaubensmeinung mit Weib und Kind auszuwandern und vorher ihr Hab und Gut zu verkaufen; für jene Epoche ein ungeheurer Fortschritt, der mit einem Schlag die Lutheraner von dem erbarmungslosen, überall gleich wirksamen Zwang der kirchlichen Inquisition [vgl. S. 47] befreite."

(G. Ritter, Die Neugestaltung Deutschlands und Europas im 16. Jahrhundert. Ullstein TB DG 2, Propyläen Verlag, Berlin 1967, S. 232)

(5) Untersuche die Motive, die Karl V. für den Krieg gegen die Protestanten hatte, und prüfe, weshalb die Fürsten gegen den Kaiser kämpften.
(6) Worin siehst du Fortschritte und worin Nachteile des Augsburger Religionsfriedens, und zwar
a) aus der Sicht des Kaisers,
b) aus der Sicht der Fürsten,
c) aus der Sicht der Bevölkerung?

Heinrich VIII. von England. Gemälde von Hans Holbein d.J. (1497–1563), dem Hofmaler des Königs.

3.4. Die Ausbreitung der Reformation in Europa

Heinrich VIII.

Warum trennte sich England von Rom. Als Luther in Deutschland wirkte, regierte in England König Heinrich VIII. (1509–1547). Man kannte dort Luthers Schriften, doch Heinrich war kein Freund der Reformation. Er geriet dennoch in Konflikt mit dem Papst, und zwar seiner Ehe wegen. Er wollte die Hofdame Anna Boleyn heiraten, darum sollte der Papst seine erste Ehe für ungültig erklären. Der Papst zögerte, worauf Heinrich einen willfährigen Mann zum neuen Oberhirten des Landes, zum Erzbischof von Canterbury, ernannte, und der bestätigte, was der König brauchte: die Ungültigkeit der ersten Ehe und die kirchliche Anerkennung der inzwischen heimlich vollzogenen Trauung mit Anna Boleyn. Nun reagierte der Papst: Er schloß den König aus der Kirche aus und erklärte seine Heirat mit Anna Boleyn für ungültig. Damit war der Bruch vollzogen.
Die Engländer hielten zu ihrem König. Er war beim Volk beliebt, und der Papst galt hier wenig. Außerdem fühlte man sich in seinem Nationalstolz verletzt. Heinrich konnte das englische Parlament veranlassen, in einem Sondergesetz, der „Suprematsakte" (1534), den König zum Oberhaupt der Kirche von England zu machen. Er 1534
verlangte vom gesamten Klerus den Gehorsamseid. Nur wenige wagten sich zu widersetzen. Die es taten, wurden wie der ehemalige Vertraute des Königs, Thomas Morus, im Tower gefangengehalten und hingerichtet. Durch ein weiteres Gesetz löste Heinrich den größten Teil der Klöster auf, beschlagnahmte die Güter und gliederte die Mönche dem Weltklerus ein. An der kirchlichen Lehre, an den Formen

des Gottesdienstes und an der Organisation der Geistlichkeit wurde zunächst wenig geändert. Erst die Nachfolger Heinrichs VIII. entwickelten die von Rom unabhängige „anglikanische Kirche" zu einer eigenständigen Konfession, die in der Lehre dem Protestantismus, im äußeren Aufbau eher der katholischen Kirche gleicht.

Anglikanische Kirche

(1) Du kannst auch am englischen Beispiel den Zusammenhang zwischen Religion und Politik aufzeigen. Was spielte hier außerdem eine Rolle?
(2) Informiere dich, ob es die anglikanische Kirche heute noch gibt und welche Bedeutung sie hat.

Was lehrte der Reformator Calvin? Neben Luther wirkten auch andere Reformatoren, vor allem Zwingli, der von Zürich aus den Norden der Schweiz für seine neue Lehre gewann, und Calvin (1509–1564), ein Franzose, der sich aus Furcht vor einer Verfolgung in die Schweiz begab und sich schließlich (1536) in Genf niederließ. Calvin entwickelte eine eigene reformatorische Lehre. Mit Luther teilte er zwar die Überzeugung von der tiefen Sündhaftigkeit des Menschen, von der Allwirksamkeit der Gnade, von der Rechtfertigung allein aus dem Glauben und vom Vorrang der Bibel (vgl. S. 31 f.). Aber die Folgerungen waren bei Calvin anders, so in der Lehre von der Vorherbestimmung des Menschen (Prädestination):

1536

Prädestination

„Prädestination nennen wir den ewigen Befehl Gottes, durch den er bei sich festgesetzt hat, was nach seinem Willen mit jedem einzelnen Menschen geschehen sollte; denn nicht unter gleicher Bedingung werden alle geschaffen, sondern für die einen wird das ewige Leben, für die andern die ewige Verdammnis vorherbestimmt."

(Aus Calvins Hauptwerk Institutio christianae religionis, zitiert nach: Geschichtliche Quellenhefte mit Überblick, Heft 5, S. 41)

Obwohl der in der Spannung zwischen Sünde und Gnade lebende Mensch nicht weiß, ob er zum Heil berufen ist oder nicht, muß er sich durch harte Pflichterfüllung der Erwählung versichern. Im Kampf gegen die Sünde findet der Mensch sein Heil. Das Wort Gottes, die Heilige Schrift, weist ihm den Weg.

„Calvins Lehre von der Prädestination wurde indes so ausgelegt, daß die Menschen bereits in diesem Leben sich so verhalten müßten, als wären sie ausgewählte: Die Lebensführung hatte tugendhaft zu sein und allem abzuschwören, was den Geboten Gottes entgegenzustehen schien: dem aufwendigen Prunk, dem Vergnügen und dem Genuß.

Taufgottesdienst in einem von den Calvinisten 1564 erworbenen und zur Kirche umgebauten Haus in Lyon. Nur wenn aus der Bibel gelesen oder der Name Gottes genannt wird, nehmen die Männer den Hut ab. Den Adeligen sind gepolsterte Sitze vorbehalten, während die anderen Gemeindemitglieder auf harten Sitzbänken Platz nehmen müssen. Vergleiche mit dem Innenraum einer katholischen Kirche (z.B. auf S. 104). Was fällt dir auf?

Am Erfolg, und zwar eindeutig am sich mehrenden Reichtum, sei jedoch abzulesen, ob Gott nicht doch die Mühe der Arbeit und des nüchternen Lebenswandels, Fleiß und Sparsamkeit belohne ... Müßiggang wird jetzt zum Laster; wer nicht vorankommt, wer arm bleibt, ist selber schuld, ja, er beweist damit nur, daß er nicht gottesfürchtig ist und daß Gottes Gnade nicht auf ihm ruht." *Erwählung und Erfolg*

(H. Maus, Industrialisierung und Gesellschaft, 1969. In: Weltgeschichte im Aufriß, Bd. 2. Diesterweg 7379. Frankfurt 1974, S. 98f.)

(3) Wie glaubte Luther, wie Calvin einen „gnädigen Gott" zu erlangen?
(4) Der Calvinismus hat das Leistungsstreben der Menschen gefördert. Wie ist das zu erklären?

Calvin lehrte ferner, daß der Christ die ganze Welt zum Reich Gottes umgestalten müsse. Der Staat habe für das sittliche Leben seiner Bürger zu sorgen. Wenn eine Obrigkeit die von Mißständen gereinigte, „reformierte" Kirche nicht anerkennt und unterstützt, verliert sie nach Meinung Calvins das Recht auf die Herrschaft. Die Kirchengemeinde soll einer solchen Obrigkeit Widerstand leisten, notfalls mit Waffengewalt. Darin liegt einer der Gründe für die späteren Religionskriege in vielen Ländern Westeuropas (vgl. S. 49). *Widerstandsrecht*

Der Gottesstaat von Genf. Auf Calvins Drängen erließ der Rat der Stadt Genf 1541 eine Kirchenordnung, die das öffentliche und private Leben der Bürger bis ins kleinste regelte. Die Grundlage war demokratisch: Alle Bürger wählten den Großen und den Kleinen Rat der Stadt, bestehend aus 200 bzw. 25 Mitgliedern. Daneben tagte wöchentlich die „Versammlung der Prediger", die über kirchliche Fragen beriet und neue Prediger aussuchte, die dann vom Rat ernannt und von der Gemeinde bestätigt werden mußten. Das wichtigste Organ war das Konsistorium, ein aus Pfarrern und Laien zusammengesetztes Sittengericht. Es überwachte alle Bürger und prüfte, ob sie christlich lebten, das Tanzen, Kartenspielen und den Besuch von Theatern und Wirtshäusern mieden — und die Gottesdienste besuchten. Wer sich schuldig machte, wurde mit Geldbußen, Ausschluß vom Abendmahl, Gefängnis, Ausweisung oder sogar mit der Hinrichtung bestraft. Im Genfer Gottesstaat gab es keine Toleranz. Calvin bestimmte 23 Jahre lang, bis zu seinem Tod, zusammen mit den Predigern, was erlaubt war und was nicht. In vier Jahren wurden z.B. von 15000 Einwohnern 900 verhaftet, 76 verbannt und 58 hingerichtet. **1541** *Sittenstrenge*

Genf galt als das „protestantische Rom". Es entwickelte sich in dieser Zeit zu einer Musterstadt an Fleiß und Ordnung. Die sozialen Unterschiede zwischen Armen und Reichen verringerten sich. Spitäler und Schulen waren vorbildlich. Eine neue Universität bildete calvinistische Prediger vor allem für die Missionsarbeit in vielen Ländern Europas aus. *Eine Musterstadt*

Die Glaubensanhänger Calvins vereinigten sich mit den Anhängern Zwinglis. So wurde fast die ganze Schweiz reformiert. Im Unterschied zu den Lutheranern nannten sich die Calvinisten „Reformierte". Sie breiteten sich in einigen süddeutschen Gebieten aus sowie in den Niederlanden, z.T. in Ungarn, in ganz Schottland, wo sie sich Presbyterianer nannten, in England, wo sie sich als Puritaner („die Reinen") gegen die anglikanische Staatskirche behaupteten, und in Frankreich, wo sie die Bezeichnung Hugenotten (vermutlich aus „Eidgenossen") erhielten. Während die Lutheraner immerhin den Schutz der gleichgläubigen Landesherren genossen (vgl. S. 40), standen die Calvinisten fast überall im Gegensatz zur herrschenden Obrigkeit und stützten sich vor allem auf die mittleren Schichten im Volk. Deshalb bekam die calvinistische Bewegung einen mehr demokratischen, aber auch kämpferischen Charakter. *Reformierte in Europa*

(5) Inwiefern war Genf ein „Gottesstaat"?

Die Bartholomäusnacht. Das zeitgenössische Gemälde faßt mehrere zeitlich aufeinanderfolgende Episoden zusammen.

Die Hugenotten in Frankreich. In Frankreich wandten sich zunächst viele Adlige und Bürger dem Calvinismus zu. Diese Hugenotten hatten großen politischen Einfluß, vor allem seit Admiral Coligny sie führte. Die Mehrheit der Franzosen blieb jedoch mit dem Königshaus der katholischen Lehre treu. Am Königshof in Paris entschloß man sich, Coligny mit Gewalt zu beseitigen. Ein Attentat mißglückte, doch dann wurden 2000 Hugenotten, die wegen der Hochzeit des hugenottischen Prinzen Heinrich von Navarra in Paris weilten, in der Nacht zum 24. August 1572 auf Anstiften der Königinmutter ermordet, unter ihnen auch Coligny.

Bartholomäusnacht
1572

„Nachdem der Pöbel von seinen Verfolgungszügen [gegen aufgestöberte Hugenotten] zurückgekehrt war, beschäftigte er sich damit, seine Nachbarn umzubringen. Die Luft hallte wider vom Geschrei der Sterbenden und derer, die man ausraubte, ehe man sie umbrachte . . . Die Menge der Toten — Männer, Frauen, Kinder, soeben erst Geborener sogar — war nicht zu zählen . . ."

(Agrippa d'Aubigné. In: Geschichte in Quellen, Bd. 3, a. a. O., S. 256)

Im ganzen sollen 13000 Menschen oder – nach anderen Schätzungen 20000 – umgebracht worden sein. Doch die überlebenden Hugenotten kämpften weiter. Im Jahr 1589 kam Heinrich IV. aus dem Hause Bourbon – selbst Hugenotte – auf den französischen Königsthron. Weil er überzeugt war, daß er die überwiegend katholischen Franzosen nicht als Hugenotte regieren könne, kehrte er zum katholischen Glauben zurück, gewährte jedoch im „Edikt von Nantes" 1598 den 1,2 Millionen Hugenotten Gleichberechtigung, Gewissensfreiheit und das Recht auf eigene Gotteshäuser, Schulen und Friedhöfe.

Heinrich IV.

(6) Heinrich IV. soll beim Übertritt zum katholischen Glauben gesagt haben: „Paris ist eine Messe wert.“ Erkläre, was er damit meinte.
(7) Berichte, wie es zur Bartholomäusnacht kam, wer die Verantwortung für das Gemetzel trug und wer sich daran beteiligte.

Nord- und Osteuropa

Ausbreitung der Lutheraner. Im Deutschen Reich, dem Ursprungsland der Reformation, übernahmen bis zur Mitte des 16. Jh. nahezu alle Länder und Städte im Norden und Westen das lutherische Bekenntnis. Nur südlich der Donau hielten sich rein katholische Gebiete wie Bayern und Österreich. Auch die skandinavischen Länder wurden bald protestantisch. Die Dänen führten 1536 die lutherische Religion ein und zwangen auch Norwegen, sie anzunehmen. Der schwedische König Gustav Wasa zwang 1527 Reichstag und Volk seines Landes zur Reformation, weil er den reichen Kirchenbesitz verstaatlichen wollte. Auch in Polen und Litauen sickerten protestantische Lehren ein, doch konnte sich hier der Katholizismus besser behaupten. Spanien, Portugal und Italien blieben der Reformation versperrt.

(8) Informiere dich, in welchen Ländern auch heute die Bevölkerung überwiegend katholisch ist. Berücksichtige auch Gebiete außerhalb von Europa. Vgl. Karte S. 58.

3.5. Katholische Erneuerung und Gegenreformation

Das Konzil von Trient. Die Reformation hatte die Christenheit gespalten. Nun standen sich zwei Blöcke entgegen; beide glaubten, im Recht zu sein; beide suchten die Wahrheit und wollten sie klarer erkennen; beide hofften, alle Christen zu überzeugen, so daß am Ende die Einheit im Glauben wiederhergestellt würde. Aber wie sollte das gelingen? Lange Zeit erwarteten vor allem die Protestanten von einem „allgemeinen, freien, christlichen Konzil auf deutschem Boden“ das schier Unmögliche. Auch der Kaiser gab seit 1530 den verfeindeten Reichsständen das Versprechen, den Streit um die Religion von einem Konzil entscheiden zu lassen (vgl. S. 38). Doch der Papst zögerte. Als er schließlich 1545 die Kirchenversammlung nach Trient (das rechtlich zu Deutschland zählte) einberief, verweigerten die Protestanten die Teilnahme. Grund: Das Konzil sollte von Vertretern des Papstes geleitet werden und war daher nach protestantischer Auffassung nicht „frei“, obwohl die Konzilsväter nur ihrem Gewissen verpflichtet waren und auch nicht in geschlossenen Gruppen („nach Nationen“), sondern einzeln („nach Köpfen“) abgestimmt wurde.
Die Aufgabe des Konzils umriß ein Kardinal mit den Worten: „Aus drei Ursachen ist das Konzil versammelt: um die falschen Lehren auszurotten, um die Kirche zu reformieren und um

Das Konzil von Trient. Gemälde im Kloster Stans (Schweiz). Die Konzilsväter sitzen in einem weiten Halbrund. Vor dem Kreuz der Vertreter des Kaisers und der Protokollführer, hinter dem Kreuz die Abgesandten des Papstes. Über ihnen die Taube, ein Symbol. Wofür?

den Frieden zu erlangen." Das Konzil bewältigte diese drei Aufgaben in 18jähriger Arbeit (1545–1563) mit folgendem Resultat:

1545–1563

Abgrenzung der Lehre

1. Die Lehren Luthers, Zwinglis und Calvins wurden verworfen. Der alte Glaube wurde gegenüber den „Irrlehren" abgegrenzt und in vielen Punkten klarer formuliert. So verdeutlichte das Konzil z. B. die katholische Auffassung von der „Rechtfertigung" des Menschen (vgl. S. 32), legte die Zahl der Sakramente auf sieben (darunter die Ehe, was vorher umstritten war) fest und erklärte die Messe zur Gedächtnisfeier, in der das Kreuzesopfer Christi durch die Verwandlung von Brot und Wein vergegenwärtigt wird.

Kirchenreform

2. Um die Mißstände in der Kirche zu überwinden, erließ das Konzil klare Bestimmungen über die Rechte und Pflichten von Papst, Bischöfen und Priestern. Der Papst wurde als oberste Autorität der Kirche bestätigt. Das Konzil regelte die Ernennung der Bischöfe durch den Papst, legte die bischöflichen Amts- und Aufsichtspflichten in den Diözesen fest und verbot die Häufung und den Kauf von geistlichen Ämtern. Der Priesternachwuchs war künftig in kirchlichen Seminarien unter bischöflicher Leitung heranzubilden. Alle Priester wurden verpflichtet, regelmäßig in ihrer Kirche zu predigen.

Gegenreformation

3. Eine friedliche Aussöhnung mit den Protestanten hat das Konzil weder erstrebt noch ermöglicht. Es schuf vielmehr ein Programm zur Erneuerung der katholischen Kirche und zur Wiedergewinnung verlorener Positionen. So machte das Konzil von Trient eine Gegenreformation möglich.

(1) Stelle in einer Tabelle zusammen: Aufgaben des Konzils – Ergebnisse des Konzils.
(2) Vergleiche, wie man vor der Reformation Priester werden konnte und wie das seit dem Konzil von Trient geregelt war. Informiere dich über die heutige Ausbildung der Priester.

1534

Die Jesuiten. So nannten sich die Mitglieder eines neuen Ordens, den ein ehemaliger spanischer Offizier, Ignatius von Loyola, 1534 als „Kompagnie von Jesus" gegründet hatte und der sich unter Führung eines Ordensgenerals dem Papst bedingungslos zur Verfügung stellte. Der Erfolg der Jesuiten beruhte vor allem auf ihrem absoluten Gehorsam, dem Training ihrer religiösen Einstellung in den „Exerzitien" und in der geschickten Menschenführung. Ignatius schrieb über den Gehorsam:

„Daß andere Orden es uns in Fasten, Nachtwachen und anderen strengen Bußübungen zuvortun, können wir uns schon gefallen lassen; aber im reinen und vollkommenen Gehorsam, der wahrhaften Verzicht auf unseren Eigenwillen und Verleugnung des eigenen Urteils einschließt: darin, teuerste Brüder, wünsche ich dringend diejenigen ausgezeichnet zu wissen, die sich in dieser Gesellschaft Gott unserem Herrn geweiht haben. Deshalb sollen wir niemals auf die Person sehen, der wir gehorchen,

Die Cathedra Petri (= Sessel des Petrus) von Bernini im Petersdom zu Rom (1657–1666). Als einer der bedeutendsten Bildhauer des Barock (vgl. S. 103) verherrlicht Bernini den Triumph der Gegenreformation. Vergleiche die Nüchternheit der reformierten Kirche auf S. 42. Im Mittelpunkt: der hölzerne Stuhl, der nach der Überlieferung Petrus gehörte; er ist kunstvoll in Bronze gefaßt. Der Thron des Papstes schwebt auf goldenen Wolken und ist umgeben von den Figuren des Petrus, des Paulus, des Ambrosius und des Athanasius (vgl. Bd. 1, S. 80). Über dem Thron halten Engel die Papstkrone. Zeige im einzelnen, womit Bernini den Rang des Papstes verdeutlichen wollte.

sondern in ihr auf Christus unseren Herrn, dem zuliebe der Gehorsam zu leisten ist ..."

(Ignatius an die Ordensgenossen in Portugal 1553. In: Materialien für den Geschichtsunterricht, Die Neuzeit, a.a.O., S. 63, leicht gekürzt)

Die Jesuiten konzentrierten den Kampf gegen die „Ketzer" auf strategisch wichtige Punkte: Sie setzten ihre Leute an den katholischen Fürstenhöfen als Prinzenerzieher und Beichtväter ein, schickten die besten Prediger auf „Volksmission", wo sie den katholischen Glauben – besonders in großen Städten – auf volkstümliche Weise lehrten; vor allem aber widmeten sie sich der Erziehung:

„Um 1600 waren vier Fünftel der Jesuiten Lehrer, und Hunderte von Schulen und Kollegien unterstanden ihrer Aufsicht. Um die Mitte des 17. Jahrhunderts wurde der katholische Teil von Europa praktisch von Jesuiten unterrichtet. Dieses erzieherische Wirken der Jesuiten trug viel zur Wiederbelebung und Verbreitung des katholischen Glaubens in zuvor gemischten Glaubensgebieten bei. Der Schlüssel zu diesem Erfolg war, wie in allem, was die Jesuiten unternahmen, Disziplin und Gründlichkeit. Bevor ein Jesuit sich vor eine Klasse stellte, hatte er ein 10 Jahre währendes Studium ... absolviert. Die Schulordnung basierte auf häufigen Prüfungen, strenger Disziplin und ständiger Aufsicht; doch fanden auch die Erkenntnisse des Humanismus Berücksichtigung. So wurde eine alte Tradition über Bord geworfen und jede körperliche Züchtigung der Schüler strengstens untersagt."

(E. Simon, Ketzer, Bauern, Jesuiten, a.a.O., S. 114f.)

Die Jesuiten gewannen nicht nur protestantische Christen der katholischen Kirche zurück. Sie arbeiteten auch in der Heidenmission in Übersee und gewannen sogar erheblichen Einfluß am Hof der chinesischen Kaiser. Der Orden wuchs rasch an Zahl und Bedeutung; viele Jesuiten waren (und sind heute noch) hervorragende Gelehrte.

Autodafé (= öffentliche Vollstreckung eines Inquisitionsurteils) in Spanien. Gemälde von Pedro Berruguete (+ 1504).

Zahl der Ordensmitglieder der „Gesellschaft Jesu"

1556	(beim Tod des Ignatius)	ca.	1000
1574		ca.	4000
1624		ca.	16000
1974		ca.	29400

(3) Vieles erinnert bei den Jesuiten an das Militär. Gib Beispiele an und erläutere sie.
(4) Diskutiert über die Erziehungsmethoden der Jesuiten.
(5) Wer eine Jesuitenschule in der Bundesrepublik kennt, sollte berichten.

Philipp II.

1556–1598

Inquisition

Philipp II. duldet nur Katholiken. Kein Staat verfolgte die „Ketzerei" der reformatorischen Lehren so unerbittlich wie Spanien. Hier regierte der Sohn Karls V., Philipp II. (1556–1598), von dem man sagte, er sei katholischer als der Papst gewesen. Philipp ließ die „Inquisition" (Kirchliches Gericht) gegen jeden rücksichtslos vorgehen, der im Verdacht stand, vom rechten Glauben abzuweichen. Wer angeklagt war und seinem „Irrtum" nicht abschwor, wurde gefoltert. Ankläger und Zeugen seiner Schuld blieben geheim. Wer auf seiner abweichenden Meinung beharrte, wurde öffentlich hingerichtet, meist auf dem Scheiterhaufen verbrannt.

Vertreibung der Mauren

Die Juden mußten unter Philipp II. das Land verlassen, und selbst Mauren (Spanier arabischer Abkunft), die Christen geworden waren, vertrieb man aus Spanien. Die Ausweisung traf nicht nur die Verbannten, sie schädigte auch das ganze Land, das eine halbe Million tüchtiger Handwerker und Kaufleute verlor.

Der Freiheitskampf der Niederlande. Auch in den Niederlanden (dem heutigen Holland und Belgien), die zu Spanien gehörten, wollte Philipp II. den katholischen Glauben wiederherstellen; denn in den vielen Städten des Landes, in denen ein reiches, selbstbewußtes, gebildetes Bürgertum lebte, hatte sich das „reformierte" Bekenntnis verbreitet. Philipp verschärfte die Ketzergesetze und die Tätigkeit der Inquisition. Vergeblich bat eine Delegation des Volkes die spanische Statthalterin, die Inquisition abzuschaffen und ein Parlament einzuberufen. Ein Spanier verspottete die Abordnung als „Bettler" (Geusen). In seiner Erregung stürmte das Volk, von kalvinistischen Predigern angeführt, katholische Gotteshäuser und zerstörte den Kirchenschmuck.

Aufstand des Volkes

Nun besetzten spanische Truppen unter Herzog Alba das Land. Die Aufständischen flohen. Wer ausharrte, wie z. B. die Grafen Egmont und Hoorn, kam in den Kerker. Ein Gerichtshof, den das Volk „Blutrat" nannte, verurteilte sie zum Tode. Alle, die an den Tumulten teilgenommen hatten, mußten sterben. Wer außer Landes geflohen war, verlor sein Vermögen. Um den Stolz der reichen Bürger zu brechen, belegte Alba das Land mit hohen Steuern. Er erreichte das Gegenteil: Bürger, einfaches Volk und adlige Herren machten gemeinsam Front gegen die spanische Fremdherrschaft. Zehn Jahre lang versuchte Alba mit Waffengewalt, ihren Widerstand zu brechen. Vergeblich. Wo die „Geusen", wie sie sich stolz nannten, kein anderes Mittel mehr hatten, durchstachen sie die Deiche, so daß die angreifenden Feinde ertranken. Das Salzwasser verwüstete zwar die Äcker, aber man sagte: Besser, das Land ist verdorben, als daß es verloren geht. Die Aufständischen waren bereit, lieber alles untergehen zu lassen, „als Gottes Wort und der Väter Freiheit zu verlieren". Daran

Gewaltherrschaft

Eine Sitzung des von Alba 1567 eingesetzten „Blutrates". Anonymer Stich.

Die Seeschlacht von Lepanto (vgl. S. 50). Ausschnitt aus einem Fresko von Andrea Vicentino im Palazzo Ducale in Venedig (16. Jh.). Die Flotte Spaniens, Venedigs und des Papstes stießen im Oktober 1571 auf die türkische Flotte im Golf von Lepanto vor der griechischen Küste. Ganz anders als einige Jahre später beim Untergang der Armada wurde der Kampf zu einem brutalen Handgemenge der Entermannschaften, das mit einem vollständigen Sieg über die Türken endete.

mußte die Militärherrschaft Albas scheitern. Als Philipp über den Anführer der Freiheitsbewegung, Wilhelm von Oranien, die Reichsacht verhängte, bildete der Norden der Niederlande (die Provinzen Holland und Seeland) einen selbständigen Staat, eine „Union"; sie erklärte 1581 ihre Unabhängigkeit, und zwar mit folgender Rechtfertigung:

Freiheitskampf

Unabhängigkeit

1581

„Ein Volk ist nicht wegen des Fürsten, sondern ein Fürst um des Volkes willen geschaffen, denn ohne das Volk wäre er ja kein Fürst. Er ist dazu da, daß er seine Untertanen nach Recht und Billigkeit regiere. Behandelt er sie aber nicht so, sondern bloß wie Sklaven, dann hört er auf, ein Fürst zu sein und ist ein Tyrann. Und so erklären wir denn jetzt den König von Spanien verlustig jedes Anspruchs auf die Herrschaft in den Niederlanden. Wir entbinden alle Amtsleute, Obrigkeit, Herren, Vasallen und Einwohner von dem einst dem König von Spanien geleisteten Eid des Gehorsams und der Treue."

Widerstand

(Aus der Unabhängigkeitserklärung der Niederlande, 1581. In: Historisch-politisches Quellenbuch, Bd. 1, a.a.O., S. 291, gekürzt)

(6) Inquisition — religiöse Toleranz: Erkläre den Gegensatz. Nicht nur die Inquisition verfolgte Andersgläubige. Denke z.B. an den „Genfer Gottesstaat". Wie war es dort?
(7) Wie begründeten die Niederländer das Recht auf Widerstand? Welcher Reformator hatte dieses Widerstandsrecht gelehrt? Vgl. S. 43.

Vergebliche Hoffnung auf eine katholische Weltherrschaft. Philipp II. führte ständig Krieg. Sein Ziel war, die Herrschaft des katholischen Christentums in aller

Weltpolitik

Welt durchzusetzen. In den Kolonien mußten die unterworfenen Indios den katholischen Glauben annehmen. Die Türken verloren in der Schlacht von Lepanto (1571): Ihre Vormacht im Mittelmeer war gebrochen. In Frankreich unterstützte Philipp den Kampf gegen die Hugenotten mit Geld. Das protestantische England gab Anlaß zum Krieg, als Königin Elisabeth I. ihre Rivalin, die katholische Maria Stuart, zum Tode verurteilen und hinrichten ließ. Philipp rüstete 1588 die stärkste Flotte der damaligen Zeit, eine gewaltige „Armada". Ihr Schicksal besiegelte zugleich seine Weltherrschaftspläne:

1571

1588
Untergang der Armada

„Dem kühnen Angriffsgeist der englischen Seeleute gelang es tatsächlich, den Aufmarsch der feindlichen Flotte in tagelangen Kämpfen so entscheidend zu stören, daß die eigentliche große Seeschlacht gar nicht zustande kam. Mit Hilfe der Holländer wurde jede Verbindung zwischen der Armada und einem Landheer, das sie verstärken sollte, unmöglich gemacht. In voller Auflösung und Verwirrung, mit gekappten Ankertauen und überfüllt mit Verwundeten trieb die spanische Flotte bereits an den Küsten Englands vorbei, als ein Orkan sich erhob und die hilflosen Schiffskolosse an den Küsten von Schottland und Irland scheitern ließ."

(G. Ritter, Die Umgestaltung Deutschlands und Europas, a.a.O., S. 339)

am 16.11.84 bis 20.11.84

3.6. 1618–1648: Vom Religionsstreit zum Krieg um die Macht

Der Untergang der Armada bedeutete eine Wende der Weltgeschichte. Philipp II. hatte seinen Kampf um die katholische Vorherrschaft in Europa verloren. Alle Gegner Spaniens sahen sich durch das Ereignis ermutigt. England aber begann seinen Aufstieg zur größten Seemacht der Welt.

Konfessionelle Gegensätze: Im Deutschen Reich bewirkte der Augsburger Religionsfrieden von 1555, daß sich Katholiken und Lutheraner vorerst gegenseitig ertrugen. Die katholischen Stände unternahmen keine gewaltsame Gegenreformation, während die Protestanten noch weitere Anhänger gewannen. Erst um 1600 verschärfte sich die konfessionellen Gegensätze erneut. Nun war keiner mehr zu weiteren Kompromissen bereit, weder im kleinen noch in der großen Politik.

„Die Stimmung war gesunken. In aller Munde waren neuerdings die Vorgänge in Donauwörth. Hier war durch die Jesuiten von dem benachbarten Dillingen aus die kleine katholische Gemeinde [in der mehrheitlich protestantischen Stadt] gestärkt worden. 1603 ließ sie eine Prozession mit fliegenden Fahnen halten, was der Rat beanstandete; sie hätten höchstens eingerollt sein dürfen. Der Kaiser legte den Schutz der Katholiken in die Hände des Herzogs von Bayern. Gleichwohl

Kurfürst Maximilian I. von Bayern mit seinem Sohn Ferdinand Maria. Gemälde von Niklas Prugger. Der Führer der katholischen Liga war in Ingolstadt von Jesuiten erzogen worden. Als er 1595 die Regierung antrat, gelobte er eine Politik nach religiösen Grundsätzen. In den altbayerischen Gebieten herrschte unter Maximilian nur noch der Katholizismus, und in der Oberpfalz führte er die Gegenreformation gewaltsam durch. Sein Wahlspruch lautete: „Der Fürst muß einer Kerze gleichen, die sich selbst verzehrt, indem sie anderen voranleuchtet."

Der Prager Fenstersturz am 23. Mai 1618. Stich Matthäus Merians im „Theatrum Europaeum".

hinderte noch 1607 der von der erregten öffentlichen Meinung getriebene Stadtrat die feierliche Prozession. Der Kaiser ächtete die Stadt und der Herzog vollstreckte die Acht. Die protestantische Pfarrkirche wurde den Jesuiten eingeräumt. Später ließ sich der Herzog die Stadt als Ersatz für seine Kosten auch noch verpfänden."

(K. Brandi, Deutsche Geschichte im Zeitalter der Reformation und Gegenreformation. Wissenschaftliche Buchgesellschaft, Darmstadt 1960, S. 448, leicht gekürzt)

Union und Liga

Kurfürst Friedrich von der Pfalz, Anhänger des Calvinismus, lehnte sich dagegen auf, daß in verschiedenen Reichsbehörden, z. B. im Reichskammergericht und im Reichshofrat, die Katholiken die Oberhand hatten. Auf sein Betreiben schlossen die protestantischen Landesfürsten und Reichsstädte 1608 ein Bündnis, die protestantische Union, um jede Macht gemeinsam abzuwehren, die ihre Interessen hinderte. Im folgenden Jahr schlossen die katholischen Fürsten, Bischöfe und Äbte unter Führung des Herzogs Maximilian von Bayern ein Gegenbündnis: die katholische Liga.

Majestätsbrief

Was führte zum Krieg? In Böhmen war die Lage besonders gespannt: Zum konfessionellen Gegensatz zwischen den vielen Protestanten im Land und dem katholischen Herrscherhaus, den Habsburgern, trat ein zweiter hinzu: Die böhmischen Landstände (die Vertretung von Adel, Kirche und Bürgertum) besaßen weitgehende Rechte der politischen Mitbestimmung und waren nicht gewillt, sie aufzugeben. Genau dies verlangte Ferdinand II., der 1617 böhmischer König und bald darauf deutscher Kaiser (1619–1637) wurde. Er mißachtete die Verträge, die seine Vorgänger den Böhmen gewährt hatten, so den „Majestätsbrief" von 1609, der den Böhmen Gewissensfreiheit und freie Religionsausübung für Protestanten verbriefte. Ferdinand zwang die tschechischen Bauern auf seinen Gütern, den katholischen

1618

Glauben anzunehmen, und ließ zu, daß protestantische Kirchen geschlossen und sogar abgerissen wurden. Da versammelten sich im Mai 1618 böhmische Adlige mit protestantischen Bürgern in Prag, drangen in das Schloß ein, wo die Statthalter des Königs residierten:

Prager Fenstersturz

„Als sich nun der oberste Landhofrichter Slabata und der Graf Schmersanßky den Ständen gar hart erzeiget, haben sie diese zween beiseite gerufen und besagten Slabata und Schmersanßky neben dessen Sekretario Fabricio aus der Kanzlei durchs Fenster hinab in den Graben, in Mänteln und Degen, wie sie gegangen und gestanden, gestürzet. Weil sie aber zu ihrem großen Glück auf einen Misthaufen gefallen, ist ihnen an dem Leben, wiewohl es bei 40 Ellen hoch hinunter gewesen, kein Schad geschehen, und obwohl auch von den andern, nachdem sie vermerkt, daß sie noch am Leben, etliche Pistolenschüß nach ihnen gegeben wurden, sind sie doch nicht getroffen worden und haben sie sich indessen verkrochen und also der Gefahr entrunnen."

(Nach einem Bericht im Theatrum Europaeum, 23. 5. 1618. In: Geschichtliche Quellenhefte, Heft 4/5, Diesterweg 7344, S. 103)

Friedrich von der Pfalz

Dieser Fenstersturz zu Prag gab das Signal zum Religionskrieg. Die böhmischen Stände verboten den Jesuitenorden und veranlaßten die katholischen Adligen und Kirchenfürsten, das Land zu verlassen. Da rüstete Ferdinand zum Krieg gegen die „Rebellen". Diese erklärten, daß er ein Tyrann sei, dem sie sich nicht mehr untertan fühlten. Sie wählten einen neuen König, den Führer der protestantischen Union, Friedrich von der Pfalz, der im Herbst 1619 in die Prager Burg einzog. Ferdinand schloß ein Bündnis mit der katholischen Liga, erhielt Hilfstruppen von Spanien und vom Papst und unterstellte die Armee dem Oberbefehl Maximilians von Bayern.

(1) Was waren die Ziele der „Union" und der „Liga"?
(2) Du kannst das altertümliche Deutsch des Berichtes über den Prager Fenstersturz in unsere heutige Sprache übertragen.
X (3) Auch die Böhmen beriefen sich auf das Widerstandsrecht. Wie haben sie das begründet?

Krieg gegen Böhmen

Dreißig Jahre Krieg in Deutschland. Unter Tilly, dem Feldherrn der katholischen Liga, wurden die Böhmen, die kaum Hilfe erhielten, in der Schlacht am Weißen Berg (bei Prag) 1620 geschlagen. Friedrich floh nach Holland und verlor die Kurwürde an Maximilian. Prag ergab sich, in Böhmen regierte wieder Ferdinand von Habsburg. Den aufständischen Adel traf eine harte Strafe: Viele, die nicht ins Ausland geflohen waren, wurden öffentlich hingerichtet; die Güter wurden beschlagnahmt. Fast Dreiviertel des böhmischen Grundbesitzes kam in neue Hände. Ferdinand zerschnitt den „Majestätsbrief" mit eigener Hand und erklärte die katholische Religion zur einzig erlaubten. Viele Böhmen wanderten aus, die andern mußten katholisch werden, „durch Bedrängnis zur Einsicht gebracht", wie der päpstliche Nuntius nach Rom berichtete.

Fortsetzung des Krieges

Aber die böhmischen Flüchtlinge suchten und fanden Verbündete bei den protestantischen Fürsten, und sie gewannen Söldnerführer, die sich mit ihren Landsknechten in den Dienst des vertriebenen Königs Friedrich stellten. So ging der Krieg weiter. Er dauerte insgesamt 30 Jahre. Seine wichtigsten Ereignisse zählt folgende Übersicht auf:

Kriegsereignisse

1618	Prager Fenstersturz. Unabhängigkeitserklärung Böhmens
1620	Schlacht am Weißen Berg. Niederlage der Böhmen
1625	Dänemark tritt an der Seite der Protestanten in den Krieg ein
1626	Wallenstein übernimmt den Oberbefehl der kaiserlichen Armee
1629	Der siegreiche Kaiser verkündet ein „Restitutionsedikt"
1630	Gustav Adolf von Schweden tritt auf protestantischer Seite in den Krieg ein
1631	Schweden siegen in der Schlacht bei Breitenfeld über die Liga
1632	Gustaf Adolf verliert in der Schlacht bei Lützen sein Leben

Links: Albrecht von Wallenstein. – Rechts: König Gustav Adolf von Schweden. Ausschnitte aus Gemälden von Anthonis van Dyck (um 1630).

1634	Wallenstein wird ermordet
1635	Frankreich tritt als Gegner Habsburgs in den Krieg ein
1644–48	Friedensverhandlungen in Münster und Osnabrück
1648	Westfälischer Frieden

(Nach: Ploetz, Hauptdaten der Weltgeschichte. [31]1972 S. 131 ff., gekürzt)

Wallenstein

Wallenstein, ein Kriegs-Unternehmer. Als die Protestanten sich unter Führung des Dänenkönigs dem Heer der Liga entgegenstellten, kam der Kaiser in Bedrängnis. Er nahm deshalb das Angebot eines böhmischen Adligen, Albrecht von Wallenstein, an, der auf eigene Kosten ein Heer aufstellen wollte, wenn er den Oberbefehl erhielt. Dieser Mann hatte zahlreiche Güter von verurteilten oder geflohenen böhmischen Adligen zu Spottpreisen erworben. Nun ließ er 20 000, dann 50 000, bald 100 000 und mehr Soldaten anwerben, alle auf seine persönlichen Kosten, gleichsam als Angestellte eines großen Unternehmens. Solche Heerführer, die eine Söldnertruppe wie ein privates Unternehmen aufstellten, um sie an kriegführende Herrscher gegen Gewinn zu vermieten, gab es zu jener Zeit viele. Wallenstein war der größte.

Söldnerheer

„Die Männer, die das ‚Rohmaterial' eines solchen Heeres ausmachten, stammten aus ganz Europa; es waren zähe Gesellen, Abenteurer, die sich jedem vermieteten, der sie bezahlen wollte. Ihr Geschäft war das Töten, und es war ihnen einerlei, ob ihre Opfer Franzosen waren, Engländer oder Deutsche, Katholiken, Lutheraner oder Calvinisten. Wurden sie gefangengenommen, traten sie häufig in die Armee dessen ein, der sie gefangengenommen hatte. Wurden sie nicht bezahlt, desertierten sie. Wurden sie nicht ernährt, plünderten sie. Die Aufgabe, in einer solchen Armee . . . die Disziplin aufrechtzuerhalten, war unvorstellbar . . ."

(Ch. Elitzer, Söldner, Diener, Majestäten. Rowohlt Life 37, Hamburg 1973, S. 36 f.)

Die Belagerung von Magdeburg. Stich von Merian 1631. Die Stadt wurde von Tilly beschossen und von General Pappenheim erstürmt. Bei der Plünderung entstand ein Brand. Daraus entwickelte sich eine Feuersbrunst, der die ganze Stadt bis auf den Dom (ganz links) und eine Klosterkirche zum Opfer fiel.

Krieg ernährt den Krieg

Wallenstein hatte Respekt bei seinen Leuten; er wurde verehrt, denn er zahlte gut, und die Versorgung war sichergestellt. Er ließ eigene Mühlen, Bäckereien, Braustätten für seine Armee arbeiten. Und während der Feldzüge „requirierten" Soldaten und Offiziere einfach, d.h. sie nahmen sich, was sie brauchten. Wer sich wehrte, bekam Spott und Schläge.

Verbrauch der Truppen Wallensteins innerhalb von 3 Tagen in Schlesien: 248 Faß Bier, 150 000 Pfund Brot, 169 Ochsen, 1359 Schafe, 1872 Scheffel Hafer.

Wallensteins Stellung

Militärisch operierte Wallenstein vorsichtig und hatte damit Erfolg. Der Kaiser, für den er mit Tilly zusammen ganz Norddeutschland erobert hatte, erhob ihn zum

Die Ermordung Wallensteins in Eger 1634. Stich von Merian.

Herzog von Mecklenburg. Aber Reichtum und Titel genügten dem Mann nicht. Seine wahren Ziele kennt man bis heute nicht sicher. Ein spanischer Diplomat hatte den Eindruck, daß Wallenstein der alleinige Herr sei und dem Kaiser kaum etwas anderes als den Titel ließ. Einmal erreichten die mißtrauischen, neidischen Fürsten, daß Wallenstein abgesetzt wurde, doch der Kaiser mußte ihn nach Tillys Tod erneut als Generalissimus berufen. Schließlich erfuhr man in Wien, daß Wallenstein mit dem Gegner eigenmächtig über den Frieden verhandle. Da wurde er 1634 in Eger ermordet. In einem Volkslied aus jener Zeit heißt es:

Ermordung Wallensteins

1634

Charakterzüge

War ein berühmter General,
An Siegen groß, an Worten kahl,
Hielt seinen Sinn verschlossen.
Hat so in mancher Feldschlacht heiß
Gesparet keine Mühn noch Fleiß,
Sein ritterlich Blut vergossen.

Doch Feind und Freund übel traktiert
Daran man lange denken wird,
Gebrandschatzt und geplündert.
Groß Reichtum auch an Gut und Geld
Erworben sich damit im Feld,
Doch seinen Ruhm gemindert.

Sucht letztlich gar als Siegeslohn
Für sein Haupt eine Königskron
Im Reiche zu erwerben.
Das gab dem Kaiser große Not,
Alsdann beschlossen ward sein Tod,
Mußt dadurch elend sterben . . .

(Ein Valet-Liedlein für Wallenstein. In: H. Jessen [Hrsg.], Der Dreißigjährige Krieg in Augenzeugenberichten. dtv-Verlag, München 1972, S. 362f.)

(4) Wallenstein, ein Kriegs-Unternehmer. Was ist damit gemeint? Wer kann heute Geschäfte mit Kriegen machen?
(5) Beschreibe das Verhalten und die Einstellung der Landsknechte und Söldner. Zeige den Unterschied zu Soldaten einer modernen Armee.

Was wollten die europäischen Mächte? Je länger der Krieg sich hinzog, desto mehr veränderte sich sein Charakter. Das Ausland mischte sich ein, aber warum? Der schwedische Reichsrat begründete 1629 seine Entscheidung so:

Kriegsziele

„Man weiß, daß der Kaiser (Ferdinand II.) einen unauslöschlichen Haß gegen Schweden trägt, nicht allein in seinem unwiderruflichen Vorsatz aller Papisten (Katholiken), alle Evangelischen auszurotten, sondern auch in dem alten brennenden Verlangen des Hauses Habsburg nach der unumschränkten Herrschaft. Drei Mächte sind allein in der Lage, dieses Verlangen zu verhindern: Frankreich, Holland, Schweden . . . Es gibt keinen besseren Schutz für die Ostsee — und damit keine andere Sicherheit für Schweden — als die Offensive . . . Auch würde es vor Gott und den Menschen unverantwortlich sein, wenn Schweden seine Bundes- und Religionsverwandten, vor allem Stralsund, das es in seinen Schutz genommen, so plötzlich verließe . . ."

(Aus dem Ratschlag des schwedischen Reichsrates 1629. Nach: Geschichtliche Quellenhefte mit Überblick, Heft 4/5, a.a.O., S. 106f.)

Gustav Adolf, der schwedische König, erklärte vor dem Auszug seiner Armee in einer Abschiedsrede:

Gustav Adolf

„So wisset denn, indem ich Gott den Allmächtigen zum Zeugen anrufe, durch dessen Vorsehung wir hier versammelt sind, daß ich nicht aus eigenem Antriebe oder aus Lust zum Kriege diesen Feldzug unternehme, sondern daß ich vielmehr schon durch einige Jahre hindurch seitens der Kaiserlichen dazu gereizt und bewogen worden bin . . . diesen Krieg zu unternehmen, dessen größtes Ziel es ja ist, unsere unterdrückten Religionsverwandten aus den Klauen des Papstes zu befreien, was uns hoffentlich mit Gottes Gnade gelingen wird."

(Aus Gustav Adolfs Abschiedsrede 1630, ebenda S. 107)

In einem Vertrag mit Frankreich vereinbarten die Schweden:

Bündnis mit Frankreich

„Es soll ein Bündnis geschlossen werden zwischen den durchlauchtigsten Königen von Schweden und Frankreich zum Zweck der Verteidigung ihrer gemeinsamen Bundesgenossen, der

Überfall und Plünderung eines Dorfes. Radierung aus den „Großen Schrecken des Krieges" von Jacques Callot (1633).

Sicherheit der Ost- und Nordsee, der Freiheit des Handels und der Wiederherstellung der unterdrückten Stände des Römischen Reiches ... Zu diesem Zweck soll der König von Schweden 30 000 Mann zu Fuß und 6000 Reiter auf seine Kosten nach Deutschland führen. Der König von Frankreich soll 40 000 Reichstaler jährlich zahlen und liefern ..."

(Aus dem Vertrag von Bärwalde 1631, ebenda S. 109)

1635
Französische Ziele

Im Jahr 1635 trat Frankreich auch offen mit einer eigenen Armee in den Krieg ein. Kardinal Richelieu, der damals Frankreich regierte, nannte u.a. folgende Kriegsziele:

„Man könnte sich zum Herrn des Elsaß, von Breisach und der Rheinübergänge machen und dort eine Armee halten, die man bei gewissen Gelegenheiten gebrauchen könnte ..."

(Aus einem Gutachten Richelieus vom Jahr 1632, ebenda S. 112)

Die Rache der Bauern. Radierung von Jacques Callot (1633).

(6) Stelle aus diesen Quellen die religiösen und politischen Gründe für den Kriegseintritt der Schweden und der Franzosen dar. Welche Gründe scheinen dir am meisten Gewicht zu haben?

Unsägliches Kriegselend. Wie soll man schildern, was die Bevölkerung in der schier endlosen Zeit des Dreißigjährigen Krieges zu leiden hatte? Christoph von Grimmelshausen berichtet in seinem Roman „Simplizissimus", was er z. B. bei einem Überfall auf einen Bauernhof erlebte:

Simplizissimus

„Jeder [der Soldaten] hatte seine besondere Arbeit zu verrichten, von denen jede auf Untergang und Verderben zielte: Etliche fingen an zu metzgen, zu sieden, zu braten, so daß es aussah, als sollte eine lustige Schmauserei gehalten werden . . . Andere machten von Tuch, Kleidern und allerlei Hausrat große Bündel, als ob sie damit einen Krempelmarkt aufmachen wollten; was sie aber nicht mitzunehmen gedachten, wurde zerschlagen und zugrunde gerichtet. Etliche schlugen Ofen und Fenster ein, als hätten sie einen ewigen Sommer zu verkünden. Kupfer- und Zinngeschirr stampften sie zusammen und packten die verbogenen und verderbten Stücke ein. Betten, Tische, Stühle und Bänke verbrannten sie, obwohl viel dürres Holz im Hofe lag. Den Knecht legten sie gebunden auf die Erde, steckten ihm ein Querholz in den Mund und schütteten ihm einen Melkkübel voll Mistjauche in den Leib — das nannten sie einen schwedischen Trunk. Meiner Mutter und Schwester schraubten sie die Daumen fest zu und folterten sie so, als wenn man Hexen verbrennen wollte. Kurz: Es hatte jeder seine eigene Erfindung, die Bauern zu peinigen, also auch jeder Bauer seine besondere Marter . . ."

Plünderung

Schwedentrunk

(Aus: J. J. Ch. von Grimmelshausen, Simplizissimus Buch I; gekürzt)

Am Ende des Krieges schrieb ein protestantischer Geistlicher:

„Wie jämmerlich stehen nun die großen Städte! Wo zuvor tausend Gassen waren, sind nun nicht mehr hundert. Wie elend stehen die kleinen Städte . . . Da liegen sie verbrannt, zerfallen, zerstört, daß weder Dach, Gebälk, Türen oder Fenster zu sehen sind. Wie sind sie mit den Kirchen umgegangen? Sie haben sie verbrannt, zu Pferdeställen und Marketenderhäusern gemacht, die Altäre entweiht, die Glocken hinweggeführt . . . Wie jämmerlich steht es auf den Dörfern! Man wandert bis zu zehn Meilen und sieht nicht einen Menschen, nicht ein Vieh, nicht einen Sperling, höchstens sind an etlichen Orten ein alter Mann oder ein paar alte Frauen zu finden. In allen Dörfern sind die Häuser voller Leichname . . . Mann, Weib, Kinder und Gesinde, Pferde, Schweine, Kühe und Ochsen neben- und untereinander, vom Hunger und von der Pest erwürgt . . ."

Kriegsfolgen

(Joachim Baetkius, Das Ende Germaniens. In: Guggenbühl/Huber: Quellen zur allgemeinen Geschichte, Bd. 3, S. 182)

(7) Was geschah nach der Schilderung von Grimmelshausen mit dem Hab und Gut der Bauern, was geschah mit den Menschen?

Der Westfälische Frieden (1648). Allmählich erlosch der Krieg, wie ein Feuer ausbrennt, wenn es keine Nahrung mehr hat. Das Volk hatte längst keine Hoffnung mehr und erwartete stumpf sein Schicksal. Der Frieden wurde von den Diplomaten ausgehandelt; jeder suchte die größte Beute für sein Land zu erschachern. Frankreich erhielt das Ober- und Unterelsaß und gewann so den Rhein als Grenze. Schweden bekam Vorpommern, die Insel Rügen und das Gebiet um Bremen. Die Niederlande und die Schweiz schieden endgültig aus dem Deutschen Reich aus. Die deutschen Fürsten erhielten das Recht, Bündnisse untereinander und mit dem Ausland zu schließen: Ein paar Hundert deutsche Einzelstaaten konnten künftig selbständig europäische Politik machen, aber meist nur eine provinzielle! Deutschland, das sich erst nach Jahrzehnten von den Kriegsfolgen erholte, hatte seine Führungsrolle in Europa verloren. Es wurde weitgehend vom Meer abgeschnitten. Die großen Entscheidungen

1648

Verschiebung der Grenzen

Bekenntnisse in Europa um 1650.

sollten in den nächsten zweihundert Jahren im Westen und Osten, nicht mehr in der Mitte Europas fallen.

Machtpolitik

Die Zeit, in der Politik und Religion untrennbar gewesen waren, ging nun zu Ende. Die Entwicklung der Staaten richtete sich künftig mehr denn je nach den Interessen der Macht.

Zur Lernkontrolle

1. Berichte, wie Luther sich vom Papsttum trennte, und erkläre einige Grundsätze, die er lehrte.
2. Nenne Ursachen des Bauernkrieges in Deutschland und erläutere, wie sich sein Scheitern für die Bauern auswirkte.
3. Erkläre, wie Karl V. als Kaiser die Ausbreitung der Reformation verhindern wollte und weshalb das nicht gelang.
4. Worin besteht nach deiner Meinung das Besondere und die Bedeutung des Calvinismus? Berichte über den Genfer Gottesstaat.
5. Erkläre anhand einzelner Ergebnisse des Konzils von Trient oder der Leistungen des Jesuitenordens, wie sich die katholische Kirche erneuerte.
6. Am Beispiel der Inquisition oder am Krieg in den Niederlanden kannst du verdeutlichen, was religiöse Intoleranz ist und wie sie sich auswirkt.
7. Vergleiche die Ursachen des Dreißigjährigen Krieges, die Ziele der beteiligten Parteien und Staaten und die Ergebnisse des Krieges miteinander. Was stand am Anfang im Vordergrund, was am Ende des Krieges?

Von 16.11.84
bis 20.11.84

4. Absolutismus oder: Der Staat, das bin ich

Lernziele

- Am Beispiel des französischen Königs kannst du erkennen, welche Macht die Könige und Fürsten im 17. und 18. Jahrhundert hatten und wie sie mit der Macht umgingen.
- Du erfährst, wie Grundlagen unserer heutigen Wirtschaft in der Zeit des Absolutismus entstanden sind, und du kannst feststellen, warum der Staat die Wirtschaft gefördert hat, wie er sie lenkte und wem das nützte.
- Die „höfische Gesellschaft" war die Oberschicht der damaligen Zeit. Untersuche, wie die Menschen dieser Schicht lebten, was sie für Werte hatten, wie sie sich verhielten. Du kannst dich dadurch üben, eine fremde gesellschaftliche Gruppe zu verstehen und zu beurteilen.
- Im letzten Teil des Kapitels erfährst du vom Versuch Ludwigs XIV., für Frankreich die Vorherrschaft in Europa zu gewinnen.

4.1. Ein König und 20 Millionen Untertanen

Frankreich geht in Führung. Deutschland war nach dem Dreißigjährigen Krieg niedergeschlagen. Viele Städte waren zerstört, weite Teile des Landes verwüstet, 30 % der Stadtbewohner, 40 % der Landbevölkerung waren umgekommen. Dem Ende des Krieges folgte kein Wirtschaftswunder, der Wiederaufbau dauerte Generationen. Anders lagen die Verhältnisse in Frankreich. Dort lebten damals fast 20 Millionen Menschen; kein Land in Europa war so dicht besiedelt. Dort regierte der mächtigste König seiner Zeit: Ludwig XIV., der „Sonnenkönig" (1643–1715). Ludwig hatte mit 5 Jahren den Thron bestiegen. Damals führte Kardinal Mazarin die Regierungsgeschäfte. Mazarin hielt sich an den Grundsatz seines Vorgängers, des Kardinals Richelieu: „Die Herrschaft soll bei einem, der Gehorsam bei allen sein." Richelieu und Mazarin taten alles, um aus Frankreich einen starken und geschlossenen Einheitsstaat zu machen. Auch der König war entschlossen, Frankreich zum mächtigsten Staat in Europa zu machen.

1643–1715

Regierungsantritt – Machtübernahme. Im Jahr 1661 starb Mazarin. Ludwig war jetzt 23 Jahre alt. Er versammelte den Staatsrat (die engsten Berater des Königs) und erklärte dem Kanzler: „Ich habe Sie mit meinen Ministern hierher kommen lassen, um Ihnen zu sagen, daß ich nunmehr meine Angelegenheiten selbst in die Hand nehmen werde. Sie werden mir mit Ihrem Rat zur Seite stehn, wenn ich Sie darum bitte." Und als der Vertreter der französischen Geistlichkeit fragte, an wen er sich jetzt, wo der Kardinal tot sei, zu wenden habe, antwortete Ludwig: „An mich, Herr Erzbischof!"

1661

Alleinherrschaft

„Ludwigs erster Schritt bestand darin, daß er seine Regierung mit Männern besetzte, die ihn bedingungslos als alleinige Autorität anerkannten. Bisher waren die wichtigsten Posten mit hohen Adligen besetzt gewesen, die auf diese Positionen ein Recht zu haben glaubten und die manchmal in Übereinstimmung mit den Wünschen des Königs handelten, manchmal auch nicht. Ludwig machte sich daran, das zu ändern. Im offiziellen Protokoll seines Rates vom 9. März 1661 steht: Der König versammelte ‚alle, die er gewöhnlich rief – und entließ sie überaus höflich mit der Bemerkung, wenn er ihren Rat brauche, werde er sie rufen lassen.' In Wirklichkeit rief er sie fast überhaupt nie. Statt dessen ernannte er Ratgeber, die weitgehend dem Mittelstand entstammten und nicht mehr Macht beanspruchten, als der König ihnen zugestand. Diese Ratgeber wußten, daß der König das, was er zu geben geruhte, auch jeden Moment wieder zurücknehmen konnte."

Ratgeber des Königs

(Ch. Blitzer, Söldner, Diener, Majestäten. Barocker Absolutismus. Rowohlt Life 37, Hamburg 1973, S. 57)

(1) Besprecht und beurteilt die Art, wie Ludwig XIV. die Regierung übernahm.
(2) Zeige anhand einer Geschichtskarte, wie der französische Einheitsstaat aussah. Vergleiche mit einer gleichzeitigen Deutschlandkarte und achte dabei auf Art und Verlauf der Grenzen und Lage der Hauptstadt.
(3) Woher nahm Ludwig XIV. seine Ratgeber? Woher kamen sie unter seinen Vorgängern?

Drei Stände

Wie setzte sich das französische Volk zusammen? In Frankreich unterschied man schon seit dem Mittelalter drei Stände: die Betenden (die „Geistlichkeit"), die Kämpfenden (den „Adel") und die Arbeitenden (den „Dritten Stand"). Zum „Dritten Stand" gehörten damals gut 15 Millionen Landleute, dazu eine knappe Million Arbeiter, die in den Städten wohnten und ausschließlich von ihrem Lohn lebten, sodann etwa 2 bis 3 Millionen Angehörige der städtischen „Mittelklasse" – kleine Ladenbesitzer, Handwerksmeister, Leiter kleiner Betriebe. Adel und Geistlichkeit zählten zusammen kaum eine Million Menschen. Die Oberschicht umfaßte rund 100 000 Familien, denen ein Drittel des gesamten Grundbesitzes gehörte, ein weiteres Drittel gehörte der Kirche oder dem König, der Rest war Eigentum von freien Bauern.

Landbevölkerung

Der größte Teil der Landbevölkerung bewirtschaftete den Boden von Grundherren, die bis zu einem Drittel der Ernte als „Zinsen" einzogen. Wenn man die übrigen Lasten hinzurechnet – den Kirchenzehnt, die Umlage für die Dorfgemeinde und vor allem die Steuern, die der König kassieren ließ: Grundsteuer, Salzsteuer, Getränkesteuer und allerlei Kriegssteuern –, dann blieb den Bauern selbst in besten Jahren nicht einmal die Hälfte dessen, was sie erwirtschafteten, übrig.

Wie lebten die Bauern, die Masse des Volkes? Man darf die Unterschiede unter den Bauern nicht übersehen:

Soziale Unterschiede im Dorf

„Ein Dorf mit hundert Haushalten zählte zu seinen Bewohnern ein oder zwei durch ihre Pflüge, ihre Gespanne, ihr Vieh und ihre Schuldforderungen mächtige Großbauern; etwa zehn Bauern waren mehr oder weniger selbständig, ebenso viele oder etwas mehr arme Teufel, das heißt nur im Besitz einer Hütte, eines Gartens, eines Schafes oder, schlicht gesagt, Bettler; die übrigen – arme Schlucker, Tagelöhner, Lastträger, Winzer, Holzfäller, Weber – waren kleine Leute, die von winzigen Äckerchen und Zwergpachten kümmerlich lebten, sich aber auf alle möglichen kleinen handwerklichen Fertigkeiten verstanden. Die zehn ‚dicken' Bauern – in manchen Gegenden ein einziger Großbauer im Dorf – waren im Besitz aller Werkzeuge, Gespanne, Viehbestände und der Arbeitsmöglichkeiten, die den anderen wenigstens in guten Jahren zu existieren erlaubten. Nirgends gab es weniger Gleichheit als in einem französischen Dorf."

(P. Goubert, Ludwig XIV. und zwanzig Millionen Franzosen. Propyläen Verlag, Berlin 1973, S. 32)

Ein Berater des Königs schrieb im Jahr 1698 über die Verhältnisse in Frankreich folgenden Bericht:

Lage des Volkes

„. . . durch langjährige Studien bin ich zu der Wahrnehmung gelangt, daß in der letzten Zeit fast ein Zehntel der Bevölkerung an den Bettelstab geraten ist und sich tatsächlich durch Betteln am Leben erhält; daß von den übrigen neun Zehnteln fünf nicht in der Lage sind, die Ärmsten durch Almosen zu unterstützen, weil sie selber nur um Haaresbreite ihrem Schicksal entgingen. Von den restlichen vier Zehnteln sind drei außerordentlich schlecht gestellt und von Schulden und Prozessen bedrängt . . . Nach meinem Eindruck hat man in Frankreich von jeher nicht genügend Rücksicht auf das niedere Volk genommen und zu wenig Aufhebens von ihm gemacht. Daher ist es denn auch die am meisten ruinierte und elendeste Schicht im Königreich, andererseits aber durch seine Zahl und durch die wirklichen und nützlichen Dienste, die es dem Staate leistet, die bedeutendste Schicht . . ., die durch ihre Arbeit, ihren Handel, ihre Abgaben den König und sein ganzes Reich emporbringt. Sie stellt Soldaten und Matrosen für Heer und Flotte, dazu zahlreiche Offiziere, alle Kaufleute und die unteren Justizbeamten. Sie übt alle Künste und Gewerbe aus, sie betreibt den ganzen Handel und die Manufakturen des Königreiches, sie stellt die Arbeiter, Weingärtner und Tagelöhner auf dem Land, sie pflegt und füttert das Vieh, sät und erntet das Korn, bestellt die Weingärten und keltert den Wein . . ."

(Vauban, Projet d'une Dixme Royale 1698; in: Geschichte in Quellen, Bd. III, a. a. O., S. 460 f.)

(4) Versuche in einer Zeichnung darzustellen, wie sich die Bevölkerung eines französischen Dorfes zusammensetzte.
(5) Stelle eine Liste verschiedener Berufe zusammen, die von Leuten des Dritten Standes damals ausgeübt wurden. Worin unterscheiden sie sich von Berufen der Mitglieder des 1. und 2. Standes?

Die königliche Prachtentfaltung war mit der Arbeit der Bauern erkauft. Der französische Maler Louis Le Nain (1593–1648) hat das Bild der Bauern jener Zeit in zahlreichen Gemälden festgehalten. Dargestellt ist hier ein bäuerliches Ehepaar mit einer erwachsenen Tochter und vier jüngeren Kindern. Im Hintergrund eine weitere Person, vielleicht der Nachbar. Das Bild zeigt Armut aber kein Elend. Woran läßt sich das erkennen? Zu welcher der auf S. 60 geschilderten Gruppen gehört diese Familie vermutlich?

(6) Was schreibt der Berater des Königs über die verschiedenen Schichten der Bevölkerung? Was wollte er wohl mit seinem Bericht erreichen?

Wie wurde das Volk regiert? Ähnlich wie in Frankreich lebten vor 300 Jahren die meisten Menschen in Europa. Der Adel beherrschte das Volk. In Frankreich allerdings begann der König, den Adligen die Macht zu nehmen und sie durch eigene Beamte auszuüben. Er setzt für jeden Amtsbezirk einen Kommissar ein, der den Einzug der Steuern kontrollierte und mit Hilfe von Amtsdienern und Polizisten die öffentliche Ordnung überwachte. Die Kommissare, die man Intendanten nannte, berichteten dem König regelmäßig über alles, was vorfiel; sie waren auch zuständig für Landstraßen und Stadtmauern, für Zolleinnahmen, Gerichtsprozesse und die Aushebung von Rekruten. Der König konnte sie jederzeit versetzen oder entlassen, wenn sie ihre Pflicht nicht erfüllten. In großen Städten (zuerst in Paris, das damals schon an die 400 000 Einwohner zählte) setzte der König einen Polizeidirektor ein, der nicht nur gegen Verbrechen und Bettlerwesen vorging, sondern auch für Feuerwehr, Straßenbeleuchtung und Müllbeseitigung sorgte.

Kommissare

Alle Macht dem König. Die Tätigkeit der Intendanten, Polizeidirektoren und Amtsdiener war im ganzen Staat ähnlich; Frankreich wurde einheitlich regiert. Das Volk spürte, daß der König überall seine Beobachter hatte, und zuweilen griff Ludwig

Einheitsstaat

XIV. auch unmittelbar ein, wo sich ein Adliger gegen die Anordnung der Kommissare sperrte; dann gab es „kurzen Prozeß", und der Mann wurde auf eine Insel verbannt. Die „Generalstände", d. h. die Versammlung der Geistlichen, des Adels und der Vertreter des Volkes aus Städten und Dörfern, konnten in Frankreich schon seit 1614 nicht mehr zusammentreten. Über Gesetze und Steuern, über die Ernennung von Ministern und Beamten und selbst über Krieg und Frieden entschied der König allein. Er ließ sich von Ministern beraten, vor allem von Colbert und Le Tellier und dessen Sohn Louvois: tüchtigen Männern, die dem König treu dienten. Viele Posten in der Armee und im Zivildienst vergab der König als Ehrenämter an Adlige, andere wurden an Leute aus dem Bürgertum verkauft, die solche Posten teuer bezahlten.

Absolute Gewalt

Alle Steuereinnahmen, auch die Mittel aus dem Ämterverkauf, kamen in die Staatskasse, die Colbert für den König verwaltete. Über die Ausgaben verfügte der König allein. Er vereinigte alle Macht in seinen Händen. So kam es, daß er die volle Souveränität in seinem Staat gewann, d. h. die alleinige und unbegrenzte (absolute) Gewalt, von der man damals sagte, sie sei ebenso unteilbar wie ein Punkt in der Geometrie. Da nach damaliger Auffassung alle Gewalt von Gott ausging, betrachtete sich der Herrscher als König von Gottes Gnaden.

(7) Schildere, wodurch der Adel in Frankreich vom absoluten König zurückgedrängt wurde.
(8) In der Bundesrepublik geht — wie in jeder Demokratie — alle Gewalt vom Volke aus. Besprecht in der Klasse, was das bedeutet.

„Der Staat, das bin ich". Für seinen Sohn und Thronfolger notierte Ludwig XIV.:

Persönliche Herrschaft

„Zwei Dinge vor allem sind notwendig: Eigene unablässige Arbeit und sorgfältige Auswahl der Männer, die mir dabei zur Hand gehen können . . . Ich habe es mir zum Gesetz gemacht, regelmäßig zweimal am Tag zu arbeiten, jedesmal zwei oder drei Stunden mit jeweils verschiedenen Mitarbeitern, nicht gerechnet die Stunden, wo ich für mich allein tätig war, oder die Zeit, die ich von Fall zu Fall über das gewöhnliche Maß hinaus für besondere Geschäfte verwendet habe . . . Ich bin über alles unterrichtet, höre auch meine geringsten Untertanen an, weiß jederzeit über Stärke und Ausbildungsstand meiner Truppen und über den Zustand meiner Festungen Bescheid, gebe unverzüglich meine Befehle zu ihrer Versorgung, verhandle unmittelbar mit fremden Gesandten, empfange und lese die Depeschen [Berichte der Botschafter] und entwerfe teilweise selber die Antworten, während ich für die übrigen meinen Sekretären das Wesentliche angebe. Ich regle Einnahmen und Ausgaben des Staates und lasse mir von denen, die ich mit wichtigen Ämtern betraue, persönlich Rechenschaft ablegen . . ."

(Ludwig XIV., Mémoires. In: Geschichte in Quellen, Bd. III, a. a. O., S. 425 f.)

Ludwig, der sich selbst mit der Sonne verglich, betrachtete Frankreich als seinen Besitz. Er dachte: Der Staat, das bin ich.

(9) Grundlage für die Auffassung des Königs von seinem Amt war die Lehre von der Souveränität und vom Gottesgnadentum (vgl. Quellentext S. 63 oben). Schlag diese beiden Begriffe im Lexikon nach.
(10) Zeige an der Regierungsweise Ludwigs XIV., was „Alleinherrschaft" bedeutet.

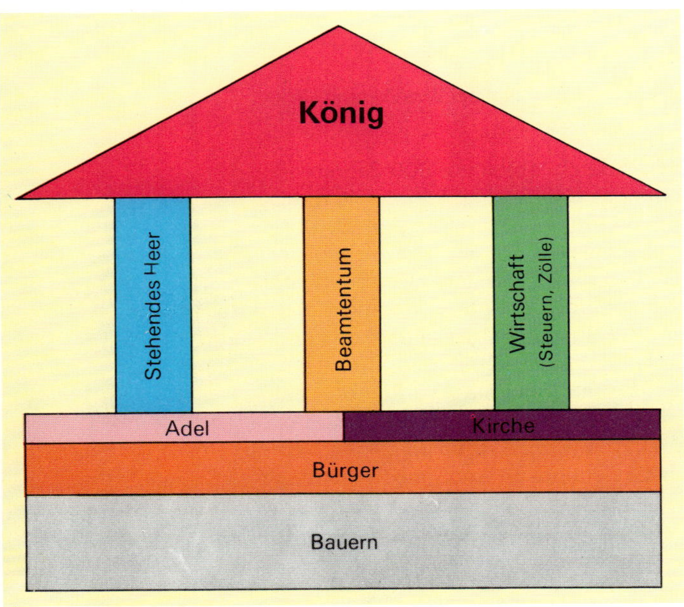

Der absolutistische Staat.

Ludwig XIV. Lebensgroßes Bildnis von Hyacinthe Rigaud (1701). Beachte den Krönungsornat mit den Lilien Frankreichs, die Ordenskette, Schwert, Krone und Zepter als Herrschaftszeichen. Auch die hohe Allongeperücke soll – wie Baldachin und Säule im Hintergrund – die Erhabenheit der Majestät ausdrükken. Erkläre anhand des Bildes, was ein absoluter König „repräsentierte" und worin sich seine Stellung ausdrückte.

„Die monarchische Regierung ist die beste. Die königliche Autorität ist geheiligt. Gott setzt die Könige als seine Diener ein und regiert durch sie über die Völker. Die Person der Könige ist geheiligt. Man muß dem Fürsten aus Glaubens- und Gewissensgrundsatz gehorchen. Die Untertanen schulden dem Fürsten vollständigen Gehorsam. Es gibt für den Gehorsam, den man dem Fürsten schuldet, nur eine Ausnahme, das ist, wenn er gegen Gott befiehlt."

(Aus einer Schrift von Bossuet, abgedr. in: D. Albers, Der europäische Absolutismus. Klett 4235 S. 11 f.)

Zeitalter des Absolutismus

Absolutismus in Europa. Ludwig XIV. regierte das Volk und den Staat als „absoluter Monarch". Auf ähnliche Weise wollten die Fürsten und Könige auch im übrigen Europa regieren. Sie versuchten, wie Ludwig in Frankreich ihr Land einheitlich zu verwalten, über Gesetz und Recht allein zu entscheiden, die Macht des Adels einzuschränken, Minister als treue Diener zu benutzen und alle Menschen im Land zu gehorsamen Untertanen zu machen. Nicht alle Könige und Fürsten haben dieses Ziel ganz erreicht, doch überall in Europa konnten sie ihre Macht so erweitern, daß sie mehr oder weniger absolut regierten. Darum nennt man diese Zeit zwischen dem Ende des 30jährigen Krieges und dem Beginn der Französischen Revolution auch die Zeit des Absolutismus.

4.2. Wirtschaft im Dienst des Staates

Wie kommt mehr Reichtum ins Land? Ein König war um so mächtiger, je reicher sein Land war. Die Könige des Absolutismus lernten, daß man den Reichtum eines Landes vermehren konnte, indem man Wirtschaftspolitik trieb.

„Der Reichtum eines Landes beruht nicht einfach auf seiner großen Ausdehnung, auch nicht auf seiner zahlreichen Bevölkerung, sondern auf der Beharrlichkeit, mit der kein Fleckchen Erde unbebaut gelassen und ein jeder an seinen Platz gestellt wird. Durch drei Gruppen von Menschen — Ackerbauer, Handwerker und Kaufleute — wird jeder Staat ernährt und erhalten. Von ihnen kommt jeglicher Profit."

(Montchrétien, Traktat der Nationalökonomie, 1615)

Der Mann, der Frankreich zum reichsten und wirtschaftlich unabhängigen Land machen wollte, war der Sohn eines Tuchhändlers; er kannte sein Leben lang nichts als Arbeit. Tag und Nacht saß er über Akten, — er trank kannenweise Kaffee, um nicht zu ermüden, — verschlang Berichte, schrieb Verordnungen und jagte hinter allem her, was dem Staat Geld einbringen konnte. Es war Monsieur Colbert. Er handelte als Minister nach den gleichen Grundsätzen wie ein bürgerlicher Geschäftsmann: Immer mehr produzieren, wenig verbrauchen, viel leisten, kein Geld für Unnützes ausgeben. Ganz Frankreich sollte nach diesen Grundsätzen handeln. Das Land sollte mehr Waren herstellen, als die eigene Bevölkerung brauchte; es sollte den Überschuß ausführen, aber umgekehrt nur das einführen, was man unbedingt brauchte. Dazu trieb Colbert alle Untertanen des Königs unablässig zur Arbeit.

Colbert

Kontrolle

„Er rafft überall zusammen, was er finden kann, entleiht, kauft und stiehlt im Ausland, was seiner Meinung nach dem Ruhm des Königs dienen könnte: Menschen, Maschinen, Verfahren, Waren. Er hat ein Auge auf die Rechtsprechung, die Finanzen, die Bautätigkeiten, den Zoll, die Häfen, die Schiffe, auf Werkstätten und auf Ernten, auf das Wohlverhalten der Künstler, den Gehorsam der Handwerker und den Lebenswandel der Gesellen . . ."

(P. Goubert, Ludwig XIV. und zwanzig Millionen Franzosen, a.a.O., S. 111)

(1) Woran zeigt sich z. B., daß Colbert wie ein bürgerlicher Geschäftsmann dachte und handelte? Wie hätte sich dagegen ein Adliger verhalten?

Gewerbe und Handel

Die Wirtschaftspolitik des Merkantilismus. Am meisten förderte Colbert das Gewerbe und den Handel; er vernachlässigte die Landwirtschaft, obwohl noch immer mehr als zwei Drittel aller Franzosen von der Landwirtschaft lebten. Auch die kleinen Handwerker wurden von Colbert kaum unterstützt. Er förderte vielmehr den Bau großer Betriebe, in denen hochwertige Güter wie Teppiche, Spiegel, Kutschen, Uniformen und Möbel in großer Zahl, und zwar durch Hunderte von Spezialisten und Hilfsarbeitern hergestellt wurden. Solche „Manufakturen" erhielten staatliche Zuschüsse und wurden häufig von Abgaben, Steuern und städtischen Dienstleistungen befreit. Um die Qualität der Erzeugnisse zu verbessern, gewann Colbert Fachkräfte im Ausland, die in den Manufakturen einheimische Arbeiter anlernen mußten.

Um den Handel zu fördern, ließ Colbert Straßen bauen, Kanäle anlegen, Häfen erweitern, Schiffe bauen. Ausländische Waren wurden hoch verzollt, sie waren deshalb teuer und nur schwer einzuführen. Dadurch wurden die französischen Erzeugnisse geschützt. Colbert regte die Gründung von Handelsgesellschaften an, die den Warenaustausch mit anderen Ländern und bis nach Übersee organisierten. Gegen ausländische Konkurrenten, vor allem gegen Holländer und Engländer, brach Frankreich regelrechte Wirtschaftskriege vom Zaun.

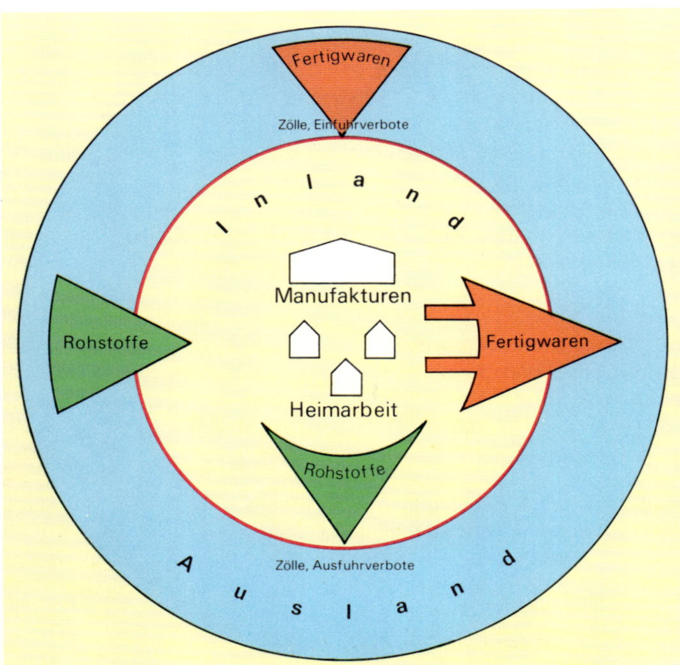

Das Wirtschaftssystem des Merkantilismus.

Minister Colbert besucht die auf seine Veranlassung errichtete königliche Manufaktur für Bildteppiche im Hause der Färberfamilie Gobelin. Nach ihr erhielten die Teppiche den Namen Gobelins. Kupferstich von Sebastien Le Clerc. Welche Teile der Manufaktur sind nicht zu sehen?

Staatswirtschaft

Es gab keinen Bereich der Wirtschaft, von der Landwirtschaft abgesehen, in den sich der Staat nicht einmischte. Die Folge war, daß viele Geschäftsleute wenig Lust zu eigener Initiative zeigten. Als der König aus religiösen Gründen die protestantischen Hugenotten aus Frankreich auswies, fehlten in vielen Betrieben die Fachkräfte oder leitenden Unternehmer. Auf die Bedürfnisse des Volkes nahm die Wirtschaftspolitik Colberts wenig Rücksicht. Sein oberstes Ziel blieb, Geld in die Staatskasse zu bringen. Daneben sollte die Wirtschaft die Bedürfnisse der adligen Oberschicht und vor allem des Königs und seiner Armee befriedigen. Die gleiche Wirtschaftspolitik verfolgten damals fast alle Länder Europas. Man nennt sie den „Merkantilismus".

(2) Dieser Abschnitt enthält Tatsachenberichte und Wertungen. Stelle die Werturteile des Abschnitts zusammen und prüfe, ob du ihnen zustimmen kannst.
(3) Erkläre, wieso hohe Zölle auf eingeführte Waren die einheimischen Erzeugnisse (und ihre Hersteller) schützen.

Viel Geld einnehmen, wenig Geld ausgeben. Colbert hielt sich an die Lehre eines Zeitgenossen, der sagte, daß „das Wachstum jedes Staates zu Lasten anderer Staaten geht und was irgendwo gewonnen wird, anderswo verloren geht". Darum sollte Frankreich möglichst viele Güter ausführen und viel Geld ins Land bringen.

Geldansammlung

„Dies aber ist, mit einem Wort gesagt, das einzige Ziel des Handels und das einzige Mittel, Größe und Macht dieses Staates zu vermehren . . . Ich glaube, man wird ohne weiteres in dem

Exportförderung

Grundsatz einig sein, daß es einzig und allein der Reichtum an Geld ist, der die Unterschiede an Größe und Macht zwischen den Staaten begründet. Was dies betrifft, so ist sicher, daß jährlich aus dem Königreich (Frankreich) einheimische Erzeugnisse (Wein, Branntwein, Weinessig, Eisen, Obst, Papier, Leinwand, Eisenwaren, Seide, Kurzwaren) im Wert von 12 bis 18 Millionen Livres ins Ausland gehen. Das sind die Goldminen unseres Königreiches, um deren Erhaltung wir uns sorgfältig bemühen müssen ... Außer den Vorteilen, die die Einfuhr einer größeren Menge Bargeld in das Königreich mit sich bringt, wird sicherlich durch die Manufakturen eine Million zur Zeit arbeitsloser Menschen ihren Lebensunterhalt gewinnen. Eine ebenso beträchtliche Anzahl wird in der Schiffahrt und in den Seehäfen Verdienst finden, und die fast unbegrenzte Vermehrung der Schiffe wird im gleichen Verhältnis Größe und Macht des Staates vermehren. Dies sind die Ziele, nach denen der König meines Erachtens aus guter Gesinnung und Liebe zu seinem Volk streben sollte ..."

Arbeitsbeschaffung

(Colbert, Denkschrift zur Wirtschaftspolitik vom 3. 8. 1664. In: Politische Weltkunde I, 3, hrsg. v. A. Moser u.a., Klett Verlag, Stuttgart 1972, S. 51)

Fabrikation hochwertiger Güter

„Monsieur Colbert will Frankreich jedem anderen Land an Reichtum überlegen machen, so daß es an Waren Überfluß hat, an Kunstfertigkeiten reich und an Gütern aller Art fruchtbar ist, nichts entbehrt, aber den anderen Staaten liefern kann, was sie brauchen ... Er unterläßt nichts, um in Frankreich die Industrien anderer Länder heimisch zu machen ... Holland hat man die Art der Tuchmacherei entlehnt wie auch den Käse, die Butter und andere Besonderheiten. Deutschland hat man die Hutmacherei und die Fabrikation des Weißblechs und viele andere gewerbliche Arbeiten entnommen, Italien die Spitzenstickerei und die Spiegelherstellung. Fünf- oder sechstausend Frauen arbeiten hier in der Spitzenfabrikation, und viele Werkmeisterinnen aus Venedig sind hierher gekommen. Man bemüht sich, die Blüte von allem zu nehmen, was die ganze Welt hervorbringt. Man hat von Persien die Teppicharbeit gelernt, und man stellt in Paris schon sehr schöne und elegante Stücke her. Man führt ein und verkauft die schönsten Seltenheiten Indiens, und in gleicher Weise hat man Afrika die Mehrzahl seiner Erzeugnisse genommen. Das Beste, was man in allen Weltteilen hat, stellt man jetzt in Frankreich her, und so groß ist die Beliebtheit dieser Erzeugnisse, daß von allen Seiten die Bestellungen einlaufen, um sich damit zu versehen."

(Bericht des venetianischen Gesandten Giustiniani aus den Jahren 1665–1668. In: Geschichtliche Quellenhefte mit Überblick, Heft 6/7. Diesterweg 7346, S. 45)

(4) Aus den beiden Quellen kannst du die Ziele und die Erfolge von Colberts Wirtschaftspolitik herausarbeiten.
(5) Die Kaufhäuser veranstalten zuweilen eine „Französische Woche". Welche Waren werden dabei angeboten? Vergleiche mit dem Warenangebot Frankreichs zur Zeit des Merkantilismus.
(6) Die Handelsgrundsätze des Merkantilismus widersprechen den Grundsätzen eines freien Welthandels. Inwiefern? Das Jugendlexikon Wirtschaft hilft bei der Beantwortung der Frage.

Infrastruktur

Wem nützte der wirtschaftliche Aufschwung? Die französische Wirtschaft machte durch den Merkantilismus bedeutende Fortschritte. Die Menschen waren fleißig, die „Infrastruktur" – Verkehrswege, Häfen, Handelsbeziehungen – entwickelte sich, es kam viel Geld ins Land, denn der Wert der Ausfuhr betrug fast das Doppelte der Einfuhr. Aber der Staat verbrauchte immer größere Summen, die Steuerlast stieg. Die jährlichen Einnahmen des Königs betrugen im Durchschnitt 100 Millionen Livres; die Ausgaben waren fast doppelt so hoch. Am Ende der Regierungszeit Ludwigs XIV. war der Staat mit rund 2 Milliarden Livres verschuldet. Den größten Nutzen aus der Entwicklung der Wirtschaft zogen die Großhändler, Reeder und hohen Beamten. Der kleine Mann bezahlte den Aufschwung mit seiner Arbeit.

Arbeitserziehung

„Colbert betrachtete die Königlichen Manufakturen als eine Art von Klöstern, in denen sich die Arbeiter der Arbeit weihten, wie andere sich dem Dienst Gottes weihen. Man trat sehr früh, zuweilen schon mit elf Jahren, in die Lehre. Die Arbeitszeit war lang, 10 Stunden bei Robais, anderwärts

12 oder 14 Stunden. Die Pariser Bauarbeiter schafften im Sommer von 5 Uhr früh bis 7 Uhr abends, im Winter von 6 Uhr früh bis 6 Uhr abends ... Dafür gab es allerdings viele Feste, an denen die Arbeit ruhte. In Paris waren es, wenn man die Sonntage nicht einrechnet, 60 Feiertage ..."

(P. Gaxotte, Ludwig XIV., Frankreichs Aufstieg in Europa. Nymphenburger Verlagsanstalt, München 1951, S. 53f.)

Löhne

(pro Tag, Feiertage sind unbezahlt)

Landarbeiter im Sommer	8 Sous[1]
im Winter	9 Sous
Dachdecker	16 Sous
Maurer	16 Sous
Grubenarbeiter	15–16 Sous
Stepper	20–25 Sous
Leineweber	12–15 Sous
Schlosser (in Paris)	30 Sous

Preise

1 Pfund Kalbfleisch	6 Sous
1 Pfund Reis	2 Sous
1 Pfund Butter	$4\frac{3}{4}$ Sous
1 Paar Schuhe	2 Livres, 10 Sous
1 Hemd (feines Leinen)	4 Livres
1 Pfund Weißbrot	1– 2 Sous
1 Pfund Ochsenfleisch	2– 3 Sous
1 Pinte Wein	2– 3 Sous
1 Pfund Kerzen	6–10 Sous

[1] 20 Sous = 1 Livre. 1 Louisdor = ca. 15 Livres (= Pfund)

(Die Angaben aus P. Gaxotte, Ludwig XIV., a.a.O., S. 54f.; sie gelten für das Jahr 1698)

4.3. Versailles und die höfische Gesellschaft

Schlösser aus der Barockzeit. Aus der Zeit des Absolutismus sind noch viele Bauwerke der Fürsten und Könige erhalten, z. B. die Schlösser in Versailles oder Schönbrunn, der Zwinger in Dresden oder die Residenz in Würzburg. Man kann noch

Das Schloß von Versailles. Gemälde von Pierre-Denis Martin (um 1722). Nach den Plänen von Louis le Vau wurden zwischen 1668 und 1671 zwei neue Seitenflügel gebaut. 1678 übernahm Jules Hardouin-Mansart den weiteren Ausbau des Schlosses. Le Nôtre schuf die großartigen Parkanlagen. Der Ehrenhof verengt sich stufenförmig und führt den Eintretenden zwangsläufig zum Portal des Mittelbaus, in dem sich die königlichen Repräsentationsräume befinden. Die Schloßkapelle ist abseits vom Zentrum auf der rechten Seite zu erkennen.

an vielen Orten die eindrucksvollen Fassaden, die prachtvolle Ausstattung oder die kunstvollen Gärten solcher Barockschlösser sehen (vgl. S. 104). Soll man sie nur bewundern? Wir fragen: Wozu wurden die Bauwerke geschaffen? Wer hat hier gelebt? Denn die Paläste verraten viel, z. B. welche Stellung der Herrscher einnahm und welche Rolle der Adel spielte.

Die Residenz des „Sonnenkönigs". Das Vorbild aller Barockschlösser hieß Versailles. Hier sah man, wie das Haus eines Herrschers zum Mittelpunkt eines Königreichs wurde.

Bau von Versailles

„Hier [in Versailles] sollte eine Residenz errichtet werden, die dem mächtigsten Monarchen angemessen war. Zehntausende von Arbeitern fronten jahrzehntelang, um sie zu bauen. Enorme Gelder wurden darauf verwandt, die feinsten Materialien zu beschaffen, die fähigsten Handwerker, die größten Architekten, Künstler, Bildhauer und Gärtner. Ingenieure versuchten sogar, den Fluß Eure abzuleiten, um mit seinem Wasser Seen, Teiche und Springbrunnen zu füllen; es gelang ihnen zwar nicht, den Lauf des Flusses zu ändern, aber sie legten Teiche und Springbrunnen an, die noch heute ihresgleichen suchen. Als die Arbeit beendet war, besaß Ludwig in der Tat das größte und prächtigste Gebäude, das je für rein weltliche Zwecke errichtet wurde. Allein die Ausmaße von Versailles sind überwältigend. Ein französischer Bürger jener Zeit, der vor der 415 Meter langen Fassade oder in dem 73 Meter langen Spiegelsaal stand, wurde fast gewaltsam an seine eigene Bedeutungslosigkeit erinnert."

(Ch. Blitzer, Söldner, Diener, Majestäten, a.a.O., S. 66 f.)

Baukosten

Man schätzt, daß die reinen Baukosten für Versailles 50 bis 60 Millionen Livres betrugen, etwa die Hälfte der gesamten Steuereinnahmen eines Jahres; nach heutiger Währung vielleicht 50 bis 60 Milliarden Mark. Ludwig zerriß viele Rechnungen eigenhändig, damit der kritische Colbert nicht erfuhr, wie hoch die Kosten in Wirklichkeit waren.

Wer lebte am Hof? Ein einfacher Bürger erhielt kaum Gelegenheit, Versailles von innen zu sehen, es sei denn, der König empfing die Bittsteller persönlich, was er von Zeit zu Zeit tat. Dagegen fuhren fast täglich im Schloßhof die adligen Herrschaften mehrspännig mit ihren Karossen vor: die Diplomaten, Fürsten und vornehmen Gäste des Königs, die Seiner Majestät ihre Aufwartung machten. Wer etwas Dienstliches vortragen wollte, mußte „antichambrieren", d. h. im Vorzimmer warten, bis der König geruhte, ihn zu empfangen. Hunderte von adligen Herrschaften wohnten im Schloß; zusammen mit der Dienerschaft beherbergte Versailles ein paar Tausend Menschen. Dabei war das Schloß höchst unpraktisch eingerichtet. Es gab nur wenige Toiletten, und die vornehmsten Herren verrichteten ihre Notdurft oft auf Treppen oder in Kamine. Es fehlten Bäder, doch überdeckten die Damen den Körpergeruch mit starkem Parfüm. Es gab zwar ein Heer von Köchen, Küchenjungen und Kochmamsells, aber das Essen kam häufig kalt auf den Tisch, weil der Speisesaal viel zu weit von der Küche entfernt lag. Nur wenige Räume konnte man heizen, und überall herrschte ein Gedränge wie in einem Kaninchenstall. Aber wer in Frankreich etwas werden, etwas bedeuten wollte, mußte sich in die Nähe des Königs begeben und alles tun, um ihm aufzufallen. Dabei wurden keine Kosten gescheut:

Leben im Schloß

Kostspielige Feste

„Die Damen und Herren von Stande haben von sich aus übermäßige Ausgaben gemacht; es gab einzelne, die für fünfzehntausend Livres französische Spitzen trugen; ein einziger Händler hat solche für achtzigtausend Livres verkauft. Für mich, meine Frau und meine Tochter hat es [die Teilnahme an einem Fest] beinahe viertausend Livres gekostet, und nach meiner Ansicht habe ich nie eine Ausgabe gemacht, die unangebrachter gewesen wäre . . ."

(Marquis de Saint-Maurice über ein Fest in Versailles. In: G. Ziegler, Der Hof Ludwigs XIV. in Augenzeugenberichten. Karl Rauch Verlag, Düsseldorf 1964, S. 58 f.)

Einzug Ludwigs XIV. und seiner Gemahlin Maria Theresia in Arras (1667). Gemälde von Adam Frans van der Meulen. Im Hintergrund die Stadt Arras mit den vom königlichen Festungsbaumeister Vauban erbauten Befestigungswerken. Der König und sein Bruder zu Pferd, die Königin mit ihren Hofdamen in der Karosse. Warum die vielen Menschen?

(1) Vergleiche die Kosten für das Leben am Hof von Versailles mit den Löhnen der Arbeiter.
(2) Stelle einander gegenüber: Äußerer Prunk von Versailles – mangelhafte Zustände im Innern des Schlosses.

„Hofadlige"

Titel statt Leistung. Die feinen Leute am Hof (die „Hofadligen") verbrachten die meiste Zeit damit, auf die Jagd, zu Festgelagen, zum Tanzen, ins Theater oder zu Glücksspielen zu gehen; einer versuchte den andern durch die Eleganz seiner Kleidung, den Schmuck seiner Dame oder die Zahl seiner Diener zu übertreffen, und jeder bemühte sich, im Rang eine Stufe höher zu klettern. Der König förderte dieses Verhalten des Adels nach Kräften, denn so geriet die ehemals führende Schicht des Landes ganz in seine Abhängigkeit. Die mächtigen Herzöge und Grafen begnügten sich mit Titeln und Ehrenämtern, die eigentliche Macht lag beim König und seinen Beamten. Aus mehr oder minder selbständigen Herren waren Höflinge geworden. Ihr Ehrgeiz und Stolz blieb nur noch auf Äußerlichkeiten gerichtet, auf eine Gunstbezeugung des Königs, eine Einladung Seiner Majestät zur Teilnahme an einem Schauspiel, einer Promenade, einem Ausritt zur Jagd. Dies alles war für den Adel ebenso aufwendig wie unproduktiv. Manche reiche und vornehme Familie verlor im Laufe der Zeit ihr Vermögen und ruinierte sich finanziell. Dennoch strebte die Oberschicht danach, am Hofe zu leben oder selbst den König in verkleinertem Maßstab nachzuahmen und in einem eigenen Adelspalast „Hof zu halten".

Wie lebte der Adel? Der alteingesessene Landadel lebte in Frankreich wie überall in Europa auf Schlössern, umgeben von seinem Grundbesitz. Manche waren verarmt und mußten selbst den Mist auf die Äcker fahren. Andere, die es sich leisten konnten, bauten ein eigenes Palais oder „Hotel" in der Stadt. Diese Gebäude waren alle nach dem

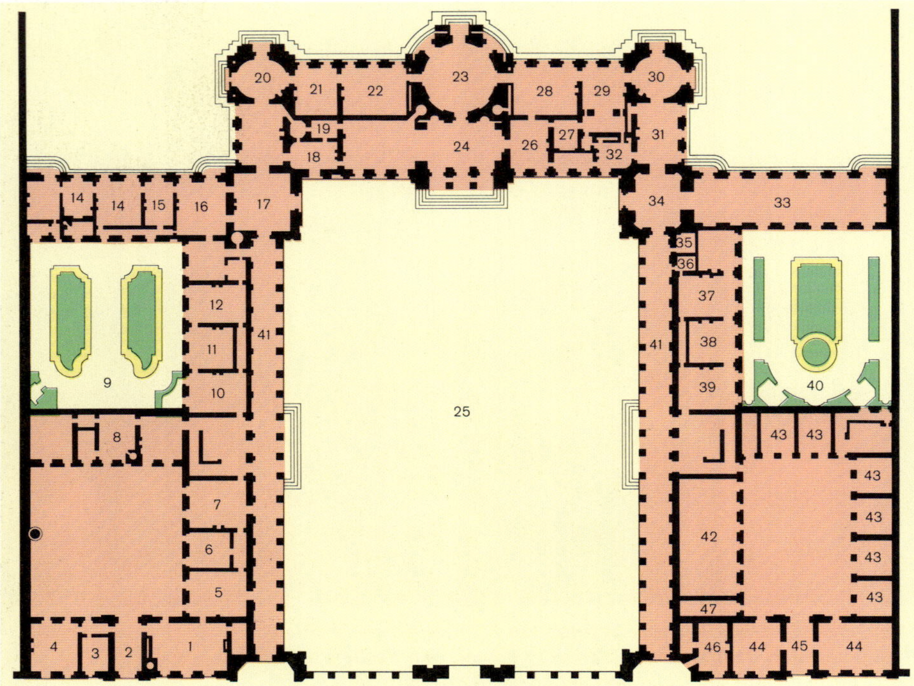

1 Küche – 2 Nebeneingang (zur Küche) – 3 Schlächterei – 4 Aufenthaltsraum für die Dienerschaft – 5 Küchengehilfen – 6 Wäscherei – 7 Aufenthaltsraum der Offiziere – 8 Offiziersräume – 9 Blumengarten – 10 Vorzimmer – 11 Herrenzimmer – 12 Schlafzimmer des Herrn – 13 Raum zum Aufwärmen der Speisen – 14 Bad – 15 Vorraum – 16 Anrichte – 17 Speisezimmer – 18 Vorzimmer – 19 Wache – 20 Kleiner Salon – 21 Kabinett – 22 Versammlungsraum – 23 Salon – 24 Vorhalle – 25 Innenhof – 26 Vorzimmer – 27 Wache – 28 Sitzungsraum – 29 Paradezimmer – 30 Kabinett – 31 Hinterzimmer – 32 Aktenzimmer – 33 Galerie – 34 Salon der Dame – 35 Wache – 36 WC – 37 Schlafzimmer der Dame – 38 Damenzimmer – 39 Vorzimmer – 40 Blumengarten – 41 Wandelhalle – 42 Pferdeställe – 43 Schuppen für Kutschen und Wagen – 44 Ställe – 45 Nebeneingang zu den Ställen – 46 Unterkunft der „Schweizer" (Wachsoldaten) – 47 Sattelkammer.

Grundriß eines „Hotels", d.h. eines Adelsgebäudes in der Stadt. (Musterplan, abgedruckt in der „Encyclopédie" von Diderot und d'Alembert, vgl. S. 112).

gleichen Muster errichtet, hatten eine prächtige Fassade, hinter der sich die Empfangshalle und ein Festsaal für „gesellschaftliche Anlässe" befanden; sie stellten den Mittelpunkt des Palastes dar, denn auch im Leben des Adels standen die Festlichkeiten im Mittelpunkt. Zwei Flügel des Schlosses begrenzten den Innenhof; in dem einen Flügel befanden sich die Gemächer des Hausherrn, im anderen die Gemächer der Dame des Hauses. Ein Familienleben konnte sich hier kaum entfalten. Alles war auf die

Repräsentation

Repräsentation ausgerichtet: Je zahlreicher und je vornehmer die Gäste des Hauses, desto höher das gesellschaftliche Ansehen, das man selber genoß. Eine zahlreiche Dienerschaft tat die Arbeit, wobei die feinen Herrschaften strenge Distanz zum Personal hielten. Die Schlafkammern der Bediensteten lagen im Parterre bei den Ställen und Küchen; oben befanden sich die Salons. Alle hielten sich an strenge Regeln der „Höflichkeit" und Etikette.

Das Vorbild gab der König selbst. „In Versailles ist alles von vornherein festgelegt, die gesellschaftlichen Unterhaltungen und Feste sind streng geregelt, und stets

Etikette

herrscht der Zwang der Etikette" berichtet einer der Höflinge. Schon beim Aufstehen, beim „Lever" des Königs, verlief jede Bewegung, wie es das Zeremoniell befahl. Nacheinander durften fünf Gruppen – ausschließlich Herren und Damen von Adel – eintreten, um bei dem täglichen „Staatsakt" zugegen zu sein.

Lever des Königs

„Die ersten beiden Gruppen wurden zugelassen, wenn der König noch im Bett war. Dabei trug der König eine kleine Perücke; er zeigte sich niemals ohne Perücke, auch dann nicht, wenn er im Bett lag. Wenn er aufgestanden war und der Großkämmerer mit dem ersten Kammerherrn ihm

Firmenschild des Kunsthändlers Gersaint. Ausschnitt aus einem Gemälde von Jean-Antoine Watteau (1720). Links wird ein verkauftes Bild mit dem Porträt Ludwigs XIV. verpackt. Rechts eine Gruppe vornehmer Kunden. Zwei von ihnen betrachten ein großes rundes Gemälde. Wer kauft heute solche Kunstwerke?

die Robe hingelegt hatten, rief man die folgende Gruppe ... Der König nahm seine Robe. Der maître de la garderobe [Garderobenmeister] zog das Nachthemd beim rechten Ärmel, der erste Diener der Garderobe beim linken; das Taghemd wurde von dem Großkämmerer oder von einem der Söhne des Königs, der gerade anwesend war, herbeigebracht. Der erste Kammerdiener hielt den rechten Ärmel, der erste Diener der Garderobe den linken. So zog der König das Hemd an..."

(N. Elias, Die höfische Gesellschaft. Luchterhand Verlag, Neuwied 1969, S. 128)

(3) Zeige anhand des Grundrisses, welche Räume das Wohnhaus eines Adligen hatte und wie man darin lebte.
(4) Die Perücke, die von den vornehmen Herren damals getragen wurde, ist ein Sinnbild. Versuche, es zu erklären.
(5) Diskutiert über Repräsentation und Etikette beim Adel im 18. Jh.; vergleiche mit gesellschaftlichen Ereignissen (z. B. Empfängen, Partys) unserer Zeit.

Glanz statt Leistung

Welche Rolle spielte der Adel im Staat? Dadurch, daß sich der Adel um den König scharte und vom König bestimmte Ehrenämter und Titel erhielt, behielt er das Gefühl, etwas Besonderes zu sein. Er war dem König zu Dank verpflichtet, gleichzeitig an den Hof gefesselt. Das täuschte den Adel über den Verlust seiner politischen Macht. Ein Großteil der politischen Aufgaben wurde nämlich von Bürgerlichen wahrgenommen. Der Adel lebte vom Glanz, nicht von der Leistung. Das Bürgertum dagegen, fleißig und produktiv, erwirtschaftete sich Reichtum und Einfluß. Ein Schriftsteller der Zeit Ludwigs XIV. schreibt:

Adel und Bürgertum

„Während die Adligen es versäumen, sich mit den Interessen des Staates vertraut zu machen, während sie nichts vom Wirtschaften und Sorgen eines Familienvaters wissen und sich ihrer Unkenntnis sogar rühmen; während sie sich von ihren Verwaltern ausbeuten und beherrschen lassen; während sie sich damit begnügen, Feinschmecker und Weinkenner zu sein ..., unterrichten sich Bürger über die inneren und äußeren Angelegenheiten eines Reiches, machen sich mit der Regierungskunst vertraut, gewinnen Einsicht und politischen Sinn, lernen die Stärke und die Schwäche eines Staates kennen und trachten danach, ihre Stellung zu verbessern, steigen immer weiter empor ... Die Adligen, die vordem auf sie herabsahen, erweisen ihnen Achtung und sind glücklich, wenn sie ihre Schwiegersöhne werden."

(J. de la Bruyère, Die Charaktere oder die Sitten des Jahrhunderts. In: Politische Weltkunde I, 3, 1972, S. 53)

Labiles Gleichgewicht

Ludwig XIV. wählte zwar seine Minister aus dem Bürgertum und vergab zahlreiche Posten an reich gewordene Bürgerliche, die dafür gewaltige Summen bezahlten; aber die Vorrechte und der Lebensstil der höfischen Gesellschaft verlockten auch sie, und bald kannten sie kein höheres Ziel, als den alten Adel im Ansehen und Rang zu übertreffen. Auch sie suchten die Gunst des Königs. So gelang es ihm, Adel und aufsteigendes Bürgertum gegenseitig im Gleichgewicht zu halten und auf diese Weise beiden gegenüber unabhängig und absolut zu regieren. Dieses labile Gleichgewicht war eine wesentliche Voraussetzung für die Macht des absoluten Königtums. Wie lange konnte es sich behaupten (vgl. S. 124ff.)?

(6) Wie beurteilt J. de la Bruyère den Adel, wie die Bürgerlichen? Trifft sein Urteil zu?
(7) Erkläre, wie das Gleichgewicht zwischen Adel und Bürgertum zustande kam.
(8) Versuche den Begriff „labiles Gleichgewicht" zu erklären.

4.4. Die Außenpolitik Ludwigs XIV.: Ziele, Mittel, Ergebnis

Kommt Europa unter die Vorherrschaft Frankreichs? Der gleiche Ehrgeiz, der jeden am Hofe antrieb, den andern an Rang zu übertreffen, trieb auch die Herrscher dazu, nach dem ersten Rang zu streben und die Vorherrschaft über andere Staaten zu erringen.
Nach dem Regierungsantritt Ludwig XIV. ereignete sich in London, wo damals gerade ein neuer Botschafter aus Schweden eintraf, folgendes:

Streit um den Vorrang

„Beim Ehrengeleit für den neuen Botschafter erhebt sich die Frage: Wer wird an der Spitze fahren? Die Angelegenheit scheint kindisch. Aber wer hier den Vorrang vor den andern hat, macht auf diese Weise deutlich, daß der von ihm vertretene König der erste unter den Königen ist ... So ergehen genaue Befehle: der französische Gesandte soll als erster fahren, als erster ankommen. Die gleichen Befehle hat der spanische Gesandte erhalten; der Konflikt ist unvermeidlich: Karossen gegen Karossen, Gefolge gegen Gefolge, Bediente gegen Bediente. Es kommt zur blutigen Schlägerei. Am Ende ist der französische Gesandte unterlegen. Der Spanier ist vorausgefahren, in übler Verfassung zwar, mit beschädigten Kutschen und niedergeschlagenen Männern, aber er ist vorausgefahren ... Aber Ludwig XIV. verlangt Genugtuung von Madrid und droht, bis er sie erhält. Der spanische König schickt einen Sonderbotschafter, der nicht nur eine ausdrückliche Entschuldigung überbringt, sondern die feierliche Verpflichtung seines Königs ablegt, zukünftig würden seine Gesandten überall vor denen des allerchristlichsten Königs von Frankreich zurücktreten, und da sie überall bisher den ersten Platz innehatten, käme dieser Vorrang künftig Frankreich zu."

(S.-R. Taillandier, Le grand roi et sa cour, 1930. In: Materialien für den Geschichtsunterricht, Bd. III. Diesterweg 7333, S. 123, gekürzt)

Ludwigs außenpolitische Ziele

Der französische König hatte weitere Ziele. Im Frieden von 1648 (vgl. S. 57) war das Verhältnis der europäischen Staaten zueinander neu bestimmt worden. Aber inzwischen ergaben sich neue Möglichkeiten. Drei große Reiche verloren ihren Zusammenhalt: das Deutsche Reich, das Spanische Weltreich und das türkische Osmanenreich. Diese Reiche, die viele Völker umfaßten, waren dem Nationalstaat (vgl. Bd. 1, S. 219 ff.), der vom absoluten König einheitlich regiert wurde, trotz ihrer Größe unterlegen. Ludwig XIV. wollte die Auflösung dieser Reiche vorantreiben und sich seinen Anteil an den „Trümmern" rechtzeitig sichern; sein Ziel waren die Spanischen Niederlande, die deutschen Gebiete westlich des Rheins, Teile des spanischen Kolonialbesitzes und – als Ehrentitel – die deutsche Kaiserkrone. Zugleich hoffte er die wirtschaftliche Überlegenheit Hollands und Englands zu beseitigen. Sollte Frankreich die Vorherrschaft in Europa erringen?

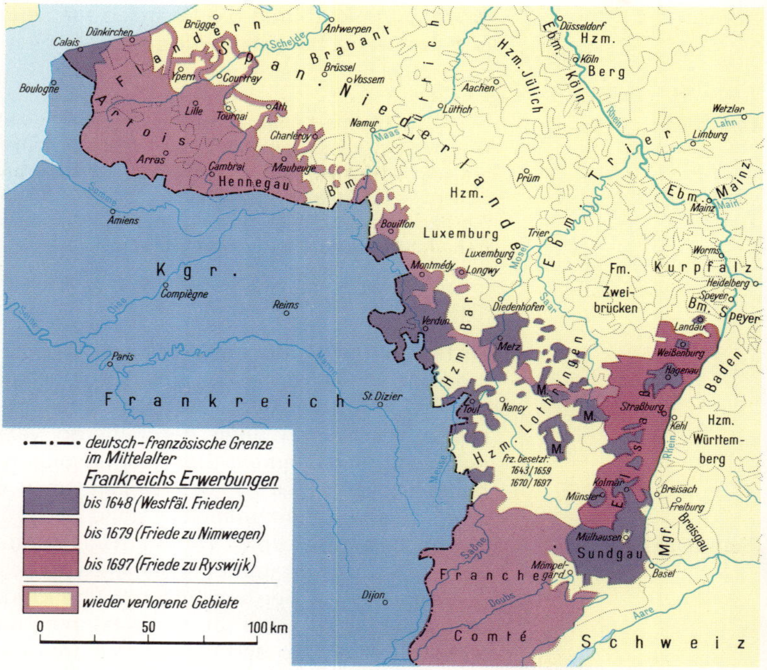

Die Verschiebung der deutschen Westgrenze im 17. Jh.

(1) Spielen Rangfragen auch heute unter Diplomaten noch eine Rolle? Informiere dich über einen Empfang des Diplomatischen Corps.
(2) Schildere aufgrund des Berichtes S. 72 unten, wie Ludwig XIV. die Vorrangstellung Frankreichs durchsetzte, und beurteile diese Methode.

Diplomatentätigkeit

Wozu dient die Diplomatie? In jener Zeit entwickelten sich neue Formen der internationalen Beziehungen. Die führenden Staaten richteten überall in den Hauptstädten ständige Botschaften ein. Diese sollten regelmäßig über innere Verhältnisse und die Stärke des anderen Staates informieren, aber zugleich auch Einfluß auf die fremden Regierungen nehmen. Durch Zusicherungen, Drohungen, Geschenke versuchte man, ihre Politik zu bestimmen.

„. . . Der König findet, daß Sie der dreisteste Diplomat auf der Welt seien (und gibt Ihnen damit das höchste Lob, das Sie sich überhaupt wünschen können), weil Sie es sich in den Kopf gesetzt haben, durch Ihr Zureden und Ihre Drohungen zu erreichen, daß ein Kaiser . . . es nicht wagt, Rekruten für seine Armee auszuheben . . . Wenn es Ihnen gelingt, so haben Sie damit den großartigsten Coup vollbracht, den Sie je vollbringen können, und Ihrem Herrn den willkommensten und wichtigsten Dienst geleistet, der sich denken läßt . . ."

(Aus einem Schreiben des französischen Außenministers an den Gesandten in Wien, 1667. In: Geschichte in Quellen, Bd. III, a.a.O., S. 511)

Allianzen

Die Diplomaten schrieben unablässig Briefe, Denkschriften, Berichte nach Hause, um ihre Herrscher über die Stärke der Truppen, die Finanzlage anderer Staaten oder die Zuverlässigkeit ihrer Bündnisse zu unterrichten; und sie vermittelten Verträge, Bündnisse, Koalitionen oder – wie man damals sagte – „Allianzen" von Land zu Land. Auf diplomatischem Weg wurden Kriege vorbereitet, Friedensschlüsse herbeigeführt und kaltblütig die Chancen für neue Kriege berechnet. Für die Diplomaten und ihre Herrscher zählte nur der Erfolg. Selten wagte jemand zu kritisieren, wie z. B. der Erzbischof Fénélon:

Ungerechte Kriege

„Man hat blutige Kriege entzündet. Ich weiß wohl, daß die erfolgreichen Friedensschlüsse die Ungerechtigkeit der Eroberung zu decken scheinen ... Aber ein Krieg, der in seinem Beginn ungerecht ist, wird durch ein glückliches Ende niemals gerecht. Das Bedürfnis, die Grenze zu sichern, gibt Ihnen noch keinen Rechtsgrund, Ihrem Nachbarn sein Land zu nehmen. Fragen Sie darüber vernünftige und ehrenwerte Männer, und sie werden Ihnen bekennen, daß meine Behauptung so klar ist wie der Tag."

(Fénélon, Mahnwort an Ludwig XIV. um 1699. In: H. Schnee [Hrsg.]: Das Zeitalter des Absolutismus, Heft I, Schöningh Verlag, Paderborn 1958, S. 44)

Anfänge des modernen Militärs. Wie die moderne Diplomatie entstand auch das moderne Militär in der Zeit des Absolutismus. Aus den Ritterheeren des Mittelalters waren zu Beginn der Neuzeit Landsknechts- und Söldnertruppen geworden, buntgewürfelte Haufen unter der Führung verwegener Haudegen und Kriegs-Unternehmer. Der modernere Staat der absoluten Könige begann jedoch alles zu vereinheitlichen, auch die Armee. Während man die Söldnerhaufen erst für den Fall des Krieges zusammentrommelte, stand jetzt eine ständig einsatzfähige Truppe, ein

Stehendes Heer

„stehendes Heer" unter Waffen, nach Kompanien und Regimentern gegliedert, einheitlich uniformiert und in Kasernen untergebracht oder in bestimmten Gebieten einquartiert. Neben den Hauptleuten und Obristen, die aufgrund alter Privilegien aus dem Adel kamen, aber oft wenig taugten, traten Leutnants und Oberstleutnants, die je nach Ausbildung und Leistung ernannt und befördert wurden.

Die militärische Ausbildung änderte sich völlig: Marschordnung, Angriff und Verteidigung wurden mit scharfem Drill im Kasernenhof oder beim Manöver trainiert.

Militärische Entwicklung

Man entwickelte neue Waffen. Die Infanteristen erhielten „Steinschloßgewehre", mit denen sie bis zu 6 Schuß pro Minute abfeuern konnten. Artillerie und die mit schweren Kanonen bestückte Marine wurden zu wichtigen Waffengattungen, ebenso die „Pioniere", die sich auf Festungs-, Brücken- und Straßenbau wie auf Belagerungstechnik verstanden. Manche Staaten führten eine, wenn auch auf einzelne Bevölkerungsschichten begrenzte Wehrpflicht ein; nur noch ein Viertel oder ein Drittel der Truppen bestand aus ausländischen Söldnern. Alle Soldaten erhielten einen nach Rang und Dienstalter abgestuften Sold. Veteranen und Invaliden erhielten staatliche Unterstützung. In Paris entstand eine riesige Anlage für Invaliden. Die Zahl der Truppen erhöhte sich immer weiter: Frankreich hatte 1664 etwa 45000, 1683 mehr als 290000 und um 1703 fast 400000 Mann unter Waffen (zum Vergleich: In der Bundesrepublik 1975 ca. 500000 Mann).

(3) Die Sprache der Diplomatie wurde damals Französisch. Was ist daraus zu schließen? Aus welcher Sprache kommen die Bezeichnungen im militärischen Bereich?
(4) Vergleiche das „stehende Heer" im absolutistischen Staat mit dem Heer im Römerreich, den Söldnerheeren im 30jährigen Krieg, der Bundeswehr heute: Was ist ähnlich, was ist anders?
(5) Es gab bei den Offizieren adlige Hauptleute und bürgerliche Leutnants. Vergleiche mit den Ämtern am Hof.

Abbildung aus einer Drillvorschrift. Infanteristen stehen in einer Abwehrformation, die von Pikenieren umgeben ist. In der Mitte die Fahnenträger, außen Offiziere, Trommler und Kanonen. Der Drill beim Einüben solcher Formationen führte zu äußerster Präzision bei Bewegungen in der Schlacht.

Das Ende der Vormachtstellung Frankreichs. Frankreich begann mit dem Aufbau einer modernen Armee, andere Staaten folgten. Gegen 1700 hatten sie den Vorsprung der Franzosen so weit eingeholt, daß die Kriege für Ludwig XIV. immer verlustreicher wurden. Eine einzige Schlacht im Jahr 1709 endete mit 40 000 Toten und einer Unzahl von Verwundeten. Aber auch andere Gründe zwangen den französischen König, seine ursprünglichen Ziele aufzugeben.

Verlustreiche Niederlage

In den ersten Jahrzehnten seiner Regierung betrachtete Ludwig XIV. das Deutsche Reich und Spanien als seine (Frankreichs) größten Feinde. Sie zu vernichten war das Leitmotiv seiner Außenpolitik. Ein Vierteljahrhundert schien diese Politik erfolgreich zu sein. Dann begann sich das Blatt zu wenden. Österreich konnte Wien im Jahr 1683 mit internationaler Hilfe aus der Belagerung durch die Türken befreien und ging zum Gegenangriff gegen das Osmanenreich vor. Unter dem siegreichen Prinzen Eugen wurde Ungarn zurückerobert und neue Teile des Balkans gewonnen (vgl. S. 100). Die Glorreiche Revolution von 1688 führte England und Holland zu einer engen Verbindung zusammen. Der neue König von England, Wilhelm von Oranien (vgl. S. 80), organisierte gegen die französischen Angriffskriege eine „Große Koalition" der europäischen Mächte; sie zwang Ludwig XIV. zum Frieden (1713). Als der „Sonnenkönig" 1715 starb, waren die Umrisse der europäischen Staatenwelt festgelegt, und sie haben sich seitdem nur noch wenig geändert:

Europäische Koalition

Frieden
1713

Der Versuch Ludwigs XIV., Spanien nach dem Aussterben des habsburgischen Herrscherhauses mit Frankreich zu vereinen, war gescheitert. Österreich verzichtete ebenfalls auf das spanische Erbe (vgl. S. 85). Frankreich behielt die von Ludwig XIV. eroberten Gebiete im Elsaß und in Lothringen, mußte aber Holland und die Spanischen Niederlande (Belgien) freigeben. England konnte seine Stellung als Seemacht ausbauen. Unsicher blieb das Schicksal Italiens. Und zwei Staaten befanden sich gerade erst auf dem Weg zu ihrer Bedeutung als Großmacht: Rußland und Preußen.

Zur Lernkontrolle

1. Beschreibe anhand der grafischen Darstellung S. 62, wie der Staat im Absolutismus aufgebaut war, worauf sich die Macht des Königs stützte und welche Rolle den Untertanen zukam.
2. Erkläre am Beispiel der Ausfuhr von Waren aus Frankreich die Ziele und Mittel der Wirtschaftspolitik im Merkantilismus.
3. Schildere das Verhalten von Menschen der „höfischen Gesellschaft" an verschiedenen Beispielen und nenne einige Regeln, an die sich diese Menschen gehalten haben.
4. Gib in einer Liste mit drei Spalten die Ziele, die Mittel und die Ergebnisse der Außenpolitik Ludwigs XIV. an.

5. England wird Verfassungsstaat und Wirtschaftsmacht

- Informiere dich am Beispiel des englischen Parlaments im 17./18. Jh., welche Aufgaben ein Parlament hat. Du kannst feststellen, welche Rechte für ein Parlament (auch heute und morgen) wichtig sind, damit es seine Aufgaben erfüllen kann.
- Du wirst am Beispiel der englischen Wirtschafts- und Kolonialpolitik im 17. und 18. Jh. herausarbeiten können, was „Wirtschaftsimperialismus" bedeutet.
- Mit den Kenntnissen über die englische Politik des europäischen Gleichgewichts aus dem folgenden Kapitel und den Kenntnissen über die französische Politik der Vormachtstellung gewinnst du wichtige Gesichtspunkte zur Beurteilung der Außenpolitik von Großmächten bis zur Gegenwart.

5.1. König oder Parlament: Wer hat mehr Macht?

Wer ist Mitglied des Parlaments? Das Wort „Parlament" kommt vom französischen Wort „parler" – sprechen, erörtern. Deshalb bedeutet Parlament ursprünglich

Beratung und Erörterung wichtiger Probleme. In England – wie auch in anderen europäischen Staaten – berieten im Mittelalter die Fürsten, Bischöfe und Barone den König bei wichtigen Entscheidungen. Sie bildeten eine Gesprächs- und Beratungsrunde, den „Gemeinen Rat", der sich immer mehr zu einer selbständigen Versammlung entwickelte, ohne deren Zustimmung der König keine wichtigen Gesetze erlassen durfte. In der berühmten „Magna Charta Libertatum" (1215) verpflichtete sich der englische König: Nur mit Zustimmung der Fürsten, Bischöfe und Barone dürfen Steuern erhoben werden (vgl. Bd. 1, S. 218).

Unterhaus und Oberhaus

Seit dem 14. Jh. fühlte sich diese Versammlung immer unabhängiger vom König. Neben den Fürsten, Bischöfen und Baronen wurden auch Bürger der Städte und Landritter zu Mitgliedern der Versammlung. So entstand das englische Parlament. Die Bürger und Landritter bildeten das sogenannte „Unterhaus"; die Hochadeligen und die Bischöfe das „Oberhaus".

Englische Könige versuchten, selbstherrlich zu regieren. Königin Elisabeth I. (vgl. S. 50) hatte in 45 Jahren zehnmal ein Parlament einberufen. Stets waren die Mitglieder dieser Versammlung mit der Politik der Königin einverstanden, d. h. es gab kaum Konflikte zwischen Königin und Parlament. Aber ein heftiger Konflikt begann unter Elisabeths Nachfolgern (Jakob I. und Karl I.). Sie wollten selbstherrlich regieren wie die Könige Frankreichs, d. h. ohne Mitwirkung der Parlamentsversammlung. Sie konnten sich darauf berufen, daß bedeutende Gelehrte in jener Zeit behaupteten, im Staat könne nur einer allein die oberste Gewalt ausüben, nur der Monarch besitze die „Souveränität" und müsse über sie absolut, d. h. unabhängig, verfügen. Diese Aufgabe sei den Königen von Gott übertragen, und Gott allein seien sie Rechenschaft schuldig. Die Meinungen prallten hart aufeinander:

König und Parlament

„Die Könige von Schottland [Jakob war König von England und Schottland] waren schon da, bevor es Stände oder Abstufungen innerhalb derselben gab, bevor Parlamente gehalten oder Gesetze gemacht wurden. Sie verteilten das Land, das ursprünglich in seiner Gesamtheit ihnen gehörte, sie riefen Ständeversammlungen durch ihren Befehl ins Leben, sie entwarfen Regierungsformen und richteten sie ein ... Daraus folgt mit Notwendigkeit, daß die Könige die Urheber und Schöpfer der Gesetze waren und nicht umgekehrt ..."

(Jakob I. über die Rechtsgrundlage des Königtums, 1598. Übersetzung von F. Dickmann, in: Geschichte in Quellen, Bd. III, a. a. O., S. 352)

„Fürs erste halten wir für ein altes,allgemeines und unzweifelbares Recht des Parlaments, über alle Angelegenheiten, die den Untertan, sein Recht und seine tatsächliche Lage betreffen, frei zu debattieren. Wird diese Diskussion beeinträchtigt, so ist damit die Freiheit des Parlaments ... zerstört."

(Aus einer Stellungnahme der Parlamentsversammlung: Petition of rights, 1610)

„Unseren obersten Herrn, den König, machen wir, die geistlichen und weltlichen Lords und die Gemeinen, im Parlament versammelt, untertänigst darauf aufmerksam, daß durch ein Gesetz aus der Zeit König Eduards I. [1272 bis 1307] erklärt ... wurde, daß durch den König ... in diesem Reiche keine Steuer erhoben werden dürfe ohne die Zustimmung der Erzbischöfe, Bischöfe, Barone, Ritter, Bürger und anderer freier Männer der Gesamtheit dieses Reiches."

(Aus Petition of rights, 1628. Beide Auszüge übersetzt von F. Dickmann, in: Geschichte in Quellen, Bd. III, a.a.O., S. 356 und S. 365)

(1) Jakob I. meint, das Land sei Eigentum des Königs. Welche Folgerungen zieht er daraus?
(2) Schreibe die Aussagen Jakobs I. auf, die beweisen: Jakob I. möchte selbstherrlich regieren.
(3) Nenne fünf Stände, die im Parlament vertreten waren.
(4) Vergleiche die Auffassung des Königs mit der Auffassung des Parlaments. Nenne zwei Punkte, in denen das Parlament anderer Ansicht war als der König.

Verhandlung gegen den königstreuen Grafen Strafford vor dem englischen Parlament (1641). Stich von Wenzeslaus Hollar. Unter dem Baldachin der Thron des Königs, daneben der Prinz von Wales, der spätere König Karl II. Der König verfolgte mit seiner Gemahlin den Prozeß von den Logen im Hintergrund aus: Er hatte keinen Einfluß auf seinen Ausgang. Auf den aufsteigenden Bankreihen die Mitglieder des Unterhauses, vor ihnen, durch eine Schranke getrennt, den Kopf bedeckt, die des Oberhauses. – Besorgt euch eine Abbildung (z. B. ein Zeitungsfoto) von einem modernen Parlament und vergleicht.

Steuerstreit

Elf Jahre lang versuchte König Karl I., ohne Parlament zu regieren. Als er immer mehr Steuern und Zölle erheben ließ, verweigerte ein Kaufmann die Bezahlung neuer Steuern. Seine Begründung: Die vom König verlangten Steuern sind ohne Zustimmung des Parlaments ungesetzlich. Ein königliches Gericht verurteilte den Kaufmann wegen Mißachtung königlicher Verordnungen zu einer Gefängnisstrafe. Dieses Urteil verschärfte den alten Streit über die Rechte des Königs und die Rechte des Parlaments. Als Karl I. im Krieg gegen Schottland (1640) dringend Geld zur Bezahlung der Soldaten benötigte, berief er eine Parlamentsversammlung ein. Dieses Parlament fügte sich den Wünschen des Königs nicht mehr.

1640

Widerstand des Parlaments. Die Parlamentsversammlung von 1640 konnte folgende Rechte dem König gegenüber durchsetzen:

Rechte des Parlaments

1. Alle Steuern müssen vom Parlament genehmigt werden. Die Steuern, die vom König eigenmächtig erhoben wurden, gelten als aufgehoben.
2. Das Parlament darf nicht mehr vom König aufgelöst werden. Die Mitglieder des Parlaments müssen der Auflösung zustimmen. Der König muß das Parlament innerhalb von drei Jahren mindestens einmal einberufen. Wenn er dies unterläßt, kann das Parlament aus eigenem Entschluß zusammentreten.
3. Alle königlichen Ämter, die nur zur Vergrößerung der Machtfülle des Königs eingerichtet wurden, werden aufgehoben.

Die Parlamentsmitglieder widersetzten sich sogar offen dem König. Als Karl I. während einer Parlamentssitzung fünf Parlamentarier verhaften lassen wollte, mußte er feststellen, daß die gesuchten Abgeordneten gewarnt und nach London geflohen waren. Dort waren sie von der Bürgerschaft begeistert aufgenommen worden. Jetzt riefen König und Parlament zum Kriegszug gegeneinander auf. Beide behaupteten, im Recht zu sein.

(5) Nenne vier Punkte, die die Unabhängigkeit des Parlaments vom König deutlich machen.
(6) Das Parlament kann aus eigenem Entschluß zusammentreten. Begründe, warum dies als Sieg des Parlaments gegenüber dem König gewertet werden kann.
(7) Warum bestand das Parlament darauf, daß der König kein Parlamentsmitglied verhaften durfte?

Bürgerkrieg

Sieg des Parlaments – ein echter Sieg? Im Bürgerkrieg zwischen den Parlamentsanhängern und den Anhängern des Königs siegten die Truppen des Parlaments. Warum?

„Das Parlament hatte Vorteile, die sich mit der Dauer des Krieges zu seinen Gunsten auswirken mußten. London, das weitaus wichtigste Finanz- und Handelszentrum, war in seiner Hand, desgleichen der Südosten, also der bevölkerungsreichste und wohlhabendste Teil des Landes. Hier ließen sich reguläre Steuern erheben, während der Reichtum der „Kavaliere" [der Königstreuen] vorwiegend aus landwirtschaftlichen Renten bestand, die naturgemäß bei einem inneren Krieg bald versiegen mußten. Die meisten Häfen lagen in dem vom Parlament beherrschten Gebiet."

(K. Kluxen, Geschichte Englands. Kröner Verlag, Stuttgart 1968, S. 309)

Die Truppen des Parlaments siegten unter der Führung Oliver Cromwells. Sicherte der Sieg die Rechte des Parlaments?
Oliver Cromwell trieb mit Waffengewalt alle Parlamentsmitglieder auseinander, die Verhandlungen mit dem König befürworteten. Die übriggebliebenen 60 Abgeordneten waren bereit, den König zum Tode verurteilen zu lassen. Karl I. wurde 1649 öffentlich hingerichtet. Es war ein „unerhörtes Ereignis", den gesalbten und gekrönten König hinzurichten. Die Mehrheit der Bevölkerung mißbilligte seinen gewaltsamen Tod.
England wurde zur Republik erklärt. Als sogenannter „Lordprotektor" regierte Oliver Cromwell wie ein Diktator. Er achtete die Rechte des Parlaments wenig. Die Mitglieder aller Parlamentsversammlungen, die er einberief, fügten sich seinem Willen.

(8) Zähle die Vorteile auf, die K. Kluxen dem Parlament im Krieg gegen den König zuschreibt.
(9) Begründe die Wichtigkeit von Hafen- und Handelsstädten für eine kriegführende Partei.
(10) Versuche zu begründen, warum die Überschrift „Sieg des Parlaments" mit einem Fragezeichen versehen ist.

Bildnis Oliver Cromwells auf einem Medaillon zur Erinnerung an die Schlacht bei Dunbar (Schottland). Die Umschrift lautet nach einer biblischen Formulierung: „The Lord of Hosts" (= Der Herr der Heerscharen).

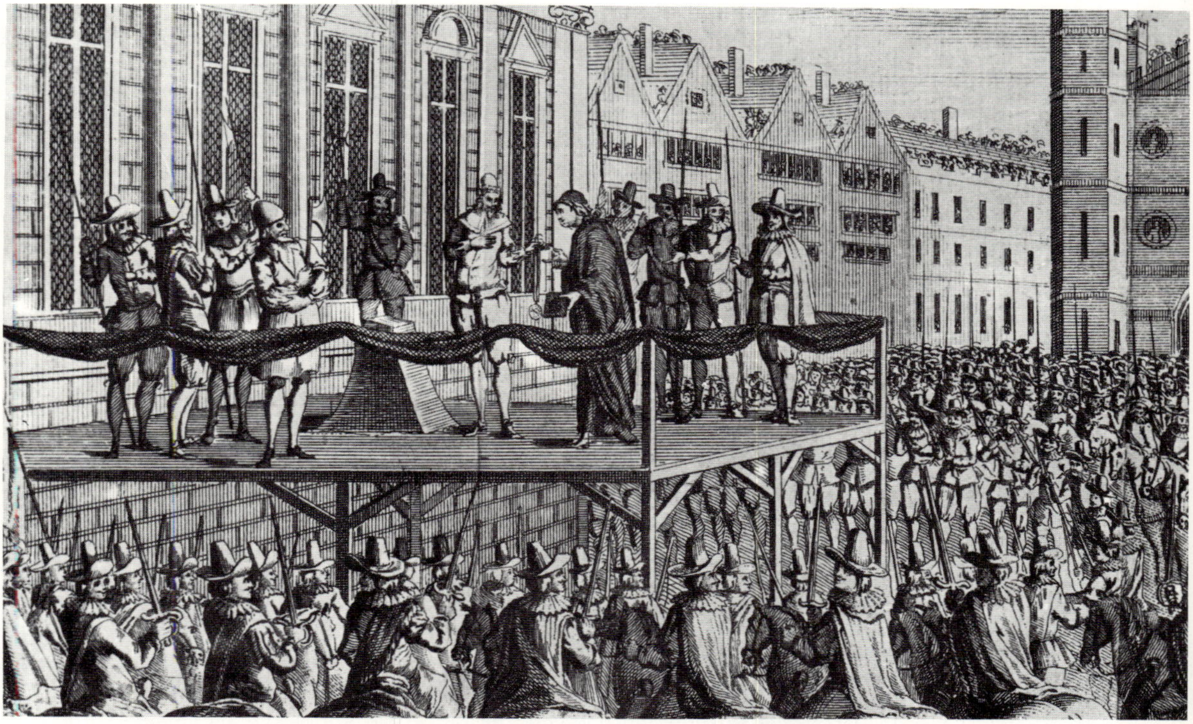

Karl I. vor seiner Hinrichtung am 30. Januar 1649. Wiedergabe nach einem Druck, der kurze Zeit nach diesem Ereignis veröffentlicht wurde. Der König übergibt vor dem Richterblock seine Ordenskette oder seine Uhr dem Geistlichen. Beachte die Soldaten und Reiter vor dem Gerüst sowie die Masse der Zuschauer an den Fenstern und auf den Dächern. 1649

Parlament im 17. Jahrhundert – „Volksvertretung"? Waren die Parlamentsversammlungen in England im 17. Jh. echte Volksvertretungen?
Wer konnte Parlamentsmitglied werden? Welche Interessen vertraten die Parlamentsmitglieder, ihre eigenen oder die einer breiten Bevölkerung? Für wen durften die Parlamentsmitglieder sprechen, nur für ihre eigene Person oder auch im Namen der Bevölkerung der Dörfer und Städte, aus denen sie stammten? Wie war es möglich, daß die Parlamentsmitglieder Entscheidungen trafen, die für die gesamte Bevölkerung bindend waren?
Wenn wir diese Fragen klären wollen, müssen wir zunächst wissen, ob die Parlamentsmitglieder gewählt worden sind und wer das Wahlrecht hatte. *Wahlrecht*

„Das Oberhaus [hatte] etwa 230 Mitglieder, von denen etwa 26 Bischöfe der anglikanischen Kirche waren ... Jeder der 200 weltlichen Lords gehörte der Kammer auf Grund persönlichen Rechts an; die meisten hatten ihren Sitz geerbt ...
Das Unterhaus bestand aus 558 Abgeordneten, die von den städtischen Wahlbezirken und Grafschaften entsandt wurden. In jeder Grafschaft hatten alle Männer, die Grundbesitz mit einem Jahreseinkommen von vierzig Schillingen nachweisen konnten, das Recht ... [zwei Vertreter der Grafschaft in das Parlament zu wählen]. Vier Fünftel der Unterhausabgeordneten vertraten Städte, aber die meisten dieser städtischen Abgeordneten waren Landedelleute ... *Unterhausabgeordnete*
Etwa seit 1600 kamen die Parlamentsmitglieder selber für ihre Unkosten auf ... Daher konnten nur Männer, die ... über ein großes Einkommen verfügten ... es sich leisten, einen Sitz im Parlament anzunehmen."

(R. Palmer, Das Zeitalter der demokratischen Revolution. Frankfurt 1970, S. 57 f.)

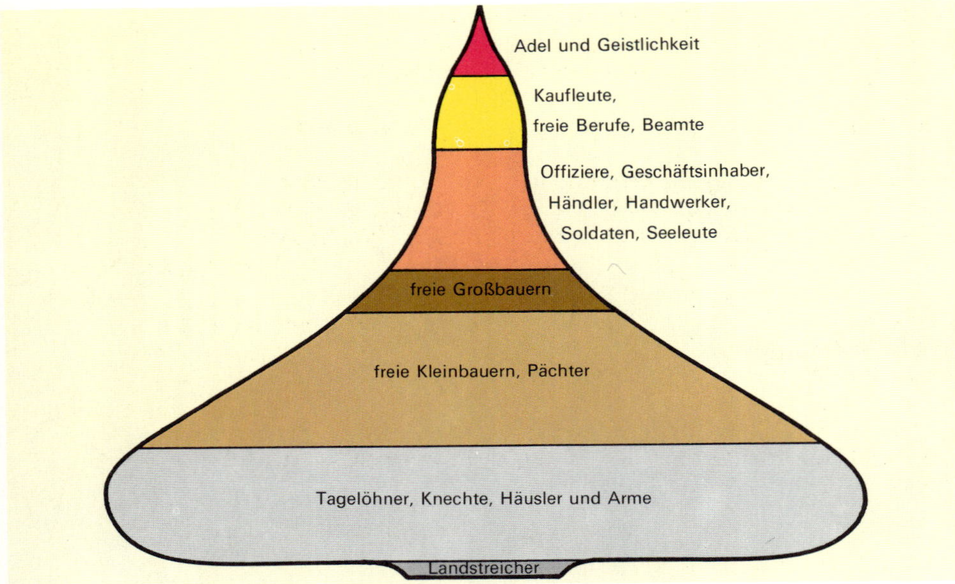

Soziale Schichtung in England und Wales um 1688
(Aus: Das 19. Jahrhundert. Informationen zur politischen Bildung 164, 1975, S. 5).

(11) Zähle auf:
a) Wer hatte in England das Wahlrecht?
b) Wer durfte gewählt werden?

(12) Erörtere die Behauptung: Die Parlamentsmitglieder vertraten die gesamte Bevölkerung.
Beachte: 1696 gab es unter 5,5 Millionen Einwohnern etwa 1,3 Mill. Arme, die auf Armenunterstützung angewiesen waren, und 1,8 Mill. abhängige Arbeiter. (Zahlen aus Kluxen. Geschichte Englands, S. 406)

5.2. Erstmals in England: „Parlamentarische Monarchie"

Eine unblutige Revolution. 1660 hatte nach Cromwells Tod ein neues Parlament nach elf Jahren der Republik die Monarchie wieder eingerichtet. Die reichen Kaufleute und Landadeligen glaubten nämlich, nur ein König könne die allgemeine Unruhe im Land beenden. Das Parlament berief deshalb den Sohn des hingerichteten Karl I. als Karl II. auf den Thron.

Selbstverständlich mußte Karl II. die Beschlüsse des Parlaments von 1640 anerkennen (vgl. S. 77). Aber bald kam es zu schwerwiegenden Auseinandersetzungen zwischen Parlament und König in der Konfessionsfrage. Karl II. stand der katholischen Konfession nahe, sein Nachfolger Jakob II. war sogar Katholik. Das Parlament, das seit der Reformation in Glaubensfragen konsequent protestantisch entschieden hatte, machte deshalb ein Gesetz, das alle Katholiken von den Staatsämtern ausschloß (1673).

Wilhelm von Oranien
1688

Als Jakob II. einen Sohn bekam, befürchtete das Parlament die offizielle Wiedereinführung der katholischen Konfession. Parlamentsmitglieder boten deshalb dem protestantischen Schwiegersohn Jakobs II., dem Niederländer Wilhelm III. von Oranien, die englische Königskrone an. Wilhelm III. landete 1688 mit einem großen Heer in England. Kampflos ergaben sich die Truppen Jakobs II., so daß Wilhelm III. ohne Blutvergießen in London einzog (Jakob II. war nach Frankreich geflohen).

„Glorreiche Revolution"

Bevor Wilhelm und seine Frau zum König und zur Königin gekrönt wurden, mußten sie einen Vertrag mit dem Parlament unterschreiben, in dem nochmals die Rechte des Parlaments festgelegt waren (Bill of rigths, 1689).
Rechte des Parlaments:

Bill of rights

— Gesetze dürfen nur mit Zustimmung des Parlaments erlassen und außer Kraft gesetzt werden.
— Steuern dürfen nur mit Zustimmung des Parlaments erhoben werden.
— Alle Untertanen und das Parlament dürfen Bittschriften an den König stellen.
— Nur mit Zustimmung des Parlaments darf der König in Friedenszeiten ein stehendes Heer unterhalten.

— Die Wahl des Parlaments muß frei und ungehindert stattfinden können.
— Reden im Parlament dürfen frei und ungehindert gehalten werden. Die Redner dürfen nicht nachträglich von einem Gericht wegen ihrer Aussagen im Parlament belangt werden.
— Es müssen häufig, nach Möglichkeit in regelmäßigen Abständen, Parlamentssitzungen stattfinden können.

Das Parlament bestimmte sogar, wer König werden konnte. Aber der König war trotz dieser wichtigen Rechte des Parlaments kein „machtloser Mann". Er war immer noch das Staatsoberhaupt, er leitete die Ausführung der Gesetze. Wichtige Rechte des Königs waren z. B.:

Rechte des Königs

— Der König ernennt und entläßt die Minister. Er kann die Minister selber auswählen und braucht hierzu nicht die Zustimmung des Parlaments.
— Der König vergibt die wichtigen Staatsämter; die Staatsbeamten gehorchen dem König.
— Der König leitet die Außenpolitik; er konferiert z. B. mit ausländischen Gesandten.
— Der König hat den Oberbefehl über die Armee (aber nur in einem Kriegsfall, wenn das Parlament der Aufstellung einer Armee zugestimmt hat).

(1) Zähle mindestens sieben Rechte des Parlaments auf, die die Macht des Königs einschränken.
(2) Wer führte in England die Gesetze aus?
(3) Belege die Behauptung: Parlament und König kontrollieren sich gegenseitig.
(4) Erörtere die Behauptung: „Wilhelm III. von Oranien kann zwar als König regieren, aber nicht herrschen."
(5) Art. 33, Abs. 3 Grundgesetz der Bundesrepublik Deutschland lautet: „. . . Die Zulassung zu öffentlichen Ämtern . . . (ist) unabhängig von dem religiösen Bekenntnis. Niemandem darf aus seiner Zugehörigkeit oder Mitzugehörigkeit zu einem Bekenntnisse oder zu einer Weltanschauung ein Nachteil erwachsen." Begründe, warum heute in der Bundesrepublik Deutschland ein Gesetz unmöglich wäre, das Bestimmungen enthält, wie das oben genannte Gesetz von 1673 in England (vgl. S. 80).

Regierung und Parlament

„Parlamentarische Monarchie". Ist das nicht ein Widerspruch: Königsherrschaft und Parlamentsherrschaft gleichzeitig? Untersuchen wir, wie die „parlamentarische Monarchie" in England funktioniert. Dort hat sich diese Staatsform seit dem 18. Jh. entwickelt. Heute trifft das Parlament alle wichtigen politischen Entscheidungen; alle Gesetze werden vom Parlament erlassen; Verträge mit ausländischen Staaten werden vom Parlament gebilligt; sogar die Regierung des Staates, die Minister werden vom Parlament bestimmt. Die Staatsregierung ist also vom Parlament abhängig, nicht mehr vom König. Der König, der Monarch, erfüllt seine Aufgaben mit Zustimmung der Regierung und damit indirekt mit Zustimmung des Parlaments. Der Regierungschef ist Mitglied des Parlaments und gleichzeitig Vorsitzender der größten Partei im Parlament. Die Mitglieder der kleineren Partei oder der kleineren Parteien bilden die Opposition gegen die Regierung. Sie sind jederzeit bereit, die Regierung zu übernehmen, wenn sie – z. B. in Wahlen – die Mehrheit im Parlament erhalten.

Opposition

Wenn die Abgeordneten des Parlaments vom gesamten Volk gewählt werden (in England seit dem 19. Jh.), wird die „Parlamentarische Monarchie" als „demokratisch" bezeichnet.

(6) Wem muß der Regierungschef (der Primeminister) Rechenschaft ablegen?
(7) Parlament – König – Regierung: Ordne diesen drei Begriffen zu: Ausführung der Gesetze – Beschließen der Gesetze – Empfang von Gesandten fremder Staaten.
(8) Welche Partei bildet heute die Regierung in England? Welche steht in Opposition? Erkundige dich!

5.3. England wird „Welt-Handelsmacht“

Gesetz zur „Vergrößerung des Schiffbestandes“. Jeder zehnte Engländer lebte im 17. Jh. vom Handel. Diese Händler erwirtschafteten ein Einkommen, das fast halb so groß war wie das Einkommen der übrigen neun Zehntel der Bevölkerung. Saß nicht ein Großteil der reichen Handelsunternehmer im Parlament? Dort konnten sie ihre Interessen mit staatlicher Hilfe durchsetzen, z. B. die Ausdehnung des Handels und die Unterdrückung der ausländischen Konkurrenz. Das englische Parlament erließ 1651 folgendes Gesetz:

Schiffahrtsgesetz

1. Alle Waren aus Übersee dürfen nur auf englischen Schiffen mit vorwiegend englischer Besatzung transportiert werden.
2. Erzeugnisse aus Europa dürfen nur auf englischen Schiffen oder Schiffen der Ursprungsländer der Waren nach England eingeführt werden.
3. Fische dürfen nur eingeführt werden, wenn sie von englischen Fischern gefangen worden sind.
4. Die Ausfuhr von Fischen oder Fischprodukten darf nur auf englischen Schiffen erfolgen.

Wirtschaftsimperialismus

Dieses Gesetz über die Schiffahrt galt lange Jahre als Grundlage der englischen Politik. Die Regierungen versuchten, den wirtschaftlichen Aufschwung Englands zu beschleunigen, und sie scheuten dabei nicht vor Zwangsmaßnahmen und Kriegen gegen andere Schiffahrtsnationen zurück. Dieses Verhalten einer Regierung bezeichnet man als „Wirtschaftsimperialismus“.

England und seine Kolonien bis 1763.

Die Ostindiendocks im Hafen von London, der teilweise für Schiffe des Orientverkehrs reserviert war (um 1702). Gemälde von Samuel Scott. Rechts Speichergebäude und ein Hebekran, der von einem Tretrad angetrieben wird. Im Hintergrund mehrere große Segelschiffe. Beschreibe die Szene im Vordergrund.

(1) Nenne vier Maßnahmen, mit denen die englische Regierung dazu beitrug, daß England die stärkste Schiffahrtsnation der Welt wurde.
(2) Erörtere die möglichen Auswirkungen des englischen Gesetzes zur „Vergrößerung des Schiffbestandes" auf niederländische Schiffahrtsunternehmen (Reedereien).

Überseeische Kolonien. Handelsstützpunkte und Schiffstationen in allen Kontinenten waren notwendig, damit England bedeutendste Handels- und Schiffahrtsnation der Welt wurde. Englische Seeleute machten weite Entdeckungsfahrten. 1576 versuchte ein englischer Kapitän, Amerika im Norden zu umsegeln. In den Jahren 1577 bis 1580 gelang dem englischen Kapitän Francis Drake die erste Weltumsegelung nach Magalhaes. Englische Handelsunternehmer errichteten vor allem in sogenannten Gewürzländern feste Handelsstützpunkte.

Entdeckungsfahrten

„Das eine große Wirtschaftsgebiet wurde [um 1600] der Raum um den Indischen Ozean vom Kap der Guten Hoffnung über Ostafrika und Vorderindien bis zur Inselwelt Südostasiens, mit Verbindungslinien nach China und Japan. Das zweite war der Raum um den atlantischen Ozean ... Diese beiden kolonialen Großgebiete, das indische und das amerikanische, waren nicht bloß über Europa miteinander verbunden. Vielmehr war seit dem Ende des 16. Jh. noch ein Verkehr über den Pazifischen Ozean in Gang gekommen ..."

Kolonialgebiete

(H. Haussherr, Wirtschaftsgeschichte der Neuzeit. Böhlau Verlag, Köln [4]1970, S. 210, 214)

Waren aus Übersee

„Hinsichtlich der Waren interessierten zunächst vornehmlich die exotischen Kostbarkeiten: Gewürze, Arzneimittel, Parfüms und Juwelen der indisch-ostasischen Welt: das Gold, Elfenbein, die Sklaven und die fremden Tiere Afrikas; die Edelmetalle, Perlen und „indianische" Exotika Amerikas . . . Schon im 16. Jh. kamen aber in Mittel- und Südamerika Massengüter hinzu, das Salz der Karibischen See, . . . Tabak kam von den Kolonien Nordamerikas . . . Amerika wurde auch bald der Hauptlieferant der namentlich in England aufblühenden Baumwollindustrie."

(H. Kellenbenz, Die Rückwirkung der Kolonien auf die Mutterländer, in: Saeculum Weltgeschichte, Bd. 6. Herder Verlag, Freiburg 1971, S. 128)

Handelsniederlassungen

Um den Handel mit solchen „Kolonialwaren" zu sichern, schlossen sich englische Handelsunternehmer zu Gesellschaften zusammen. Sie gründeten weitere Handelsniederlassungen in Indien und vor allem in Amerika (vgl. S. 112). Diese Handelsgesellschaften erwirtschafteten oft hohe Gewinne und wurden von den englischen Regierungen unterstützt. In ihrem Schutze konnte sich das englische „Kolonialreich" immer weiter ausdehnen. Die Gesetze ließen den Kaufleuten bei ihren Geschäften möglichst viel Freiheit und schränkten den Handel nicht wie im merkantilistischen Frankreich ein.

(3) Nenne mindestens fünf Waren, die bevorzugt aus Kolonien nach Europa eingeführt wurden.
(4) Schlage auf einer Weltkarte folgende englischen Kolonien nach: Madras – Bombay – Philadelphia – Kalkutta – Guinea – Boston.
(5) Betrachte die Weltkartenskizzen S. 82 und S. 213. Nenne die Kolonien, die England a) im 16./17. Jh., b) im 19. Jh. besaß.
(6) Schlage auf einer Weltkarte nach, ob England noch heute Kolonien besitzt.

Europa um 1720.

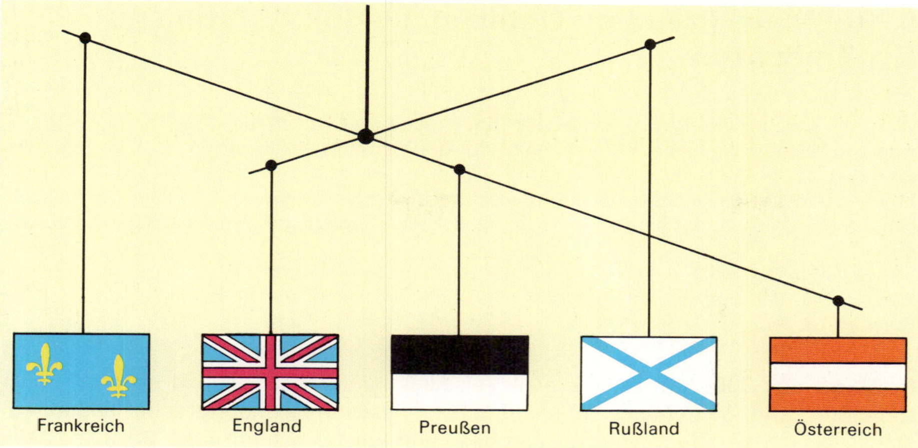

Das Gleichgewicht der fünf Großmächte (Europa im späten 18. Jh.)

Gleichgewicht der Mächte

Die Politik des „Gleichgewichtes in Europa". England war um 1700 die größte Handelsnation geworden. Natürlich lag es im Interesse der Handelsunternehmer, daß die europäische Konkurrenz schwach blieb und daß die englische Seeherrschaft nicht gefährdet wurde.
Die englische Regierung berücksichtigte die Interessen der Handelsunternehmer. Ihr Ziel war: Die europäischen Mächte – Frankreich, Spanien, Österreich – sollten alle so stark sein, daß sie sich gegenseitig in Schach hielten (balance of power). Kein Land sollte ein anderes unterwerfen können. Deshalb verbündete sich die englische Regierung mit dem jeweils Schwächeren oder blieb neutral.
Die englische Regierung betrieb die Politik des „Europäischen Gleichgewichts" mit großem Erfolg. In einem weltweiten Krieg, der um die Thronfolge in Spanien entbrannt war (1701–1713), hatte sich die englische Regierung zunächst auf die Seite Habsburgs gestellt. Als aber plötzlich die Gefahr eines österreichischen Übergewichts in Europa drohte, zog die englische Regierung ihre Streitkräfte aus dem Krieg zurück. Sie wollte dadurch verhindern, daß der Thronfolger des deutschen Kaisers gleichzeitig König von Spanien würde und damit ein Weltreich regierte. So kam nach diesem langen Krieg tatsächlich ein „Gleichgewicht der europäischen Mächte" zustande – wenigstens für einige Jahrzehnte (vgl. S. 75).

(7) Wie verhalten sich vier Menschen mit unterschiedlichem Gewicht auf einer Wippe, wenn sie ins Gleichgewicht kommen wollen? Versuche, dieses Modell auf die „Politik des Gleichgewichts" in Europa im 18. Jh. zu übertragen.
(8) Heute spricht man von einem „militärischen Gleichgewicht" zwischen NATO und Warschauer Pakt. Versuche, diesen Ausdruck zu erklären.

Zur Lernkontrolle

1. Erkläre den Begriff „Parlamentarische Monarchie". Nenne wichtige Rechte des Parlaments und berichte, wie sie erkämpft wurden; nenne wichtige Rechte des Königs und erkläre, worauf sie beruhen.
2. Zähle mindestens drei Rechte auf, die ein Parlament in Anspruch nehmen muß, um ungehindert arbeiten zu können.
3. Erläutere, was du unter „Wirtschaftsimperialismus" verstehst, und stelle fest, ob und wann er für die englische Politik zutrifft.
4. Erkläre den Begriff „Politik des Gleichgewichts" am Verhalten der englischen Regierung im Krieg um die Thronfolge in Spanien.

6. Rußland, Preußen, Österreich – ihr Aufstieg zu Großmächten

Lernziele

- Wie kann sich ein rückständig gebliebener Staat modernisieren? Rußland im 18. Jh. zeigt, was eine von oben erzwungene Modernisierung für die Menschen bedeutet und wie sie den Staat verändert.
- Preußen ist der deutsche Staat, der die Entwicklung Deutschlands bis zum 2. Weltkrieg am meisten geprägt hat. Was war das für ein Staat? Du kannst seine Grundlagen in diesem Kapitel herausarbeiten.
- Wie gelangte Österreich in den Kreis der mächtigsten Staaten Europas? Informiere dich über die Ausdehnung der habsburgischen Macht und über die inneren Verhältnisse im österreichischen Staat im 18. Jh.

6.1. Rußland wird europäische Großmacht

Das alte Rußland

Rußland vor 300 Jahren. Als man Versailles baute, war Rußland noch ein rückständiges Land. Seit etwa 1250 standen die Russen unter mongolischer Fremdherrschaft, bis der Großfürst von Moskau das Land wieder befreite (vgl. Bd. 1, S. 235). Die Russen waren orthodoxe Christen, sie gehörten zur östlichen Kirche, deren Mittelpunkt in Konstantinopel war. Als 1453 Konstantinopel an die mohammedanischen Türken fiel, übernahm Moskau als „Drittes Rom" die Führung einer selbständigen Ostkirche. Weil der Westen als ketzerisch galt, hielten die Russen ihre Kirche für den Hort des wahren Christentums und verhinderten jede Beziehung zum übrigen Europa. Den Moskowitern war unter Strafe verboten, ins Ausland zu reisen. Die russischen Geistlichen wurden gewarnt, Lateinisch (die damalige Sprache der euro-

Prozession am Palmsonntag vor dem Kreml (= befestigter Stadtteil) in Moskau. Kupferstich aus Olearius' moskowitischer und persischer Reise (1649). Seit dem Beginn der Herrschaft des Hauses Romanow 1613 war die vorher weitgehend zerstörte Stadt neu aufgebaut worden. Schon im 17. Jh. hieß die Stadtmitte „Roter (= schöner) Platz".

päischen Wissenschaft) zu lernen. Im 17. Jh. kamen zwar europäische Fachleute – Geschützmeister, Uhrmacher, Offiziere, Ärzte u.a. – in das Land, aber sie mußten abgesondert von der übrigen Bevölkerung in Fremdensiedlungen leben. Der Patriarch von Moskau, das geistliche Oberhaupt des Landes, hätte am liebsten alle Fremden des Landes verwiesen. Der Kreml blieb den Ausländern verschlossen. Ein Diplomat aus Holland vermutete, die Zaren hielten alles Neue von ihren Untertanen fern, damit sie nichts lernten und in ihrer Unwissenheit sich nicht dagegen wehrten, Sklaven zu sein. Denn die Zaren besaßen eine gewaltige Macht. Es hieß, der Wille des Zaren sei Gottes Wille. Man nannte ihn auch den „Hausmeister Gottes", und wenn jemand eine unlösbare Frage gestellt bekam, pflegte er zu sagen: „Das weiß nur Gott und der großmächtige Zar."

Rußland und Europa

Die große Wende. Wer ein halbes Jahrhundert später, etwa um 1720, nach Rußland kam, lernte ein ganz anderes Land kennen. Eine neue Hauptstadt, Petersburg an der Ostsee, war aus dem Nichts geschaffen worden und galt bald als moderne Weltstadt. Der große Gelehrte Leibniz war überzeugt, daß der russische Zar in seinem Land „die kultiviertesten Sitten Europas" einführen werde.

Zar Peter I.
1689–1725

Die Veränderungen bewirkte Zar Peter I. (1689–1725). Als Junge mißachtete er die Tradition und verbrachte seine Zeit am liebsten in der Ausländervorstadt von Moskau. Hier kannte er viele Werkstätten, weil er wissen wollte, wie man Geschütze und Eisenwaren herstellt, wie eine Uhr läuft, wie man Webstühle bedient. Sein besonderes Interesse gehörte dem Seewesen, dem Bau von Schiffen und überhaupt der Technik. Seine besten Freunde waren zwei junge Männer in der Ausländervorstadt, ein Schotte und ein Schweizer. Sie halfen ihm, wenn er schon damals ganze Regimenter aufstellte, mit ihnen neue Geschütze erprobte und Manöver durchführte. Als er mit 17 Jahren an die Regierung kam, wurde Ernst aus den Spielen.

Peters Europareise

Er führte seine im Manöver trainierten Soldaten in einen Krieg gegen die Türken und siegte. Nun setzte er überall europäische Berater und Offiziere ein, schickte russische Adlige zum Studium ins westliche Ausland und nahm selbst – als Unteroffizier verkleidet – an einer Gesandtschaft teil, die ein ganzes Jahr durch Europa reiste. Alles war ungewöhnlich an dieser Reise. Noch nie zuvor war ein regierender Zar in Westeuropa gewesen. Peter wollte gleich ganz Europa auf einmal erkunden, und dies sogar inkognito. Aber er wurde bald erkannt. So beschrieb ihn Kurfürstin Sophia von Hannover in einem Brief:

„Der Zar ist sehr groß; sein Gesicht ist sehr schön, und er ist sehr edel gebaut. Er hat eine große Lebhaftigkeit des Geistes, seine Antworten sind schlagfertig und treffend. Aber bei allen Vorzügen, mit denen die Natur ihn beschenkt hat, wären ihm doch weniger bäuerische Manieren zu wünschen ..."

(In: V. Gitermann, Geschichte Rußlands, Bd. 2. Hamburg 1949, S. 84)

Wenn der Gast mit seinen Leuten in vornehme Gesellschaft kam, war er zunächst verlegen, so z.B. bei einem Besuch in Hannover.

Seltsame Manieren

„Bald hatte sich aber seine Verlegenheit gelegt, Peter wurde gesprächig, bezauberte seine Gastgeberinnen, ließ sie sich mitsamt ihrer Suite nach Moskauer Rezept einen Rausch antrinken, gestand, daß er weder Musik, noch die Jagd liebe, wohl aber gern zur See fahre, Schiffe baue und Feuerwerke abbrenne, zeigte ihnen seine schwieligen Hände, nahm am Tanze teil, wobei die Moskauer Kavaliere die Korsetts ihrer deutschen Damen für deren Rippen hielten, hob die zehnjährige Prinzessin, die künftige Mutter Friedrichs des Großen, an den Ohren hoch, küßte sie und brachte ihre ganze Frisur in Unordnung ..."

(Kljutschewskij, Russische Geschichte, neu bearb. Bd. 1, 1949, S. 98. In: Materialien für den Geschichtsunterricht, Bd. IV, a.a.O., S. 145)

Zar als Zimmermann

In Königsberg ließ sich Peter zum Kanonier, im holländischen Zaandam zum Schiffszimmermann ausbilden. Seine Briefe trugen ein Siegel mit der Umschrift „Im Stande eines Lernenden bin ich und Lehrende suche ich mir!" Die Nachricht von einem Aufstand der Strelitzen, der Moskauer Leibgarde, zwang ihn, die Reise vorzeitig abzubrechen.

(1) Auch heute spricht man von hochentwickelten und rückständigen Ländern. Nenne Beispiele. Woran wird hier die Entwicklung gemessen?
(2) Vergleiche die Stellung des Zaren in Rußland mit derjenigen eines absoluten Herrschers in Europa.
(3) Charakterisiere das Verhalten Peters auf seiner Europareise.

Wie wurde Rußland modernisiert? Die Erfahrungen, die Peter auf seiner Europareise gewann, bestätigten das, was seine Freunde in der Ausländervorstadt meinten: Rußland brauchte eine moderne Armee, eine merkantilistische Wirtschaft und ein zuverlässiges Beamtentum.

Armeereform

Peter beseitigte zuerst die Leibgarde, die Strelitzen, und ließ eine ständig einsatzbereite Armee nach westlichem Vorbild ausbilden. Man zwang jährlich 30 000 bis 40 000 junge Männer vom Land in die Armee, die bald auf eine Stärke von mehr als 200 000 Mann anwuchs. Die meisten dienten lebenslang und sahen ihre Angehörigen nie wieder. In den Kasernen und auf langen Märschen wurden die Rekruten eisern gedrillt. An der Front gab es keine Schonung. Die Verluste waren verheerend, neue Rekruten mußten die Lücken füllen. Ausbilder, Techniker, Offiziere kamen zum großen Teil aus dem westlichen Ausland. Mit ausländischer Hilfe wurde eine Flotte gebaut, die schließlich fast 50 Linienschiffe und 800 Galeeren umfaßte.

Wirtschaftsreform

Das neue Heer und die Flotte regten die wirtschaftliche Entwicklung an: Die Soldaten mußten versorgt und ausgerüstet werden. Man kaufte zwar noch vieles im Ausland, doch im Ural entstanden z. B. schon Eisenhütten, die bald Eisen nach England ausführen konnten. Man vergrößerte Pulver- und Waffenfabriken, baute Schiffswerften, stellte Uniform- und Segeltuch in eigenen Manufakturen her und konnte in der Leder- und Papierherstellung vom Ausland unabhängig werden. Um 1725 produzierten rund 200 Manufakturen in Rußland, deren Technik dem westlichen Standard entsprach. Die eigene Landwirtschaft exportierte z. B. Hanf, Juchten (weiches Leder), Flachs und Leinwand. Aus Sibirien, das besiedelt und dem Handel erschlossen wurde, kamen Kaviar, Lachs und Pelze in den europäischen Westen. Im Süden, an den Ufern des Dnjepr, ließ Peter I. Weinreben anpflanzen und Tabak anbauen. Die Entwicklung der Wirtschaft brachte dem Staat mehr Steuern ein.

Verwaltungsreform

Änderte sich die Gesellschaft? Eine neue Rangordnung für den Staatsdienst bestimmte, welchen Platz ein Offizier oder Beamter einnahm, und zwar je nach Tüchtigkeit und Verdienst. Leute aus nichtadligem Stand konnten ebenfalls in den Dienstadel gelangen, wenn sie Glück hatten und etwas leisteten.

Auszug aus der Rangtabelle Peters I.

Flotte	Armee	Verwaltung
General-Admiral	Feldmarschall	Kanzler
Vize-Admiral	Generalleutnant	Geheimrat
Kommodore-Kapitän	Brigadier	Staatsrat
Kapitän 3. Ranges	Major	Assessor
Artillerieleutnant	Stabsrittmeister	Sekretär
Konstabler	Leutnant	Registrator

(Aus: Tabelle der Rangstufen. In: Geschichte in Quellen, Bd. III, a.a.O., S. 561)

Links: Peter der Große. Stich von Jakob Houbraken. – Rechts: Der Zar belegte die Bärte seiner Untertanen mit einer Steuer. Wer für seinen Bart keine Steuer zahlen wollte, mußte ihn abschneiden lassen. Auch so sollten die Russen dem westlichen Vorbild angepaßt werden. Russischer Holzschnitt.

Schule

Wie der Zar selbst gelernt hatte, sollte die führende Schicht des Landes lernen. Der Schulbesuch blieb den Söhnen der Adligen und Geistlichen vorbehalten. Sie sollten in die „Ziffernschule" und in das Gymnasium für Kavaliere oder in die Kadettenanstalt gehen. Wer nicht lernte, wurde bestraft: Er konnte nicht Offizier werden oder er durfte nicht heiraten. Man studierte Bücher aus dem Westen, die ins Russische übersetzt wurden. Damals erschien auch die erste russische Zeitung.
Der Adel erhielt durch diese Neuerungen besondere Pflichten im Staatsdienst. Andererseits behielt er jedoch seine Privilegien. Er war von der Steuer befreit und konnte auf seinen Gütern die Bauern und Knechte für sich arbeiten lassen.

Leibeigenschaft

Indem der Zar durch ein neues Steuergesetz von Bauern und unfreien Knechten dieselbe Steuer (eine „Kopfsteuer") verlangte, verschlechterte er sogar die Lage der Bauern: Die Grundherren behandelten jetzt alle Landbewohner in gleicher Weise, kassierten die Steuern, zwangen sie zu Fronarbeiten und machten sie zu leibeigenen Untertanen, die nicht einmal vor Gericht gehen konnten, wenn ihnen Unrecht geschah.

(4) Zeige an einigen Beispielen, wie Peter I. die Armee, die Wirtschaft und die Verwaltung seines Landes reformierte.
(5) Wem nützten die Reformen, wem nicht? Diskutiert darüber.

Rußland, die neue Großmacht im Osten. Bis zum Jahr 1700 hätte man eine Geschichte Europas schreiben können, ohne Rußland besonders zu erwähnen. Das änderte sich nun, denn Peter I. errang in langen Kriegen gegen die Türken und Schweden bedeutende Siege. Die Folge war, daß sich Rußland im Süden und Westen ausdehnte und Zugänge zum Schwarzen Meer und zur Ostsee erhielt. Dort ließ Peter I. seine neue Hauptstadt errichten: St. Petersburg.

St. Petersburg

„. . . ‚Ein Fenster nach Europa durchzubrechen', war das höchste Ziel des Zaren, und so zögerte er nicht, den Bau der neuen Stadt mit dem rücksichtslosesten Einsatz aller Kräfte zu betreiben . . . Auf sumpfigem Gelände, welches oft von Überschwemmungen heimgesucht wurde, ließ der Zar nach und nach wohl Hunderttausende von Erdarbeitern und Handwerkern antreten, die unter schrecklichen Existenzbedingungen, durch Unterernährung und Epidemien immer wieder dezimiert, Entwässerungskanäle zu graben, Baumstämme in den Boden zu hämmern und auf den mühsam gelegten Fundamenten palastartige öffentliche Gebäude aufzuführen hatten. Um alle Steinmetzen und Maurer zu zwingen, sich nach Petersburg zu begeben, befahl Peter – und diese Verordnung galt jahrelang –, im ganzen übrigen Reich nur noch hölzerne Häuser zu errichten . . . Petersburg nannte er sein ‚Paradies', und er liebte es von ganzer Seele!"

(V. Gitermann, Geschichte Rußlands, Bd. 2, a.a.O., S. 85)

Sieg über Schweden
1721

Nach dem endgültigen Sieg über die Schweden kamen 1721 die baltischen Länder (Livland, Estland, Ingarmanland, Karelien) zu Rußland; sie waren kulturell hochentwickelt. Der Zar bei der Siegesfeier:

„Er tanzte auf den Tischen und sang . . . Der Senat des Russischen Reiches ersuchte ihn, die Titel eines ‚Vaters des Vaterlandes', eines Imperators (Kaisers) sowie den Beinamen des Großen anzunehmen . . . In einer Ansprache an den Zaren führte ein Redner aus, daß Peter das russische Volk ‚aus dem Nichtsein zum Sein' erhoben und ihm einen Platz unter den ‚politischen Völkern' verliehen habe. Alle Glocken läuteten, und Kanonensalven erschütterten die Luft."

(V. Gitermann, Geschichte Rußlands, Bd. 2, a.a.O., S. 100)

Bedeutung Peters I.

Peter – der Große? Über Peter I. gibt es verschiedene Urteile:

„Dieser Monarch hat unser Vaterland in eine Linie mit den andern gebracht, hat erkennen gelehrt, daß auch wir Menschen sind; mit einem Wort, worauf man in Rußland auch blicken mag, alles hat ihn zum Anfang, und was hinfort auch geschehen möge, aus dieser Quelle werden sie es schöpfen!"

(Der russische Botschafter in Istambul 1725. In: W. Kljutschewskij, Geschichte Rußlands, Bd. 4. Stuttgart 1926, S. 217)

Verwestlichung

„Peter machte einen Anschlag auf das Volk, veränderte gewaltsam seine Sitten, seine Bräuche, selbst seine Kleidung . . . Die oberen Klassen lösten sich von den russischen Bräuchen und zugleich vom russischen Volk los; sie fingen an, nach ausländischer Art zu leben, sich zu kleiden und zu sprechen . . . So kam es zum Bruch zwischen Zar und Volk, so löste sich der alte Bund. Der russische Monarch wurde zum Despoten, und das freie Volk erhielt die Bedeutung von unfreien Sklaven."

(K. Aksakow 1855, in: M. Winkler, Slavische Geisteswelt, Bd. 1, 1955, S. 82f.)

Selbstherrschaft

„Sie haben Matrosen, Ingenieure, Soldaten, Kaufleute, Künstler ausgebildet, haben ihnen aber nicht das Grundlegende beigebracht: Bürger zu sein! . . . Was für eine Ordnung ist es, die von einer einzigen Person gehalten wird! Alles ist verloren, wenn das russische Volk immer solche Fürsten . . . brauchen wird!"

(G. Mably, 1778. In: D. Tschizewskij, Zwischen West und Ost. Russische Geistesgeschichte II, 18.–20. Jahrhundert, Rowohlt rde, Hamburg 1961, S. 134f.)

(6) Erkläre, welche Bedeutung für Rußland die Ostsee hatte. Denke an den Handel und an die Flotte.
(7) Vergleiche den Bau von St. Petersburg und von Versailles (vgl. S. 67f.). Wenn du eine Meinung darüber hast, erkläre und begründe sie.
(8) Besprecht die Urteile über Peter I.; diskutiert, ob er den Beinamen „der Große" verdient.

Die Entwicklung Rußlands im 17./18. Jahrhundert. Jahreszahlen bei sibirischen Städten geben Zeitpunkt der russischen Eroberung an.

Rußland unter Katharina II. Unter den Nachfolgern Peters des Großen nahm der Einfluß der Ausländer noch weiter zu: Minister und oberste Ratgeber am Hof kamen aus dem Westen. Zarentöchter heirateten europäische Prinzen, und als der Enkel Peters I. ermordet wurde, kam seine Witwe Katharina II. (1762–1796), eine deutsche Fürstentochter, auf den russischen Kaiserthron.

Katharina II.
1762–1796

Der westliche Einfluß brachte, neben Wissenschaft und Technik, neue politische Ideen nach Rußland. Um dem Staat eine moderne Verfassung zu geben, berief Katharina II. 1767 eine Kommission von Fachleuten, denen sie u.a. die folgenden freiheitlichen Grundsätze empfahl:

Westlicher Einfluß

„. . . Die Gleichheit aller Bürger besteht darin, daß sie alle Gesetzen unterworfen sind. Diese Gleichheit erfordert gute Einrichtungen, die den Reichen verwehren, die weniger Vermögenden zu unterdrücken und ihre Ämter zu ihrem eigenen Vorteil zu mißbrauchen. Es soll durch das Gesetz nichts verboten werden als dasjenige, was entweder dem einzelnen oder dem Gemeinwesen schädlich sein kann . . . Es können weder geschickte Handwerker noch ein gesunder Handel bestehen, wo der Ackerbau vernachlässigt oder nicht mit Eifer betrieben wird. Wo der Bauer kein Eigentum hat, da kann der Ackerbau nicht gedeihen . . ."

Moderne Ideen

(Instruktion der Kaiserin Katharina II. von 1767. In: Guggenbühl/Huber, Quellen zur Geschichte der Neueren Geschichte, Bd. 3, Zürich [3]1965, S. 335f.)

Was geschah aber in Wirklichkeit? Statt alle vor dem Gesetz gleich zu behandeln, bevorzugte Katharina ihre Günstlinge, Liebhaber, Schmeichler und Höflinge, denen sie Ämter und Vollmachten gab, Land und Zehntausende leibeigener Bauern (im ganzen rund 1 Million russischer Menschen) schenkte. Der Adel erhielt alle Vorrechte im Staat, er wurde sogar vom Dienst in der Armee und Verwaltung befreit. Die Grundherren durften mit ihren Leibeigenen ungestraft machen, was sie wollten.

Rückschrittliche Praxis

Karikatur auf die Teilung Polens 1772. Zeitgenössischer Stich von F. L. Nilson. Links Katharina II., ihr gegenüber Friedrich der Große und Joseph II. Wie verhalten sich die Herrscher? In der Mitte König Stanislaus von Polen, der Günstling Katharinas, der nach oben zeigt und das Recht beschwört, 23 Jahre später aber doch seine Krone verliert.

Verzweifelte Bauernaufstände wurden blutig niedergeschlagen. Die versprochenen neuen Gesetze kamen nicht zustande. Das Volk erhielt keine Verfassung. Die Macht des Zaren blieb unbeschränkt.

Ausdehnung Rußlands

Katharina II. setzte die von Peter dem Großen verfolgte Außenpolitik fort. Sie verdrängte die Türken vom nördlichen Ufer des Schwarzen Meeres, erschloß und besiedelte die eroberten Gebiete im Süden und Osten und suchte im Westen weiteres Land zu gewinnen. Das gelang ihr, indem sie mit Bestechung und Drohungen den polnischen Adel einschüchterte und schließlich gemeinsam mit Preußen und Österreich den polnischen Staat aufteilte. Damals erhielt die russische Westgrenze erstmals den Verlauf, den sie auch heute (seit 1945) hat.

Teilung Polens

(9) Schildere die Widersprüche zwischen dem, was Katharina II. forderte, und dem, was sie tat.

6.2. Preußen, ein deutscher Musterstaat?

Wie Preußen immer größer wurde. Nach dem 30jährigen Krieg war Brandenburg das größte Fürstentum in Norddeutschland. Die Herrscher regierten genauso unumschränkt wie der König in Frankreich. Aber der Staat bildete keine Einheit; er bestand aus drei Teilen, die weit auseinander lagen: Ostpreußen (das früher dem Deutschen Ritterorden gehörte), Brandenburg und Pommern (in der Mitte) und einige Landstriche in Westdeutschland (darunter das Ruhrgebiet). Nachdem schon Friedrich Wilhelm, der „Große Kurfürst", das Land erweitert hatte, erhielt Kurfürst Friedrich von Brandenburg für sich und seine Nachfolger den Titel „König in Preu-

Der Große Kurfürst

ßen" (1701). Man gewöhnte sich seither daran, das gesamte Herrschaftsgebiet des Königs als „Preußen" zu bezeichnen. Friedrichs I. Sohn, König Friedrich Wilhelm I., war ein sparsamer „Hausvater", der am Ende seiner Regierungszeit sagen konnte:

„Ich habe Land und Armee in Ordnung gebracht; an Euch, mein lieber Nachfolger liegt es, was Eure Vorfahren angefangen haben, zu erhalten und die Länder, auf die ihr Anspruch habt, herbeizuschaffen ... Betet zu Gott und fanget nie einen ungerechten Krieg an, aber wozu ihr ein Recht habt, davon laßt nie ab!"

(Aus dem politischen Testament Friedrich Wilhelms, 1722. In: Materialien für den Geschichtsunterricht, Bd. III, a.a.O., S. 163)

Friedrich II.
1740–1786

Im Jahr 1740 wurde Friedrich II. König von Preußen (1740–1786). Als im gleichen Jahr der Kaiser in Wien starb und seine Tochter Maria Theresia die habsburgischen Länder (vgl. S. 101) erbte, sah Friedrich II. die beste Gelegenheit, sein Land zu vergrößern:

Schlesische Kriege

„Ich faßte sofort den Entschluß, die Fürstentümer in Schlesien in Anspruch zu nehmen, auf welche mein Haus sehr begründete Rechte hatte, und ich ergriff Maßregeln, um meine Ansprüche auf dem Wege der Waffen zu verfolgen. Das war ein unfehlbares Mittel, die Macht meines Hauses zu vermehren und Ruhm zu erwerben, wenn das Glück meinen Unternehmungen zu Hilfe kam ..."

(Friedrich II., Geschichte meiner Zeit. In: H. Schnee [Hrsg.], Das Zeitalter des Absolutismus, Heft II. Schöningh Verlag, Paderborn 1958, S. 7)

Das Wachstum Brandenburg-Preußens.

Maria Theresia leistete zwar Widerstand; sie wurde auch von Rußland und Frankreich unterstützt, so daß der Preußenkönig drei „schlesische Kriege" führen mußte. Aber dann hatte er sein Ziel erreicht: 1763 kam im Frieden von Hubertusburg Schlesien endgültig zu Preußen. Weitere Gebiete erwarb Friedrich II. bei der Aufteilung Polens (vgl. S. 92). Seither besaß Preußen im Osten ein geschlossenes Staatsgebiet. Rechtlich war die Erweiterung Preußens freilich nicht zu begründen. Sie bildete vielmehr das Ergebnis militärischer und diplomatischer Siege. Das entsprach dem Grundsatz Friedrichs II.: „Sämtliche Maßnahmen müssen wohl überlegt sein, und Politik wie Militär müssen zum gleichen Ziel beitragen, nämlich der Festigung des Staates und der Mehrung seiner Macht."

Erweiterung Preußens

Die Entwicklung Brandenburg-Preußens

Jahr	Fläche (Quadratmeilen)	Einwohner (Millionen)
1640	1452	0,7
1688	2034	1,3
1713	2090	1,7
1740	2201	2,2
1786	3490	6,0
1805	5463	9,8
1817	5015	10,6
1865	5046	19,0

(1) Wie hat Friedrich II. den Grundsatz seines Vaters, nie einen ungerechten Krieg anzufangen, angewandt?
(2) Gibt es Gemeinsamkeiten zwischen den Kriegen Ludwigs XIV., Katharinas II. und Friedrichs II.?
(3) Berechne: Um wieviel hat Preußen seine Fläche und seine Einwohnerzahl vergrößert: a) von 1640 bis 1740, b) von 1640 bis 1865.

Preußen, ein Militärstaat? Ein italienischer Reisender schrieb 1769:

„Beim Betreten des Staates des großen Friedrich, der mir wie eine einzige große Wachtstube erschien, fühlte ich, wie sich in mir der Abscheu vor dem ruchlosen Soldatenhandwerk verdoppelte und verdreifachte ... Später verließ ich die große Kaserne Preußen mit gebührendem Abscheu."

(Graf Vittorio Alfieri 1769. In: H. Schnee (Hrsg.), Absolutismus, a.a.O., S. 11 f.)

Der Vater Friedrichs II. trug nicht zufällig den Beinamen „Soldatenkönig". Friedrich Wilhelm I. betrachtete es als „die sichersten Mittel, einem Volk, einem Land, einem Reich dauerndes Glück zu sichern, ein Heer ausgewählter Krieger und eine gute Haushaltung" zu haben. Friedrich II. urteilt über die Politik seines Vaters: „Die ganze Regierungsweise war militärisch. Das Heer wurde verstärkt. Berlin glich einem Zeughaus." Friedrich Wilhelm I. hat die Zahl der preußischen Soldaten verdoppelt, und Friedrich II. erhöhte die Armeestärke erneut auf mehr als das Zweifache. Von den 150 000 bis 190 000 Mann waren knapp zwei Drittel Landeskinder, die von den Dörfern gestellt werden mußten; die übrigen schleppten Werber aus dem Ausland an. Die Offiziere kamen aus dem preußischen Adel. Der König zwang die Junker zum Offiziersdienst, bis sie es allmählich als Ehre empfanden, des „Königs blauen Rock" zu tragen; denn auch der König selbst erschien immer in Uniform.

Verstärkung des Heeres

Preußischer Drill

Die Soldaten mußten eine eiserne Disziplin ertragen. Der „preußische Drill" war berühmt und berüchtigt. So bestrafte man Ungehorsam mit Spießrutenlaufen, und obwohl einer, der zu desertieren versuchte, das Leben riskierte, flohen so viele, daß man spottete, in der preußischen Armee brauchte man für jeden Soldaten einen

Das „ehrliche" Gassenlaufen und die „unehrliche" Stäupung. Kupferstich von Daniel Chodowiecki (1774). Das Spießrutenlaufen galt im Unterschied zur (harmloseren) Stäupung als ehrenhaft. Der Delinquent wurde dabei (oft mehrmals hintereinander) durch die „Gasse" seiner Kameraden getrieben, die ihm den Rücken mit Spießruten blutig schlugen. Erkläre, welche Vorstellungen man von der Ehre hatte.

zweiten, der auf ihn aufpasse. Andererseits entstand unter dem Druck der harten Disziplin eine schlagfertige Armee, die für ihre Zeit ohne Beispiel war. Die Exerziermethode war so erfolgreich, daß die Truppen an der Front mit der gleichen Präzision 6 Schuß pro Minute abfeuerten wie im Manöver. Die preußische Armee gewann in Europa den Ruf, im Krieg unbesiegbar zu sein.

Armee und Wirtschaft

Entwicklung der Wirtschaft. „Alle Handwerke, die für eine Armee gebraucht werden konnten, gediehen, und ihre Arbeiten wurden in ganz Deutschland begehrt", schrieb Friedrich II. Die Armee benötigte Zehntausende von Uniformen, Gewehren, Tornistern und Säbeln; Kasernen wurden gebaut. Pulvermühlen und Waffenschmieden entstanden. Die Armee mußte ernährt werden: Als billigstes Nahrungsmittel verordnete der König den Militärköchen die Kartoffel, die jetzt in großem Umfang angebaut wurde. Billige Kohle verdrängte das Holz als Brennmaterial in den „Kanonenöfen".

Soldaten als Vorbild

Die Soldaten sollten zum Vorbild des preußischen Untertanen werden: gehorsam, bedürfnislos, pünktlich und pflichtbewußt. In Friedenszeiten mußten sie in den Manufakturen oder auf den Feldern arbeiten, um den spärlichen Sold aufzubessern. Wer es zum Unteroffizier gebracht hatte, konnte als Invalide oder im Alter eine kleine Beamtenstelle bekommen, z. B. als Volksschullehrer oder als Steuereinnehmer in einer Kleinstadt. Auch da tat er wie ein Soldat seine Pflicht, war von früh bis in die

Nacht zur Stelle und erledigte seine Aufgaben pünktlich und gewissenhaft, denn die Kontrollen waren peinlich genau.

(4) Inwiefern war das Militär ein Motor der Wirtschaft? Suche Beispiele aus unserer Zeit, die zeigen, wie die Bedürfnisse des Militärs die Entwicklung der Wirtschaft oder Technik beeinflussen.
(5) Man sagt, eine gut gerüstete Armee verführe zum Krieg. Schreib auf, was für und was gegen diese Behauptung spricht.

Das ,,persönliche Regiment'' des Königs. Alles war in diesem Staat streng organisiert. An der Spitze standen die Ministerien in Berlin, die für bestimmte Sachgebiete und für die einzelnen Landesteile zuständig waren. Jeder Bezirk im Land erhielt einen Landrat, der nach unten die Regierung, nach oben die Bevölkerung vertrat. Der König stand über allem, sein Grundsatz lautete: Der König muß allein regieren. Die folgenden Quellenauszüge lassen erkennen, wie Friedrich II. dachte und handelte:

Stellung des Herrschers

,,In einem Staate wie Preußen ist es durchaus notwendig, daß der Herrscher seine Geschäfte selbst führt; denn ist er klug, wird er nur dem öffentlichen Interesse folgen, das auch das seine ist . . . Und wie es nötig ist, daß der Fürst die inneren Angelegenheiten selbst regelt, so wird es um so notwendiger, daß er seine Außenpolitik allein leitet, daß er die Bündnisse schließt, die ihm gutdünken, daß er seine Pläne selbst entwirft und zumindest in schwierigen Lagen allein entscheidet . . . Ich verschließe meine Geheimnisse in mir selbst. Nur einen einzigen Sekretär, von dessen Treue ich überzeugt bin, ziehe ich heran. Sofern man mich also nicht selbst besticht, ist es unmöglich, meine Absichten zu erraten.''

(Friedrich II., Politisches Testament. Aus: Küntzel/Haas, Die Politischen Testamente der Hohenzollern. In: Schnee, Das Zeitalter des Absolutismus, Bd. II, a.a.O., S. 10f.)

,,Ein Herrscher ist nicht zu seinem hohen Rang erhoben, man hat ihm nicht die höchste Macht anvertraut, damit er in Verweichlichung dahinlebe, sich vom Mark des Volkes mäste und glücklich sei, während alles Hunger leidet. Der Herrscher ist der erste Diener des Staates. Er wird gut besoldet, damit er die Würde seiner Stellung aufrecht erhalte. Man fordert aber von ihm, daß er tatkräftig für das Wohl des Staates arbeitet und die Hauptgeschäfte sorgfältig erledigt.''

(Friedrich II., Politisches Testament. In: Schnee, a.a.O., S. 10)

Inspektionsreisen

Auf den Inspektionsreisen durch das Land kümmerte sich Friedrich II. um jede Einzelheit:

,,Wer seid Ihr? – Euer Majestät, ich bin der Beamte hier von Fehrbellin. – Wie heißt Ihr? – Fromm. – Haha! Ihr seid ein Sohn von dem Landrat Fromm? – Euer Majestät halten zu Gnaden, mein Vater ist Amtsrat im Amte Lehnin gewesen. – Amtsrat! Amtsrat! Das ist nicht wahr! Euer Vater ist Landrat gewesen. Ich habe ihn recht gut gekannt. Sagt mir einmal, hat Euch die Abgrabung des Sumpfes hier viel geholfen? – O ja, Euer Majestät. – Haltet Ihr mehr Vieh als Euer Vorfahr? – Ja, Euer Majestät! Auf diesem Vorwerk halte ich vierzig, auf allen Vorwerken siebzig Kühe mehr. – Das ist gut. Die Viehseuche ist doch nicht hier in der Gegend? – Nein, Euer Majestät! – Habt Ihr die Viehseuche hier gehabt? – Ja! – Braucht nur fleißig Steinsalz, dann werdet Ihr die Viehseuche nicht wiederbekommen . . .''

(Bericht über eine Inspektionsreise am 23. 7. 1779. Aufzeichnung des Oberamtmanns Fromm. In: Geschichte in Quellen, Bd. III, a.a.O., S. 620f.)

(6) Suche zu den drei vorausgehenden Quellentexten je eine Überschrift zu finden.
(7) Erkläre aufgrund des ersten und des dritten Quellentextes den Ausdruck ,,persönliches Regiment''.
(8) Der mittlere Text enthält eine entscheidende Aussage über die Auffassung Friedrichs II. von seinem Amt. Wie lautet sie? Mit welchem Satz läßt sich Ludwigs XIV. Verhältnis zum Staat bezeichnen? Vergleiche S. 62ff.

Friedrich der Große reitet zur Besichtigung des ersten Bataillons des Leibgarderegiments. Aquarell von Daniel Chodowiecki.

Preußen, ein fortschrittlicher Staat? Friedrich II., ein aufgeklärter Monarch von hoher Pflichtauffassung (vgl. S. 109), war überzeugt, daß das Volk aus passiven Untertanen bestand, die „zum Besseren gezwungen werden müssen". Er hat auf vielen Gebieten der Landwirtschaft und des Gewerbes, im Rechtswesen und Bildungswesen Verbesserungen und Reformen durchgeführt. Ein Geschichtsschreiber urteilte vor 100 Jahren darüber:

Reformen

„Frei sollte der Geist sein, jeder denken, was er wollte, aber tun, was seine Bürgerpflicht war. Wie er selbst sein Behagen und seine Ausgaben dem Wohl des Staates unterordnete, mit etwa 200000 Talern den ganzen königlichen Haushalt bestritt, zuerst an den Vorteil des Volkes und zuletzt an sich dachte, so sollten alle seine Untertanen bereitwillig das tragen, was er ihnen an Pflicht und Last auflegte. Jeder sollte in dem Kreise bleiben, in den ihn Geburt und Erziehung gesetzt, der Edelmann sollte Gutsherr und Offizier sein, dem Bürger gehörte die Stadt, Handel, Gewerbefleiß, Lehre und Erfindung, dem Bauer der Acker und die Dienste. Aber in seinem Stande sollte jeder gedeihen und sich wohl fühlen. Gleiches, strenges, schnelles Recht für jeden, keine Begünstigung des Vornehmen und Reichen, in zweifelhaftem Falle lieber des kleinen Mannes. Die Zahl der tätigen Menschen vermehren, jede Tätigkeit so lohnend als möglich machen und so hoch als möglich steigern, so wenig als möglich vom Ausland kaufen, alles selbst hervorbringen, den Überschuß über die Grenzen fahren, das war der Hauptgrundsatz seiner Staatswirtschaft. Unablässig war er bemüht, die Morgenzahl des Ackerbodens zu vergrößern, neue Stellen für Ansiedler zu schaffen. Sümpfe wurden ausgetrocknet, Seen abgezapft, Deiche aufgeworfen; Kanäle wurden gegraben, Vorschüsse bei Anlagen neuer Fabriken gemacht, Städte und Dörfer auf Antrieb und mit Geldmitteln der Regierung massiver und gesünder wieder aufgebaut; das landwirtschaftliche Kreditsystem, die Feuersozietät, die königliche Bank wurden gegründet, überall wurden Volksschulen gestiftet, unterrichtete Leute angezogen, überall Bil-

Sparsamkeit

Ständische Ordnung

Staatswirtschaft

dung und Ordnung des regierenden Beamtenstandes durch Prüfungen und strenge Überwachung gefördert."

(G. Freytag, Bilder aus der deutschen Vergangenheit. 1859–65. Neu hrsg. v. A. Reimann, Bd. 2, Berlin 1927, S. 698)

Adelsvorrechte

Betrachtet man die Reformen in Preußen genauer, dann muß man dieses Bild ergänzen und z.T. korrigieren. Friedrich hat die Bauern auf den staatseigenen Gütern von der Leibeigenschaft befreit und auch den Siedlern auf Neuland günstige Rechte verschafft. Im übrigen blieb aber die bäuerliche Bevölkerung dem Adel „erbuntertänig" und mußte den adligen Großgrundbesitz mit bewirtschaften. Das ganze Erwerbsleben im Handwerk und in den Manufakturen, im Handel und Geldgeschäft war Sache des Bürgertums. Die Führungsaufgaben im Staat waren dem Adel vorbehalten.

„Damit der Adel sich in seinem Besitz behauptet, ist zu verhindern, daß die Bürger adlige Güter erwerben. Im großen und ganzen hat der Adel Ehrgefühl. Es ist zwar nicht zu leugnen, daß hin und wieder auch Verdienst und Talent bei Nichtadligen vorkommt, aber dies ist doch recht selten der Fall. Der Adelsstand [bildet] die Grundlagen und die Säulen des Staates."

(Friedrich II., in: Die politischen Testamente, Berlin 1922, S. 32)

Rechtsreform

Unter Friedrich II. wurde das Rechtswesen reformiert; die Folter wurde abgeschafft, blieb allerdings gegen Hochverräter und Bandenräuber erlaubt. Das gesamte Recht wurde nach den Regeln der Vernunft geordnet und in einem Gesetzeswerk, dem „Allgemeinen Landrecht", zusammengefaßt, das – 1794 verkündet – so fortschrittlich war, daß es rund 100 Jahre gültig blieb. Das Recht sicherte auch die Glaubensfreiheit, denn Friedrich vertrat die Auffassung, daß „jeder nach seiner Façon selig werden könne". Diese Toleranz kam den aus Frankreich eingewanderten Hugenotten ebenso zugute wie den Katholiken in Schlesien. Die allgemeine Schulpflicht wurde verordnet, aber nicht im ganzen Land durchgeführt. Viele Lehrer lernten erst mit den Kindern, was sie ihnen beibringen sollten. Die Lehrer waren kaum ausgebildet und verdienten nur den zehnten Teil dessen, was ein Offizier im ersten Dienstgrad erhielt.

(9) Vergleiche die Lage der Bauern in Preußen und Rußland.
(10) Friedrich II. wollte, daß „jeder in seinem Kreise bleibe". Was bedeutet das für die Stellung des einzelnen in der Gesellschaft?
(11) Schreib nebeneinander: Vorzüge – Mängel der Reformen Friedrichs II.

Preußen, ein Vorbild für Deutschland? Gegen Ende des 18. Jh. schrieb ein Gelehrter in Tübingen:

Soldatengeist

„Der Soldatengeist ist von Berlin aus in alle deutschen Lande ausgegangen und hat sich, wo und soviel er konnte, aller Köpfe und Kabinette bemächtigt. Seit dieser Zeit ist der Soldatenstand der eigentliche Stand der Ehre. Seitdem geht die ganze Fürstenwelt in Uniform. Jeder sucht sein großes Vorbild wenigstens dadurch zu erreichen, daß er so willkürlich regiert, wie es seine Kräfte zulassen, daß er so viele Soldaten hält, als er kann, und mit deren Hilfe von seinen Dienern und Untertanen denjenigen blinden und unbeschränkten Gehorsam verlangt, welcher das Wahrzeichen jeder militärischen Regierung und, im ganzen genommen, der Ton und Geist unserer Zeit ist."

(J.J. Moser, um 1780. In: Das Zeitalter des Absolutismus. Diesterweg 7346, S. 19)

Rechtsstaat

Preußen hat tatsächlich „Schule gemacht": Seine Armee, aber auch seine Beamten wurden zum Vorbild in Deutschland und weit darüber hinaus; viele bewunderten die preußische Auffassung vom Recht, das jeden auch gegen die Willkür der Obrigkeit schützte. Als der preußische Kapitän Nettelbeck im Jahr 1780 nach Lissabon kam, riefen die Leute: „Hoch lebe der König von Preußen! Heil der strengen Gerechtigkeit!"

Untertanengeist

Man darf aber nicht vergessen, daß Bürger und Bauern in Preußen von der Regierung und Verwaltung ausgeschlossen blieben, daß der Staat wie eine Maschine funktionierte, die nur einer, nämlich der König bediente, daß der Adel seine Vorrechte festigte, während das Volk zu gehorsamen Untertanen gemacht wurde.

6.3. Habsburg, Großmacht im Südosten Europas

Die habsburgischen Lande. Preußen wurde erst im 19. Jh. der führende Staat und Berlin die Hauptstadt Deutschlands. Bis in die Zeit Friedrichs II. besaß Österreich unbestritten die führende Rolle im Deutschen Reich. Mehr als 350 Jahre lang (von 1438 bis 1806) sind die Habsburger deutsche Kaiser gewesen. Wien war Kaiserstadt und hatte um 1750 weit mehr Einwohner als Berlin. Die Habsburger besaßen, wie man auf der Karte unten sieht, mehr Land und regierten über mehr Menschen als irgendein anderer Fürst im Deutschen Reich. Das Kaisertum hatte seit 1648 seine Bedeutung weitgehend verloren, um so wichtiger war daher für die Kaiser die „Hausmacht": diese habsburgischen Lande, über die sie als Landesherren regierten. Sie stellten allerdings keine geschlossene Einheit dar. Den Kern bildeten die Herzogtümer Österreich, Steiermark, Kärnten und Krain, die sogenannten „Erblande"; dazu kamen Tirol, Vorarlberg und der Breisgau, ebenso wie die Erblande rein deutsche Gebiete. Als Könige von Böhmen (mit Mähren und Schlesien) und von Ungarn regierten die Habsburger auch über fremde Völker; außerdem besaßen sie Teile Italiens (Mailand, Parma, die Toskana, Neapel-Sizilien) und die ehemals spanischen Niederlande (das heutige Belgien).

Hausmacht der Habsburger

Als Herrscher hatten sie in den verschiedenen Gebieten unterschiedliche Rechte; eine einheitliche Verwaltung wie in Frankreich gab es im 17. Jh. nicht. Im Jahr 1713

Erwerbungen und Verluste Habsburgs im 17. und 18. Jh.

Pragmatische Sanktion

wurde erstmals in einem Erbvertrag – der „Pragmatischen Sanktion" – festgelegt, daß immer ein einziger Herrscher die Krone aller habsburgischen Lande zu tragen habe und daß beim Tod eines Herrschers die Macht über das unteilbare Reich demjenigen gehöre, der als nächster Verwandter des Verstorbenen die Nachfolge antritt: der älteste Sohn oder – falls keine Söhne leben – die älteste Tochter. So wurden die Länder der „habsburgischen Krone" durch ein gemeinsames Fürstenhaus (eine Dynastie) zu einem einheitlichen Ganzen. Damals, im Jahr 1713, befand sich Habsburg-Österreich auf dem Weg zu seiner größten Machtausdehnung.

(1) Siehst du Nachteile darin, daß die Grenzen eines Volkes nicht mit den Grenzen des Staates übereinstimmen?
(2) Das Kaisertum war fast nur noch ein Titel. Wer hatte die wirkliche Macht? Wiederhole S. 57; vergleiche die Rolle des Kaisers im alten Deutschen Reich mit der Rolle der Königin im heutigen England (s. auch S. 81).

Wem sollte der Balkan gehören? Habsburg gewann damals immer neue Gebiete im Südosten Europas. Dreißig Jahre zuvor, 1683, mußte der damalige Kaiser Leopold I. noch um den Bestand seiner Herrschaft zittern. Die Türken, die schon lange den größten Teil Ungarns und den Balkan beherrschten (vgl. S. 37), belagerten Wien. Ihr Heerführer, der ehrgeizige Kara Mustapha, forderte die Belagerten auf:

Türken vor Wien

„Ich teile Euch mit, daß ich auf Befehl meines verehrtesten Herrn, des stärksten, mächtigsten und unbegreiflichsten Kaisers [des Sultans], mit zahlreichem Heere vor Wien gerückt bin, um diesen Platz seinem Reich einzuverleiben. Wenn Ihr mir ihn übergebt, so werdet Ihr Alle von dem Kleinsten bis zum Größten ungehindert mit allem Eigentume abziehen und Jene, welche daselbst zurückzubleiben wünschen, im Besitze ihrer Güter geschützt werden. Weigert Ihr Euch, ihn mir zu übergeben, so werden wir Euch erstürmen und alles vom Kleinsten bis zum Größten über die Klinge springen lassen ... Friede dem, der gehorcht!"

(Kara Mustapha 1683, in: Grundzüge der Geschichte. Quellentaschenbuch, Bd. 3. Diesterweg 7963, 1974, S. 20)

Befreiung Wiens

Die Stadt hielt zwei Monate stand, und als sie gerade im Begriff war, sich vor Hunger zu ergeben, erschien ein Entsatzheer, das von Karl von Lothringen und von Johann von Sobieski, dem König von Polen, geführt wurde. Die Türken wurden geschlagen, Wien war befreit, und die kaiserlichen Truppen verfolgten die Türken, bis sie fast ganz Ungarn zurückerobert hatten. Nun übertrug der Kaiser die Führung einem jungen Offizier, der aus Frankreich gekommen war und sich in österreichischem Dienst glänzend bewährt hatte: Prinz Eugen. Er brachte den Türken 1697 in Serbien eine vernichtende Niederlage bei und konnte in einem Frieden mit dem Sultan 1699 die Grenzen Österreichs so ausdehnen, daß Ungarn, Siebenbürgen, Kroatien und Slavonien fest zu Habsburg gehörten. Im Jahr 1716 kam es erneut zum Krieg mit den Türken; diesmal griffen die Österreicher an.

Prinz Eugen

Die Türken wurden zurückgedrängt. Prinz Eugen schloß ihre Armee in Belgrad ein und eroberte schließlich die Festung. Im Lager vor Belgrad entstand der folgende Reitermarsch:

Der edle Ritter

„Prinz Eugen, der edle Ritter, wollt' dem Kaiser wiederum kriegen Stadt und Festung Belgerad.
Er ließ schlagen einen Brucken, daß man konnt' hinüberrucken mit d'r Armee wohl vor die Stadt...
Alles saß auch gleich zu Pferde, jeder griff nach seinem Schwerte, ganz still rückt' man aus der Schanz.
Die Musketier wie auch die Reiter täten alle tapfer streiten: es war fürwahr ein schöner Tanz...
Prinz Eugenius wohl auf der Rechten tät als wie ein Löwe fechten, als General und Feldmarschall.
Prinz Ludwig ritt auf und nieder: Halt't euch brav, ihr deutschen Brüder, greift den Feind nur herzhaft an!"

(abgedruckt in: Grundzüge der Geschichte. Quellentaschenbuch, Bd. 3, a.a.O., S. 21f.)

Die Entsatzschlacht gegen die Türken vor Wien am 12. September 1683. Zeitgenössisches Gemälde. Von links anstürmend die Befreier, bayerische und polnische Truppen, durch ihre Banner kenntlich. Rechts, mit sinkenden Fahnen zur Flucht gewandt, die Türken. Ganz hinten in Pulverdampf und Rauch der Sprengungen das befreite Wien mit Stephansdom und Donaufluß.

Nach dem Sieg von Belgrad wurde ein neuer Frieden geschlossen (1718), der auch Teile Serbiens und der Walachei an Habsburg brachte. Das eroberte Land wurde durch eine „Militärgrenze" gesichert, die sich in ca. 50 km Breite fast 2000 km hinzog. Hier durften nur Bauern siedeln, die zugleich Soldaten waren. Um das Banat und den ganzen Süden Ungarns nach den Verwüstungen der Kriegszeit neu zu kultivieren, gewann man Kolonisten aus Süddeutschland, die sogenannten „Donauschwaben" (denn sie zogen auf Schiffen die Donau abwärts), die hier eine fruchtbare Getreidelandschaft schufen. **1718** *Siedlungswerk*

(3) Welche Meinung hat Kara Mustapha von der Macht des Sultans?
(4) Beschreibe, was die Soldaten von Prinz Eugen und von der Schlacht um Belgrad im Lied festhielten.
(5) Informiere dich, ob es noch heute „Donauschwaben" in Ungarn oder Rumänien gibt.

Reformen unter Maria Theresia und Joseph II. Der Erbvertrag von 1713 bestimmte, daß auch eine Tochter den Thron der Habsburger erben könne. So kam im Jahr 1740 Maria Theresia (1740–1780) auf den Thron. Der Preußenkönig Friedrich II. hielt sie *Maria Theresia* **1740–1780**

Maria Theresia mit ihrer Familie auf der Terrasse des Schönbrunner Schlosses. In der Mitte des großen Sterns auf dem Fußboden der Thronfolger Joseph. Gemälde von Martin van Meytens.

für politisch bedeutungslos und eröffnete bald nach ihrem Regierungsantritt einen Krieg, um Schlesien für sich zu gewinnen (vgl. S. 93). Maria Theresia verteidigte ihr Reich mit diplomatischem Geschick und großem Einsatz, mußte aber im Frieden von Hubertusburg 1763 auf die Provinz Schlesien verzichten. Gleichzeitig verstand sie es aber, die von ihr beherrschten Länder durch Reformen in der Verwaltung, in der Wirtschaft und im kirchlichen Leben zu modernisieren. So wurde der Habsburgerstaat nicht nur seinem Umfang nach, sondern auch nach seinen inneren Verhältnissen zu einer Großmacht in Europa:

Reformen

Zentrale Verwaltung

1749 wurde in Wien eine oberste Finanz- und Verwaltungsbehörde für alle habsburgischen Lande eingerichtet. Hier wurden die Gesetze und Verordnungen zentral erlassen, Gesuche bearbeitet, Bittsteller empfangen, Verträge unterzeichnet. Ein oberster Gerichtshof wurde geschaffen, dem die Landesgerichte untergeordnet waren. Die oberste Kontrolle über die Behörden übertrug Maria Theresia einem Staatsrat.

Bauernbefreiung

Auf Betreiben Maria Theresias wurde die Aufhebung der Leibeigenschaft und der Frondienste vorbereitet und von ihrem Sohn und Nachfolger Joseph II. (1765–1790) im Jahr 1781 zuerst für Böhmen durchgeführt. Seitdem stand es jedem Untertan dieses Landes frei, zu heiraten, ein Handwerk zu erlernen, sich einen neuen Wohnsitz zu suchen, ohne seinen Herrn um Erlaubnis zu bitten.

Maria Theresia begann, die Kirche der Staatsaufsicht zu unterstellen. Sie zog die Stellenbesetzung an sich und besteuerte die Geistlichen. Den Jesuiten entzog sie das Erziehungswesen und die Leitung der Universitäten. 1781 erließ Joseph II. ein Toleranzedikt, das allen Untertanen die freie Religionsausübung zusicherte.

Toleranz

Schulpflicht

Im Auftrag Maria Theresias erarbeitete ein erfahrener Fachmann aus Preußen (I. Felbiger) eine „Schulordnung", die 1774 für das gesamte Habsburgerreich Gesetz wurde. Die Schulordnung bestimmte die Einrichtung von Volksschulen, an denen Lesen, Schreiben und Rechnen gelehrt wurde; ihnen wurden Hauptschulen übergeordnet, die sogar Latein unterrichten sollten; gleichzeitig errichtete man „Normalschulen" zur Ausbildung der Lehrer.

Joseph II.

Unter Joseph II. nahm der Reformeifer des Monarchen und seiner Beamten zuweilen übertriebene Formen an. Alles wollte der Staat nach dem Grundsatz der Zweckmäßigkeit und Sparsamkeit regeln: Klöster, die keinen wirtschaftlichen Nutzen brachten, wurden aufgehoben; Erlasse bestimmten die Zahl der Kerzen, die an einem Altar brennen durften; statt der Holzsärge sollten für die Beisetzung der Toten Säcke verwendet werden; das Jodeln war nur an bestimmten Tagen erlaubt, und sogar das „Fensterln" wollte Joseph II. verbieten. Viele Gesetze standen nur auf dem Papier, und manche Reform blieb in Österreich auf halbem Weg stecken.

(6) Nenne die Vorteile, die der Staat durch die Reformen hatte. Was nützten diese Reformen den Menschen?
(7) Vergleiche die Reformen in Österreich mit denen in Preußen: was ist ähnlich, was ist anders?

Österreich, Land der Barockkultur. Auf dem Gebiet der Kunst war Österreich im 17. und 18. Jh. führend in Deutschland. Den Stil jener Zeit nennt man Barock. Das Wort stammt von dem portugiesischen „barocco" und bezeichnet eine unregelmäßig geformte Perle, denn im Barock sind alle Linien geschwungen und bewegt.

Barocke Bauwerke

„Österreich trat an die Spitze der Baukunst des Barocks. Die Beendigung des Dreißigjährigen Krieges, der Sieg über die Türken ließen eine vielgestaltige Bautätigkeit entstehen, die namentlich vom hohen Adel Österreichs getragen wurde. Auch die reichen geistlichen Orden haben damals den kaiserlichen Bauherrn an großen Aufträgen übertroffen. Eine Welt voll Glanz und Größe, ein rauschendes Fest in einer gewaltigen Steigerung wird eingefangen; dynamisch bewegt zeigt sich das ganze Leben im geistlichen wie im weltlichen Bau . . . Waren die Baumeister anfänglich Italiener, so wurden sie dann seit dem genialen Johann Bernhard Fischer von Erlach durch einheimische Künstler ersetzt. Wien wird neben Paris die erste Stadt Europas, von Fischer von Erlach und anderen geschmückt mit den großen Palästen für den Hochadel und für das Kaiserhaus . . . Weltliche und geistliche Herren wetteiferten damals im Schloßbau. Die Äbte der rei-

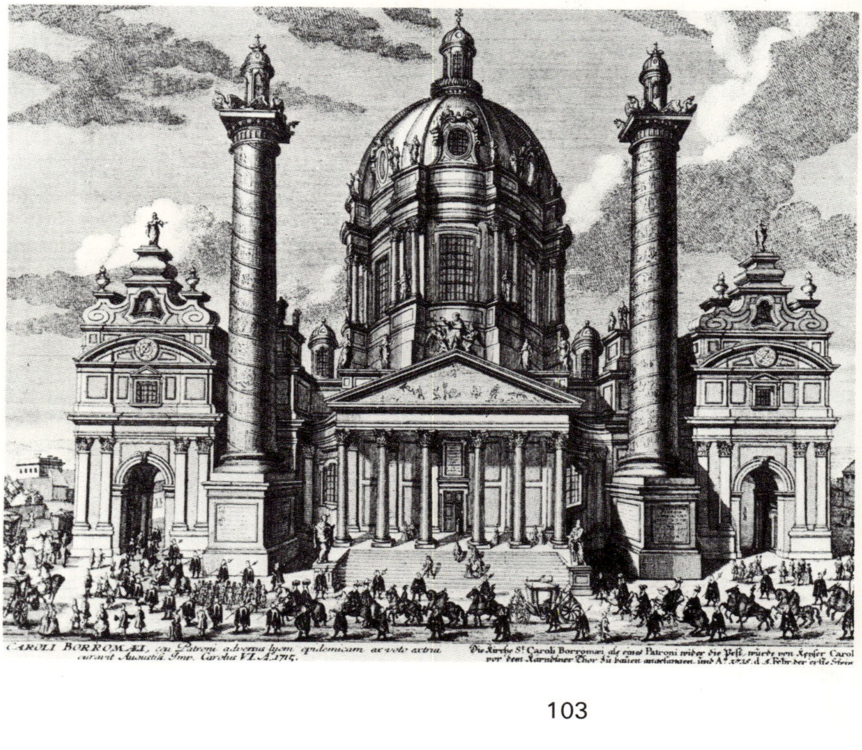

Kirche Sankt Karl Borromäus in Wien, von Kaiser Karl VI., dem Vater Maria Theresias, während einer Pest zu Ehren seines Namenspatrons gelobt, 1717 von Johann Bernhard Fischer von Erlach begonnen und von dessen Sohn 1739 zu Ende geführt. Die Triumphsäulen zu beiden Seiten des Portals erinnern an die Trajanssäule in Rom.

chen Orden ließen die einzigartigen Barockabteien errichten wie in Österreich Melk, St. Florian und Göttweig, in Schwaben Weingarten und Ottobeuren, in Schlesien Grüssau. Die großen Klöster haben die bedeutendsten Architekten zu ihren monumentalen Kirchenbauten herangezogen . . . Die Barockbauten wurden durch Plastik und Malerei überreich geschmückt, und doch gewannen sie eine geschlossene Einheit. Eine Art Fortsetzung der Architektur in die Landschaft hinaus war der Barockgarten . . ."

(G. Östreich, Das Reich — Habsburgische Monarchie — Brandenburg Preußen von 1648 bis 1803. In: Handbuch der europäischen Geschichte, hrsg. v. Th. Schieder, Bd. 4, Union Verlag, Stuttgart 1968, S. 427f.)

Der neue Stil verbreitete sich in Bayern, Schwaben, Franken, Sachsen und Schlesien. Später wurden die barocken Schmuckformen im Stil des Rokoko weitergebildet. Elegante Innenausstattungen mit zarten Blumengirlanden und feingeschwungenen Zweigen wurden zum Ausdruck einer verfeinerten Empfindung. Schloß Sanssouci in Potsdam ist ein Beispiel dafür, daß diese Formen auch in Norddeutschland geschätzt wurden.
Neben der Baukunst erreichte die Musik damals in Deutschland einen Höhepunkt. Auch hier war Wien neben anderen Städten ein Mittelpunkt des künstlerischen Lebens, insbesondere auf dem Gebiet der Oper. Der bedeutendste Komponist der Barockzeit, Johann Sebastian Bach, wirkte in Leipzig. Die musikalische Tradition von Wien wurde gegen Ende des 18. Jh. von den Klassikern Haydn, Mozart, Beethoven zu ihrer höchsten Vollendung gebracht.

Zur Lernkontrolle

1. Nenne verschiedene Eigenschaften und Leistungen von Peter dem Großen und Friedrich dem Großen.
2. Schildere an Beispielen aus Rußland, Preußen oder Österreich, wie eine „Reform von oben" verlief.
3. Berichte: Was wurde in Rußland, Preußen, Österreich modernisiert?
   Welche Bevölkerungsschichten hatten Vorteile durch bestimmte Reformen?
   Welche wurden benachteiligt?
4. Zeige an den Karten S. 91, 93 und 99, wie Rußland, Preußen und Österreich ihr Land vergrößert haben.

Links oben: Der von Egid Quirin Asam 1717–1722 geschaffene Hochaltar in der Klosterkirche Rohr (Niederbayern) stellt die Himmelfahrt Mariä dar. Die lebensgroß dargestellten Apostel stehen in verzückter Haltung um den Sarkophag, während die auferstandene Maria von Engeln in den Himmel getragen wird. – Unten: Das Innere der Wallfahrtskirche „Die Wies" bei Steingaden.

7. Die Aufklärung: Aufbruch des modernen Denkens

Lernziele

- Wer die Welt mit dem Verstand betrachtet und alles vernünftig zu erklären versucht, handelt nach den Grundsätzen der „Aufklärung". Das folgende Kapitel zeigt, warum und wie in Europa im 17./18. Jahrhundert diese Grundsätze entwickelt wurden.
- Du kannst prüfen, wie die Gedanken der Aufklärer auf die politischen und gesellschaftlichen Verhältnisse der damaligen Zeit wirkten; damit gewinnst du auch Maßstäbe zur Beurteilung heutiger Politik.

7.1. Erkenntnis anstelle des Glaubens

Aufklärung und aufgeklärtes Verhalten. Niemand wird heute in der Bibel nachlesen wollen, wie ein Sonnensystem funktioniert, wie alt die Erde ist oder wie die Blutbahnen verlaufen. Auch würden nur „naive" Menschen solche Fragen nach dem „Gefühl" beantworten. Wer erklären will, wie irgend etwas in der Welt beschaffen ist, muß sich an das halten, was sich beobachten oder beweisen läßt.

Immanuel Kant

Wer kritisch prüft, Beweise verlangt und den Dingen auf den Grund geht – statt in naiver Weise zu glauben, was andere glauben –, der verhält sich „aufgeklärt". Diese moderne Einstellung hat sich im 17. und 18. Jh. in Europa durchgesetzt, und man nennt diese Jahrhunderte deshalb auch das „Zeitalter der Aufklärung". Der deutsche Gelehrte Immanuel Kant hat die Aufklärung 1784 so beschrieben:

1784

„Aufklärung ist der Ausgang des Menschen aus seiner selbst verschuldeten Unmündigkeit. Unmündigkeit ist das Unvermögen, sich seines Verstandes ohne Leitung eines anderen zu bedienen . . . Habe Mut dich deines eigenen Verstandes zu bedienen, ist also der Wahlspruch der Aufklärung."

(I. Kant, Was ist Aufklärung, 1784. In: K. Vorländer, Philosophie der Neuzeit, die Aufklärung, rde 281, S. 246)

Galilei

„Und sie bewegt sich doch!" Die Aufklärung kam nicht unvorbereitet. Zur Zeit des Humanismus und der Renaissance hatten sich Denken, Forschen und künstlerisches Schaffen aus der engen Bindung an die Kirche befreit. Der Aufstieg der Naturwissenschaften hatte begonnen (vgl. S. 3).

Um 1600 entdeckten holländische Brillenmacher, daß man verschiedene Linsen aus geschliffenem Glas zusammenstellen und damit die Reichweite des menschlichen Auges vergrößern könne. Galilei, ein italienischer Gelehrter an der Universität von Padua, nutzte diese Entdeckung und baute die erste Sternwarte mit Fernrohren (Observatorium) zur Beobachtung der Gestirne. Er machte überraschende Entdeckungen: Daß die Milchstraße aus ungezählten einzelnen Sternen besteht, daß die Sonne verschiedene Planeten besitzt und die Planeten verschiedene Monde haben, daß vor allem die Erde sich um die Sonne dreht. Zwar hatte Kopernikus diese Auffassung schon fast 100 Jahre zuvor ausgesprochen, und die Astronomen Johannes Kepler und Tycho Brahe hatten sie schon bestätigt. Aber jetzt lag der Beweis vor, und Galilei machte seine Entdeckung allen Leuten bekannt in einer Schrift, die in der Sprache des Volkes geschrieben war, denn Galilei sagte:

Galileo Galilei. Kolorierte Zeichnung von Oltario Leoni.

„Jeder soll meine Briefe und Abhandlungen lesen können. Viele studieren ohne Neigung, und viele Begabte können nicht studieren, weil sie kein Latein können und sich nun einreden, jene dicken Wälzer enthielten die Wahrheit. Sie sollen wissen, daß die Natur, die ihnen nicht minder als den Gelehrten die Augen gegeben hat, um ihre Werke zu sehen, ihnen auch den Verstand verliehen hat, um sie zu begreifen und fassen zu können."

(Galilei, Dialoghi e discorsi 1632. In: Propyläen Weltgeschichte, Bd. 7. Propyläen Verlag, Berlin 1964, S. 470)

Neues Weltbild

Die römische Kirche wollte nicht dulden, daß die Menschen, die damals glaubten, die Erde sei der Mittelpunkt des Universums, durch Beobachtung und wissenschaftliche Begründung ein anderes Weltbild bekamen. Darum mußte Galilei schwören, er werde seine Meinung, die Sonne bilde den Mittelpunkt der Welt und nicht sie, sondern die Erde bewege sich, künftig nicht mehr vertreten. Es wird jedoch berichtet, Galilei habe sich nach dem Schwur erhoben und mit dem Fuß auf die Erde gestampft und gemurmelt: „Und sie bewegt sich doch!"

(1) Versuche, die Haltung der Kirche gegenüber Galilei zu erklären und zu beurteilen.

Naturforschung

Der Siegeszug der Naturwissenschaften. Die Wirkung der Erkenntnisse, die Galilei durch Beobachtung und Berechnung des Sternenhimmels gemacht hatte, ließ sich nicht aufhalten. In den meisten Ländern entstanden Observatorien. Man studierte den Himmel; Forscher beobachteten über Jahre hinweg einzelne Sterne, zeichneten ihren Lauf auf Himmelskarten und suchten das Gesetz zu ergründen, dem sie folgten. Kepler entdeckte, daß zwischen Geschwindigkeit und Entfernung eines Planeten von der Sonne eine regelmäßige Beziehung besteht, und er berechnete diese Beziehung mit einer mathematischen Formel. Der englische Wissenschaftler Newton machte die Entdeckung, daß das Gesetz der Schwerkraft, das er erkannte, den Grund für Bewegung und Zusammenhalt aller Körper in der gesamten Natur – auf der Erde wie in den Sonnensystemen – darstellt.

Empirische Wissenschaft

Aufgrund solcher Erkenntnisse bemühten sich die Naturwissenschaftler, alles was sie beobachten und „empirisch" (durch Erfahrung) erfassen konnten, auf allgemeine Gesetze zurückzuführen. Mit Hilfe von Experimenten prüften sie, ob die Regeln, nach denen sich eine Sache verhielt, allgemeingültig waren und welche Ausnahmen es gab. So wurde die Welt nach und nach entzaubert und „aufgeklärt". Die ganze Natur mußte untersucht werden; man entdeckte den inneren Bau der Pflanzen und Tiere, den Blutkreislauf und den Aufbau der Zellen, die Wirkung des Luftdrucks und das Gesetz der Elastizität, die Berechnung von Unbekannten und die Regeln der Wahrscheinlichkeitsrechnung. Neue Instrumente wurden entwickelt, z. B. das Barometer und Thermometer, das Mikroskop und das Fernrohr mit Universalgelenk; so wurden die Beobachtungen immer exakter. Die Gelehrten tauschten ihre Ergebnisse untereinander aus, kurz: im 17. und 18. Jh. begann eine Bestandsaufnahme der ganzen Welt, die bis heute nicht abgeschlossen ist.

Erfindungen

1590 Mikroskop	1693 Porzellan (in Europa)
1610 Astronomisches Fernrohr	1718 Quecksilberthermometer
1618 Blutkreislauf	1735 Gußstahl
1643 Quecksilberbarometer	1752 Blitzableiter
1657 Pendeluhr	1766 Wasserstoff
1666 Gesetz der Schwerkraft	1771 Sauerstoff

(2) Informiere dich im Physik- und Chemieunterricht, welche grundlegenden Entdeckungen der Physik, der Chemie, der Astronomie und der Medizin im 17. oder 18. Jh. gemacht wurden.
(3) Beschreibe am Beispiel eines Experiments, das du kennst, wie man in der Naturwissenschaft vorgeht, um einen Beweis zu erbringen.

Die von Thomas Newcomen seit 1711 gebaute Dampfpumpe, die sich in erster Linie für die Verwendung im Bergbau eignete (Heben von Wasser). Kupferstich von Brighton. Der Unterschied zu späteren Dampfmaschinen besteht darin, daß die hier abgebildete Dampfpumpe nicht die Ausdehnungskraft des Dampfes ausnützt, sondern einen luftverdünnten Raum bei seiner Kondensation schafft. Die Leistung war entsprechend niedrig.

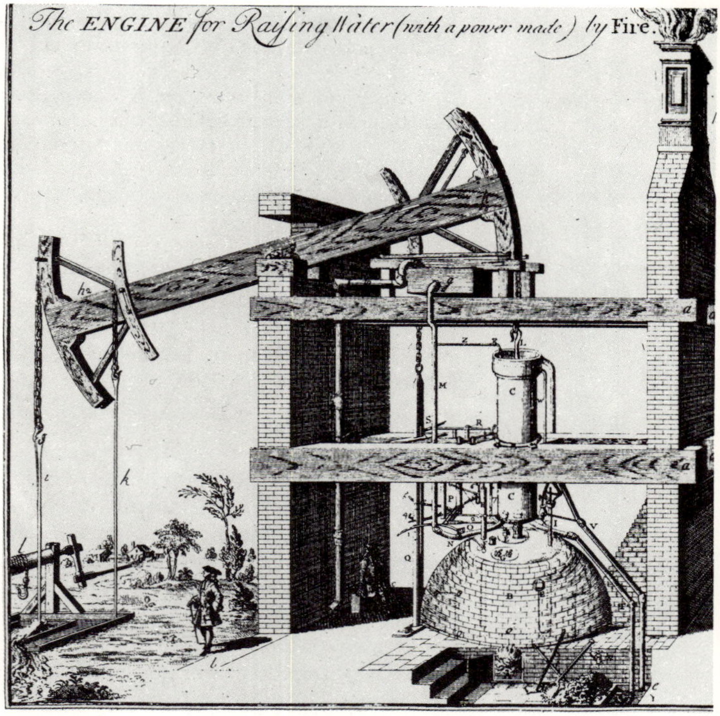

Was heißt „Rationalismus"? Die Kraft, mit der man die Rätsel der Welt durchdringen, Bekanntes erklären und Unbekanntes entdecken konnte, war der Verstand (lateinisch: ratio). Für den Verstand schien es keine Grenzen zu geben, man mußte ihn nur richtig nutzen. Das Denken mußte sich selbst an Regeln halten. Diese Regeln formulierte der französische Denker und Mathematiker René Descartes im Jahr 1637 folgendermaßen:

Descartes

1637

Erkenntnismethode

„Die erste (Regel) ist: Niemals eine Sache als wahr anzunehmen, die ich nicht als solche sicher und einleuchtend erkennen würde, d. h. sorgfältig die Übereilung und das Vorurteil zu vermeiden und in meinen Urteilen nur so viel anzunehmen, wie sich mir so klar und deutlich zeigt, daß ich gar keine Möglichkeit hätte, daran zu zweifeln.
Die zweite: Jedes der Probleme, die ich untersuchen würde, in so viele Teile zu zerlegen als möglich und zur besseren Lösung wünschenswert wäre.
Die dritte: Meine Gedanken zu ordnen; zu beginnen mit den einfachsten und faßlichsten Gegenständen und aufzusteigen allmählich und gleichsam stufenweise bis zur Erkenntnis der kompliziertesten . . .
Und die letzte: Überall so vollständige Aufzählungen und so umfassende Übersichten zu machen, daß ich sicher wäre, nichts auszulassen."

(R. Descartes, Abhandlung über die Methode des richtigen Vernunftgebrauchs, 1637. Reclam 3767, S. 18f.)

Descartes war davon überzeugt, daß die Wirklichkeit so sei, wie sie der Verstand erfasse. Damit wurde er zum Begründer einer philosophischen Richtung, die als „Rationalismus" bezeichnet wird.

Rationalismus

(4) Welche Fähigkeiten des Menschen kamen durch den Rationalismus zu kurz?
(5) Descartes sagte einmal: „Man muß alles bezweifeln." Stimmt dieser Satz mit den anderen Ansichten, die du hier von ihm erfahren hast, überein?

Das Denken befreit sich vom Glauben. Mit den Mitteln des Verstandes untersuchten die Denker der Aufklärung auch die Lehren der Kirche.

Kritik an der Religion

„Ich weiß, daß es Grundsätze gibt, gegenüber denen die ausdrücklichsten und klarsten Worte der Heiligen Schrift nichts ausrichten würden, wie zum Beispiel, daß das Ganze größer ist als seine Teile, daß zwei sich widersprechende Sätze nicht beide wahr sein können. Wenn man aus der Heiligen Schrift hundertmal das Gegenteil dieser Grundsätze nachwiese, so würde der unbefangene Mensch nichts davon glauben."

(P. Bayle, Commentaire philosophique. In: Spiegel der Zeiten, Bd. 3. Diesterweg 3323, S. 71)

„Es scheint, daß die Religion überall nur dazu erfunden worden ist, den Herrschern die Mühe zu ersparen, gerecht zu sein, gute Gesetze zu geben und gut zu regieren. Die Religion ist die Kunst, die Menschen zu berauschen, indem sie dieselben mit Verzückung erfüllt, und sie davon abzuhalten, sich Gedanken zu machen über alles Übel, mit dem ihre Regenten sie hienieden überhäufen . . ."

(P. H. D. v. Holbach, Le christianisme dévoilé, 1767. In: Guggenbühl/Huber: Quellen zur Geschichte der Neuzeit, Bd. 3, a. a. O., S. 338)

Skepsis

Das Christentum mußte sich neue Fragen gefallen lassen. Man überprüfte kirchliche Lehrsätze, bezweifelte Glaubensüberlieferungen und Wunder und fragte, ob es überhaupt einen Gott gebe. Der französische Schriftsteller Voltaire ließ in einem Buch einen Offizier in der Schlacht ausrufen: „Lieber Gott, wenn es dich gibt, sei meiner Seele gnädig, wenn ich eine habe!" Andere meinten, es müsse einen Gott geben, der gleichsam wie ein Uhrmacher das Universum mit seinen Gesetzen gebaut habe und der in diesen Gesetzen der Natur zu erkennen sei. Alle Religionen der Welt wurzelten, so meinten sie, in der Natur, und es sei unvernünftig, daß sich die Religionen bekämpften. Die Menschen sollten statt dessen lernen, religiös tolerant zu sein, wie das z. B. der Dichter Lessing in seinem Schauspiel „Nathan der Weise" zeigte.

Toleranz

Viele Aufklärer sahen das Ziel des menschlichen Lebens nicht mehr im Jenseits, sondern in der Aufgabe, auf dieser Erde glücklich zu werden und anderen Glück zu bereiten. Sie lehrten, der Mensch finde das höchste Glück und die vollkommenste Tugend, wenn er die Gesetze der Sittlichkeit mit der Vernunft einsehen lerne; dann werde der einzelne sein Verhalten nur nach solchen Leitsätzen ausrichten, die auch als Richtschnur für das Verhalten der andern gelten. Der Glaube an den Fortschritt der Wissenschaften und der Kultur ersetzte bei vielen die christliche Hoffnung auf Gott.

7.2. Die Anwendung der neuen Ideen

Ist die bisherige Staatsordnung unumstößlich? So kritisch, wie die Aufklärer an die Religion herangingen, betrachteten sie auch den Staat. War es wirklich recht, daß der König allein die Staatsmacht verkörperte, daß er absolut regierte, daß er keiner Kontrolle unterlag? Sollte es immer so bleiben, daß die Herrscher allein „von Gottes Gnade" abhängen? Sagte nicht die Vernunft, daß auch sie nur Menschen wie ihre Untertanen waren? Wie stand es überhaupt mit den Rechten des Menschen?

John Locke

„Die Vernunft lehrt alle Menschen, daß wir alle gleich und unabhängig sind, daß daher keiner dem andern in bezug auf sein Leben, seine Gesundheit, seine Freiheit und sein Eigentum schaden soll . . . Wenn wir betrachten, in welchem Zustand sich die Menschen von Natur befinden, so sehen wir: Dies ist ein Zustand völliger Freiheit."

1689

(J. Locke, Two Treatises on Government 1689. In: Geschichte in Quellen, Bd. III, a.a.O., S. 496)

Naturrecht

Wer so dachte, forderte die Anerkennung der natürlichen Rechte des Menschen durch den Staat. Dieses Naturrecht sagte: Alle Menschen sind von Natur frei. Alle Menschen besitzen von Geburt unverletzliche Rechte. Die Könige sind nicht von Natur über die Völker gesetzt, denn der Staat ist erst durch einen Vertrag zwischen Untertanen und Herrschern entstanden. Darum sind die Könige nicht von Gottes, sondern von Volkes Gnaden.

Widerstandsrecht

„Gebraucht der Herrscher die Gewalt gegen das Volk ohne Vollmacht und im Gegensatz zu dem Vertrauen, das in ihn gesetzt wurde . . ., so hat das Volk ein Recht, die Gewalt durch Gewalt zu beseitigen. Unter allen Umständen ist es das richtige Hilfsmittel gegen ungesetzliche Gewalt, ihr mit Gewalt zu begegnen."

(J. Locke, ebenda. In: Geschichte in Quellen, a.a.O., S. 498)

(1) Wie beantworten die Aufklärer die Frage, die über diesem Abschnitt steht?
(2) Suche ein Beispiel, um zu erläutern, was J. Locke über die Gewalt schreibt.

Folgen für den Staat. Die neue Auffassung vom Staat enthielt politische Forderungen: Die Herrscher sollten so regieren, daß sie das Glück und die Wohlfahrt förderten, die Würde des Menschen achteten und die Freiheit des Denkens gestatteten. Staat und Kirche sollten Andersgläubige tolerieren (dulden), die Folter sollte aus dem Strafrecht verschwinden. Das alles widersprach dem fürstlichen Absolutismus; die Fürsten wollten keine Rechte preisgeben. Dennoch waren einige von ihnen, z. B. Friedrich II. und Joseph II., von den Gedanken der Aufklärer beeinflußt (vgl. S. 97 f. und 101 f.).

Aufgeklärte Absolutisten

Die Gelehrten der Aufklärung beschäftigten sich nicht nur mit den Gesetzen der Natur, sie wollten auch die vernünftigsten Regeln für das Verhalten der Menschen und ihr Zusammenleben in der Gesellschaft oder im Staat herausfinden. Die Wissenschaften vom Menschen, von der Gesellschaft und vom Staat – Psychologie, Soziologie und Staatslehre – entstanden. Der Franzose Montesquieu faßte seine Erkenntnisse über den Staat in einem Buch mit dem Titel „Vom Geist der Gesetze" zusammen. Darin heißt es:

Sozialwissenschaften

Montesquieu

„Die politische Freiheit des Bürgers besteht darin, daß er keine Angst hat und Vertrauen zu seiner Sicherheit hat. Damit man diese Freiheit hat, muß die Regierung so eingerichtet sein, daß ein Bürger den andern nicht zu fürchten braucht.
In jedem Staat gibt es drei Arten von Gewalt: die gesetzgebende Gewalt, die vollziehende Gewalt und die richterliche.
Wenn in derselben Person die gesetzgebende Gewalt mit der vollziehenden vereinigt ist, gibt es keine Freiheit . . . Es gibt ferner keine Freiheit, wenn die richterliche Gewalt nicht von der gesetzgebenden und vollziehenden getrennt ist."

Gewaltenteilung

(Montesquieu, Vom Geist der Gesetze, 1748. In: Geschichte in Quellen, Bd. III, a.a.O., S. 716, gekürzt)

1748

Ein anderer Denker der Aufklärung, J. J. Rousseau, erklärte in seinem Werk „Der Gesellschaftsvertrag":

Rousseau

„Der Mensch wird frei geboren, und überall ist er in Ketten . . . Solange ein Volk gezwungen wird zu gehorchen und gehorcht, so tut es wohl; sobald es aber das Joch abwerfen kann und es abwirft, so tut es besser . . . Rechtmäßige Gewalt kann nur auf einer Übereinkunft der Menschen gründen . . . Auf seine Freiheit verzichten, heißt auf seine Menschheit, die Menschenrechte, ja selbst auf seine Pflichten verzichten. Wer auf alles verzichtet, für den ist keine Entschädigung möglich. Eine solche Entsagung ist mit der Natur des Menschen unvereinbar."

Menschenrechte

(J. J. Rousseau, Der Gesellschaftsvertrag, 1762; Stuttgart 1963, S. 30, 36)

1762

(3) Man bezeichnet die natürlichen Rechte des Menschen als „Menschenrechte" oder „Grundrechte". Welche kennst du?
(4) Zeichne die drei Gewalten in einem Schema und zeige daran, wie durch die Teilung der Gewalten verhindert wird, daß eine Gewalt willkürlich ausgenutzt wird und der Bürger das Vertrauen in seine Sicherheit verliert.
(5) Welche Gewalten gibt es in unserem Staat? Sind sie auch getrennt?
(6) Vergleiche das, was Rousseau schrieb, mit dem, was J. Locke über die Gewalt sagte.

Aufklärung durch Bildung

Erziehung, ein Schlüssel zum Fortschritt? Die Ideen der Freiheit und Gleichheit konnten den absoluten Fürsten gefährlich werden. In Frankreich verbot der König viele Schriften der Aufklärer; er fürchtete, sie könnten dazu führen, daß die abhängigen Bauern gegen ihre Herren rebellierten und daß schließlich das ganze Volk sich gegen den König erhebe. Aber konnten die Bauern solche Schriften überhaupt lesen? Um die Mitte des 18. Jh. waren mehr als zwei Drittel der Bevölkerung noch Analphabeten, und im Dorf war der Pfarrer häufig der einzige, der eine Schule besucht hatte. Aber gerade die Aufklärer setzten sich für die Bildung des Volkes ein.

„Viele (Aufklärer) hielten die Erziehung für den Schlüssel zum Verstand. Alle Menschen hätten von Natur aus die Fähigkeit zum Denken, doch seien sie von Königen und Priestern verdorben und verführt worden. Die Erziehung würden den Menschen aus diesen Fesseln befreien."

(P. Gay, Dichter, Denker, Jakobiner. Rowohlt Life 39, Hamburg 1973, S. 67)

Schon in der ersten Hälfte des 17. Jh. hatte der Tscheche Comenius geschrieben:

Schule für alle

„Nicht nur die Kinder der Reichen und Vornehmen sollen zum Schulbesuch angehalten werden, sondern alle in gleicher Weise, Adlige und Nichtadlige, Reiche und Arme, Knaben und Mädchen aus allen Städten, Flecken, Dörfern und Gehöften."

(Comenius, Große Didaktik, 1632. Hrsg. v. A. Flitner. Düsseldorf/München 1954, S. 55)

„Nützliche" Volksbildung

Gegen Ende des 18. Jh. erfüllten viele Staaten in Europa die Forderung der Aufklärer und machten den Schulbesuch für alle Kinder zur Pflicht, wenn auch noch viele Jahrzehnte vergingen, bis auch alle Kinder auf dem Land zur Schule gehen konnten (vgl. S. 98). Die Einführung der Schulpflicht sollte jedoch im absolutistischen Staat auch einen ganz bestimmten Zweck erfüllen. Die Volksbildung sollte die Untertanen zu treuem Gehorsam führen und sie zu tüchtigen Handwerkern, Kaufleuten, Soldaten und Beamten machen; selbst die Grundherren erkannten, daß die Leistung der Bauern stieg, wenn sie eine Schule besucht hatten. Der Lehrplan der preußischen Bauernschulen umfaßte z. B.:

Lehrplan

„Religion, Lesen mit etwas Übung im Schreiben und Rechnen, praktische Grundfragen der Mechanik (Hebel, Winde, Keil u. dgl.), etwas Naturgeschichte und Naturlehre, um den Bauern anzugewöhnen, bei mißlungenen Ernten, beim Sterben des Viehs usw. die Ursachen anderswo als in der vermeintlichen Hexerei zu suchen; ein paar Regeln für Ernährung und Hygiene, einige Kenntnisse der Landesverfassung und praktische Tätigkeiten wie Garn spinnen, Körbe flechten usw."

(Zedlitz, Aufgaben der Bauernschulen; in: F. Blättner, Geschichte der Pädagogik. Quelle und Meyer Verlag, Heidelberg 1953, S. 55)

(7) Vergleiche die Meinung des Comenius mit der von Galilei (S. 106) und nimm selbst Stellung dazu.
(8) Nenne die Gründe, weshalb die Aufklärer und weshalb die absoluten Fürsten die Schulpflicht einführen wollten.

Verachtung des Volkes

Das bürgerliche Publikum. Die meisten Aufklärer hatten zum einfachen Volk keine Beziehung. Voltaire spottete über die Masse, die sich die Zeit damit vertreibe, von der Kirche zum Wirtshaus und zurück zu laufen, nur weil man an beiden Orten singt. Friedrich II. – ein „aufgeklärter" König, mit dem Voltaire befreundet war – nahm an, daß in einem Volk von 10 Millionen keine tausend gebildete Menschen zu finden seien, und er war überzeugt, man müsse „den Pöbel dem Irrtum überlassen".
Anders das Bürgertum. Der städtische Mittelstand war gewohnt, seine Söhne zur Schule zu schicken, und für das „bessere Bürgertum" (Kaufleute, Ärzte, Advokaten, Beamte) stellte die Bildung eine wichtige Voraussetzung seines gesellschaftlichen

Einen der berühmtesten Salons führte Madame Geoffrin. Als Tochter eines Kammerdieners heiratete sie mit 15 Jahren einen Offizier. Nach dessen frühem Tod erbte sie ein beträchtliches Vermögen. Woran kann man das auch im Bild erkennen? Sie versammelte in ihrem Hause viele Schriftsteller und Künstler, darunter Montesquieu und Jean Jacques Rousseau. Das Bild zeigt den Aufklärer D'Alembert bei einer Vorlesung im Jahr 1745. Im Hintergrund die Büste Voltaires. Beschreibe die Zuhörer: Alter, Geschlecht, Kleidung usw. (die dritte in der ersten Reihe rechts: Madame Geoffrin). Gemälde von Gabriel Lemmonier.

Ranges dar. Hier fanden die Aufklärer ihr Publikum. Viele stammten selbst aus dem Bürgertum oder gehörten berufshalber dazu. Die wichtigste Rolle spielte dieses Bürgertum in den Großstädten, in London oder Paris, Hamburg, Wien, Berlin oder St. Petersburg. Viele Leute hatten hier Zeit zur Lektüre und Unterhaltung; sie kamen in die damals beliebten Caféhäuser oder Salons vornehmer Damen, wo die neuen Ideen gedacht und ausgetauscht wurden. Die Dame war Mittelpunkt dieser Gesellschaft.

Bildungsbürgertum

„Jeder Salon führt den Namen der ungekrönten Königin, die ihm vorsteht wie der Künstler dem Atelier . . . Hier versammelte sich die geistige Elite, hier werden die Probleme der Naturwissenschaften erörtert, wird für Toleranz gekämpft und die neue Philosophie aus der Wiege gehoben . . . In den französischen Salons beginnt man zu sagen, was man denkt. Denken, Sprechen, Schreiben wird eins. Man schreibt, wie man spricht . . . Sich schwer verständlich auszudrücken wäre in Schrift und Gespräch ein Mangel an Höflichkeit gewesen, speziell den Damen gegenüber."

Salons

(A. Latour, Kulturgeschichte der Dame. Fischer Bücherei 688, Frankfurt 1965, S. 84f.)

Das Publikum wollte täglich neue und umfassende Information. Neue Zeitungen und Zeitschriften entstanden. Die Dichter schrieben Romane, in denen sie das Schicksal

Zeitungen und Literatur

einfacher Menschen (wie Robinson Crusoe) schilderten oder die politischen Zustände der Zeit, wie Swift in Gullivers Reisen, kritisierten. Man las solche Bücher begeistert. Aber auch praktische Literatur war gefragt. Das gesamte Wissen der Zeit versuchten französische Gelehrte in einem reich bebilderten Lexikon von 31 Bänden zusammenzufassen und jedermann zugänglich zu machen.

Zur Lernkontrolle

1. Zähle einige wissenschaftliche Entdeckungen oder Erkenntnisse des 17. oder 18. Jh. auf und erkläre, wodurch sie zustande kamen.
2. Versuche (z. B. am Verhalten verschiedener Menschen gegenüber einem Kranken) den Unterschied zwischen „naiver" und „rationaler" Einstellung zu erläutern.
3. Was kritisierten Aufklärer an den politischen Verhältnissen ihrer Zeit und wie begründeten sie die Kritik?
4. Wie beurteilst du die Einführung der allgemeinen Schulpflicht durch die „aufgeklärten" Fürsten des Absolutismus?

8. Die Entstehung der USA

Lernziele

- Du kannst dich am Beispiel der Kolonien, die England in Nordamerika hatte, über die wirtschaftlichen Vorteile informieren, die ein „Mutterland" aus Kolonien zog.
- Der Konflikt zwischen den amerikanischen Siedlern und der englischen Regierung zeigt, welche Gründe zur Unabhängigkeit von Kolonien führen konnten.
- Mache dir klar, warum die Vereinigten Staaten sich seit ihrer Gründung als „demokratischen Staat" betrachten. Achte dabei auf die Art der Regierungsbildung und der Gesetzgebung.

8.1. Amerika – Land der „unbegrenzten Möglichkeiten"?

Was suchten die Einwanderer? Im Jahre 1612 beschrieb ein junger Mann die Lebensverhältnisse in den Kolonien der „Neuen Welt", wie Amerika genannt wurde, folgendermaßen:

„. . . ich rate dir dringend ab, hierher zu kommen . . . Das Leben ist hart, das Essen schlecht, oft unzureichend, und unsere Lebensverhältnisse sind menschenunwürdig . . . Ich bin von der Malaria sehr geschwächt, aber da die Gesellschaft meine Überfahrt bezahlt hatte und mir das Geld für die Rückfahrt fehlt, muß ich vorläufig noch hier bleiben . . . Zweimal am Tag marschieren wir in Trupps aufs Land zum Roden oder in den Wald, wo wir Holz fällen müssen . . ."

(In: Jaap ter Haar, Vom Wigwam zum Wolkenkratzer. Stuttgart 1960, S. 36)

Motive zur Auswanderung

Die harten und ungewissen Lebensbedingungen schreckten indessen Tausende von Europäern im 17. und 18. Jh. nicht, ihre Heimat zu verlassen und nach Amerika auszuwandern. Taglöhner z. B., die nicht wußten, wie und wovon sie leben sollten, hofften, Ackerland in Amerika zu erhalten, Geschäftsleute erhofften sich günstige Handelsmöglichkeiten. Viele Menschen zogen über See, weil sie wegen ihres Glaubens oder wegen ihrer politischen Anschauungen in ihrer Heimat nicht geduldet wurden. Aus diesem Grund verließen auch die „Pilgerväter" England (1620) und siedelten an der nordamerikanischen Küste.

Pilgerväter

Sie bauten – wie die anderen Einwanderer auch – Dörfer in unbekannter Wildnis, rodeten Wälder und gewannen fruchtbares Ackerland. Nicht selten kam es zu harten Kämpfen mit Indianern, die ihr Land verteidigten. Die „Pilgerväter" regelten das Zusammenleben in den Dörfern nach Gesetzen, die ihrem Glauben und ihren politischen Vorstellungen entsprachen.

(1) Erkläre, warum Menschen im 17. und 18. Jh. aus Europa nach Amerika auswanderten.
(2) Erzähle, was die ersten Siedler in Nordamerika tun mußten.
(3) Versuche, den Namen „Pilgerväter" zu erklären.

Siedlergemeinschaften. In wenigen Jahrzehnten entstanden in Nordamerika dreizehn englische Kolonien. Alle waren voneinander unabhängig, alle hatten sich unterschiedliche Gesetze gegeben. Am größten waren die Unterschiede in Fragen der Religionsfreiheit:

Staat und Kirche

„Was soll man davon halten, daß nur Mitglieder der puritanischen Kirche das Stimmrecht besaßen? Was war davon zu halten, daß der Besuch des Gottesdienstes gesetzliche Pflicht war, gleichgültig, ob man sich zu dieser Kirche und ihren Lehren bekannte oder nicht? War es recht, daß die Kirche der Staat und der Staat die Kirche war? ... Da gab es Männer, die einen Spaziergang am Sonntag als eine Sünde gegen das Gebot des Sabbats ansahen, und andere, deren einziges und höchstes Vergnügen darin bestand, sich in den eigenen schon zu Lebzeiten bereitstehenden Sarg zu legen und über den Tod nachzudenken. Sie hatten Gesetze und Verordnungen erlassen, die alles so regelten, wie es Gott wohlgefällig war: Gesetze nicht nur über die Gebete und den Glauben, sondern auch über Kleidung, das Essen, über die Reden und die Arbeit."

(Schilderung über die Zustände in Massachusetts, der Kolonie der „Pilgerväter". In: F. Hetmann, Profile der Demokratie. Würzburg 1969, S. 14/15)

Die Gesetze sollen „allein die Fragen des öffentlichen Zusammenlebens ordnen und die Obrigkeit soll keinen Zwang auf die Gewissensentscheidung der Bürger ausüben; ... Alle Gesetze, die Juden zwingen, Christen zu werden ... die Heiden zwingen, Christen zu werden, alle diese Gesetze sind Ketten, die man zerbrechen muß. Sie verstoßen gegen das oberste Gesetz, das für jedermann Gültigkeit hat, gegen das Gesetz des Gewissens."

(Vertrag der Siedler von Rhode Island; zitiert nach F. Hetmann, Profile, a.a.O., S. 23)

(4) Vergleiche die beiden Mitteilungen über Gesetze in den Kolonien Massachusetts und Rhode Island. Diskutiert über das Problem der Religionsfreiheit in beiden Kolonien.
(5) Zähle mindestens vier Lebensbereiche auf, die in der „Pilgerväter-Kolonie" Massachusetts durch Kirchengesetze geregelt waren.

Siedlungsansätze im Osten Nordamerikas bis 1763.

Links: Arx Carolina, die zwischen den Flüssen Ashley und Cooper erbaute, älteste Befestigungsanlage Charlestons in Südcarolina aus der ersten Siedlerzeit. Kupferstich aus Dappers „Amerika", Amsterdam 1673.

Rechts: Diesen Grundriß eines Sklavenschiffs, der „Brookes" aus Liverpool, hat Thomas Clarkson 1789 nach amtlich festgestellten Maßen angefertigt und veröffentlicht, um den „abscheulichen Handel" bloßzustellen. Das Schiff war 30 Meter lang und faßte 450 Menschen.

(6) Schlag nach, was im Grundgesetz der Bundesrepublik Deutschland (Art. 4) zur Religionsfreiheit steht und vergleiche mit den Gesetzen in Massachusetts.
(7) Schlage im Sachregister und im Lexikon den Begriff „Toleranz" nach und beurteile unter diesem Gesichtspunkt den Vertrag der Siedler von Rhode Island.

„Vertragsknechte". Für die Kolonisten in Nordamerika war die Beschaffung von Arbeitskräften ein großes Problem. Ackerland war zwar billig und reichlich vorhanden, aber Arbeitskräfte waren teuer und rar. In Europa war das umgekehrt:

Abhängigkeit

„Viele Engländer und Deutsche, die nach der Neuen Welt auswandern wollten, konnten die Überfahrt nicht bezahlen. Aber auch ihnen wurde die Reise ermöglicht, wenn sie einwilligten, ihre Freiheit für eine bestimmte Zeit aufzugeben und Kontraktknechte [Vertragsknechte] zu werden. Wenn sie dann ihre Überfahrt abgearbeitet hatten, konnten sie wieder Herr über sich selbst werden. Kontraktknechte gab es in allen dreizehn englischen Kolonien ... In Virginia waren 1625 40 Prozent der Einwohner Kontraktknechte ...
[Die Kontraktknechte] vergrößerten die Zahl der Einwanderer in den Kolonien und brachten den amerikanischen Farmern die dringend notwendige Hilfe. Obwohl die Kontrakte zu zeitweiliger Hörigkeit führten, bot dieses System Tausenden von Armen die einzige Chance, in die Neue Welt zu kommen. Wenn sie frei wurden, erhielten sie Land, Wirtschaftsgeräte oder bares Geld.

Freiheit

So waren viele imstande, sich eigene Farmen zu schaffen, sei es in bereits besiedelten Gebieten oder draußen an der Grenze. Andere fanden eine Möglichkeit, sich als unabhängige Handwerker niederzulassen. In beiden Fällen waren sie besser daran, als das in ihrem alten Land der Fall gewesen wäre."

(M. Curti u.a., Geschichte Amerikas, Bd. I, Frankfurt/M., o.J., S. 58)

(8) Begründe die Behauptung: Kontrakte führten für die Einwanderer, die ihre Überfahrt von Europa nach Amerika nicht bezahlen konnten, zur zeitweiligen Hörigkeit.
(9) Beweise aus dem Brief auf S. 112, daß der junge Mann, der 1612 nach Europa geschrieben hat, ein „Kontraktknecht" war.

Sklavenhandel

Negersklaven aus Afrika. Das Geschäft war einträglich: Sklavenhändler kauften für ein paar hundert Liter Rum an der Westküste. Afrikas Neger und Negerinnen von afrikanischen „Menschenjägern" (vgl. S. 26). Sie tauschten Menschen gegen Alkohol.

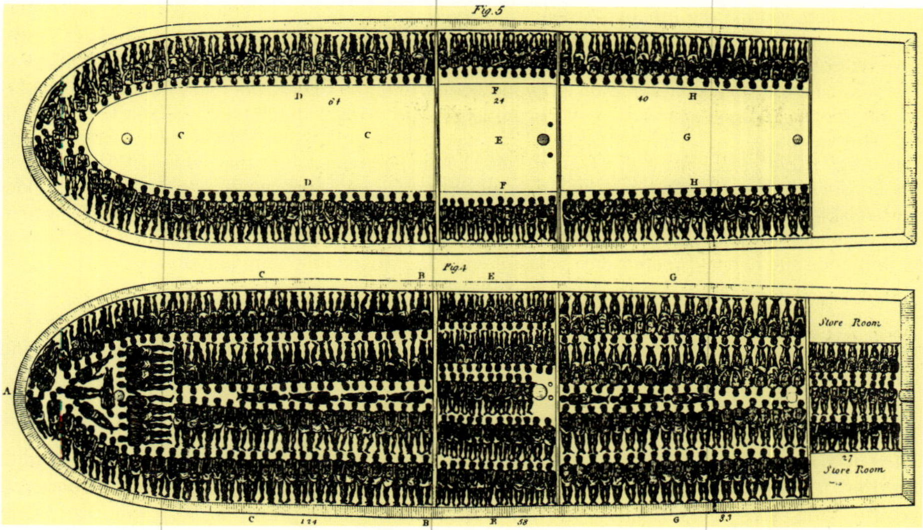

Unter schrecklichen Bedingungen – aneinandergekettet in engen Zwischendecks – wurden die Sklaven aus Afrika nach Nordamerika verschifft. Acht bis zehn von Hundert starben während des Transportes. Den Rest kauften die Pflanzer in Amerika. Seit 1790 lebten in manchen Kolonien mehr Negersklaven als Weiße; 990 000 waren es insgesamt. Die weißen Pflanzer konnten ohne Negersklaven ihre großen Plantagen nicht bewirtschaften; sie brauchten die Sklaven, aber sie hatten auch Angst vor ihnen. Viele Neger wurden wie Tiere gehalten.

Sklaventransporte

(10) Warum nannte man Negersklaven „Schwarzes Gold"?
(11) Informiere dich und berichte, wo und wie in früherer Zeit mit Sklaven gewirtschaftet wurde.
(12) Heute leben in den USA 22,58 Millionen Nachkommen der Negersklaven und 183,3 Millionen Nachkommen der „weißen" Einwanderer. In vielen Städten sind die „Weißen" in der Minderheit, in Washington z. B. sind 71 % der Einwohner von schwarzer Hautfarbe. Diskutiert Probleme, die heute zwischen Weißen und Schwarzen in den USA bestehen.
Schlag im Lexikon den Begriff „Rassendiskriminierung" nach.

Herkunft der Bevölkerung

Amerikanische Gesellschaft – „Schmelztiegel von Nationen". Ende des 18. Jh. lebten etwa 4 Millionen Menschen in Nordamerika: außer den schwarzen Sklaven Engländer, Deutsche, Iren, Franzosen, Schotten, Schweizer, Italiener – also Einwanderer aus fast allen Ländern Europas. Alle brachten ihre Sprache, ihre Religion, ihre Lebensgewohnheiten mit. Doch nach kurzer Zeit fühlten sie sich als „Amerikaner". Warum? Vieles verband die Menschen: Eheschließungen, die gemeinsame Sorge um das tägliche Leben, der gemeinsame Kampf gegen die Wildnis, der Wille, eine Gemeinschaft aufzubauen, in der möglichst jeder die Chance haben sollte, wirtschaftlich voranzukommen. Ein holländischer Geschäftsmann schrieb über die Amerikaner (1787):

Gleichheit

„Ihre Sehnsucht nach Unabhängigkeit, ihr grenzenloses Vertrauen in die Zukunft treten stark in den Vordergrund. Untereinander kennen sie keine Unterwürfigkeit und fühlen sich – weit mehr als das bei uns in Holland der Fall ist – gleichrangig, wie groß die gesellschaftlichen Unterschiede auch immer sein mögen. Dies war besonders bei einer Anzahl von Werkstätten, die ich besuchte,

Frauen im „Wilden Westen“

festzustellen, wo ich die Inhaber neben den Arbeitern mitschaffen sah . . . Ich hatte das Glück, mit einem guten Bekannten den Mississippi hinaufzufahren. In dieser weitabgelegenen Wildnis gab es noch viel Bemerkenswertes zu sehen. Männer, in Ziegenfelle gekleidet, leben dort mit ihren Familien im Urwald. Man muß Achtung vor den Frauen haben, die nicht nur diese fürchterlichen Trecks [Wagenkarawanen] in die entferntesten Winkel durchmachten, sondern auch in den Hütten aus rohen Balken ein richtiges Zuhause bereiteten. Es sind Mordsweiber (entschuldige das Wort!), die selber die Kleider anfertigen, Leder bearbeiten, mit dem Gewehr in der Hand gegen die Indianer kämpfen und zwischen all diesen Dingen auch noch eine große Zahl Kinder zur Welt bringen und großziehen . . . Ich habe Vertrauen zu diesem Volk gewonnen. Die Menschen sind sachlich eingestellt und arbeiten hart, um ihren Wohlstand zu mehren. Es herrscht eine wohltuende Freiheit auf religiösem, politischem und wirtschaftlichem Gebiet.“

(Aus: Jaap ter Haar, Vom Wigwam zum Wolkenkratzer, S. 148f.)

(13) Sage, was der holländische Geschäftsmann an den Amerikanern besonders schätzte, und überlege, was in Holland anders war.
(14) Erzähle, was die Frauen im „Wilden Westen“ leisteten.

8.2. Kolonien: Wirtschaftlicher Vorteil für England

Rohstofflieferant

Warum blieb Industrie in den Kolonien verboten? Über neun Zehntel aller Siedler in den englischen Kolonien waren Landwirte. Die englische Regierung wollte, daß sich dieser Zustand nicht änderte. Für England sollten die Kolonien möglichst großen Gewinn bringen (vgl. S. 83), sie hatten deshalb zwei Aufgaben zu erfüllen:

— Die Kolonien mußten Erzeugnisse liefern, welche dem Mutterland fehlten; z. B. Holz, damit England keine Lieferungen aus Schweden benötigte; Gewürze, damit England nicht auf Lieferungen aus Portugal angewiesen war.
— Fertigwaren, die in England hergestellt wurden, sollten in den Kolonien verkauft werden.

Ein reich gewordener Einwohner der Kolonien durfte sein Geld nicht in einer Industrie anlegen und selber Rohstoffe in Fertigwaren verarbeiten (z. B. Baumwolle in Tuch).

Industrieverbot

„Eine Manufaktur in den Kolonien würde die Aufmerksamkeit von der Rohstoffproduktion ablenken, und mit der Zeit würden amerikanische Fabriken zu Konkurrenten der englischen Firmen werden. Das [englische] Parlament verbot daher den Kolonien in der Woll-Akte von 1699 die Ausfuhr von Wolle und Wollprodukten, in der Hut-Akte von 1732 die Ausfuhr von Hüten und in der Eisen-Akte von 1750 die Herstellung von Fertigprodukten aus Eisen und Stahl. Die englische Regierung strengte sich nur wenig an, um diese Gesetze durchzusetzen, und in den Kolonien wurden sie allgemein mißachtet. Aber sie verursachten Reibungen zwischen dem Mutterland und seinen Kolonien, und die Kolonien gewöhnten sich daran, die englische Gesetzgebung zu ignorieren. Das mußte notwendig zu Unruhen führen, als Britannien [England] sich nach 1762 entschloß, seine Gesetze in der Neuen Welt durchzusetzen.“

(M. Curti, Geschichte Amerikas, a.a.O., S. 63)

(1) Diskutiert den Grund für das Verbot von Industriebetrieben in den englischen Kolonien in Amerika. Vgl. auch S. 222f.
(2) Nenne die Vorteile, die England aus dem Handel mit seinen Kolonien zog.
(3) Besprecht in der Klasse, warum heute in vielen Staaten der sogenannten „Dritten Welt“ wenig Industriebetriebe bestehen.

Stempelsteuer

Kolonistenopposition. Die englische Regierung wollte nach langen Kriegen mit Frankreich, in denen englische Truppen auch Interessen der amerikanischen Kolonisten verfochten hatten, die hohen Kriegskosten auf die Kolonisten abwälzen. Das Parlament in London erließ deshalb eine neue Steuer für die amerikanischen Kolonien, die sogenannte „Stempelsteuer“. Sie sollte bei allen amtlichen Papieren, bei Zeitungen und bei Spielkarten erhoben werden.

Die meisten Kolonisten waren über diese Steuergesetzgebung im fernen London entrüstet. Sie versammelten sich und beriefen sich auf alte Grundsätze des englischen Parlaments: „No taxation without representation!" (= Keine Steuern ohne Zustimmung der gewählten Volksvertreter, vgl. S. 80). Die Kolonisten sprachen dem Parlament in London das Recht ab, für die Kolonien in Amerika Steuergesetze zu erlassen; denn im Parlament in London saßen keine Vertreter der amerikanischen Siedler. War dies eine Revolte?

Widerstand

Amerikanische Händler boykottierten englische Waren, d.h. sie sprachen sich untereinander ab und kauften keine Waren mehr in England. Das traf die englischen Produzenten und Händler so hart, daß die englische Regierung das Gesetz über die Stempelsteuer wieder aufhob. Aber sie erhöhte die Zollabgaben für die Kolonien. Durch neue Zollgesetze und durch strenge Überwachung der amerikanischen Hafenstädte stiegen die Zolleinnahmen der englischen Regierung um das 15fache (von 2000 Pfund auf 30000 Pfund). Nun zwangen neue Unruhen unter den Kolonisten die englische Regierung, die Zollsätze für einige Waren wieder aufzuheben. Nur der Teezoll blieb bestehen, denn die englische Regierung wollte in dieser Auseinandersetzung mit den amerikanischen Kolonisten nicht vollständig nachgeben.

Zollgesetze

(4) Schreib in einer Tabelle nebeneinander: Gründe für das Verhalten der englischen Regierung – Gründe für das Verhalten der Kolonisten.
(5) Gilt der Grundsatz „No taxation without representation" auch in unserem Staat? Begründe deine Meinung.

8.3. Widerstand und Unabhängigkeit

„Tea – Party" in Boston. In Boston hatte sich eine Männergruppe zusammengefunden – sie nannte sich „Söhne der Freiheit" – und beschloß: Wer die Einfuhr von Tee in die Kolonien unterstützt, solange eine Teezollabgabe nach England zu

Der Überfall auf englische Teeschiffe im Hafen von Boston im Dezember 1773. Zeitgenössische Darstellung.

Unterzeichnung der amerikanischen Unabhängigkeitserklärung. Gemälde von John Trumbull (1756–1843). Thomas Jefferson überreicht im Namen des mit der Ausarbeitung beauftragten Ausschusses den Entwurf der Unabhängigkeitserklärung.

Gewalt

entrichten ist, der soll als Feind der amerikanischen Kolonisten gelten. Als in Boston ein paar Schiffe im Hafen ankerten und deren Teeladung durch englische Beamte verzollt werden sollte, riefen die „Söhne der Freiheit" zum offenen Widerstand auf (1773). Zweihundert Männer verkleideten sich als Indianer und warfen die Teeladungen von den Schiffen ins Meer. (Wert der Teeladungen: etwa 18000 Pfund Sterling.)

Jetzt wurden die englischen Truppen in Boston verstärkt und der Hafen gesperrt. Viele Kolonisten in Boston wehrten sich; sie erhielten Freundschaftsbeweise und Unterstützung aus anderen Kolonien. Als es in Boston zu Gefechten der Siedler mit englischen Truppen kam, erklärten sich alle dreizehn Kolonien solidarisch mit der Bevölkerung Bostons.

Unabhängigkeitserklärung
1776

Unabhängigkeitserklärung – „Menschenrechte". Alle Kolonien schickten Vertreter nach Philadelphia zu einem Kongreß. Sie erklärten am 4. Juli 1776: Die dreizehn englischen Kolonien in Nordamerika sind fortan von England unabhängig. Die englische Regierung hat in diesen Kolonien keinerlei Regierungsrechte mehr.

Die Vertreter der Kolonien beriefen sich auf allgemeine Menschenrechte, die – wie sie meinten – jedem Menschen ungeachtet seiner Staatsangehörigkeit oder seines Standes zustehen (vgl. S. 109):

Menschenrechte

„Wir halten es für eine unbestreitbare Tatsache, daß alle Menschen gleich geschaffen worden sind;
daß sie vom Schöpfer mit bestimmten, unveräußerlichen Rechten ausgestattet wurden;

daß hierzu unter anderem das Recht auf das eigene Leben, die Freiheit und das Streben nach persönlichem Wohlergehen gehören;
daß zur Sicherung dieser Rechte Regierungen eingesetzt worden sind, deren Autorität auf der Zustimmung ihrer Untertanen beruht;
daß, sobald eine Regierung der Verwirklichung dieser Ziele entgegensteht, das Volk das Recht besitzt, sie zu verändern oder abzusetzen und eine neue Regierung einzusetzen, die am geeignetsten erscheint, Sicherheit und Glück des Volkes zu schaffen."

(vgl. Übersetzung bei Jaap ter Haar, a.a.O., S. 102)

(1) Erkläre den Begriff „Menschenrechte"; nenne mindestens drei dieser Rechte.
(2) Was ist nach dieser Erklärung die Aufgabe der Regierung?
Wem muß die Regierung Rechenschaft ablegen?
Wann haben die Regierten (das Volk) das Recht, die Regierung abzulösen?
(3) Erörtere das Problem „Menschenrechte" – Negersklaven.

Kriegshilfe durch die französische Regierung. Die englische Regierung beantwortete diese Unabhängigkeitserklärung mit Krieg. Sie sandte noch mehr Truppen nach Nordamerika. Der Krieg zwischen den neuen „Vereinigten Staaten von Amerika" – so nannten die Kolonisten ihren Staat – und England dauerte lange, forderte auf beiden Seiten viele Todesopfer und kostete viel Geld. Die Kolonisten waren den englischen Truppen oft überlegen. Sie kämpften im unwegsamen Gelände nicht in geschlossener Marschordnung (wie die englischen Soldaten), sondern in kleinen Trupps, zum Teil aus dem Hinterhalt. Den entscheidenden Sieg konnten sie erst erringen, als ihnen die französische Regierung half. Der König von Frankreich sah nämlich in den Kolonisten „Feinde seiner Feinde" (der Engländer) und unterstützte sie deshalb mit Kriegsmaterial und Soldaten. Erst 1783 ging der Krieg zwischen den Kolonisten und der englischen Regierung zu Ende. England anerkannte die Unabhängigkeit der „United States of America" (USA).

Unabhängigkeitskrieg

1783

Die Verfassung der USA. Nach dem Krieg waren die dreizehn Kolonien dreizehn Staaten geworden, die ein schwaches Band, nämlich der Kongreß, zusammenhielt. Die einzelnen Staaten waren in vielen Fragen uneins, aber sie sahen alle ein, daß eine zentrale Regierung notwendig war, weil sie wichtige Aufgaben von gemeinsamem Interesse durchführen sollte, z. B. die Verhandlungen mit den europäischen Ländern, die Verhandlungen mit den Indianerstämmen, Aufgaben der Kriegführung, Aufgaben der inneren Verwaltung, etwa der Post.
Das schwierige Problem war, eine Staatsordnung zu schaffen, die alle ehemaligen Kolonien zufriedenstellte.

Verfassungsprobleme

— Welche Rechte sollten die einzelnen Staaten erhalten?
— Wie sollte das Volk die Regierung bestellen?
— Wieviel Abgeordnete sollten aus jedem Staat ins Parlament gewählt werden?
— Welche Gesetze sollte das Bundesparlament erlassen dürfen? Wofür sollten die Parlamente der einzelnen Staaten zuständig sein?
— Wie konnte man die Regierung daran hindern, Richter und Rechtsprechung zu beeinflussen?

Gewaltenteilung

Im neuen Staat sollte niemand das Übergewicht haben, weder die Regierung (sie sollte nicht Gesetze erlassen und Verordnungen willkürlich durchführen können), noch das Parlament (es sollte nur Gesetze erlassen, die den Grundsätzen der Verfassung und der Menschenrechte entsprachen). Deshalb mußten unabhängige

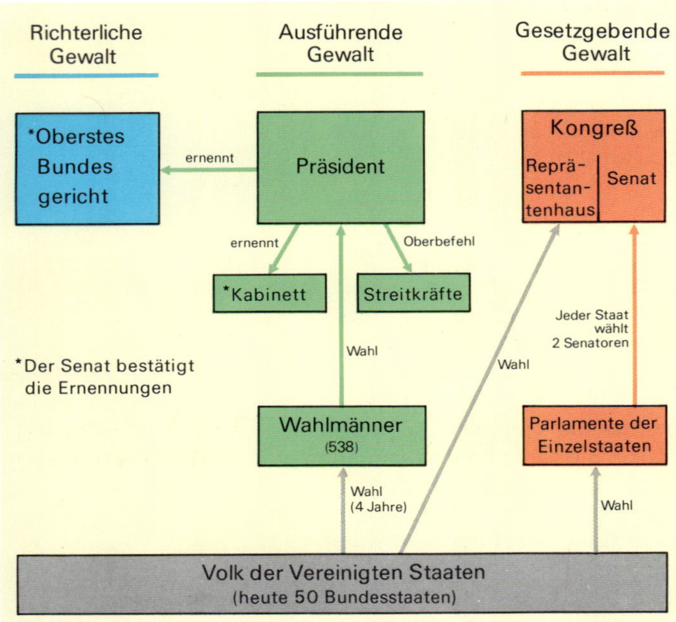

Gerichte geschaffen werden. Die Vertreter der einzelnen Staaten einigten sich nach langen Debatten auf das nebenstehende Verfassungssystem. Diese Verfassung trat 1789 in Kraft. Sie teilt die drei Gewalten im Staat.

(4) Erkläre die Verfassung der USA:
  a) Wer wählt den Präsidenten?
  b) Welche Rechte hat der Präsident?
  c) Für welchen Zeitraum wird der Präsident gewählt?
  d) Aus welchen Kammern ist der Kongreß (= Parlament) zusammengesetzt?
  e) Wer wählt das Repräsentantenhaus? Wer den Senat?
  f) Wer ernennt die Richter des obersten Bundesgerichtes?

(5) Warum ist die Verfassung der USA demokratisch?

(6) Welche Vor- oder Nachteile hat nach deiner Meinung die Trennung von gesetzgebender, ausführender und richterlicher Gewalt.

(7) Vergleiche die Aufgaben des Präsidenten der USA und des Bundespräsidenten der Bundesrepublik Deutschland. Schlag hierzu im Grundgesetz Art. 59 und 60 nach.

Eine moderne Demokratie

Die Verfassung der USA – Vorbild für andere Staaten? 1776 beriefen sich die amerikanischen Kolonisten erstmals in der Geschichte auf uneinschränkbare Menschenrechte und auf das Recht des Volkes, seine Regierung selber zu bestellen und abzuberufen. Sie schufen den ersten modernen Staat, dessen Regierung sich zur Demokratie bekannte. Da herrschte kein König von „Gottes Gnaden" (vgl. S. 59). Die neue Regierungsform stand im Gegensatz zu allen Regierungsformen der damaligen Zeit. Heute erklären fast alle Regierungen der Welt, daß sie demokratisch seien. Die Menschenrechte werden in den meisten Staatsverfassungen ausdrücklich anerkannt. Werden sie auch überall beachtet?

(8) In welchem früheren Zeitabschnitt gab es eine Demokratie? (Vgl. Bd. 1, S. 42 ff.)

(9) Schlag im Grundgesetz der Bundesrepublik Deutschland die Menschenrechte nach (Art. 1, 2, 3, 4).

(10) Besprecht den Artikel 1, Abs. 1 des Grundgesetzes: „Die Würde des Menschen ist unantastbar. Sie zu achten und zu schützen ist Verpflichtung aller staatlichen Gewalt."

(11) Sind dir Fälle bekannt, wo in einem Staat bestimmte Menschenrechte verletzt werden (wurden)? Besorge dir Informationen z. B. von „amnesty international".

Zur Lernkontrolle

1. Zähle wirtschaftliche Vorteile auf, die das englische Mutterland aus seinen Kolonien zog, und berichte, wie die Kolonisten in Amerika die Abhängigkeit von England überwanden.
2. Nenne wichtige Merkmale einer demokratischen Verfassung und erläutere sie am Beispiel der Verfassung der USA.
3. Erläutere, was Menschenrechte sind, wem sie zustehen und wodurch sie verletzt werden (können).

9. Revolution in Frankreich 1789–1799

Lernziele

- Du wirst die Lebensbedingungen der Adligen, der Geistlichen, der Stadtbewohner und der Bauern in Frankreich um 1780 analysieren können. Du kannst danach beurteilen, warum es zu Revolutionen kam.
- Du kannst dich über die Forderungen der Revolutionäre informieren.
- Du wirst erfahren, wer die Aufstände in Paris anführte und wem diese Aufstände nutzten; du wirst erklären können, wie die Aufständischen die Regierung bestimmten oder beeinflußten.
- Du kannst feststellen, wie sich die Regierungsformen in der Zeit der Revolutionen änderten, und du kannst prüfen, ob sie demokratisch waren.

9.1. Unterschiedliche Lebensbedingungen in Frankreich

Drei Stände. Die Lebensbedingungen der Franzosen waren sehr verschieden. Jeder Franzose gehörte durch Geburt oder Beruf einem bestimmten Stand an, und davon hingen seine Rechte und Pflichten ab (vgl. S. 60). Eine Gleichberechtigung bestand nicht; die Rechte und Pflichten waren von Stand zu Stand verschieden.
Folgende Skizze macht den Gesellschaftsaufbau in Frankreich um 1780 deutlich:

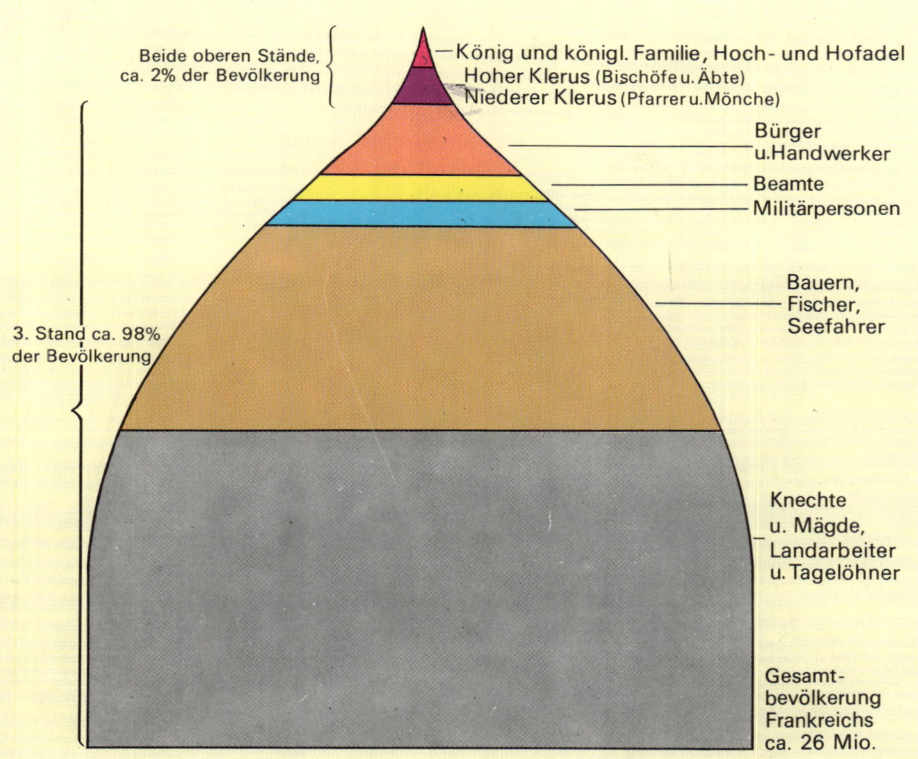

(1) Ordne folgende Personen den drei Ständen zu („Klerus", „Adel", „Dritter Stand"): Bäckermeister, Kaplan, Taglöhner, Bauer, Erzbischof, königlicher Prinz, Arbeiter in einer Manufaktur, Pfarrer, Perückenmacher, Arzt, Großhändler, Herzog, Pächter.
(2) Erkläre, warum die Schemazeichnung über den Gesellschaftsaufbau in Frankreich um 1780 die vorliegende Form hat.

Königlicher Hof in Versailles. In ganz Frankreich kursierten Geschichten über den Luxus und die Verschwendung am königlichen Hof. Die meisten Franzosen waren empört.

Luxus am Hof

„Der König und seine Familie sind der Mittelpunkt eines ständigen mondänen Balletts, auf das alle Blicke gerichtet sind: des Versailler Hofes. Fünfzehntausend Personen stehen im Dienste des Königs, der Königin, der Prinzen und Prinzessinnen von königlichem Geblüt, eingeteilt in den zivilen und den militärischen Hofstaat. Der Hochadel lebt seit einem Jahrhundert in der näheren Umgebung des Schlosses, wo er der königlichen Familie aufwartet, über sie wacht und sie unterhält ... Wegen ihres Glanzes erntet die zur äußersten Vornehmheit verfeinerte Zivilisation von Versailles mehr und mehr Ablehnung bei der ‚öffentlichen Meinung' des Reiches ... Die Stadt stellt sich gegen den Hof. Das Bürgertum ist eifersüchtig auf eine Welt, die ihm verschlossen ist, gegen eine Luxuszivilisation ..."

(F. Furet und D. Richet, Die Französische Revolution. Fischer Verlag, Frankfurt 1968, S. 48/49)

Privilegien der Geistlichkeit

Welche Sonderrechte hatten die Geistlichen? Die katholische Konfession galt in Frankreich als Staatsreligion. Geistliche mußten kaum Steuern zahlen; sie waren auch nicht der staatlichen Rechtsprechung unterworfen. Der Kirche gehörte ein großer Teil des Grund und Bodens. Die meisten Bauern mußten Abgaben an die Kirche entrichten; z. B. den zehnten Teil der Ernte, den sogenannten Zehnten. Aber dieser Reichtum kam nicht allen Geistlichen in gleicher Weise zugute. Landpfarrer wohnten meistens bescheiden auf ihrem Pfarrhof, während die Bischöfe – alle stammten aus Adelsgeschlechtern – in ihren Schlössern oder am Hof von Versailles verschwenderisch lebten und keine geistlichen Pflichten erfüllten. Ein Pfarrer bezog im Jahr etwa 700 Pfund Einkommen, ein Bischof dagegen bis zu 400000 Pfund.

Landpfarrer – Bischöfe

Deshalb kritisierten Landpfarrer nicht selten die Lebensweise der Bischöfe. Viele standen 1789 auf der Seite des Dritten Standes.

Sonderrechte der Adligen. Der Adel besaß wie die Kirche uralte Privilegien.

„Der Adel hatte die obersten Stellen in der Verwaltung, im Heere und in den Gerichten inne. Aber nur ein kleiner Teil war wirklich tätig. Das Heer war im Verhältnis zu der Größe des Staates zu klein, als daß es die Mitglieder des Adels ganz hätte aufnehmen können, und in die Verwaltung waren seit langem Bürgerliche eingedrungen. Ein großer Teil namentlich des niederen Adels lebte auf seinen Gütern, wo er von den Bauern Renten und Arbeitsleistungen erhielt. Der hohe Adel hatte einen großen Landbesitz, aber Richelieu und Ludwig XIV. hatten ihn schon vor langer Zeit gezwungen, am Hofe zu leben, weil er dort dem Königtum weniger gefährlich war als auf seinen ländlichen Burgen. In Versailles verbrauchte er, was ihm seine Verwalter schickten; einen großen Teil seines prunkvollen Aufwandes bestritten die Gnadengehälter des Königs, also die Steuerzahler. Er war der nutzloseste aller Stände geworden."

Stellung des Adels

(P. Sethe, Die großen Tage. dtv, München 1965, S. 11)

(3) Nenne zwei Einkommensarten des Hofadels in Versailles.
(4) Versuche das Leben am Hof von Versailles zu beschreiben.
(5) Landgeistliche – Bischöfe: vergleiche Amt (kirchlicher Auftrag) und Lebensweise.

Der Dritte Stand – „Nährvater des Staates". Man behauptete 1788 vom Dritten Stand, er sei der „Nährvater des Staates":

Steuerbelastung

„Inwiefern ist er der Nährvater? Durch den Ackerbau, den Handel, die Gewerbe, die er allein treibt zum Vorteil aller . . . Aber zahlen sie [die beiden ersten Stände] keine Abgaben? Sehr wenig, so wenig und so ungern, mit so viel Einschränkungen, daß man sie nicht rechnen darf. – Aber noch einmal, was zahlen sie denn? Ungefähr den zwanzigsten Teil ihrer Einkünfte, den sie leicht ihrem Überfluß entnehmen, während der dritte Stand, überlastet, ausgemergelt, etwa den dritten Teil seines Einkommens zahlt und meist gezwungen ist, ihn seiner Lebensnotdurft zu entreißen."

(Katechismus des Dritten Standes zum Gebrauch für alle Provinzen Frankreichs, 1788, zitiert nach: P. Hartig, Die Französische Revolution. Klett Verlag, Stuttgart 1972, S. 12)

Links: Das Austernfrühstück. Gemälde von Jean-François de Troy (1679–1752). Die Festlichkeiten des Hofes wurden vom Adel und vom reichen Bürgertum nachgeahmt (vgl. S. 72). Den Teilnehmern des hier abgebildeten Herrenfrühstücks werden Sekt und Austern gereicht, einige sehen einem in die Luft geflogenen Flaschenpfropfen nach.

Rechts: Französische Karikatur aus dem Jahr 1789. Warum muß der Bauer den Priester und den Adligen tragen?

Die Gruppen innerhalb des Dritten Standes lebten sehr unterschiedlich (vgl. S. 60):
— Reiche Händler und Bürger in Städten,
— Handwerker und Kleinhändler in Städten,
— Bauern und Tagelöhner auf dem Lande.

Bürger und Großhändler in den Städten versuchten, den Lebensstil des Adels nachzuahmen. Manche waren durch ihre Geschäfte reicher geworden als viele Adlige. Sie kauften sich Ländereien und lebten wie Adlige. Bauern und Tagelöhner dagegen blieben meistens arm. Eine Bauernfrau berichtete einem Reisenden um 1780, ihr Mann habe nur ein Stück Land, eine Kuh und ein kleines Pferd. Dennoch müßten sie dem Grundherrn, einem Adligen, eine Rente von 42 Pfund Weizen und vier Hühnern, 168 Pfund Hafer und einer Sau bezahlen. Dazu kam noch die schwere Last der königlichen Steuer. Diese Familie hatte sieben Kinder. Die Frau sah aus, als ob sie sechzig oder siebzig Jahre alt wäre, gekrümmt, das Gesicht voller Falten. Sie war achtundzwanzig Jahre alt.

Arme Leute

Wenn eine Ernte schlecht ausfiel, wie etwa 1786/87, kam zur Armut der Bauern noch Hungersnot.

Worüber klagte der Dritte Stand? Der Dritte Stand – vor allem die Bauern und Taglöhner – empfand Königssteuer und Abgaben an die Grundherren als drückend und ungerecht. Händler klagten über Steuern und Straßenzölle, die den Handel erschwerten. An vielen Orten waren Zollstationen; die vielen Zollabgaben verteuerten natürlich die Waren.

Belastung durch Zölle und Steuern

„Ein Weinschiff aus dem Languedoc, das die Rhône hinauf und die Marne hinunterfährt, um durch den Kanal Briaire nach Paris zu gelangen, hat an fünfzehn oder sechzehn Orten vierzig verschiedene Gebühren zu bezahlen, wodurch der Transport zwölf oder fünfzehn Tage länger dauert, als wenn alle Gebühren an einem Ort entrichtet würden."

(M. Göhring, Geschichte der großen Revolution, Bd. 1. Tübingen 1950, S. 112)

Obwohl die wirtschaftliche Lage der verschiedenen Gruppen des Dritten Standes nicht gleichmäßig schlecht war – Händler und Bürger oft reich, Bauern und Taglöhner oft bitter arm –, forderten sowohl die Bürger als auch die Bauern vom König die Minderung der Steuer- und Abgabenlast.

Ursachen der Armut

(6) Erkläre die Karikatur (Bild S. 123).
(7) Nenne mindestens zwei Merkmale der Lebensweise, durch die sich die drei Stände in Frankreich um 1780 unterscheiden.
(8) Nenne Gründe für die Armut der Bauern in Frankreich um 1780.
(9) Erörtere die Nachteile, die einem Händler durch die vielen Zollschranken entstanden.

9.2. Was wollten die Franzosen 1789?

Adel- und Bürgeropposition. Der Staat war seit Jahren verschuldet und zwar, weil Kriege und Hofhaltung des Königs viel Geld verschlangen (vgl. S. 75). Die Regierung wollte deshalb neue Steuern erheben.

Auch die Adligen sollten mehr Steuern zahlen. War dies ein Angriff des Königs auf althergebrachte Vorrechte des Adels? Viele Adligen wehrten sich gegen die Steuerpläne der königlichen Regierung. Sie behaupteten, die „Generalstände" – eine Versammlung, in der Abgeordnete der drei Stände zusammenkamen – müßten den Steuerplänen der königlichen Regierung zustimmen.

Widerstand gegen Steuererhöhung

Gegen die Steuerpläne des Königs waren auch Stadtbürger und Gerichte. So wehrten sich Adlige und Bürger gemeinsam gegen die absolutistische Regierungsweise des

Königs. In sogenannten „gelehrten Kreisen" diskutierte man Erkenntnisse der aufgeklärten Philosophen, die den Absolutismus ablehnten (vgl. S. 109).

(1) Schreibe die Steuer-Vorrechte des Adels auf.
(2) Nenne zwei Gründe, aus denen Adlige und „gelehrte Bürgerliche" gegen die königliche Regierung opponierten.

Beschwerden des Volkes

Widerstand des Volkes. Auch Dorfbewohner und städtische Kleinbürger, d.h. Handwerker und Kleinhändler, waren gegen die absolutistische Herrschaft. Die 600 Einwohner der Gemeinde Guyancourt forderten z.B. 1789 in einer Beschwerdeschrift:

„1. Daß alle Steuern von den drei Ständen ohne irgendwelche Ausnahme gezahlt werden, von jedem Stand gemäß seinen Kräften;
2. das gleiche Gesetz und Recht im ganzen Königreich;
. . . .
4. die Abgabenfreiheit aller Messen und Märkte und die Abschaffung aller Wegegelder;
5. die völlige Beseitigung jeglicher Art von Zehnten . . .
. . . .
10. daß alle Frondienste, welcher Art sie auch sein mögen, beseitigt werden."

(Beschwerdebriefe des Dorfes Guyancourt 1789, zitiert nach: P. Hartig, Die Französische Revolution, a.a.O., S. 13)

In Paris plünderten im April 1789 Arbeiter und Handwerker die Häuser zweier Fabrikanten und eine große Anzahl von Lebensmittelgeschäften. Sie forderten billiges Brot. Brot war knapp und teuer. Ein Bauarbeiter hatte im Juni 1789 ein tägliches Einkommen von 18 Sous. Es kosteten:

vier Pfund Brot	14,5 Sous
Miete	3 Sous
Rest für Öl, Gemüse, Bekleidung	0,5 Sous
	18 Sous

(Zahlen aus: G. Rudé, Die Massen in der Französischen Revolution. München 1961, S. 340)

(3) Überlege, was sich ein Bauarbeiter in Paris im Juni 1789 leisten konnte. Vergleiche, welche Ausgaben deine Eltern vom Monatseinkommen bestreiten.
(4) Welche Forderung der Dorfbewohner aus Guyancourt erscheint dir am wichtigsten, am zweitwichtigsten? Begründe deine Ansicht und besprich sie in der Klasse.
(5) Klerus und Adel widersprachen den Forderungen der Bauern. Versuche, diesen Widerspruch zu erklären.

Abgeordnete in Versailles
Mai 1789

Generalstände. Damit wegen der geplanten Steuererhöhungen keine Unruhen im Land entstehen, berief der König im Mai 1789 die Generalstände ein. Diese sollten den Steuererhöhungen zustimmen. Es war ein großes Ereignis. Erstmals seit 1614 wählten Angehörige des Klerus, des Adels und des Dritten Standes ihre Vertreter zu den Generalständen. Der König hatte dem Dritten Stand erhebliche Zugeständnisse gemacht, nämlich die Abgeordnetenzahl verdoppelt. Klerus und Adel sandten je 300 Abgeordnete nach Versailles zur Tagung der Generalstände, der Dritte Stand durfte 600 Vertreter schicken. Er vertrat 98 Prozent der Bevölkerung.

Abstimmungsweise

Forderungen des Dritten Standes. Schon die erste Versammlung der Generalstände führte zu schwerwiegenden Auseinandersetzungen zwischen den Ständen. Wie sollte beraten und abgestimmt werden? Getrennt nach Ständen, jeder Stand für sich oder nach Köpfen, d.h. die ganze Versammlung gemeinsam? Der Dritte Stand

Die Eröffnung der Ständeversammlung in Versailles. Gemälde von Auguste Couder. Über der Versammlung thront der König. Auf der rechten Seite die Vertreter des Adels, die ihre mit Straußenfedern geschmückten Hüte auf die Knie gelegt haben. Links die Geistlichkeit, in der Mitte die Abgeordneten des Dritten Standes. In der vierten Reihe, in nachdenklicher Haltung, Robespierre (vgl. S. 132).

forderte die Abstimmung nach Köpfen. Aber König und Adel waren dagegen. Der König verfügte sogar, daß der Dritte Stand seine Beratungen beende.

Nationalversammlung

Nun widersetzten sich die Abgeordneten des Dritten Standes und schworen, nicht auseinanderzugehen, bis Frankreich eine Verfassung habe. Sie nannten ihre Versammlung fortan „Nationalversammlung". Sie verstanden sich als Abgeordnete des ganzen Volkes. Der König sollte nicht mehr ohne Zustimmung der Volksvertretung regieren können. War dies der Beginn einer Revolution?

(6) Begründe die Forderung des Dritten Standes, bei Abstimmungen der Generalstände „nach Köpfen" abzustimmen.
(7) Durften sich die Abgeordneten des Dritten Standes „Nationalversammlung" nennen? (Nationalversammlung = Versammlung der Vertreter einer ganzen Nation.)

9.3. Volksaufstände im Sommer 1789

Die „Sieger der Bastille". In Versailles tagten weiterhin die Abgeordneten der drei Stände. Der König hatte insofern nachgegeben, als er die Abgeordneten des Ersten und Zweiten Standes gemeinsam mit den Vertretern des Dritten Standes beraten ließ. Aber er bestritt, daß diese Nationalversammlung eine Verfassung be-

Die Erstürmung der Bastille am 14. Juli 1789. Gemälde eines unbekannten Künstlers. Das Bauwerk wurde später völlig zerstört.

schließen dürfe. Truppen, die nach Versailles und Paris verlegt wurden, sollten die Nationalversammlung einschüchtern. Als am 11. Juli 1789 der – bei der Bevölkerung beliebte – Finanzminister Necker vom König entlassen wurde, riefen Redner in Paris das Volk auf, sich zu bewaffnen.

14. Juli 1789

Bewaffnung des Volkes

Die Bastille

„Man drang in Klöster ein, und Büchsenmacher, Waffenschmiede und Sattler wurden in verschiedenen Teilen der Hauptstadt überfallen . . .
Am Morgen des 14. Juli wurde ein aufsehenerregender Überfall auf das Hôtel des Invalides [Kaserne mit altgedienten z.T. verwundeten Soldaten] am rechten Seineufer gemacht. Dem sächsischen Gesandten Salmour zufolge, der Zeuge des Unternehmens war, nahmen 7000 oder 8000 Bürger daran teil; viele wurden . . . im Gedränge erdrückt. Der Gouverneur [der Befehlshaber dieser Kaserne] sah sich von seinen Truppen verlassen und mußte die Tore öffnen. Er erstattete später Bericht über das Verschwinden von mehr als 30000 Gewehren, von denen mindestens 12000 ‚in gefährliche Hände' gefallen waren. Inzwischen hatte sich der Ruf ‚zur Bastille!' erhoben . . .
Der unmittelbare Zweck [zur königlichen Festung Bastille zu ziehen] war nicht, die Gefangenen zu befreien, sondern das Pulver zu finden, das, wie man wußte, vor kurzem aus dem Arsenal dorthin gebracht worden war. Auch andere Motive spielten zweifellos eine Rolle. Man hielt die Festung für stark bemannt: ihre Kanonen . . . hätten in den übervölkerten Wohnvierteln schreck-

liches Unheil anrichten können ... Überdies war die Bastille in der Bevölkerung als ein Symbol des Despotismus [der Willkürherrschaft] der Minister verhaßt ...
Der Gouverneur weigerte sich, die Festung zu übergeben, er habe jedoch die Kanonen zurückgezogen und die Zusicherung gegeben, daß er nicht schießen würde, falls er nicht angegriffen würde. Bis dahin war die Volksmenge, die aus der Rue Saint-Antoine in die Festung geströmt war, erst in den äußeren der beiden Höfe eingedrungen, von dem aus man zur großen Zugbrücke und zum Haupttor der Bastille kam. Der äußere Hof war, wie immer unbewacht; [Als der Gouverneur glaubte], es würde nun ein frontaler Angriff erfolgen, ließ er schießen. In dem nun folgenden Gefecht erlitten die Belagerer Verluste von 98 Toten und 73 Verwundeten; von den Verteidigern wurde nur einer getroffen ...
Der Gouverneur wollte sich [nach einiger Zeit] ergeben, unter der Bedingung, daß die Garnison verschont bliebe; doch die wütende Menge wollte von Bedingungen nichts wissen, und die Belagerung wurde fortgesetzt. Nun scheint [der Gouverneur] den Kopf verloren zu haben: Er drohte, die Festung in die Luft zu sprengen. Seine Leute hielten ihn jedoch davon ab, und in der Verzweiflung gab er Befehl, die große Zugbrücke herabzulassen. So fiel die Bastille ... Die ‚Sieger der Bastille', wie sie schließlich genannt wurden, zählten 800 bis 900 Personen ...

Erstürmung der Festung

Drei Fabrikanten sind [in der Liste der ‚Sieger'] angegeben, vier Kaufleute, der Brauer Santerre, drei Marineoffiziere ... Der Rest besteht aus Kleinhändlern, Handwerkern und Angestellten. Von diesen sind ungefähr zwei Drittel kleine Werkstatteigentümer, Handwerker und Gesellen aus ungefähr 30 kleinen Gewerben ... Eine Frau war darunter, eine Wäscherin ..."

(G. Rudé, Die Massen, a.a.O., S. 74ff.)

König gibt nach

Nach diesem Aufstand in Paris mit dem Fall der Bastille anerkannte der König die Nationalversammlung. Er mußte sich mit dem Geschehenen einverstanden erklären und legte als Zeichen hierfür die rot-weiß-blaue Kokarde an, d.h. die Farben der Aufständischen.

Die „große Furcht" – Revolten auf dem Land. Nicht nur in Paris, auch auf dem Land bewaffnete sich das Volk, oft mit Sensen und Knüppeln. Eine große Furcht war verbreitet: Adlige fürchteten Bauern, und Bauern fürchteten Adlige. Umlaufende Gerüchte vermehrten die allgemeine Furcht. In einigen Landschaften stürmten Bauern die Schlösser der Herren und Klöster. Sie verbrannten nicht selten alte Dokumente, in denen ihre Abgabenverpflichtungen verzeichnet waren.

Adel und Bauern

(1) Nenne Gründe, aus denen am 14. Juli 1789 etwa 800 bis 900 Einwohner von Paris die königliche Festung (Bastille) belagerten und erstürmten. Welchen Berufen gehörten die meisten Belagerer an?
(2) Begründe, warum aufständische Bauern in den Archiven von Schlössern und Klöstern Bücher verbrannten, in denen ihre Abgabenverpflichtungen verzeichnet waren.

Aufständische Frauen „zwingen" König und Nationalversammlung. Im September 1789 wurde das Brot wieder teurer. Vor den Bäckerläden standen die Frauen Schlange. Es kam zu Unruhen, man stürmte Bäckerläden, hielt Getreidewagen an. Am 5. Oktober zog ein langer Zug von Frauen – Marktfrauen, Arbeiterinnen und gut gekleidete Bürgerinnen – von Paris nach Versailles (20 km), wo der König Hof hielt und wo die Nationalversammlung tagte. Die Frauen drängten in eine Sitzung der Nationalversammlung und verlangten eine bessere Lebensmittelversorgung.

Zug nach Versailles
Oktober 1789

König und Nationalversammlung in Paris

Als die Menschenmenge drohte, das Schloß zu stürmen, anerkannte der König wichtige Forderungen des Dritten Standes, die er bisher abgelehnt hatte. Er bestätigte die Beschlüsse der Nationalversammlung (vgl. S. 126). Außerdem willigte er ein, fortan in Paris im königlichen Schloß zu wohnen. Er und seine Familie wurden von den Aufständischen wie in einem Triumphzug nach Paris geführt. Frauen sollen dabei gerufen haben: „Wir bringen den Bäcker, die Bäckersfrau und den Bäckerjungen."

(3) Wenn der Ausruf der Frauen anläßlich der Übersiedlung der königlichen Familie nach Paris stimmt: Was drückt er aus?
(4) Erkläre, wie die Bevölkerung von Paris im Sommer 1789 die königliche Regierung beeinflußte.
(5) Welchen gesellschaftlichen Schichten gehörten die Frauen an, die nach Versailles zogen? Und welchem Stand?

9.4. Frankreich wird Republik

Die Menschenrechte werden erklärt. Im August 1789 verkündete die Nationalversammlung die sogenannten Menschenrechte (vgl. S. 118). Ein Satz lautete: „Der Ursprung jeder Herrschaft liegt wesensgemäß beim Volke.“ Als König Ludwig XVI. diese Erklärung anerkennen mußte, war er kein „absoluter“ Monarch mehr. Als solcher hatte er sich nur Gott verantwortlich gefühlt, nicht dem Volk („König von Gottes Gnaden“).

Freiheit und Gleichheit

„Die Menschen werden frei und gleich an Rechten geboren und bleiben es. Diese Rechte sind Freiheit, Eigentum, Sicherheit und Widerstand gegen Unterdrückung. Die Freiheit besteht darin, alles tun zu können, was einem anderen nicht schadet. Niemand darf außer den durch das Gesetz bestimmten Fällen angeklagt, verhaftet oder gefangengehalten werden. Niemand darf wegen seiner Ansichten, selbst nicht der religiösen, bedrängt werden ...“

(Aus der Erklärung der Menschen- und Bürgerrechte vom 26. 8. 1789. In: P. Hartig, Die Französische Revolution, a.a.O., S. 26f., gekürzt)

Ende der Vorrechte

Freiheit und Gleichheit – eine „demokratische“ Verfassung? Am 5. August 1789 hatte die Nationalversammlung beschlossen:
— Die Leibeigenschaft der Bauern ist abgeschafft.
— Die Grundherren sind keine Richter mehr.
— Die Zehntabgabe kann aufgehoben werden.
— Die Handwerkszünfte werden aufgehoben.

Auch über eine Verfassung, die die Rechte der Regierung festlegen sollte, wurde beraten. „Freiheit“ und „Gleichheit“ aller Bürger sollten erreicht werden:

„Die Verfassung verbürgt als natürliche und bürgerliche Rechte:
1. Daß alle Staatsbürger zu allen Stellungen und Beamtungen zugelassen sind ohne einen anderen Unterschied als den ihrer Tugenden und Talente;
2. daß alle Abgaben auf alle Bürger gleichmäßig unter Berücksichtigung ihrer Vermögensverhältnisse verteilt werden;
3. daß dieselben Verbrechen mit denselben Strafen belegt werden ohne irgendeinen Unterschied der Person.“

(Aus der französischen Verfassung 1791, zitiert nach: F. Pietzcker, Revolutionen des Bürgertums, Diesterweg 7551, Frankfurt/M. 1969, S. 62)

Nach der neuen Verfassung hatte der König fast keine Macht mehr. Er mußte die Gesetze durchführen, die das Parlament, die Nationalversammlung, erließ. Er besaß aber das Recht, die Wirkung dieser Gesetze eine bestimmte Zeit lang aufzuschieben.

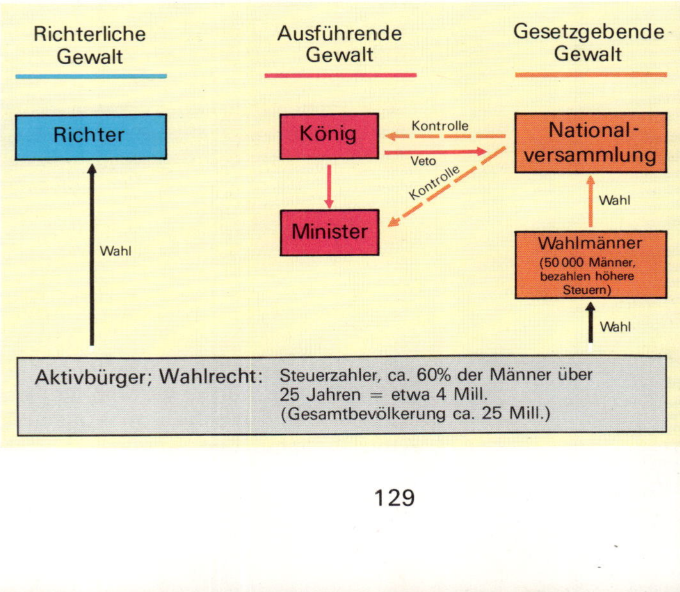

Die Verfassung von 1791.

(1) Erkläre mit Hilfe des Schaubildes auf S. 129 die Verfassung von 1791:
a) Wer darf wählen? Haben alle Bürger die gleichen Rechte?
b) Welche Rechte hat der König?
c) Ist diese Verfassung demokratisch?
(2) Schlag im Grundgesetz der Bundesrepublik Deutschland die Artikel über die Zulassung zu Ämtern nach und versuche sie zu interpretieren (Art. 3 Abs. 3; Art. 12, Art. 33).
(3) Erörtere die Bedeutung der Beschlüsse der Nationalversammlung vom 5. August 1789 für die Kaufleute, Handwerker, Bauern, Arbeiter, Tagelöhner und Knechte.

Verstaatlichung des Kirchenbesitzes

Neue Finanzschwierigkeiten. Woher sollte die Staatsverwaltung nach 1789 Geld nehmen? Alte Steuern waren nicht mehr bezahlt worden, neue noch nicht. Da erklärte die Nationalversammlung: Die Kirchengüter werden verstaatlicht und verkauft; ebenso die Güter der Adligen, die aus Angst vor den aufständischen Bauern ins Ausland geflohen waren. Viele Bauern kauften verstaatlichtes Land und wurden Grundeigentümer. Obwohl Geld in die Staatskasse kam, änderte sich die schwierige Lage nicht, denn die Ausgaben waren zu groß. Das neue Papiergeld, das die Regierung ausgab, verlor rasch an Wert. Die Waren verteuerten sich und blieben knapp. War Krieg nicht eine Möglichkeit, die Menschen von diesen Wirtschaftsschwierigkeiten abzulenken?

Kann der Krieg klare Verhältnisse schaffen? Ein Abgeordneter der Nationalversammlung rief 1791 in einer Rede aus:

[„Ich bin überzeugt, daß] ein Volk, das nach zehn Jahrhunderten der Sklaverei die Freiheit errungen hat, des Krieges bedarf. Es braucht den Krieg, um die Freiheit zu befestigen; es braucht ihn, um die Freiheit von den Lastern des Despotismus zu säubern; es braucht ihn, um aus seinem Schoß die Männer zu entfernen, die (es) verderben könnte."

(Aus einer Rede Jacques Brissots 1791, zitiert nach P. Hartig, Die Französische Revolution, a.a.O., S. 35)

„Krieg den Schlössern, Friede den Hütten" – diese Parole und die Idee der Gleichheit und Freiheit aller Menschen begeisterten viele Franzosen. Sie waren bereit, die Revolution in andere Länder zu tragen, d.h. Krieg zu führen.

Widersprüchliche Kriegserwartungen

Auch Ludwig XVI. wünschte den Krieg. Vergeblich hatte er versucht, mit seiner Familie ins Ausland zu fliehen. Nun hoffte er, daß er nach einer Niederlage der französischen Armee wieder in seine alten Rechte eingesetzt würde. Ludwig XVI. rechnete dabei auf die Hilfe der Gegner der Revolution, vor allem auf die Hilfe von französischen Adligen, die 1789 aus Frankreich ausgewandert waren und sich zum großen Teil im Rheinland aufhielten. Vermutlich warteten diese Gegner der Revolution auf „bessere Zeiten". In Briefen solcher adliger Emigranten lesen wir:

Emigranten

„Wir waren wahrhaftig hingerissen, als wir in Koblenz ankamen und eine Menge Franzosen zu Fuß und zu Pferde wie . . . in den Champs-Elysées [eine Hauptstraße in Paris] unterwegs sahen . . . An beiden Ufern des Rheins liegen reiche und große Dörfer. Sie sind alle mit französischen Einquartierungen belegt . . . Vier Kompanien sind in einem und demselben Korps unter dem Namen „Ordonanzkompanien" zusammengefaßt . . . Dieses Korps ist sehr gut beritten. Es exerziert seit einem Monat regelmäßig zu Fuß und zu Pferde. Es besteht aus 1200 Mann . . . Es heißt, die Emigrantenarmee sei im Augenblick 25 000 Mann stark."

(Bericht der Marquise de Falaiseau, zitiert nach: G. Pernoud und S. Flaissier, Die Französische Revolution in Augenzeugenberichten. Rauch Verlag, Düsseldorf 1962, S. 129ff.)

Kriegsausbruch
April 1792

Im April 1792 erklärte die französische Regierung den Krieg an Österreich, dessen Monarch, der Kaiser, die Gegner der Revolution unterstützte. Zu Beginn der Kämpfe erlitt die französische Armee mehrere Niederlagen. Viele französische Soldaten und Offiziere liefen zum Feind über.

(4) Suche ein aktuelles Beispiel zur Behauptung: „Wenn eine Regierung sehr große Schwierigkeiten im Innern des Landes hat, sucht sie Erfolge in der Außenpolitik."

(5) An welche Volksschichten richtete sich in erster Linie die Parole: „Krieg den Schlössern, Friede den Hütten"?

(6) Stelle die beiden folgenden Behauptungen einander gegenüber und prüfe, ob es möglich ist, zu einem „abschließenden" Urteil zu kommen?

a) Die französische Regierung wollte 1792 den Krieg, um die Bevölkerung von wirtschaftlichen Schwierigkeiten im Innern abzulenken.

b) Die französische Regierung mußte 1792 den Krieg erklären, da sie sich von den adligen Emigranten im Rheinland bedroht fühlte.

Das Ende der Monarchie. Die Gefahr einer Niederlage im Krieg, Preiserhöhungen, Brotknappheit und Geldentwertung waren Ursache für neue Unruhen in Paris. Die Volksmenge suchte „Schuldige", und so hörte man immer häufiger, daß der König abgesetzt werden müsse. Im August 1792 drang eine Volksmenge – wieder zum großen Teil Handwerker und Kleinhändler – in den königlichen Palast in Paris ein. Der König und seine Familie flüchteten in den Schutz der Volksvertretung, der Nationalversammlung. Dennoch wurden er und seine Familie gefangengesetzt.

König in Haft

Dann wählte das Volk nach einem geänderten Wahlrecht, das allen Franzosen über 21 Jahren die gleichen politischen Rechte gab, eine neue Volksvertretung, den sogenannten Nationalkonvent. Gleich in der ersten Sitzung am 21. September 1792 erklärte er Frankreich zur Republik.

Frankreich wird Republik

21. 9. 1792

Der König wurde des Hochverrats angeklagt. Noch gab es königstreue Abgeordnete; aber die Mehrzahl der Abgeordneten war republikanisch gesinnt. Der Prozeß gegen den König führte zu scharfen Auseinandersetzungen. War der König ein Gegenrevolutionär? Durfte er mit dem Tode bestraft werden? Nach langen Debatten im Parlament stimmten von 721 Abgeordneten 366 für den Tod des Königs. Am 21. Januar 1793 wurde Ludwig XVI. öffentlich hingerichtet. Eine Gegenrevolution schien nicht mehr möglich zu sein.

Hinrichtung des Königs

21. 1. 1793

(7) Wodurch unterscheidet sich das Wahlrecht 1792 von dem in der Verfassung 1791 vorgesehenen Wahlrecht?

(8) Welche Gemeinsamkeiten bzw. Unterschiede kennzeichnen die Ereignisse in England 1649 (vgl. S. 78) und in Frankreich 1793?

Sansculotte – eine neue Lebensart. Ein großer Teil der Bevölkerung von Paris und Frankreich nahm in den Jahren der Revolution neue Sitten und eine neue Lebensart an. Die Revolutionäre nannten sich „Sansculotten":

„[Der Sansculotte fällt durch] seine Kleidung und durch bestimmte Manieren auf ... Er trägt weder goldfarbene Kniehosen noch Seidenstrümpfe, sondern eine lockere lange Hose ... und eine kurze Jacke ... Die Pike ist der Ausdruck der Macht des bewaffneten Volkes. Ein Sansculotte sagt nicht ‚Herr', sondern ‚Bürger'. Er will auch, daß sich die Leute duzen ... Wenn er sich mit einer Bitte an einen Angeordneten wendet, unterschreibt er: ‚Dein gleichberechtigter XY'! Die Offiziere sollten eigentlich keine Schulterstücke tragen und auf jeden Fall wie die einfachen Soldaten aus dem Kochgeschirr essen.

Die Hinrichtung Ludwigs XVI. Zeitgenössische Darstellung.

Als Kopfbedeckung trug der Sansculotte eine rote Mütze, wie sie in der Antike von freigelassenen Sklaven getragen wurde. Ein Sansculotte war ein Gleichheitsfanatiker."

(F. Furet, Die Französische Revolution, a.a.O., S. 275)

(9) Nenne einige Lebensideale der Sansculotten und stelle sie denen des Adels (vgl. S. 68ff.) und des Bürgertums gegenüber.
(10) Versuche zu begründen, warum die Sansculotten die gleiche Mütze trugen wie im Altertum die freigelassenen Sklaven.
(11) Welche Absicht könnte der Zeichner mit dem Bild auf S. 131 verfolgt haben?

9.5. Zeit der „großen Not und des Schreckens"

Jakobinerherrschaft. Auch nach der Hinrichtung des Königs fanden in Paris Volksaufstände wegen Brotknappheit und Teuerung statt. Außerdem wurde die Kriegslage an den Grenzen Frankreichs immer gefährlicher. Die Truppen der Feinde marschierten auf Paris zu. Was sollte geschehen?

Girondisten

Das Parlament war gespalten. Die meisten Abgeordneten zeigten sich unentschieden. Doch zwei Gruppen bekämpften einander aufs schärfste. Die einen, Leute aus dem bürgerlichen Mittelstand, Anwälte, Kaufleute oder Journalisten, hatten den Krieg befürwortet, hielten aber an den Grundsätzen von Recht und Verfassung fest. Da ihre politischen Führer aus der Gegend von Bordeaux, der Gironde, stammten, nannte man sie die „Girondisten". Sie hatten zunächst den größten Einfluß und bestimmten die Politik der Regierung. Die andere Gruppe war radikaler und erstrebte die alleinige Macht für sich, zugleich die völlige Unterordnung aller unter den Staat. Gleichheit für alle, war ihre Parole; jeder Staatsbürger hatte politisch aktiv zu sein, und alle Feinde der Republik sollten vernichtet werden. Die Mitglieder dieser Gruppe, die sich regelmäßig mit ihren Anhängern im Jakobs-Kloster in Paris trafen, hießen die „Jakobiner". Militärische Niederlagen und der Hunger im Land brachten die Girondisten um ihre Stellung. Die Jakobiner erzwangen, unterstützt von den Massen der Hauptstadt, die das Parlamentsgebäude belagerten, den Sturz ihrer Gegner. Die girondistischen Abgeordneten wurden aus dem Konvent verjagt, verhaftet, zum Tode verurteilt. Gegen die Gewaltherrschaft, die die Jakobiner errichteten, wehrte sich die Landbevölkerung in den Provinzen, vor allem in der Vendée. Gegen sie führten die Jakobiner einen blutigen Bürgerkrieg.

Jakobiner

Wohlfahrtsausschuß

Im Sommer 1793 verabschiedete der Nationalkonvent die neue, republikanische Verfassung. Sie trat aber nie in Kraft, weil der Konvent alle Staatsgewalt selbst ausübte. Er bildete zu diesem Zweck verschiedene Ausschüsse. Maximilien Robespierre, ein Führer der Jakobiner, war Vorsitzender des neu gegründeten „Wohlfahrtsausschusses" und damit verantwortlich für die wichtigen Fragen der Innenpolitik. Er ließ unnachsichtig alle Feinde der Republik verfolgen und hinrichten. Er glaubte fanatisch an Tugend und Gerechtigkeit und war überzeugt, selber am besten zu wissen, was für die französische Nation gut sei. In der Zeit seiner Macht wurden in Paris etwa 12 000 Bürger hingerichtet; in ganz Frankreich etwa 30 000–40 000.

Höchstpreise

Die Jakobiner-Regierung setzte Höchstpreise für Nahrungsmittel und Gebrauchsartikel fest. Damit sollte die Teuerung, die Anlaß zu so vielen politischen Unruhen gewesen war, aufgehalten werden. Die Bauern in der Umgebung von Paris wurden gezwungen, Getreide schnell und billig in die Hauptstadt zu liefern.

Teuerung

Beispiele von Preisen

	Juni 1790	Februar 1793	Juni 1793	September 1793
Zucker	24 Sous	60 S	100 S	110 S
Kaffee	34 S	40 S	80 S	100 S
Seife	12 S	25 S	28 S	70 S
Kerzen	15 S	20 S	40 S	44 S

(Zahlen aus: J. Grolle, Die „Große Revolution" und ihre Folgen)

Straßenszene in Paris 1793. Zeitgenössische Darstellung. Vorn rechts handelnde und kartenspielende Sansculotten. In der Mitte wohlhabende Bürger, die sich durch Rosetten mit den Farben der Trikolore als Revolutionsfreunde ausweisen wollen. Auf der Tafel des Friseurgeschäfts steht: „Ich rasiere (ruiniere) den Klerus. Ich kämme (verprügele) den Adel. Ich richte her (versöhne) den Dritten Stand."

(1) Berechne die prozentuale Steigerung der Lebensmittelpreise zwischen 1790 und 1793.
(2) Frage den Lehrer, ob die Bundesregierung heute eine Verordnung zur Festsetzung der Preise erlassen darf, um die Teuerung zu stoppen.

Allgemeine Wehrpflicht

Die Jakobiner-Regierung führte die allgemeine Wehrpflicht ein, d.h. alle männlichen Franzosen ab 18 Jahren mußten Soldat werden. Diese allgemeine Wehrpflicht machte die französische Armee zahlenmäßig ihren Kriegsgegnern überlegen.
Die französischen Soldaten konnten ihre Feinde an den Grenzen zeitweise zurückdrängen und sogar in die Nachbarländer einmarschieren, z.B. in die österreichischen Niederlande (das heutige Belgien).

Sturz Robespierres

1794

Der Sturz der Jakobinerherrschaft. Da die französische Revolutionsarmee an den Fronten siegte, glaubten viele Franzosen, die strenge Diktatur eines Mannes sei nicht mehr notwendig. Außerdem verhinderten die zahlreichen Hinrichtungen sogenannter Wirtschaftsverbrecher, die gegen das Gesetz der Höchstpreise verstoßen hatten, nicht die Preissteigerungen. Die Gegner Robespierres nutzten den entstehenden Mißmut der „Massen von Paris" gegen die Jakobiner-Regierung. Sie wagten die Verhaftung Robespierres, und sie verurteilten auch Robespierre zum Tode. Sein Kopf fiel unter dem Fallbeil (1794), die Zuschauer jubelten.

Direktorium

Fünf-Männer-Direktorium, eine neue Regierung. Nach dem Sturz der Jakobinerherrschaft wurde die französische Verfassung wieder geändert. Fünf Männer – ehemalige Gegner Robespierres – übernahmen die Regierungsgeschäfte, beauftragt vom neugewählten Parlament. Das gleiche Wahlrecht war abgeschafft worden, so daß nicht mehr jeder erwachsene Franzose wählen durfte, sondern nur, wer eine Steuersumme in bestimmter Höhe entrichtete (vgl. S. 201). Das reiche Bürgertum war also im Vorteil; es brachte bei Wahlen mehr Stimmen zusammen, als die „Masse der Bevölkerung", die – weil arm – wenig oder keine Steuern zahlte.

(3) Nenne die Unterschiede im Wahlrecht der Franzosen 1791, 1792 und z. Zt. des Direktoriums.
(4) Begründe die Ansicht: An der Durchführung von Wahlen kann man untersuchen, ob in einem Staat eine demokratische Regierungsform besteht oder nicht.

Zur Lernkontrolle

1. Nenne politische und wirtschaftliche Gründe dafür, daß in Frankreich im Sommer 1789 mehrere Volks-Aufstände ausbrachen.
2. Zeige – am besten anhand von Schaubildern – Unterschiede zwischen dem Aufbau der sogenannten „Stände-Gesellschaft" vor 1789 in Frankreich und der sogenannten „Revolutionsgesellschaft" in den Jahren der Revolution.
3. Berichte über die politischen Vorgänge, die zur Entmachtung des Königs in Frankreich führten.
4. Aufhebung der Zünfte – Abbau der Zollschranken auf den Land- und Wasserstraßen – Höchstpreisgesetze; erkläre diese wichtigen wirtschaftlichen Maßnahmen der französischen Regierungen in den Jahren 1789 bis 1795.

10. Napoleon und Europa 1799–1815

Lernziele

- Du wirst den Zusammenhang zwischen den Ereignissen der Revolution in Frankreich (1789–1799) und dem Aufstieg eines Mannes zum unumschränkten Herrscher in Frankreich erkennen und erklären können.
- Informiere dich, aus welchen Gründen das tausendjährige „Heilige Römische Reich Deutscher Nation" aufgelöst wurde.
- Untersuche, worauf die französische Vormachtstellung unter Napoleon beruhte, was sie bei den abhängigen Staaten bewirkte und wodurch sie zusammenbrach.
- Am Beispiel der gegen England gerichteten Handelspolitik Napoleons kannst du dir klarmachen, welche Folgen die wirtschaftliche Isolierung eines Landes auslöst.
- Informiere dich über das Entstehen des deutschen „Nationalgefühls".

10.1. Das Ende der „Ersten Republik" in Frankreich

1795

Ein ungewöhnlicher Aufstieg. Der Artillerieoffizier Napoleon Bonaparte gelangte zu Ansehen und Macht, als er 1795 in Paris einen Aufstand von Königstreuen niederschlug: Rücksichtslos ließ er in die Menge der Aufständischen schießen. Viertausend Pariser wurden getötet; die Weiterherrschaft der Regierung – des Fünf-Männer-Direktoriums – war indessen gesichert. Der Dank der Regierungsmitglieder, der Direktoren: Napoleon Bonaparte, 26 Jahre alt, erhielt den Oberbefehl über die französische Armee in Oberitalien. Seit 1792 standen sich dort französische und österreichische Truppen gegenüber.

Feldherr in Oberitalien

Der junge General führte die französische Armee in Oberitalien mit ungewöhnlichem Geschick. Nach kurzer Zeit waren die österreichischen Truppen besiegt. Napoleon Bonaparte schloß nach diesem Sieg aus eigenem Entschluß – also ohne Anweisung der französischen Regierung – Frieden mit Österreich. In den Friedensverhandlungen trat er als siegreicher, von der französischen Regierung unabhängiger General auf.

Kriegsruhm wollte Napoleon Bonaparte auch in Ägypten erlangen. Dort sollten die englischen Kolonien erobert werden, aber der Plan schlug fehl. Als eine französische Armee in Ägypten gelandet war, vernichteten englische Marinesoldaten vor der

Ägypten

Küste Ägyptens die französischen Schiffe. Die französische Landarmee in Ägypten hatte jetzt keine Schiffe mehr für die Rückkehr nach Frankreich. Nur mit Mühe konnte

sich Napoleon Bonaparte mit ein paar Begleitern auf einem kleinen Schiff, das von den Engländern nicht bemerkt worden war, nach Frankreich retten.
In Paris war die Regierung des Fünf-Männer-Direktoriums unbeliebt geworden. Sie hatte versucht, die Bevölkerung zu einer Geldanleihe für den Staat zu zwingen; außerdem hatte sie militärische Niederlagen der französischen Armee am Rhein nicht verhindern können. In dieser Lage glaubten viele Franzosen, der junge, in Italien siegreich gewesene General Napoleon Bonaparte sei der „Retter der Nation".

„Retter der Nation"

Napoleons Staatsstreich. Im November 1799 stürzte Napoleon Bonaparte die Regierung der fünf Direktoren und jagte das Parlament mit Waffengewalt auseinander. Die Behauptung, Jakobiner hätten sich gegen die Regierung verschworen, nahm er als Vorwand für diesen Staatsstreich. Napoleon ließ sofort nach seiner Machtübernahme die Verfassung ändern. Ein Kollegium von drei Männern, sogenannten „Konsuln", bildete die Regierung. Napoleon selber trat als „Erster Konsul" an die Spitze dieses Kollegiums.

1799

Erster Konsul

Napoleon Bonaparte konnte jetzt wie ein Monarch regieren. Er versuchte aber, durch Volksbefragungen den Anschein zu erwecken, daß die Franzosen ihn an der Spitze der Regierung wünschten. Drei Millionen Bürger antworteten bei einer Volksbefragung über die Verfassungsänderung mit „ja"; nur eintausendfünfhundert mit „nein". Drei bis vier Millionen Bürger enthielten sich allerdings der Stimme. Napoleon verkündete bei der Bekanntgabe der neuen Verfassung: „Bürger, die Revolution bleibt in ihren Grundsätzen verankert, die ihren Anfang gebildet haben. Sie ist abgeschlossen."
Die Wirren der Revolutionszeit sollten also durch eine starke Regierung beendet sein.

Abschluß der Revolution

(1) Zähle Grundsätze der Französischen Revolution auf (vgl. S. 129). Welche Grundsätze beachtete Napoleon bei seiner „Machtergreifung" nicht?
(2) Besprecht das Ergebnis der Volksbefragung. Wie erklärt ihr die vielen Stimmenthaltungen?
(3) Erörtere den Unterschied zwischen einer „Volksbefragung" und „Wahlen".
(4) In welchem Staat waren im Altertum Konsuln die obersten Staatsbeamten und welche Macht hatten sie? (Vgl. Bd. 1, S. 74 f.)

Napoleon „Kaiser der Franzosen". Napoleon regierte als „Erster Konsul" zwar wie ein Monarch, aber er wurde nicht als Monarch anerkannt. Noch war Frankreich eine Republik. Zweimal mußte Napoleon die Verfassung ändern lassen, bevor er sich zum „Kaiser der Franzosen" krönen konnte. Darüber schrieb Napoleon von sich selber:

„Vielleicht war es besser, über eine oder mehrere Zwischenstufen [zum Kaisertum] zu gelangen. Aber man konnte, und das war bequemer, ohne den Titel des Ersten Konsuls zu verändern, ihm ... königliche Macht und Erblichkeit verleihen: das Konsulat auf Lebenszeit mit der Befugnis, seinen Nachfolger zu ernennen ...
[Bevor er sich zum Kaiser erhob] wollte Napoleon erst der Armee und Europas sicher sein. Im Grunde zweifelte er an beiden nicht, denn der ersteren war er teuer und letzteres fürchtete ihn."

(Aus: Napoleon, Leben von ihm selbst. Stuttgart o. J., Bd. 1, S. 21, 25)

Der 18. Brumaire (9. November 1799). Gemälde von François Bouchot. Dargestellt ist die dramatische Szene des Staatsstreichs. Bonaparte wird im „Rat der Alten" ernsthaft bedroht. Sein Bruder Lucien rettet die Situation. Er ruft Soldaten in den Sitzungsraum. Die Abgeordneten flüchten durch die Fenster. Berichte über die Hintergründe des Vorgangs.

Napoleon krönt seine Gattin Josephine in der Kathedrale Notre-Dame zu Paris am 2. Dezember 1804. Gemälde von Jacques Louis David. Rechts neben Napoleon Papst Pius VII. In der Loge im Hintergrund Napoleons Mutter, die in Wirklichkeit jedoch an der Zeremonie nicht teilgenommen hat. Welchem Stand gehören – ihrer Kleidung zufolge – die Teilnehmer der Feier an? Inwiefern hat Napoleon eine „Restauration" vollzogen?

Kaiserkrönung

1802 war Napoleon „Konsul auf Lebenszeit" geworden. 1804 ließ er sich zum „Kaiser der Franzosen" erheben. Die österreichische und die preußische Regierung waren auf Grund der militärischen Übermacht der französischen Armee gezwungen, Napoleon als französischen Kaiser anzuerkennen.

1804

Am 2. Dezember 1804 fand in Paris die feierliche Kaiserkrönung statt. Napoleon hatte Papst Pius VII. bewegen können, nach Paris zu reisen. Er sollte wie bei den Kaiserkrönungen im Mittelalter einen Festgottesdienst halten und den Kaiser krönen.

„Die Kirche Notre-Dame war mit einer Pracht ohnegleichen geschmückt. Sammetbehänge mit goldenen Bienen übersät bekleideten die Wände von der höchsten Wölbung auf den Fußboden . . . Napoleon legte im erzbischöflichen Palast den kaiserlichen Mantel an und nahm Szepter und Krone. Die große Krone, der die Krone Karls des Großen als Muster gedient hatte, wurde neben ihm hergetragen. Er selbst trug vorläufig nur die Krone der Cäsaren, einen einfachen goldenen Lorbeerkranz . . . Der Papst nahm die gewöhnliche Salbung an seiner Stirn, seinen Armen und Händen vor, weihte dann den Degen . . . das Szepter . . . und ergriff hierauf die Krone. Napoleon beobachtete seine Bewegungen mit aufmerksamem Auge, nahm die Krone ohne Hast, aber mit sicherer Entschiedenheit dem Papst aus den Händen und setzte sie selbst auf sein Haupt. Die von allen Anwesenden verstandene Handlung machte einen unnennbaren Eindruck. Dann nahm Napoleon die Krone der Kaiserin . . . und setzte sie der Gefährtin seines Glücks auf, die dabei in Tränen zerfloß."

(Napoleon, Leben, Bd. 1, a.a.O., S. 46)

Monarchie

Napoleon hatte als „Kaiser der Franzosen" eine neue Monarchie errichtet; dreizehn Jahre nach der alten. Die Mitglieder seiner Familie wurden zu kaiserlichen Prinzessinnen und Prinzen erhoben, verdiente Generäle und Staatsbeamte in neue, vom Kaiser gestiftete Adelsränge aufgenommen.

(5) Nenne die „Zwischenstufen", in denen Napoleon Bonaparte vom General zum Kaiser aufsteigt.
(6) Begründe den Entschluß Napoleons, sich bei der Krönung selber die Krone aufzusetzen.
(7) Warum ist die Krone Napoleons der Krone Karls d. Großen nachgebildet? Warum trägt er beim Eintritt in die Kirche den Lorbeerkranz der römischen Cäsaren?
(8) Betrachte das Bild S. 136. Nenne die wichtigsten Zeichen kaiserlicher Macht.
(9) Erkläre, warum Napoleon in seiner Lebensbeschreibung von sich in der 3. Person spricht.

10.2. Napoleons Außenpolitik und Deutschland

Sechzehn Jahre Krieg in Deutschland. Über die Absichten, die er in Europa verfolgte, schreibt Napoleon:

„Als Napoleon dem Kaisertitel . . . den Vorzug gab, hatte ihm von Anfang an der Gedanke eines großartigen Reiches vorgeschwebt, das über mehrere Vasallenstaaten herrsche, also eine Nachahmung des deutschen Reiches, das nur noch dem Namen nach bestand."

(Napoleon, Leben, Bd. 1, a.a.O., S. 288)

Dieser Plan mußte zu Konflikten mit den Nachbarstaaten Frankreichs führen. Von 1799 bis 1815 herrschte in Europa fast ununterbrochen Krieg, entweder als Voraussetzung oder als Folge dieser Politik.

Napoleons Kriege

1799–1802	Krieg Frankreich gegen Österreich, Rußland und England
1805	Krieg Frankreich gegen Österreich, Rußland und England
1806/07	Krieg Frankreich gegen Preußen
1809	Krieg Frankreich gegen Österreich
1812/13	Krieg Frankreich gegen Rußland
1813/14	Krieg Frankreich gegen Rußland, Preußen, Österreich, England und Schweden.

Napoleon war bis 1812 in fast allen Schlachten auf dem Kontinent siegreich. Er konnte fast alle Staaten Europas von seiner Politik abhängig machen. Nur die Seeherrschaft gegen England konnte er nicht erringen.

Neuordnung Deutschlands

„Politische Flurbereinigung" in Deutschland. Nach den militärischen Erfolgen Napoleons anerkannten die Kriegsgegner Frankreichs 1801 die französische Grenze am Rhein. Wie sollten deutsche Fürsten, die ein paar Landstriche links des Rheines besaßen, für ihren Landverlust entschädigt werden? Wie konnte Napoleon gleichzeitig seine Absicht verwirklichen, in Deutschland, wo die vielen Fürsten und die Magistrate der Reichsstädte eine verhältnismäßig freie Politik trieben, Staaten zu errichten, die seinen Plänen nützten? Es sollten Staaten sein, deren Armee zu schwach war, um Frankreich anzugreifen, aber stark genug, um Frankreich gegen Österreich zu helfen.

Säkularisation

Das alles gelang durch eine umfangreiche „Säkularisierung", d. h. durch die Übergabe der geistlichen Herrschaftsgebiete an weltliche Fürsten (1803). Jetzt gab es keine Bischöfe oder Äbte mehr, die gleichzeitig als weltliche Fürsten regierten (Ausnahme: Erzbischof von Mainz). Außerdem verloren kurz darauf die Reichsstädte und Reichsritter ihre Unabhängigkeit. Das Ergebnis dieses „Länderhandels":
Insgesamt 112 Reichsbistümer, Reichsabteien und Reichsstädte und 350 Reichsritterherrschaften verloren ihre Selbständigkeit. Drei Millionen Untertanen wechselten ihre Herren. Hauptgewinner dieser „Flurbereinigung" waren Baden, Bayern, Preußen und Württemberg. Diese Länder wurden um ein Vielfaches vergrößert.

Länderhandel

„Man kennt den unwürdigen Länderhandel, der . . . in Paris geführt wurde, als die deutschen Fürsten um die Wette sich bemühten, aus der fetten Beute möglichst viel für sich zu gewinnen. Jeder Reichsstand wollte jetzt Verluste auf dem linken Rheinufer erlitten haben und bezeichnete den Franzosen die Objekte, die er dafür zur Entschädigung wünschte; jeder handelte nach dem Grundsatze, man müsse unmäßige Forderungen stellen, um ‚vernünftige Bedingungen' zu erlangen. Ungeheuerliche Summen flossen in die Taschen Talleyrands, der jetzt französischer Minister des Äußeren war und nach den allgemeinen Anweisungen Napoleons die Verteilung vorbereitete. Kühl und voll Verachtung sah Napoleon in dieses verworrene Getriebe, und er wußte, wie es im Interesse Frankreichs zu ordnen sei. Er beseitigte die kleinen österreichfreundlichen Reichsstände und schuf lebensfähige Mittelstaaten."

(F. Schnabel, Deutsche Geschichte im 19. Jahrhundert. Die Grundlagen der neueren Geschichte. Herder Tb., Freiburg [2]1970, S. 179)

Mittelstaaten

Diese verhältnismäßig großen Mittelstaaten (z. B. Baden, Bayern, Württemberg) lagen geographisch zwischen Frankreich und Österreich. Neben Preußen und Österreich bildeten sie gleichsam das „Dritte Deutschland". Sie waren militärisch und politisch von Napoleon abhängig. Der Kurfürst von Württemberg schrieb kurz vor Ausbruch des Krieges von 1805:

„Ich muß Partei ergreifen entweder gegen Frankreich, das heißt, mich von Truppen überschwemmt, feindlich behandelt sehen drei Tage nach dieser Erklärung, oder ich muß mich mit Frankreich verbünden gegen den Kaiser . . ., das Reichsoberhaupt."

(zitiert nach: E. Kleßmann, Deutschland unter Napoleon, a.a.O. Rauch Verlag, Düsseldorf [2]1965, S. 37)

(1) Betrachte die beiden Karten S. 139 und erkläre den Begriff „politische Flurbereinigung".
(2) Nenne mindestens vier Fürsten, die im „Länderhandel" zwischen 1801 und 1806 großen Erfolg hatten. Überlege, auf wessen Kosten der Erfolg ging.
(3) Vergleiche die Karte „Mitteleuropa 1812" mit einer Karte der Bundesrepublik Deutschland. Welche Bundesländer bestehen heute noch mit ungefähr den gleichen Grenzen wie 1812?
(4) Erkläre den Begriff „Drittes Deutschland". Was versteht man heute unter „Dritte Welt"?

Das Ende des „Heiligen Römischen Reiches Deutscher Nation". Nach dem Krieg 1805, in dem Napoleons Armee wiederum siegte, schlossen sich die Staaten des „Dritten Deutschland" zu einem Bund mit Frankreich zusammen. Sie nannten sich „Verbündete Staaten am Rhein". Im Bündnisvertrag wurde festgestellt:

Rheinbund

— Der Kaiser der Franzosen ist der Schutzherr dieses Bundes.
— Jeder Krieg, den einer der Vertragspartner auf dem europäischen Kontinent führt, ist automatisch ein Krieg aller Vertragspartner.

Satellitenstaaten

Mit dem Abschluß dieses Bündnisvertrages war Napoleons Plan verwirklicht: An Frankreich grenzten „Satellitenstaaten", die von der Politik der französischen Regierung, also von Napoleon, abhängig waren. Die Rheinbundstaaten mußten im Kriegsfall 63 000 Soldaten stellen.

„Der Rheinbund war zunächst kaum mehr als eine Maschinerie zur Lieferung von Verpflegung, Geld und Hilfstruppen für den Kaiser der Franzosen . . . Die französischen Heere standen mitten in Süddeutschland und lebten auf Kosten der besetzten Länder."

(W. Andreas, Napoleon. Konstanz 1962, S. 141)

Ende des Reiches

Am 1. August 1806 erklärten die Rheinbundfürsten ihren Austritt aus dem „Heiligen Römischen Reich Deutscher Nation". War es mit dem überlieferten Recht zu vereinbaren, daß eine Anzahl deutscher Fürsten nicht mehr den Kaiser in Wien, sondern den Kaiser der Franzosen in Paris als Schutzherrn anerkannte und sich eng mit ihm verbündete? Kaiser Franz II. mußte diese Frage verneinen. Er verzichtete am 6. August

Mitteleuropa 1789

Mitteleuropa 1812

1806 auf den Titel und die Rechte eines „Kaisers des Heiligen Römischen Reiches Deutscher Nation" und nannte sich fortan Kaiser Franz I. von Österreich. **1806**

War die Bevölkerung in Deutschland bestürzt über das „Ende des alten Reiches"?

Gleichgültige Reaktion

„Die Auflösung des Reichs hat unter den Deutschen keinen Aufschrei, keine tiefe Empörung, ja nicht einmal einen stillen nagenden Schmerz ausgelöst, der die Menschen ... erfüllt hätte ... Man muß Stimmen wie die der Frau Rat Goethe förmlich suchen, die damals ihrem Sohne schrieb: ‚Mir ist übrigens zumute, als wenn ein alter Freund sehr krank ist. Die Ärzte geben ihn auf, man versichert, daß er sterben wird, und mit aller Gewißheit wird man doch erschüttert, wenn die Post kommt, er ist tot.'"

(K. v. Raumer, Deutschland um 1800, in: Brand-Meyer-Just, Handbuch der Deutschen Geschichte Bd. III, 1. Konstanz o. J., S. 172)

Ein Schriftsteller, J. Görres, hatte schon 1797, als die französische Armee den Rhein überschritt, geschrieben: „[Das Reich] starb im blühenden Alter von 955 Jahren sanft und selig an völliger Erschöpfung."

(5) Zähle die Rheinbundstaaten auf und zeige sie auf der Karte.
(6) Erörtere die Verpflichtungen der Rheinbundstaaten gegenüber Napoleon.

(7) Erkläre den Begriff „Satellitenstaat". Er kommt auch in der heutigen Politik vor. Kennst du ein Beispiel?
(8) Berichte über die Auflösung des „Heiligen Römischen Reiches Deutscher Nation", ihre Ursachen und die Wirkung auf die deutsche Bevölkerung.

König Jerôme

Das Königreich Westfalen – ein Modellstaat. Einer der wichtigsten Satellitenstaaten, das Königreich Westfalen, entstand durch einen Erlaß Napoleons 1807. Napoleon setzte seinen jüngsten Bruder, Jerôme, als König ein. Das Königreich Westfalen hatte folgende Aufgaben zu erfüllen: Es sollte für die Armee Napoleons im Krieg 25000 Soldaten stellen. Seine Verfassung sollte als Vorbild für die anderen Rheinbundstaaten dienen, d.h. Westfalen sollte ein Modellstaat sein. Die Errungenschaften der Französischen Revolution, wie z.B. die Gleichheit aller Bürger vor dem Gesetz, sollten in allen Staaten des Rheinbundes eingeführt werden, ebenso eine straffe Staatsverwaltung, wie sie Napoleon in Frankreich geschaffen hatte.

Gesetzbuch Napoleons

Das neue Zivilgesetzbuch, der „Code Napoléon", sollte auf der Grundlage der Rechtsgleichheit das Zusammenleben der Bürger regeln. Diese Gesetze wurden nicht nur in Westfalen, sondern auch in anderen Rheinbundstaaten von vielen Bewohnern begeistert aufgenommen. Napoleon ließ eine Verfassung für Westfalen ausarbeiten und schickte sie seinem Bruder:

Verfassung

„Mein Bruder, beiliegend finden Sie die Verfassung Ihres Königreiches ... Sie müssen sie getreu befolgen ... Ihr Königtum wird sich durch die Wohltaten des Code Napoléon, durch das öffentliche Gerichtsverfahren und die Einführung des Geschworenengerichts auszeichnen ... Ihr Volk muß sich einer Freiheit, einer Gleichheit, eines Wohlstandes erfreuen, die den übrigen Völkern Deutschlands unbekannt sind."

(zitiert nach: E. Kleßmann, Deutschland unter Napoleon, a.a.O., S. 277)

Das Vorbild wirkte: Alle Rheinbundfürsten führten die neue Rechtsordnung des Code Napoléon ein. In Baden galt sie bis 1900, als in ganz Deutschland das Bürgerliche Gesetzbuch (BGB) eingeführt wurde.

Keine Volksvertretung

Eine echte Volksvertretung, ein vom Volk gewähltes Parlament, war in der Verfassung nicht vorgesehen. Die Untertanen hatten zwar persönliche Freiheiten erhalten, aber politische Entscheidungen durften sie nicht treffen. König Jerôme regierte wie ein absoluter Monarch. Er war indessen trotz seiner verschwenderischen Hofhaltung in Kassel beim Volk zunächst nicht unbeliebt. Erst die ständigen Militärlasten für die Kriege Napoleons (seit 1810 jährlich 15 Millionen Francs), die die Staatsfinanzen ruinierten, führten zum Widerstand im Volk, ebenso die häufigen Truppenaushebungen. Tausende von Soldaten desertierten.

(9) Nenne und erörtere die wichtigsten Neuerungen, die durch das Gesetzbuch Napoleons im Königreich Westfalen und in anderen Rheinbundstaaten eingeführt wurden.
(10) Erkläre, warum Napoleon seinen Bruder als König in Westfalen einsetzte.
(11) Erörtere folgendes Problem: War Napoleon ein Befreier oder ein Unterdrücker der Völker?

Flugschriften

Wachsender Widerstand. Nicht selten kursierten in Deutschland Flugschriften, die zum Widerstand gegen die Herrschaft Napoleons aufriefen. Wer bei der Herstellung oder Verteilung solcher Flugschriften ertappt wurde, wurde ohne Gnade auf Veranlassung von Napoleon erschossen (z.B. der Nürnberger Buchhändler Palm). In Tirol erhoben sich die Bauern unter der Führung von Andreas Hofer. Doch sie erlagen der feindlichen Übermacht. Mit der österreichischen Regierung kam Napoleon nie zu einer dauerhaften Verständigung. Regierung und Hofadel in Wien sahen in Napoleon stets den Emporkömmling, der durch seine Kaiserkrönung dem Kaiser in Wien die Vorrangstellung in Europa nahm und einen Großteil der österreichischen Besitzungen raubte. Kaiser Franz beugte sich nur der militärischen Macht.

Aufstände

Europa auf dem Höhepunkt der Macht Napoleons.

Auch als Napoleon die Zustimmung zur Eheschließung mit der österreichischen Prinzessin Marie-Louise erzwang und damit Schwiegersohn des Kaisers Franz wurde, verbesserte sich das Verhältnis zwischen den beiden Monarchen nicht.

Freiherr vom Stein

Preußische Reformen. In Preußen sammelte sich der Widerstand gegen die Fremdherrschaft nach der Niederlage von 1807 im Kreis um den Freiherrn vom Stein. Er leitete damals die preußische Regierung und hatte erkannt, daß die Schwäche des Staates im Mangel an Bürgerbewußtsein und politischen Rechten der Untertanen beruhte. Um dies zu ändern, begann er mit Reformen, die nach seiner von Napoleon geforderten Absetzung vom Freiherrn von Hardenberg fortgesetzt wurden.

Bauernbefreiung

Die Bauern erhielten persönliche Freiheit und konnten frei ihren Beruf wählen (vgl. S. 158 f.). Der Adel verlor sein Vorrecht auf den Besitz von Grund und Boden. Die Bevölkerung in den Städten erhielt das Recht zur Selbstverwaltung durch die Wahl eines städtischen Rates. Das Heer wurde modernisiert, die Prügelstrafe verboten; Offiziere

Heeresreform

sollten künftig nach Leistung, nicht nach ihrer Herkunft befördert werden. Berlin erhielt durch Wilhelm von Humboldt eine neue Universität, an der bald führende Wissenschaftler lehrten und die Studenten zur geistigen Erneuerung wie auch zu vaterländischer Gesinnung aufriefen (vgl. S. 144f.). Das Schulwesen wurde neu geordnet und in die drei Stufen – Volksschule, Gymnasium, Universität – gegliedert. Das Zunftwesen wurde aufgehoben und durch die Gewerbefreiheit ersetzt. Jeder konnte sich fortan als Handwerker niederlassen, wo er es wünschte. Die Juden erhielten die gleichen Rechte wie die übrigen Bürger. Die Reformen zielten darauf ab, die Menschen aus überkommenen Bindungen zu befreien. Man wollte die Freiheitsgrundsätze der Französischen Revolution übernehmen, ohne dabei einen gewaltsamen Umsturz auszulösen. Die Regierung wollte durch eigene Reformen aus den preußischen Untertanen freie Staatsbürger machen, die sich aus persönlicher Verantwortung in den Dienst der Nation stellen.

Schulreform

Judenemanzipation

10.3. Handelsschranken gegen England

England soll wirtschaftlich isoliert werden. Die einzige Großmacht, die Napoleon nicht militärisch besiegt hatte, war England. 1806 ließ Napoleon folgendes Gesetz verkünden:

Art. 1 Die britischen Inseln befinden sich im Blockadezustand.
Art. 2 Jeder Handel und jede Korrespondenz mit den britischen Inseln sind untersagt...
Art. 8 Schiffe, die direkt von England oder englischen Kolonien kommen..., werden in keinem Hafen zugelassen werden.

Handelsblockade

Was war der Grund für diese Maßnahme? Napoleon wollte England durch eine Wirtschaftsblockade bezwingen. Zugleich sollten französische Waren in den europäischen Ländern die englischen Waren verdrängen, so daß sich die französische Industrie ohne die englische Konkurrenz entwickeln würde.
Es war nicht neu, daß ein Land versuchte, seine Wirtschaft zu schützen, indem es die Einfuhr ausländischer Waren verbot (vgl. S. 64ff.). Neu aber war, daß ein solches Verbot auf den ganzen europäischen Kontinent ausgedehnt werden sollte. Neu war auch, daß dieses Verbot als Kriegsmittel diente, um Englands Wirtschaft zu ruinieren. Die englische Regierung sollte friedensbereit gemacht werden.

Die Kontinentalsperre – Schaden oder Nutzen für die Wirtschaft in Europa? Im 18. Jh. ging der größte Teil des europäischen Handels über den Atlantik. In den großen Hafenstädten wie Bordeaux oder Nantes fanden viele Menschen Arbeit und Einkommen in Reedereien, Schiffsausrüstungsbetrieben und Werften.

Schäden im Handel

Der französische Handel mit den Kolonien brach schon in den ersten Kriegsjahren zusammen. Englische Kriegsschiffe sperrten die Zufahrten zu den Hafenstädten in Frankreich. Mit der Kontinentalsperre verödeten diese Häfen vollständig. 1808 meldete der amerikanische Konsul von Bordeaux: „Von der Ostsee bis zum Ägäischen Inselmeer sieht man nichts als Verzweiflung und Elend. In den Straßen der Stadt wächst Gras. Ihr wundervoller Hafen ist verlassen." In Marseille sank der Wert der jährlichen Produktion in den Jahren 1789 bis 1813 von 50 Mill. Francs auf 12 Mill. Francs. Nicht nur Kolonialwaren (z.B. Zucker und Tee) durften aufgrund der Kontinentalsperre nicht mehr eingeführt werden; auch englisches Tuch, das man seit einigen Jahrzehnten in England mit neuen Maschinen herstellte.

Rückgang der Produktion

Neue Industrien

Um das fehlende Tuch herzustellen, wurden in Europa Fabriken errichtet, die sich teilweise schnell zu Großbetrieben entwickelten. Dies kann als eine positive Wirkung der Kontinentalsperre gelten. Andererseits hatte die Sperre für die französische Außenpolitik schwerwiegende Folgen. Um den weitverbreiteten Schmuggel zu unterbinden, mußte Napoleon die ganze Nordseeküste besetzen; ebenso die Mittelmeerküste.

Ch. Wilhelm von Faber du Faur, der als Offizier der württembergischen Hilfstruppen an Napoleons Rußlandfeldzug teilnahm, hat seine Erlebnisse in zahlreichen Zeichnungen und farbigen Skizzen wiedergegeben. Auf diesem Bild: Soldaten der „großen Armee" auf dem Rückzug. Beschreibe anhand des Bildes, was hier vorgeht.

Die englische Regierung zeigte sich durch die Kontinentalsperre nicht friedensbereit. Viele englische Händler exportierten anstatt nach Europa nach Südamerika (vgl. S. 222). Vor allem die Seeherrschaft blieb der englischen Flotte erhalten.

10.4. Die militärische Niederlage Napoleons

Hunger und Kälte „besiegen" die große Armee. Es gab Anzeichen, daß die russische Regierung ein neues Bündnis gegen Frankreich anstrebte; außerdem erlaubte die russische Regierung, daß entgegen den Bestimmungen der Kontinentalsperre englische Schiffe in russischen Häfen anlegten und Waren löschten. Napoleon entschloß sich 1812 zum Krieg gegen den russischen Zaren Alexander I., um ein Bündnis gegen Frankreich zu verhindern und um die Kontinentalsperre durchzusetzen.

Rußlandfeldzug **1812**

600000 Mann stark war die Armee Napoleons, die am 24. Juni 1812 den russischen Grenzfluß überschritt. Man glaubte an einen schnellen Sieg. War der französische Kaiser nicht unbesiegbar? Viele Soldaten meinten, man würde nach dem Sieg über die russische Armee nach Indien ziehen.

„[In der ‚großen Armee'] marschierten 30000 Bayern, je etwa 25000 Westfalen und Sachsen, 20000 Preußen, 15000 Württemberger, 7000 Badener, 5000 Rheinhessen und 1400 Mecklenburger mit. Dazu kamen die Schweizer Regimenter, kam das österreichische Hilfskorps, gesellten sich Polen und Italiener, Holländer und Portugiesen: die größte internationale Streitmacht, die die moderne Geschichte gesehen hatte."

(W. Görlitz, Griff in die Geschichte. Stuttgart 1965, S. 42)

Dennoch fand lange Zeit keine Schlacht statt. Die russische Armee zog sich in die unermeßliche Weite des Landes zurück. Sie verbrannte alle Vorräte, um den Feinden keine Nahrungsmittel zu überlassen. Erst nach langem Vormarsch kam es zu blutigen Schlachten. Hunderttausende von Soldaten fielen; aber der Krieg war noch nicht entschieden. Im September zog Napoleon mit seinen Truppen in Moskau ein. Ein paar

Brand von Moskau

Tage später brannte die ganze Stadt. Russische Soldaten hatten in allen Vierteln der Stadt Brände gelegt.

Wie sollte jetzt die französische Armee ohne Nahrungsvorräte den drohenden Winter überstehen? Napoleon mußte den Rückzug befehlen. Ein schrecklicher Rückzug: Hunger, Kälte und Angriffe der russischen Armee ließen Zehntausende von Soldaten sterben.

Rückzug

„Das Land rechts und links des Weges war durch die Armee . . . ausgesogen und kahlgeplündert . . . Auf dem Verdeck der Wagen lagen die Unglücklichen, auf dem Vordergestell, hinten, auf Koffern, Sitzen, auf den Futterkästen . . . Beim geringsten Stoß fielen die am schlechtesten untergebrachten herab; der Fahrer nahm darauf keine Rücksicht. Der nächste Wagen . . . fuhr über den Körper des Unglücklichen hinweg, der zu Boden gefallen war. Jeder dachte nur noch an sein eigenes Überleben."

(Caulaincourt, Unter vier Augen mit Napoleon. Stuttgart 1956, S. 108)

Von der „großen Armee" überlebten nur etwa 5000 Soldaten den Feldzug durch Rußland.

(1) Erkläre am Beispiel der russischen Kriegstaktik den Begriff „Politik der verbrannten Erde".
(2) Gegner nannten Napoleon „Menschenfresser". Warum?

Nationale Kriegsbegeisterung in Deutschland. Nach der Katastrophe der „großen Armee" in Rußland schlossen die Gegner Frankreichs – Preußen, Österreich, Rußland und England – erneut ein Militärbündnis gegen Napoleon. In Preußen wurde zum Krieg gegen den „fremden Unterdrücker" aufgerufen. Freiwillige aus allen Volksschichten meldeten sich zu den Waffen. Das Kriegsziel vieler Freiwilligen war: Gründung eines einheitlichen deutschen Staates, in dem die Einzelinteressen von Fürsten nicht ausschlaggebend sein sollten; Deutschland sollte ein Staat und eine Nation sein. Der Brief eines achtzehnjährigen Soldaten zeigt die Begeisterung für den „vaterländischen Krieg":

„In diesen kritischen Zeitläufen kann und darf der Mann von Kopf und Herz nicht verzweifeln . . . Daß ich nun wahrscheinlich die Muskete werde ergreifen müssen, freut mich sehr; denn es gilt Freiheit und Existenz . . . Will ich nicht jeglichen Verzicht auf einen Zivilposten in meinem Vaterland leisten, so muß ich dienen, und wenn dies einmal geschehen soll: so will ich lieber jetzt, wo es etwas zu tun bei diesem Handwerk gibt . . . Denn es ist unser erhabenstes Ziel und muß unser höchstes Ideal sein, fürs Vaterland zu kämpfen, zu siegen – oder – das Feld der Freiheit und Ehre bedecken zu helfen."

(Brief Wilhelm Albertis an seine Mutter, zitiert nach E. Kleßmann, Die Befreiungskriege in Augenzeugenberichten. Rauch Verlag, Düsseldorf 1966, S. 28)

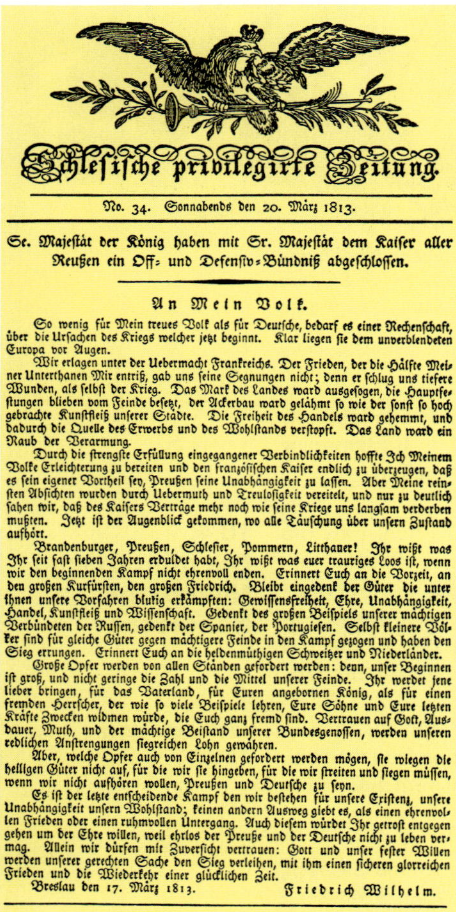

Schlesische privilegirte Zeitung.

No. 34. Sonnabends den 20. März 1813.

Se. Majestät der König haben mit Sr. Majestät dem Kaiser aller Reußen ein Off- und Defensiv-Bündniß abgeschlossen.

An Mein Volk.

So wenig für Mein treues Volk als für Deutsche, bedarf es einer Rechenschaft, über die Ursachen des Kriegs welcher jetzt beginnt. Klar liegen sie dem unverblendeten Europa vor Augen.

Wir erlagen unter der Uebermacht Frankreichs. Der Frieden, der die Hälfte Meiner Unterthanen Mir entriß, gab uns seine Segnungen nicht; denn er schlug uns tiefere Wunden, als selbst der Krieg. Das Mark des Landes ward ausgesogen, die Hauptfestungen blieben vom Feinde besetzt, der Ackerbau ward gelähmt so wie der sonst so hoch gebrachte Kunstfleiß unserer Städte. Die Freiheit des Handels ward gehemmt, und dadurch die Quelle des Erwerbs und des Wohlstands verstopft. Das Land ward ein Raub der Verarmung.

Durch die strengste Erfüllung eingegangener Verbindlichkeiten hoffte Ich Meinem Volke Erleichterung zu bereiten und den französischen Kaiser endlich zu überzeugen, daß es sein eigener Vortheil sey, Preußen seine Unabhängigkeit zu lassen. Aber Meine reinsten Absichten wurden durch Uebermuth und Treulosigkeit vereitelt, und nur zu deutlich sahen wir, daß des Kaisers Verträge mehr noch wie seine Kriege uns langsam verderben mußten. Jetzt ist der Augenblick gekommen, wo alle Täuschung über unsern Zustand aufhört.

Brandenburger, Preußen, Schlesier, Pommern, Litthauer! Ihr wißt was Ihr seit fast sieben Jahren erduldet habt, Ihr wißt was euer trauriges Loos ist, wenn wir den beginnenden Kampf nicht ehrenvoll enden. Erinnert Euch an die Vorzeit, an den großen Kurfürsten, den großen Friedrich. Bleibt eingedenk der Güter die unter ihnen unsere Vorfahren blutig erkämpften: Gewissensfreiheit, Ehre, Unabhängigkeit, Handel, Kunstfleiß und Wissenschaft. Gedenkt des großen Beispiels unserer mächtigen Verbündeten der Russen, gedenkt der Spanier, der Portugiesen. Selbst kleinere Völker sind für gleiche Güter gegen mächtigere Feinde in den Kampf gezogen und haben den Sieg errungen. Erinnert Euch an die heldenmüthigen Schweitzer und Niederländer.

Große Opfer werden von allen Ständen gefordert werden: denn, unser Beginnen ist groß, und nicht geringe die Zahl und die Mittel unserer Feinde. Ihr werdet jene lieber bringen, für das Vaterland, für Euren angebornen König, als für einen fremden Herrscher, der wie so viele Beispiele lehren, Eure Söhne und Eure letzten Kräfte Zwecken widmen würde, die Euch ganz fremd sind. Vertrauen auf Gott, Ausdauer, Muth, und der mächtige Beistand unserer Bundesgenossen, werden unseren redlichen Anstrengungen siegreichen Lohn gewähren.

Aber, welche Opfer auch von Einzelnen gefordert werden mögen, sie wiegen die heiligen Güter nicht auf, für die wir sie hingeben, für die wir streiten und siegen müssen, wenn wir nicht aufhören wollen, Preußen und Deutsche zu seyn.

Es ist der letzte entscheidende Kampf den wir bestehen für unsere Existenz, unsere Unabhängigkeit unsern Wohlstand; keinen andern Ausweg giebt es, als einen ehrenvollen Frieden oder einen ruhmvollen Untergang. Auch diesem würdet Ihr getrost entgegen gehen um der Ehre willen, weil ehrlos der Preuße und der Deutsche nicht zu leben vermag. Allein wir dürfen mit Zuversicht vertrauen: Gott und unser fester Willen werden unserer gerechten Sache den Sieg verleihen, mit ihm einen sicheren glorreichen Frieden und die Wiederkehr einer glücklichen Zeit.

Breslau den 17. März 1813. Friedrich Wilhelm.

Aufruf des Preußenkönigs Friedrich Wilhelm III. „An mein Volk" in der schlesischen „Privilegierten Zeitung".

Ein russischer Offizier beschreibt die im Land allgemein vorherrschende Stimmung in folgendem Bericht:

Vaterländische Gesinnung

„Es wurden die Landwehr, der Landsturm geschaffen, Freiwillige aufgerufen, die Untertanen beschworen, alle möglichen Opfer zu bringen, um das Vaterland vom Joche der Franzosen zu befreien, und diese Aufforderung fiel nicht in taube Ohren. Alles strömte herbei. Der Landmann verließ seinen Pflug und stellte sich mit seinen Söhnen, um gegen den Feind zu fechten; die Jugend verließ die Universitäten, die Schulen; die Beamten ihre einträglichen Posten, die Gelehrten die Lehrstühle; jeder brachte, was er an Geld oder Geldeswert hatte, die Frauen ihr Geschmeide ... Das Fieber des Deutschtums ergriff alle und trieb ganz ernsthaft die tollsten Possen. Die Frauen kleideten sich deutsch-mittelalterlich; alles Ausländische sollte verbannt werden, selbst aus der Sprache, und durch deutsche Worte ersetzt werden; da hörte man von Brunnenbrügel (Fagott), Kunkeln (Mademoisellen) [Mademoiselle = Fräulein] und ähnlichem Unsinn ... Ich erinnere mich, daß, als die Treppe zu der Brühlschen Terrasse in Dresden von dem Fürsten Repnin gebaut wurde, wo unten ein paar steinerne, ägyptische Löwen stehen sollten, ein Journal [eine Zeitschrift] ganz ernsthaft behauptete, dies sei nicht zeitgemäß: man solle ein paar deutsche Löwen hinstellen."

(Bericht des russischen Offiziers Friedrich von Schubert, zitiert nach: E. Kleßmann, Die Befreiungskriege, a.a.O., S. 45)

(3) Zähle zwei Gründe auf, aus denen der achtzehnjährige Soldat freiwillig in den Krieg zieht.
(4) Schlachtfeld = „Feld der Freiheit und der Ehre" – Versuche, die Vorstellung des jungen Freiwilligen vom Krieg zu beschreiben. Bist du gleicher Ansicht? Besprecht das Problem.
(5) Beurteile die Aussagen des russischen Offiziers über die „vaterländische Begeisterung" in Deutschland um 1813.

Völkerschlacht bei Leipzig
1813

Das Ende der Herrschaft Napoleons. Es gelang Napoleon, obwohl er eine schwere Niederlage im Feldzug nach Rußland erlitten hatte, in kurzer Zeit eine neue Armee aufzustellen. Im Oktober 1813 kämpften bei Leipzig die russischen, preußischen, österreichischen, englischen und schwedischen Truppen gegen diese neue Armee; sie wurde geschlagen und nach Frankreich zurückgedrängt.
Alle Rheinbundfürsten kündigten jetzt ihr Bündnis mit Napoleon. Dieser mußte auf seine Herrschaft verzichten. Er wurde auf die Insel Elba im Mittelmeer verbannt. Die Monarchen von Rußland, Preußen, Österreich, England und Schweden schlossen Frieden mit dem neuen, von ihnen eingesetzten König von Frankreich, mit Ludwig XVIII. Das war ein Bruder Ludwigs XVI. Die Grenzen Frankreichs von 1792 wurden im Friedensvertrag bestätigt.

Rückkehr der Bourbonen

Als Napoleon auf Elba von einer Unzufriedenheit im französischen Volk und von einer Auseinandersetzung zwischen seinen ehemaligen Gegnern hörte, landete er überraschend mit 1000 Soldaten in Südfrankreich. Er verjagte den neuen französischen König Ludwig XVIII. und stellte eine neue Armee auf.

Waterloo
1815

Sogleich erklärten seine ehemaligen Gegner wiederum den Krieg, und sie schlugen die neue Armee im Juni 1815 bei Waterloo. Zum zweiten Mal mußte Napoleon auf seine Herrschaft verzichten. Er wurde als Gefangener der englischen Regierung auf die Insel St. Helena im südlichen Atlantik gebracht. Dort starb er 1821.

Zur Lernkontrolle

1. Berichte, wie Napoleon die Revolution beendet hat.
2. Nenne Gründe und Auswirkungen der Auflösung des „Heiligen Römischen Reiches Deutscher Nation".
3. Erkläre den Begriff „Satellitenstaat" und wende ihn auf ein geschichtliches oder aktuelles Beispiel an.
4. Erörtere: Was beabsichtigte Napoleon mit der „Kontinentalsperre" – was erreichte er damit?

11. Soziale Verhältnisse und sozialer Wandel um 1800

Lernziele

- In diesem Kapitel geht es um die Lebensbedingungen in der „vorindustriellen" Gesellschaft und die Voraussetzungen der Industrialisierung. Es ist wichtig, darüber Bescheid zu wissen, um die spätere Entwicklung zu verstehen und die Bedingungen dafür zu erkennen.
- Du kannst dich über die Bevölkerungsentwicklung vor 200 Jahren informieren und die Gründe für das Bevölkerungswachstum feststellen.
- Worin hat sich das Leben in einem Dorf vom Leben in einer Stadt um 1800 unterschieden? Vergleiche, um daraus Maßstäbe zur Beurteilung zu gewinnen. Beachte auch die Ausbildungs- und Berufsmöglichkeiten sowie die Rolle der Frau in der damaligen Gesellschaft.
- „Bauernbefreiung": Was bedeutet das – und wie wirkte sich diese „Befreiung" aus? Bilde dir selbst ein Urteil darüber.

11.1. Bevölkerungsentwicklung in Deutschland

Bevölkerungswachstum von 1750 bis 1980 (in Millionen)

	1750	1800	1850	1900	1950	1980*
Bevölkerung Europas	140	187	266	401	576	757
Bevölkerung der Erde	728	906	1171	1608	2510	4330

*Geschätzte Zahlen

(Tabelle: Bevölkerungsploetz, Band 4. Würzburg [3]1965, S. 1)

Immer wieder Hungersnot. In alten Zeitungen findet man häufig Berichte wie die folgenden:

„Wir sterben für [vor] Hunger; dies ist schon die dritte Nacht, daß wir hierher gekommen sind, und ihn zu stillen suchen. Wir gestehen, daß wir allezeit ein wenig von diesem Heu mitgenommen, welches wir, um etwas zu essen zu haben, kochen ließen..."

(Entschuldigung zweier Bauern, die Heu gestohlen hatten. Aus: Vossische Zeitung, Berlin 1771, zitiert nach H. M. Enzensberger (Hrsg.), Klassenbuch I. Darmstadt 1972, S. 28)

Hunger

„Viele Häuser, die ausgestorben waren, sind von ihren Nachbarn eingerissen, und das Holz verbrannt worden, um ihr und ihrer Kinder Leben auf einige Tage zu fristen... Viele wissen über keine Krankheit und Schmerzen zu klagen, aber geschwollen, keuchend und ganz verschmachtet taumeln sie umher, vermutlich sind ihre Eingeweide zusammengeschrumpft... Kinder, die in den Wald gegangen waren, um sogenannte Schwarzbeeren zu holen, [sind] auf der Straße aus Mattigkeit umgefallen und tot gefunden [worden]."

(Bericht eines Pfarrers 1772, abgedruckt bei W. Abel, Massenarmut und Hungerkrisen im vorindustriellen Deutschland. Göttingen 1972, S. 48)

Ursachen des Mangels

An vielen Orten aßen Menschen um 1770, weil sie nichts anderes hatten, Heu, Hunde, Katzen, Mäuse und verendete Tiere. Immer wieder kam es in Deutschland bis ins 19. Jh. zu solch schrecklicher Hungersnot. Warum? Wegen schlechter Witterung, weil die Ernte schlecht ausfiel, weil Nahrungsmittel zu teuer waren, weil aus dem Ausland kein Getreide eingeführt werden konnte, weil Kriegsheere die Ernte vernichteten, weil durch starken Anstieg der Bevölkerung die vorhandenen Nahrungsmittel knapp wurden, aber mehr Nahrungsmittel nicht erzeugt werden konnten. Damals (1770, 1816, 1847) brachen die letzten großen Hungersnöte in Deutschland aus (vgl. S. 188).

Reaktionen der Menschen

Wie verhielten sich hungernde Menschen? Oft versuchten sie, durch Gewalt die Not zu lindern. Sie plünderten Bäckerläden (wie z. B. in Mainz 1817), raubten

Das Laboratorium des Chemikers Justus von Liebig in Gießen. Zeichnung von Wilhelm Trautschold. Liebig hat entscheidend zur Überwindung der Hungerkatastrophen beigetragen. Er entwickelte künstliche Düngemittel und setzte ihre Verwendung in der Landwirtschaft durch, so daß die Ernteerträge auf ein Vielfaches stiegen, mehr Futterpflanzen angebaut wurden und die Bauern nicht mehr gezwungen waren, alles Großvieh im Herbst zu schlachten.

Getreidewagen aus oder schlossen sich gegen die Obrigkeit zusammen: sie revoltierten. Immer wieder kam es in Europa zu solchen Hungerrevolten. Viele Menschen ertrugen auch jede Not geduldig. Sie waren überzeugt, daß eine Hungersnot ein Schicksalsschlag sei, für den sie später im Himmel reichlich entlohnt würden.

(1) Nenne mindestens vier Gründe, die zu einer Hungersnot führen konnten.
(2) Kennst du Beispiele aus der heutigen Zeit, in denen Hunderte von Menschen vor Hunger sterben? Besprecht Gründe für die Hungersnot in einigen Ländern der sogenannten „Dritten Welt".
(3) Berichte über ein historisches Beispiel für eine Hungerrevolte. Schlage hierzu im Kapitel „Französische Revolution" nach (S. 128).
(4) Versuche folgende Tatsache aus der Vergangenheit zu begründen: Je höher der Getreidepreis, desto weniger Eheschließungen.

Krankheiten und Seuchen. Heute werden viele Menschen in der Bundesrepublik Deutschland 70 Jahre alt und älter; vor 170 Jahren auch?

Sterblichkeit

Das Dorf Bodman am Bodensee zählte 731 Einwohner um 1807. Insgesamt lebten 110 Familien im Dorf. Ein mittelgroßes Dorf, wie es Hunderte in Deutschland gab. 1807 starben in Bodman 46 Menschen, davon 20 nach der Geburt und noch kein halbes Jahr alt, 6 unter einem Jahr, 11 unter 10 Jahren, 1 unter 20 Jahren, 3 zwischen 20 und 60 Jahren und 5 über 60 Jahren. 1807 wurden in Bodman 34 Kinder getauft. Drei Eheschließungen fanden statt.

(Zahlen aus dem Gräflich von Bodmanschen Archiv, Schloß Bodman)

(5) Beweise folgende Behauptungen:
a) Die meisten Kinder um 1800 starben im 1. Lebensjahr.
b) Weniger als 50% der Menschen erreichten das 20. Lebensjahr.
(6) Versuche, folgende Behauptungen zu begründen: Wenn die Bevölkerung in Bodman gleichbleiben oder gar wachsen soll, dann muß jede verheiratete Frau, solange sie Kinder bekommen kann, alle zwei Jahre ein Kind gebären.

um 1800

Eine solch hohe Kindersterblichkeit wie im Dorf Bodman war in Deutschland um 1800 „normal". Aber nicht nur Kinder starben an ansteckenden Krankheiten. Immer wieder verbreiteten sich Seuchen, die viele Menschenleben forderten: Typhus, Paratyphus, Blattern (Pocken). Die Pest, eine der schlimmsten Seuchen, die noch im 17. Jh. in manchen Städten – etwa in Konstanz – über 25% der Bevölkerung in wenigen Wochen sterben ließ, trat im 18. Jh. nur noch selten auf.

Seuchen

Seuchen, Krankheiten und Hungersnöte verhinderten, daß die Bevölkerungszahl in Deutschland und in Europa bis zum 19. Jh. rasch anstieg. In Sachsen nahm z. B. die Bevölkerung von 1550 bis 1750 etwa um 85 Prozent zu; im 19. Jh. um 300% (vgl. S. 161). Heute verdoppelt sich die Bevölkerung der ganzen Welt in etwa 30 Jahren. Aus welchen Gründen nimmt die Bevölkerung seit dem 19. Jh. so schnell zu? Das folgende Kapitel gibt Auskunft.

Bevölkerungswachstum

(7) Kennst du Berichte von Seuchen und Epidemien, die heute in der Welt vorkommen? Mit welchen Mitteln wird heute versucht, die Ausbreitung einer Epidemie zu verhindern?
(8) Frage den Lehrer nach dem Bundesseuchengesetz, das heute in der Bundesrepublik Deutschland gilt.

Erstmals in Deutschland: Pockenschutzimpfung. Ärzte versuchten, Menschen gegen die Pockenkrankheit immun zu machen, indem sie entsprechende Krankheitserreger übertrugen, und zwar zunächst von Mensch zu Mensch, dann durch Übertragen von sogenannten Kuhpocken auf Menschen (seit 1796). Viele Menschen sind so gegen Pocken geimpft worden. Eine solche Impfung war ein großes Wagnis und erforderte langwierige Vorbereitungen. Eine Schriftstellerin berichtet um 1800 aus ihrer Jugendzeit:

Schutzimpfung

„Wassersuppe, Tee ohne Milch, Weißbrot, Zwieback und Johannisbeergelee war die ... für unumgänglich gehaltene Diät, der wir uns viele Tage unterwerfen mußten, bis endlich der zur Ausführung des großen Wagstückes vorherbestimmte Tag herankam. Die halbe Stadt war auf den Ausgang desselben gespannt, und viele frommen Seelen nahmen ein großes Ärgernis daran ... [Wir wurden in eine Kutsche gepackt] und in den abgelegensten Winkel der Stadt mitten in einen sehr schmutzigen Hühnerhof vor einem alten, ärmlich aussehenden Haus abgeladen, dessen Schwelle wir uns nicht nähern durften, aus Furcht, von den im vierten Stock liegenden Blatternkindern innerlich angesteckt zu werden, was Dr. Wolf für lebensgefährlich erklärte.

Impfmethoden

Da saßen wir nun unter freiem Himmel... zitternd vor Angst und Kälte... Jeder von uns brachte Dr. Wolf mit einer in Blatterneiter getauchten goldenen Nadel acht kleine Wunden bei, zwei an jeder Hand zwischen Zeigefinger und Daumen, und zwei auf jedem Knie; daß wir dabei eine ziemliche Weile vor allen Leuten mit bloßen Knien dasitzen mußten, um das Gift eintrocknen zu lassen, war in dieser Stunde nicht das Geringste meiner Leiden, indem ich diesen Teil der Operation höchst unanständig fand ... Zu jeder dieser acht kleinen Wunden ... mußte neuer Eiter von den Blatternkindern geholt werden. [Ein Arzt holte diesen Eiter mit der Nadel von den Kranken. In der Haustüre nahm das Kindermädchen ihm die Nadel ab, überreichte sie der Magd, von der abermals in einiger Entfernung die Mutter die Nadel erhielt] die sie dann endlich dem Dr. Wolf übergab."

(Johanna Schopenhauer, Pockenimpfung, zitiert nach: Pleticha, Kulturgeschichte aus erster Hand. Arena Verlag, Würzburg 1963, S. 301)

Von 1874 bis 1975 mußten in Deutschland laut Gesetz alle Kinder gegen Pocken geimpft werden. Heute ist diese Impfung freiwillig, denn diese Krankheit gilt bei uns als ausgerottet.
Auch andere Seuchen, z. B. Cholera und Typhus, sind in Deutschland selten geworden; sie konnten eingedämmt werden, weil die hygienischen Zustände seit dem 19. Jh. erheblich besser geworden sind.

(9) Erörtere den Bericht über die Pockenschutzimpfung um 1780.
a) Warum nahmen „Fromme Seelen" Anstoß an der Pockenschutzimpfung?
b) Wie wird eine direkte Ansteckung vermieden?
c) Was erfahren wir über die Kindermode in diesem Bericht?

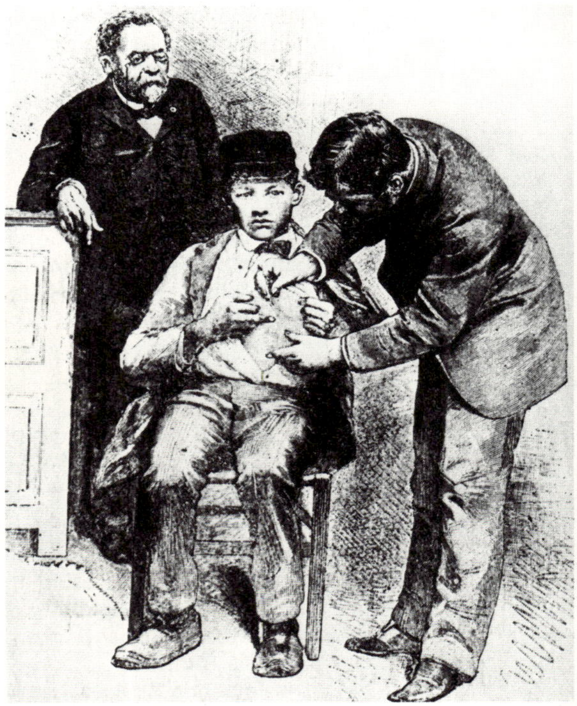

Ein Junge, der von einem tollwütigen Hund gebissen wurde, wird mit dem von Louis Pasteur (1822–1895) entwickelten Serum geimpft. Pasteur beobachtet den Verlauf der Impfung.

11.2. Leben im Dorf

Die meisten Menschen wohnten in Dörfern. Ein Kaufmann, der um 1800 durch Deutschland reiste, konnte feststellen: Es gab in ganz Deutschland nur zwei Städte mit mehr als 100000 Einwohnern: Berlin und Hamburg. Viele Städte zählten nicht mehr als 3000 Bewohner. Die meisten Menschen wohnten in Dörfern und Weilern. Die Lebensweise im Dorf war also für die meisten Menschen „normal".
Die Häuser in einem Dorf lagen meistens an einer lehmigen oder steinigen Straße oder im Umkreis der Kirche. Fast alle waren aus Holz oder Lehm gebaut. Nur wenige Gebäude, z. B. die Kirche, das Gemeindehaus und, wenn vorhanden, das Schloß eines Adeligen waren aus Stein.
Das Wasser wurde – wie überall – aus großen öffentlichen Brunnen geschöpft. Bei strenger Strafe war verboten, das Vieh an Trinkwassertrögen zu tränken. Die Brunnentröge sollten sauber gehalten werden.
Die Dörfer waren nur selten durch eine Mauer befestigt. Bei Durchmärschen in Kriegszeiten wurden deshalb Dorfbewohner, die an Heeresstraßen lebten, durch Plünderungen besonders hart betroffen. In solchen Zeiten verarmten die Dorfbewohner so sehr, daß sie nicht mehr wußten, wovon sie leben sollten.

(1) Versuche folgende Verordnung von 1807 zu begründen: Brunnentröge sind unter Androhung strenger Strafe sauber zu halten.
(2) Erörtere folgende Behauptung: Seit die Bauernhäuser aus Stein gebaut werden, sind Krankheitsepidemien in Dörfern zurückgegangen.

Dorfbevölkerung

Welche Berufe gab es im Dorf? Die Berufe von Dorfbewohnern waren genau bestimmt; z. B. ergab 1807 eine Volkszählung in Bodman am Bodensee: 16 Bauern mit Familien, 34 Tagwerker, 2 Taglöhner, 33 Handwerker, 1 Wirt, 1 Chirurg, 1 Kuhhirt, 1 Feldaufseher und 1 Mesner. Die meisten der 731 Einwohner – Bauern, Tagwerker und Taglöhner – leisteten Feldarbeit. Sie durften – wie überall in Deutschland – ihre Tätigkeit nicht ohne Erlaubnis der Obrigkeit wechseln, etwa ein Handwerk treiben. Ein Bauer verfügte in der Regel über Pferde oder Zugochsen. Er betrieb einen größeren Hof als die Tagwerker, die nur ein kleines Stück Land (ein Tagwerk) bebauten. Bauern und Tagwerker wirtschafteten meist selbständig; Taglöhner dagegen arbeiteten nur befristete Zeit auf einem Hof für Lohn. Handwerker, z. B. Schmiede, Seiler, Wagner, Schneider, sorgten dafür, daß die Dorfbewohner nicht jede Ware oder jede Reparatur in der nächsten Stadt besorgen mußten.

Bauern, Tagwerker, Taglöhner

Die Unterscheidung von Bauern, Tagwerker und Taglöhner war für das Leben im Dorf in zweifacher Weise wichtig. Einerseits bei Gemeindeangelegenheiten, z. B. bei der Wahl von Gemeindebeamten oder bei Entscheidungen über die „Allmende" (das Land, das alle Dorfbewohner gemeinsam nutzten): Die Stimmen der Bauern galten oft mehr als die der anderen Dorfbewohner. Andererseits machte sich der Unterschied bei Abgaben und Dienstleistungen bemerkbar. Die Abgaben und Dienstleistungen waren für Bauern und Taglöhner verschieden (vgl. S. 153).

(3) Warum verbot die Obrigkeit die freie Berufswahl für Bauern, Tagwerker und Taglöhner? Äußere und begründe, was du vermutest.
(4) Warum darf ein Berufsverbot in der Bundesrepublik Deutschland nicht ausgesprochen werden? (Schlage nach Art. 12 GG)

Wohn- und Eßgewohnheiten von Dorfbewohnern. Zwischen den Dorfbewohnern bestanden große soziale Unterschiede. Nur wenige Bauern wohnten in großen Höfen mit Stuben, wo schön geschnitzte Truhen und Schränke standen. Tagwerker und Taglöhner dagegen wohnten in kleinen Häuschen fast ohne Möbeleinrichtung, ausgenommen Betten aus Stroh- oder Laubsäcken, einem Tisch und ein paar Stühlen.
Der folgende Speisezettel war typisch für Dorfbewohner:

Speisezettel

„Frühstück: Gerstenbrei, Milch, gedörrte oder rohe Birnen; Mittag- und Abendbrot: Erbskost mit etwas Zugemüse. [Fleisch und Wein galten als kostbare Zugaben, die man sich allenfalls beim Jahrmarkt oder zu Weihnachten leistete. Noch am Ende des 18. Jh. gehörten Zucker und Konfitüre in jenen Bereich höchsten Luxus, an den niemand in einfachen Volkskreisen auch nur zu denken wagte.] Brot, Mehl, Mais, Kartoffeln, Rüben, Kohl und Obst waren Alltagsspeise."

(Nach: H. Teuteberg und G. Wiegelmann, Der Wandel der Nahrungsgewohnheiten unter dem Einfluß der Industrialisierung. Vandenhoeck und Ruprecht, Göttingen 1972, S. 136)

Mangelernährung

Für viele Tagelöhner und Tagwerker waren solche Speisen freilich schon unerschwinglich. Sie aßen nur Brot, Milch und Kartoffeln. Wohlhabende Bauern konnten dagegen regelmäßig Fleisch, Geflügel und Eier verzehren, doch solche Bauern gab es in Deutschland um 1790 relativ selten.

(5) Vergleiche die Ernährungsgewohnheiten der Landbevölkerung um 1790 mit den Eßgewohnheiten heute. Heute sind Speisen selbstverständlich, die um 1790 unbekannt oder unerschwinglich waren. Versuche, solche Speisen aufzuzählen.
(6) Erörtere den Zusammenhang zwischen Ernährung und Anfälligkeit für Krankheiten. Beachte folgende Aussage eines Kleinhändlers in einem Dorf um 1770: „Die Not steht in dieser Zeit so hoch, daß viele, eigentlich blutarme Leute, kaum den Frühling erwarten mochten, wo sie Wurzeln und Kräuter finden konnten."

Trennung zwischen Bauern und Tagwerkern. Ein armer Tagwerker oder gar ein armer Handwerker hatte in der Regel um 1800 keine Chance, im Dorf Bauer zu werden: weder durch Erwerb eines Bauerngutes noch durch Einheirat in einen Bauernhof.

Die Ährenleserinnen. Gemälde des französischen Malers Millet (1857). Arme Bauersfrauen sammeln liegengebliebene Ähren vom Stoppelfeld. Im Hintergrund wird die Ernte für den Gutsherrn unter Aufsicht des Verwalters (rechts) eingebracht.

Heiratsschranken

In einem Dorf in Bayern heirateten im 18. Jh. von 219 Bauernsöhnen bzw. -töchtern 183 Söhne oder Töchter von Bauern; 11 heirateten Kinder von Wirten, 5 Kinder von Müllern. Kein einziger Bauer heiratete die Tochter eines Tagwerkers oder eines Bauhandwerkers oder eines Hüters, obwohl im Dorf etwa 17% der Einwohner Tagwerker waren; sogar 47% der Bewohner des Dorfes waren im Hauptberuf keine Landwirte.

(Zahlen aus: G. Hanke, Zur Sozialstruktur der ländlichen Siedlungen Altbayerns im 17. und 18. Jahrhundert. In: Festgabe für Karl Bosl. München 1969, S. 219ff.)

(7) Erörtere folgende Behauptung:
Die Bauern versuchten, durch Heiratsgewohnheiten ihre soziale Stellung im Dorf zu erhalten.
(8) Hatten die Bauern die Mehrheit im Dorf?
(9) Besprecht in der Klasse folgendes Problem:
Angehörige der gleichen sozialen Gruppe heiraten untereinander. Stimmt dies auch heute noch?

Winterschulen

Berufsausbildung von „Landkindern". Vor 170 Jahren hatten Kinder in Dörfern kaum eine Möglichkeit, regelmäßig zur Schule zu gehen. Wenn es überhaupt eine Schule im Dorf gab, dann oft nur während der Wintermonate. In solchen Winterschulen lernten die Schüler notdürftig Lesen, Schreiben und Biblische Geschichte (vgl. S. 98). Als z. B. 1780 in Württemberg in Dorfschulen auch Rechnen unterrichtet werden sollte, wehrten sich nicht wenige Schulmeister gegen diese Neuerung, denn Rechnen war auch ihnen zu schwierig.
Welche Berufschancen hatte ein Landkind? Nicht jedes hatte Aussicht, den elter-

lichen Betrieb zu übernehmen oder einen Bauern- oder Handwerksbetrieb zu „erheiraten". Als Gelegenheitsknecht oder -magd oder als Hütejunge versuchte mancher, Arbeit zu finden. Andere Landkinder gingen mit 10 Jahren hausieren und zogen verkaufend und bettelnd durch Deutschland. So mußten viele die Heimat verlassen; besonders in Gebirgslandschaften, wo nur wenig Ackerbau betrieben wurde.

Arbeitssuche

„Alljährlich im Spätwinter sammelten sich in Chur Knaben und Mädchen im Alter von 10 bis 15 Jahren aus allen Tälern, um im geschlossenen Zug abwärts an den Bodensee und auf die Schwäbischen Märkte zu reisen, besonders nach Ravensburg. Da wurden sie dann zu bestimmten Tagen auf den Markt gestellt, und die Bauern gingen bedächtig prüfend die einzelnen Reihen auf und ab, wählten sich hier einen kleinen Knecht, dort eine Magd."

(Lahnstein, Report einer guten alten Zeit, S. 234)

(10) Versuche, Schul- und Ausbildungsmöglichkeiten von Landkindern um 1800 und von Landkindern heute zu vergleichen.

Wie groß war die Last der Bauern? Seit dem Mittelalter mußten die Bauern Abgaben zahlen und Frondienste leisten (vgl. S. 33). Alle diese Abgaben und Dienstleistungen trafen die Dorfbewohner hart. An vielen Orten mußten die Bauern über 50 Prozent der Ernte abliefern. Die meisten Abgaben wurden in Naturalien gegeben, z. B. ein Sack Getreide oder ein paar Dutzend Eier oder ein Schwein. Die Frondienste waren in der Regel befristet. Die Bauern mußten z. B. „zwei Tage im Jahr säen, zwei Tage Heu führen". Der Herr setzte fest, an welchen Tagen diese Arbeiten zu verrichten waren. Daneben mußten die Bauern auch Fronarbeiten leisten, die nicht befristet waren, z. B. Straßen und Schlösser bauen. Solche Arbeiten dauerten, bis die Straße oder das Schloß fertiggestellt war.

Natural-Abgaben

Fronarbeiten

„Zur Frühjahrszeit müssen die Bauern alle herrschaftlichen Wiesen in Fronarbeit düngen; die armen Taglöhner müssen den Dung ausbreiten und einrechen. In der Heuzeit sind die Wiesen zu heuen. Jeder ist verpflichtet, bei der Aussaat der herrschaftlichen Äcker zu helfen, in der Erntezeit das Korn zu schneiden und anschließend zu dreschen.
Jeder Bauer muß im Jahr mehrere Hühner geben. Wenn einer ein Rind metzget, muß er die Zunge des Rindes der Herrschaft abliefern.
Bei Straßen- oder Schloßbauten müssen die Bauern Steine führen, sogar in der Erntezeit, wenn sie ihre eigenen Äcker bestellen wollen.
Jeder Bauer muß den zehnten Teil seiner Ernte abliefern."

(Beschreibung der bäuerlichen Verpflichtungen. Freiherr-von-Hornstein-Archiv, Binningen)

Bezahlung

Die Dorfbewohner erhielten für alle Fronarbeiten ein Entgelt, z. B. für eine Fuhre Heu in die nächste Stadt „einen Batzen Geld", für die Arbeit auf dem Feld eine Mahlzeit (meistens ein Erbsengericht oder Milch und Brot). Armen Dorfbewohnern war diese Bezahlung für Frondienste manchmal so wichtig, daß mehr Leute zur Arbeit kamen, als gebraucht wurden.

„In Zeiten der Brotteuerung konnte die Fronarbeit nicht als Last angesehen werden. Besonders im Winter wollte jeder Taglöhner fronen. Es entstand sogar Eifersucht unter den Taglöhnern, wenn einer nicht zur Fron gerufen wurde."

(Schriftstück im Generallandesarchiv Karlsruhe 229/26984)

(11) Diskutiert die Vor- und Nachteile der Fronarbeit für die Dorfbewohner.
(12) Erörtere den Ernteanteil eines Bauern, den er zum Eigenverbrauch verwenden konnte. Beachte: Ein Drittel des Ertrages wurde als Saatgut benötigt.

Wer war Nutznießer der Abgaben und Dienste? Empfänger der Abgaben und Dienste waren die Grundherren, denen das „geliehene Land" gehörte. Der Leihevertrag zwischen Grundherrn und Bauern konnte in den meisten Fällen auf die Kinder der Bauern vererbt werden. Ein Bauernhof war deshalb oft lange Zeit im Besitz einer Familie.

Die meisten Dorfbewohner waren in vielen Gebieten Deutschlands, z. B. in Ostdeutschland, „leibeigen", d.h. in ihrer persönlichen Freiheit eingeschränkt. Wenn ein Leibeigener heiraten wollte, mußte er auch jetzt noch seinen Leibherrn um Erlaubnis fragen und eine Gebühr bezahlen; ebenso, wenn er in ein anderes Dorf ziehen wollte. Die Leibherren verweigerten um 1800 ihren Untertanen allerdings nur selten solche Wünsche.

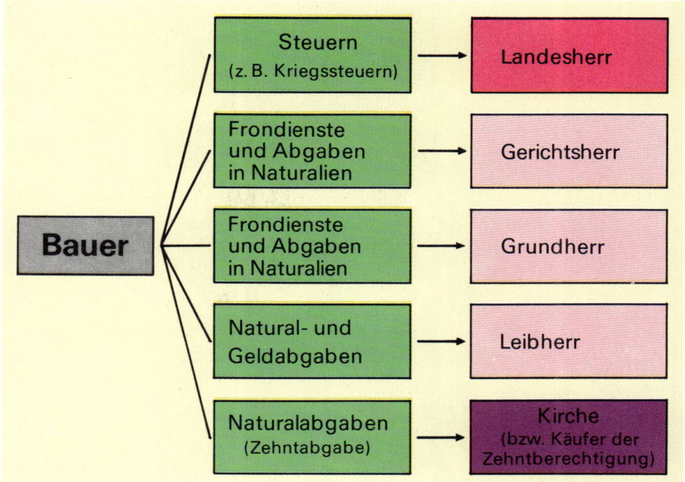

Bäuerliche Abgaben und Dienste.

Nicht nur dem Grundherrn, sondern auch dem „Gerichtsherrn" mußten die Dorfbewohner Frondienste leisten. Der Gerichtsherr war für die Rechtsprechung zuständig, ebenso für die Aufgaben der Polizei und der Verwaltung.

Schließlich mußten die Dorfbewohner den zehnten Teil der Ernte, die sogenannte „Zehntabgabe", der Kirche geben oder einem adligen Herrn, wenn dieser der Kirche die Zehntberechtigung abgekauft hatte.

Grundherrschaft, Leibherrschaft, Gerichtsherrschaft und Zehntherrschaft hatten zur Folge, daß ein Bauer manchmal zwei und mehr Herren diente. Oft waren diese Rechte aber auch in der Hand eines einzigen Gutseigentümers vereinigt, besonders in Nord- und Ostdeutschland.

Die Abgaben und Dienste – außer der Zehntabgabe – waren ursprünglich geleistet worden, weil der adelige Herr versprochen hatte, „Schutz und Schirm" zu gewähren. Diese Verpflichtung, die Bauern zu schützen und ihnen in Notzeiten zu helfen, war um 1800 vielerorts vergessen worden. Die Abgaben und Dienste der Dorfbewohner blieben indessen in vollem Umfang bestehen.

(13) Erörtere die Vor- und Nachteile für Bauern, die mehreren Herren unterstanden.
(14) Vergleiche die Lage der Bauern am Ende des deutschen Bauernkriegs (S. 36f.) mit den bäuerlichen Verhältnissen um 1800. Welche Veränderungen kannst du feststellen?

11.3. Leben in der Kleinstadt

„Ackerbürgerstädte". Nur etwa 10 Prozent der Bevölkerung lebte um 1800 in Städten, die meisten davon in Kleinstädten (vgl. S. 149). War das Leben in solchen Kleinstädten anders als das Leben in Dörfern?

Ackerbürger

Händler, Handwerker und Beamte bildeten den größten Teil einer Stadtbevölkerung. Aber nicht wenige, nämlich die sogenannten „Ackerbürger", waren im Nebenberuf in der Landwirtschaft tätig. Sie besaßen vor der Stadt Gärten und Äcker, die sie anpflanzten. Nicht selten hielten sie sich auch Vieh innerhalb der Stadtmauern.

„Welche Bedeutung die Landwirtschaft damals noch in den Städten hatte, läßt sich an folgenden Zahlen ermessen:
In den Städten des preußischen Staates wurden 1802, 1803 noch 63486 Scheunen ermittelt...
In den Städten des Breslauer Departements (Bezirk) gab es z.B. noch 4400 Scheunen und 5492 Stallungen."

(Teuteberg, Wiegelmann, Der Wandel der Nahrungsgewohnheiten, a.a.O., S. 240)

Die Bürgerstunde. Holzschnitt von Ludwig Richter. Eine typische Szene aus der „Biedermeierzeit". Die Honoratioren der kleinen Stadt verlassen das Wirtshaus: der Arzt oder Apotheker (mit Schirm), der Richter und der Bürgermeister. Rechts der Nachtwächter.

(1) Warum gibt es in modernen Städten keine „Ackerbürger" mehr? Welche Berufsgruppen sind unter den Einwohnern deines Heimatortes am häufigsten vertreten? Vergleiche mit den „Ackerbürgerstädten" um 1800.
(2) Suche in deiner Heimatstadt oder in einer Nachbarstadt Häuser, die früher Stallungen oder Scheunen hatten. Befinden sich diese Häuser innerhalb der ehemaligen Stadtmauer oder außerhalb?

Stadtbilder um 1800. Aus Heilbronn wird berichtet,

Abfallbeseitigung

„daß die Straßen und Gassen längs der Mauern und abseits der Hauptstraße jedem kleinen Hausbesitzer zum Misthof dienten. Aus Quedlinburg, daß die Bürger den Schweinemist und Unrat auf die Gassen fließen ließen, wodurch die Luft verunreinigt und manchem an seiner Gesundheit große Ungelegenheit, wohl auch der Tod verursacht werden kann."

(Aus: W. Abel, Wandlungen in der Beziehung von Stadt und Umland; in: Die Stadt als Lebensform. Berlin 1970, S. 153)

Nicht nur in Kleinstädten waren die Straßen von Unrat überschwemmt. Mitten aus Berlin, von einer Straße, in der vornehme Leute wohnten, stammt folgender Bericht:

Kanalisation

„In allen Straßen . . . trennte auf jeder Seite ein tiefer, stets mit dickflüssigem und meist stinkendem Schmutz angefüllter Rinnstein den Bürgersteig vom Fahrdamm. Auf jedem Hof mußte ein Brunnen und eine Senkgrube für Abwässer und Exkremente vorhanden sein; aber die Anlagen waren fast überall so . . . eingerichtet, daß die ausgegossenen Abwässer nicht in die Senkgrube liefen, sondern durch den Abflußkanal, der, bedeckt mit starken Bohlen, sich in der Mitte eines jeden Hausflurs und unter dem Bürgersteige hinzog, und sich dann in den Straßenrinnstein ergossen . . .

Schubertabend bei Spaun. Sepiazeichnung von Moritz von Schwind (1825). Am Klavier, mit Brille, der Komponist Franz Schubert. Beachte Kleidung und Verhalten der Zuhörer und vergleiche mit den Ausführungen über die Trennung der Stände.

Es war erlaubt, Gefäße, die unreine Flüssigkeiten ohne feste Bestandteile enthielten, in den Straßenrinnstein zu entleeren [aber viele Dienstmädchen leerten auch ‚festere Bestandteile' aus]. Wenn dann im Winter alles Flüssige festfror und darauf der Schnee fiel, der sich in der Nähe der Schlächtereien blutig färbte . . ., dann erwuchsen stattliche Berge von Eis, Schmutz, Schnee, Asche, Küchenabfälle usw. und oft – sehr oft – sah ich auf solchen Bergen auch Menschenkot."

(Wauer, zitiert nach: W Pöls, Deutsche Sozialgeschichte, Band I. München 1973, S. 16)

(3) Untersuche die Berichte über das Straßenbild von Städten nach folgenden Gesichtspunkten:
a) Wie verlief die Kanalisation für Abwässer?
b) Mit welchen Folgen beeinflußte die Witterung den Abfluß von Abwässern?
(4) Erörtere den Zusammenhang zwischen Einführung der unterirdischen Kanalisation in Städten im 19. Jh. und dem Rückgang an Seuchenepidemien.
(5) Frage den Lehrer nach heutigen Kanalisationsvorschriften in Städten. Schlage im Lexikon den Begriff „Kläranlage" nach.

Auch in der Stadt - strenge Trennung der Stände. Ein alter Rechtsspruch lautete: „Stadtluft macht frei." Machte Stadtluft die Menschen auch gleich? Nein, zwischen einem hohen Beamten oder einem wohlhabenden Kaufmann und einem armen Handwerker oder Kleinladenbesitzer bestand ein großer Unterschied, und zwar sowohl in der rechtlichen Stellung als auch in der Lebensweise. Hohe Beamte, etwa Regierungsräte oder Bürgermeister, standen an der Spitze der Bürgergesellschaft. Sie waren – wie die reichen Kaufleute – sehr angesehen, und sie versuchten, ein Leben im Stil der Adeligen zu führen. Arme Handwerker oder Ladenbesitzer gehörten zur unteren Stufe. Sie lebten sehr einfach, oft nicht anders als

Soziale Unterschiede

Dorfbewohner. Nicht zur Bürgergesellschaft gehörten Dienstboten, Gelegenheitsarbeiter, Arbeitslose und Bettler; diese Gruppe war oft zahlreich in einer Stadt. Die wohlhabenden und angesehenen Stadtbürger wohnten an der Hauptstraße oder am Marktplatz in geräumigen Häusern, die oft durch Erker und Fachwerk verziert waren. Ärmere Bürger wohnten nicht selten an der Stadtmauer in kleinen Holzhäusern oder gar vor der Stadt in den sogenannten Vorstädten.

Kleiderordnungen

Nicht nur in Lebens- und Wohnweise, sondern auch in der Kleidung zeigten sich die gesellschaftlichen Rangunterschiede. In sogenannten Kleiderordnungen war nämlich im 17. und 18. Jh. vorgeschrieben, was die Angehörigen einzelner Stände anziehen durften.

„Wir verordnen, daß keine Dienstmägde oder ganz gewöhnliche Weibsleute seidene Röcke oder Lätze tragen dürfen. Sollten sie dies dennoch tun, so wird denselben die seidene Kleidung öffentlich nachts auf den Straßen abgenommen."

(Nach E. Ermatinger, Kultur im Zeitalter der Aufklärung)

(6) Versuche folgende Berufe in die städtische Gesellschaft einzustufen:
Bäckermeister am Marktplatz, Schustermeister in der Vorstadt, Lehrer, Apotheker, Brunnenputzer, Bürgermeister, Arzt, Kirchendiener, Nachtwächter, Regierungsrat, Hausknecht beim Bürgermeister, Kindermädchen bei der Familie des Regierungsrates, Handwerkergeselle.
Welches ist der angesehenste Beruf, welches der am wenigsten angesehene? Begründe deine Entscheidung.
(7) Gibt es auch heute in Städten gesellschaftliche Unterschiede? Besprecht diese Frage in der Klasse.

Welche Rolle hatte die Frau? Wohlhabende Bürgerinnen und einfache Bäuerinnen hatten bei allen sozialen Unterschieden eines gemeinsam: Beide hatten in öffentlichen Angelegenheiten keine Rechte. In der Stadtverwaltung, in der Dorfgemeindeverwaltung oder bei anderen politischen Fragen hatten nur Männer etwas zu bestimmen.

Hausfrau und Mutter

Eine Bauersfrau arbeitete wie ihr Mann auf dem Feld und im Stall. Eine wohlhabende Bürgerin dagegen war nur Ehefrau, Hausfrau und Mutter. Dazu war sie erzogen worden.

Als Ehefrau sollte sie gesund und schön sein und „äußeren Anstand" besitzen. Sie sollte munter, klug und bescheiden sein, dem Mann nie widersprechen, sondern ihm zuvorkommend und gefällig gegenübertreten. Als Hausfrau sollte sie kochen und nähen können und nicht faul sein, damit das Gesinde seine Arbeit nicht vernachlässige; zum Gesinde sollte sie ein gutes Verhältnis haben. Sie sollte außerdem sparsam und reinlich sein. Als Mutter sollte sie Kenntnis von der körperlichen und geistigen Erziehung der Kinder haben, sie sollte „die erste Lehrerin" der Kinder sein und diesen in allen Lebenssituationen ein gutes Vorbild abgeben.

(Nach: Daniel Hensel, System der weiblichen Erziehung, Band I. Halle 1787, S. 243ff.)

Das Ansehen einer Bürgersfrau richtete sich nach dem Beruf ihres Mannes. Der Mann vertrat sie auch in allen Rechtsgeschäften des täglichen Lebens.

Anfänge der Frauenemanzipation

Um 1800 begann sich die Rolle der Frau langsam zu ändern. Manche Frauen wollten von ihren Männern unabhängig werden. Ein Buch erschien „Über die bürgerliche Verbesserung der Weiber". Man sprach sogar vereinzelt von einer allgemeinen Gleichheit der Rechte von Mann und Frau.
Junge Mädchen begannen, sich für sogenannte höhere Bildung zu interessieren; manche besuchten sogar Vorlesungen berühmter Professoren. Eine höhere Schulausbildung oder gar ein Universitätsstudium war bislang jungen Männern vorbe-

In der Nähstube. Die Töchter des Hauses sind mit Näh- und Stickarbeiten beschäftigt. Rechts ein Spinnrad, links ein Mädchen am Stickrahmen. Vergleiche dieses Bild aus dem Jahr 1823 mit dem Quellentext aus dem Jahr 1787.

halten gewesen. Jetzt entstanden wissenschaftliche Bücher, die für Frauen verständlich sein sollten, z. B. „Geschichte der Deutschen für Frauenzimmer" oder „Botanik für Frauenzimmer und Pflanzenliebhaber, welche keine Gelehrten sind". Es gab Bürgersfrauen, die sich bemühten, durch höhere Ausbildung den Männern gegenüber gleiche Rechte zu erlangen. Aber bis in das 20. Jh. blieb ein großer Unterschied in der sozialen und rechtlichen Stellung von Mann und Frau (vgl. S. 210).

(8) Beschreibe die Rolle einer Bürgersfrau um 1800. Beachte dabei auch das Bild oben.
(9) Vergleiche das Verhältnis zwischen Mann und Frau um 1800 und heute. Schlag auch nach im Grundgesetz Art. 3.
(10) Schlag im Lexikon den Begriff „Frauenemanzipation" nach. Suche mit Hilfe des Registers weitere Informationen über die Lage der Frauen in der Vergangenheit.
(11) Warum hängt Frauenemanzipation von Schulbildung ab?
(12) Besprecht in der Klasse folgende Behauptung, die auch heute noch zu hören ist: Ein Mädchen braucht keine lange Ausbildung, es heiratet ja doch.

Handwerkerlehre in der Stadt – ein Beispiel. Die meisten Handwerksmeister, die Lehrlinge ausbilden durften, wohnten in der Stadt. Ein Beispiel für die Ausbildung eines Goldschmiedelehrlings um 1801:

Lehrlingspflichten

„Meine Arbeit (Schleifen und Polieren) wurde mit jedem Tage mehr durch andere Aufträge unterbrochen. Die Familie (des Meisters) hatte nämlich kein Dienstmädchen . . . Wurde irgend etwas gebraucht, so wurde ich dazu beordert.
War das Feuer ausgegangen, so hatte ich es wieder anzuzünden . . . Wurde mehr Wasser als ein Eimer voll gebraucht, so mußte ich ihn drei Treppen hoch hinaufschleppen . . . Ich mußte die Bestellungen außer dem Hause besorgen, die fertigen Arbeiten zu den Kaufleuten bringen und andere abholen . . . Ich hatte des mittags Messer und Gabeln zu putzen . . . Täglich mußte ich ein paar Mal nach denselben Läden gehen, um von den Arbeitsmaterialien dies oder jenes zu holen . . .

Arbeitszeit

Jedes Mal wurde nur für einen Groschen gekauft . . . Gearbeitet wurde im Sommer von des morgens 6.00 Uhr bis abends 7.00 Uhr, im Winter von morgens 7.00 Uhr bis abends 8.00 Uhr . . . Frühstück und Vesper wurden an dem Werktische verzehrt, ohne die Arbeit zu unterbrechen . . .

Unterkünfte

Ich wurde auf dem Hausboden plaziert, der groß und geräumig war, aber keine Fenster, sondern Luken hatte, die durch hölzerne, schlecht passende Läden geschlossen wurden. Mein Bett wurde in die Mitte neben den dort aufsteigenden Schornstein gesetzt . . . Die eine Seite des Raumes enthielt unseren Wintervorrat an Torf; außerdem war der Boden, der hinten und vorn Luken hatte, leer, diente aber zum Wäschetrocknen."

(Klöde, Goldschmiedelehrling, zitiert nach: Lahnstein, Report einer guten alten Zeit, a.a.O., S. 251 ff.)

(13) Untersuche den Bericht des Goldschmiedelehrlings mit folgenden Fragen:
a) Wie lange war die Arbeitszeit?
b) Welche Aufgaben hatte der Lehrling zu verrichten?
c) Wie war der Lehrling im Hause des Meisters untergebracht?
(14) Wer ist heute für die Ausbildung eines Lehrlings verantwortlich? Frage evtl. den Lehrer.
(15) Diskutiert in der Klasse folgende Behauptungen:
„Lehrlinge können noch nichts, sie sind die Jüngsten, also müssen sie im Betrieb Aufräumarbeiten übernehmen."
„Lehrlinge sind zur Berufsausbildung im Betrieb, also dürfen sie nur zu Arbeiten verpflichtet werden, die unmittelbar zu ihrem späteren Beruf gehören."

11.4. Die „alte Ordnung" wird geändert

Die Bauern werden „frei". Die Erklärung der Menschenrechte in den USA und die Verfassungen in der Zeit der Französischen Revolution (1789–1799) stellten fest, daß alle Menschen von Natur aus „frei" seien. Leibeigene Menschen durfte es demnach nicht geben.

Das war in Deutschland um 1800 nicht neu. Viele Bauern haben die Aufhebung der „Leibeigenschaft" gefordert. Gelehrte Männer, z. B. Kant (vgl. S. 105), haben den Gedanken von der Freiheit aller Menschen verbreitet, und einige Fürsten haben die Leibeigenen aus der Leibeigenschaft entlassen, z. B. Kaiser Joseph II., Friedrich II. von Preußen und Markgraf Karl Friedrich von Baden.

Aufhebung der Leibeigenschaft 1807

In Preußen traten 1807 Gesetze in Kraft, welche die Leibeigenschaft für alle Dorfbewohner aufhoben. Nach der Niederlage der preußischen Armee im Kampf gegen Napoleon (vgl. S. 142) sollte der preußische Staat wieder stark gemacht werden. Der Freiherr vom Stein setzte die „Bauernbefreiung" durch, obwohl viele Grundherren und Gutsbesitzer gegen die Aufhebung der Leibeigenschaft argumentierten:

Bedenken der Gutsbesitzer

„Da diese Klasse der Menschen [die Leibeigenen] dem Gutsherrn eigentümlich gehörte, so erfordere es schon das Interesse ihrer Herren, sie menschlich zu behandeln und alle mögliche Sorgfalt für ihre Gesundheit . . . aufzuwenden; folglich würden die Bauern in Mecklenburg in gesunden und kranken Tagen viel besser unterhalten [als wenn sie selber für sich sorgen müßten . . . Auch würden in den Ländern, in denen die Leibeigenschaft aufgehoben sei, mehr Verbrechen geschehen], denn Menschen, die nichts weiteres hätten als ihre Freiheit, wären Armuts halber oft gezwungen, die abscheulichsten Bosheiten zu begehen."

(Thomas Nugents Reisen durch Deutschland und vorzüglich durch Mecklenburg, Bd. I, 1781; zitiert nach: G. Franz, Quellen zur Geschichte des deutschen Bauernstandes in der Neuzeit. Darmstadt 1963, S. 236)

(1) Stelle gegenüber: Gründe für und gegen die Aufhebung der Leibeigenschaft und beurteile die Gründe.
(2) Wiederhole, in welchem Zusammenhang die „Bauernbefreiung" in Preußen erfolgte (vgl. S. 142).
(3) Nimm Stellung zur Behauptung: „Denn Menschen, die nichts weiter hätten als ihre Freiheit, wären Armuts halber oft gezwungen, die abscheulichsten Bosheiten zu begehen."

Wer hatte den größeren Nutzen von der „Bodenreform"? Die preußische Regierung ergänzte die Abschaffung der Leibeigenschaft einige Jahre später (1811) durch eine Bodenreform. Denn was nützte den Bauern ihre persönliche Freiheit, wenn

sie kein eigenes Ackerland selbständig bewirtschaften konnten? Das neue Gesetz zur Regulierung der bäuerlichen Verhältnisse besagte, daß die Bauern, deren Hof einem Grundherrn gehörte, ihren geliehenen Besitz als Eigentum erhielten; für die Befreiung von Abgaben und Dienstleistungen sollten sie eine Entschädigung an den Grundherrn entrichten.
Die Frage, ob Bauern Eigentum an Ackerland erhalten sollten oder nicht, war unter Politikern und Gelehrten sehr umstritten gewesen. Folgende Ansichten standen sich gegenüber:

Pro und Contra „Bodenreform"

„Das einzige Wort Eigentum wird so mächtig sein, daß Millionen Bauern wie aus einem Schlummer erwachen ... Der einzige Gedanke: der Acker gehört dir, von nun an arbeitest du für dich und deine Kinder, alle Verbesserungen, die du auf deinem Felde vornimmst, hast du und deine Nachkommen zu genießen, niemand kann und wird dich aus dem Besitz deines Eigentums verstoßen, du hast alle Mittel in den Händen, wohlhabender zu werden, als du jetzt bist, dieser Gedanke ... wird alles in Bewegung setzen."

(Joh. Chr. Wöllner, Über den Wert des bäuerlichen Eigentums, 1768; zitiert nach: G. Franz, Quellen, a.a.O., S. 257)

„Wenn der Bauer Eigentümer wird, wo soll der Gutsherr die Arbeiter hernehmen? ... Unsere Güter werden für uns eine Hölle werden, wenn unabhängige bäuerliche Eigentümer unsere Nachbarn sind."

(Eingabe der Gutseigentümer des Kreises Stolp an den preußischen König, 1811; zitiert nach: G. Franz, Quellen, a.a.O., S. 360)

(4) Nenne zwei Gründe, warum in Preußen „bäuerliche Besitzungen" in Eigentum für die Bauern umgewandelt wurden.
(5) Diskutiert die Befürchtungen der Gutseigentümer des Kreises Stolp.
(6) Erörtert die Ansicht Wöllners über den Wert des Eigentums. Frage nach, was „Unternehmerinitiative" bedeutet.

Entschädigungsleistungen

Das Gesetz bestimmte, daß in Preußen die adligen Herren, die jetzt auf Abgaben und Dienstleistungen der Dorfbewohner verzichten mußten, „gerecht entschädigt" werden sollten. Diese Entschädigung konnte auf zwei Arten erfolgen: Die Bauern sollten entweder Geld bezahlen oder einen Teil ihrer Anbaufläche an den adligen Herrn abtreten.
In Süddeutschland sind in der Zeit zwischen 1815 und 1848 ähnliche Gesetze wie in Preußen erlassen worden. Hier wählten die Bauern meistens die Möglichkeit, den Grundherren Geld als Entschädigung zu bezahlen. Die Regierung (z. B. in Württemberg) half den Bauern oft dadurch, daß sie einen Teil der Entschädigungssumme übernahm.

Landabtretung der Bauern

Nachteile für die Bauern. Die Bauern in Preußen mußten, weil sie weder Geld hatten noch staatliche Hilfe erhielten, fast überall einen Teil ihrer Anbaufläche abtreten, häufig ein Drittel des gesamten Ackerlandes und der Wiesen. Diese Abtretungen vergrößerten viele adlige Gutsbetriebe und verkleinerten die Bauerngüter. Insgesamt traten die Bauern in Preußen etwa eine Million Hektar Anbaufläche ab. Die meisten Bauern wurden ärmer; doch manche konnten den Verlust durch verbesserte Anbaumethoden und vor allem durch die Fruchtbarmachung von Neuland ausgleichen.

Verarmung der Bauern

Auch in der Folgezeit nahm die Verarmung der Bauern weiter zu. Die kleinen Höfe wurden durch Erbteilungen noch kleiner. Sie reichten nicht mehr aus, um eine Familie zu ernähren. Viele Bauern mußten ihren Hof verkaufen, um ihre Schulden zu bezahlen. Häufig erwarben adlige Herren solche Bauernhöfe. 1869 war die gesamte Ackerfläche von Preußen zu 49 Prozent im Eigentum von Bauern und zu 45 Prozent im Eigentum von adligen Grundherren oder bürgerlichen Großgrundbesitzern, d.h. wenige Großgrundeigentümer verfügten über verhältnismäßig viel Land.

„Die ‚Kleinen im Dorfe', also Dorfbewohner, die keinen Bauernhof betreiben konnten, die allenfalls ein paar Stück Vieh auf der Allmende, der Gemeindewiese, unterhalten durften, waren meistens die Leidtragenden der ‚Regulierungsgesetze'. Allmenden wurden aufgelöst; die Entschädigung für entgangene Nutzungsrechte war oft klein oder wurde nicht anerkannt. Die dörfliche Unterschicht lebte nicht selten am Rande des Existenzminimums. Viele waren froh, wenn sie auswandern oder in die neuen Fabrikstädte ziehen konnten."

(Aus: W. Danner, Probleme der Agrarwirtschaft, Stuttgart 1976, S. 45)

Agrarunternehmer

Vorteile für den Adel. Die Großgrundbesitzer vergrößerten ihren Besitz, fanden billige Arbeitskräfte und konnten die ersten Maschinen anschaffen. Dadurch wurde ihre Landwirtschaft jetzt viel rentabler. Sie konnten Getreide, Kartoffeln, Zuckerrüben u.ä. für den Bedarf der wachsenden Städte anbauen, Holz für den Schiffsbau, Wolle für die Textilfabriken liefern und ihren Wohlstand mehren. Noch 100 Jahre nach der Bauernbefreiung gehörte in den Ostgebieten von Preußen die Hälfte des Bodens den Großgrundbesitzern mit Gütern über 200 Hektar.

Die preußischen Adligen – es waren rund 12000 Familien – behielten außer den Gutshöfen auch die politische Führung im jeweiligen Gutsbezirk: Kirche, Gericht, Schule und Polizei unterstanden den Gutsherren (vgl. S. 98). Im übrigen besetzten sie weiterhin die Offiziersstellen, zumindest die oberen Ränge, und sie wurden im Staatsdienst bevorzugt und waren Gäste der königlichen Hofgesellschaft. So hat die „Bauernbefreiung" in Preußen die Kluft zwischen den Großgrundbesitzern und der übrigen Landbevölkerung noch vergrößert. Der wirtschaftliche Ertrag der Landwirtschaft nahm jedoch beträchtlich zu und verdoppelte sich in der Zeit zwischen 1800 und 1850.

(7) Erörtere die Vor- und Nachteile des Eigentums an Grund und Boden für die Bauern in Preußen.
(8) Erkläre, warum in Preußen 1850 ein Drittel der bäuerlichen Bevölkerung kein Eigentum an Land hatte und kaum das Leben fristen konnte.
Beachte: In Preußen wuchs die Bevölkerung in den Jahren 1815–1848 von 10 auf 16 Millionen.
(9) Erkundige dich, in welchen Staaten heute folgendes Problem besteht: Die Masse der bäuerlichen Bevölkerung hat kein Eigentum an Grund und Boden und arbeitet auf den Gütern von Großgrundeigentümern.

Zur Lernkontrolle

1. Erkläre den Zusammenhang zwischen Hygiene und Lebenserwartung der Menschen.
2. Berichte über die gesellschaftlichen Unterschiede in einer Stadt um 1800.
3. Berichte über soziale Unterschiede in einem Dorf um 1800.
4. Nenne Unterschiede in der Ausbildung von „Landkindern", Handwerkerlehrlingen und Töchtern und Söhnen wohlhabender Bürger um 1800.
5. Erkläre den Begriff „Frauenemanzipation".
6. Erkläre die Begriffe „Grundherrschaft", „Leibherrschaft", „Gerichtsherrschaft", „Zehntberechtigung" und „Bauernbefreiung".
7. Nenne Gründe für das Bemühen der preußischen Regierung, die Beziehungen zwischen den adligen Herren und der bäuerlichen Bevölkerung zu ändern.

12. Die Industrialisierung

Lernziele

- Du kannst dich über neue Herstellungsverfahren von Waren im sogenannten „industriellen Zeitalter" informieren. Du wirst erklären können, worin sich die Arbeitsweise der Menschen im „industriellen Zeitalter" von der Arbeitsweise im „vorindustriellen Zeitalter" unterscheidet.
- Du wirst erklären können, was Infrastruktur bedeutet und warum sie für die Industrialisierung eines Staates notwendig ist. Das hilft dir, wirtschaftliche Schwierigkeiten von Ländern der heutigen sogenannten „Dritten Welt" zu verstehen.
- Prüfe, worin der Fortschritt im Abbau von Zollgrenzen besteht.
- Du kannst feststellen, welche Rolle das Bürgertum infolge der Industrialisierung in der Gesellschaft gewann.

12.1. Im 19. Jahrhundert immer mehr Menschen

Bevölkerungswachstum

Bevölkerungswachstum. Durch die verringerte Kindersterblichkeit und die längere Lebenserwartung wuchs die Bevölkerung in Deutschland in knapp hundert Jahren um 161,9 Prozent (vgl. S. 148f.).

Einwohner in Tausend in Deutschland

	1816	1910	Zunahme in %
insgesamt	24833	64926	161,9
in einzelnen Gebieten:			
Brandenburg	1086	4093	267,9
Rheinland	1910	7121	272,8
Berlin	198	2071	945,9
Hamburg	154	1015	559,1
Waldeck	52	62	19,2
Bayern	3607	6887	90,9

(Zahlen aus verschiedenen Statistiken für das Deutsche Reich, nach: W. Köllmann, Die industrielle Revolution. Klett Verlag, Stuttgart [5]1972, S. 1)

Links: Das Wachstum der Bevölkerung in Deutschland, Großbritannien und Frankreich. – Rechts: Das Wachstum der deutschen Bevölkerung seit der Zeit Karls des Großen.

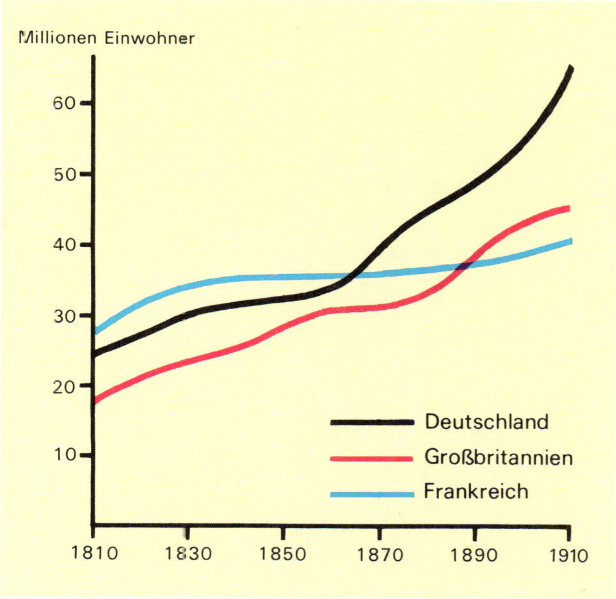

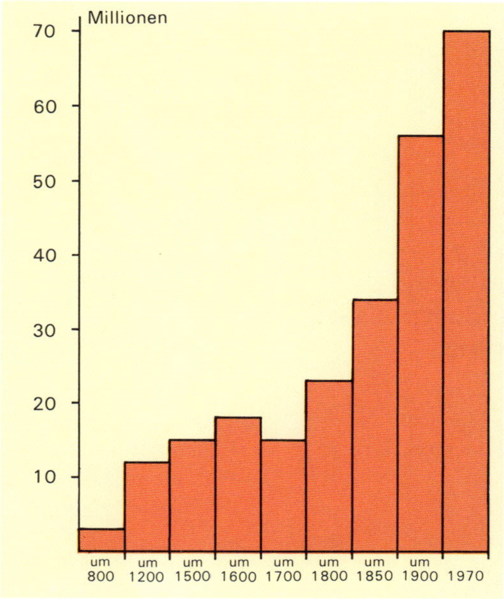

(1) Wo stieg die Bevölkerung in Deutschland prozentual am stärksten? Versuche, eine Erklärung zu geben.
(2) Vergleiche im Schaubild den Bevölkerungszuwachs in England mit den genannten Zahlen von Deutschland. In welchem Land ist der Bevölkerungszuwachs stärker?
(3) „Bevölkerungszuwachs" – „Anwachsen der Lebenserwartung"; begründe den Zusammenhang beider Entwicklungen.

Neue Agrartechnik

Wandel der Landwirtschaft. Um 1800 arbeiteten weitaus die meisten aller Menschen in Deutschland in der Landwirtschaft (vgl. S. 149). Das änderte sich allmählich, denn die Bevölkerung wuchs rasch, aber die Landwirtschaft konnte kaum weitere Arbeitskräfte beschäftigen. So wanderte der Bevölkerungsüberschuß in die Städte oder ins Ausland ab. Verbesserte Anbaumethoden, Saatgutauslese und Zuchtwahl, künstliche Düngung und Einsatz von Maschinen führten dazu, daß die Erträge der Landwirtschaft anstiegen und auch die wachsende Bevölkerung in den Städten mit Lebensmitteln versorgt werden konnte, obwohl nach und nach immer weniger Menschen in der Landwirtschaft arbeiteten.

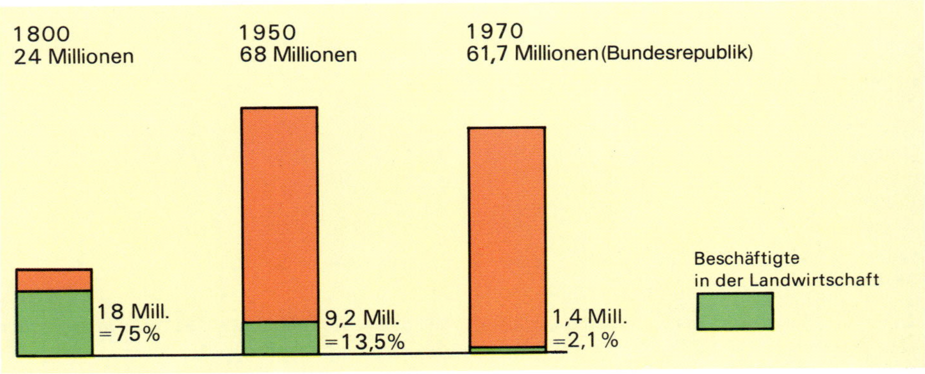

Anteil der in der Landwirtschaft Beschäftigten in Deutschland.
(Zahlenangaben nach G. Franz, Quellen, a.a.O., S. 449)

(4) Berechne mit Hilfe dieses Schaubildes:
Wenn keine Ein- und Ausfuhren für landwirtschaftliche Produkte in Deutschland möglich wären
a) Wie viele Landwirte benötigte um 1800 in Deutschland ein Stadtbewohner zur Ernährung?
b) Wie viele Stadtbewohner kann 1950 ein Landwirt ernähren?

12.2. Anfänge der Industrialisierung

1769
Dampfmaschine

Neue Maschinen – neue Herstellungsverfahren – neue Waren. Viele Jahrtausende benutzten die Menschen Wasser- und Windmühlen als Antriebsmaschinen, die allerdings nur eine geringe Leistung erbrachten. Eine Kraftleistung von 10 PS (Pferdestärken) galt als Ausnahme. Außerdem blieben Wasser- und Windmühlen von Flüssen und Bächen oder vom Wetter abhängig. Wie konnte eine Kraftmaschine konstruiert werden, die sich an jedem beliebigen Ort aufstellen ließ?
1769 gelang dem Engländer James Watt die Erfindung einer solchen Maschine. Er konstruierte eine wirtschaftlich leistungsfähige Dampfmaschine (vgl. S. 107). Bald wurden mit Hilfe von Dampfmaschinen bedeutend größere Arbeitsleistungen erzielt als mit Wasser- oder Windmühlen; es konnten mehr Waren hergestellt werden.

„Schätzt man die Kraft eines Pferdes im Vergleich zu der eines Menschen wie $5^1/_2$ zu 1 und rechnet man, daß eine Dampfmaschine täglich volle 24 Stunden arbeitet, unterdessen Pferde nur acht

Innenansicht einer französischen Rasiermessermanufaktur: Schmiede, Schlosserei, Schleiferei, Polieren und Verpacken der Messer. Neben dem Tor sitzen vier Polierer. Kupferstich um 1783.

Stunden und Menschen nur zehn Stunden am Tag arbeiten können, so leuchtet ein, daß diese Dampfmaschine [von 600 PS] täglich die Arbeit von 1800 Pferden und von 9000 Menschen verrichtet."

(Über die Verbreitung von Dampfmaschinen in England 1822, in: Treue, Pönicke, Manegold, Quellen zur Geschichte der industriellen Revolution. Musterschmidt Verlag, Göttingen 1966, S. 55)

Dampfmaschinen arbeiteten zunächst in Bergwerken als Wasserpumpen, aber bald trieben sie auch andere Maschinen an: Spinnräder, Getreidemühlen und Eisenhämmer. Eine einzige Dampfmaschine konnte in einer Fabrikhalle eine Reihe anderer

Förderanlage eines englischen Kohlenbergwerks um 1790. Gemälde eines unbekannten Künstlers.

Die Eröffnung der Eisenbahn München-Augsburg am 1. September 1839. Lithographie von G. Kraus.

Maschinen antreiben. Man baute immer mehr Fabrikhallen, vor allem, als auch in rascher Folge neue Herstellungsverfahren erfunden wurden.

Industrialisierung in England Voraussetzungen

Die ersten Fabrikhallen entstanden in England. England entwickelte sich schon Ende des 18. Jh. zu einem Industriestaat. Günstige Voraussetzungen dazu waren:

- Durch wissenschaftliche Forschung waren die Erträge der Landwirtschaft angestiegen, und die Städte konnten leichter mit Lebensmitteln versorgt werden.
- Zunehmende Arbeitsteilung beschleunigte und verbesserte die Herstellung von gewerblichen Gütern.
- Durch einen starken Bevölkerungszuwachs gab es genügend Arbeitskräfte.
- Immer mehr Menschen hatten ein Lohneinkommen und verfügten so über „Kaufkraft", d.h. sie konnten mehr Konsumgüter kaufen.
- Waren, die in den Städten hergestellt wurden, konnten auch in ländlichen Gemeinden verkauft werden; es gab einen größeren „Markt".
- Einzelne Leute konnten größere Summen Geld (Kapital) ansammeln, und es gab vermögende Leute, die bereit waren, Wagnisse beim Bau von Industriebetrieben einzugehen.

Alle diese Merkmale sind eng miteinander verbunden. Sie zeigen zusammen, welche Voraussetzungen erfüllt sein mußten, daß sich ein Staat, in dem hauptsächlich Landwirtschaft getrieben wurde, zum Industriestaat entwickeln konnte.

Lage in Deutschland

In Deutschland waren diese Voraussetzungen später erfüllt als in England. Eine Umfrage in Preußen ergab:

1830	245	Dampfmaschinen mit insgesamt	4485 PS
1846	1139	Dampfmaschinen mit insgesamt	21715 PS
1855	3050	Dampfmaschinen mit insgesamt	61690 PS
1861	6779	Dampfmaschinen mit insgesamt	137377 PS
1878	35431	Dampfmaschinen mit insgesamt	958366 PS

(Zahlen aus: E. Deuerlein, Gesellschaft im Maschinenzeitalter. Rowohlt tele, Hamburg 1970, S. 22)

Mechanische Webstühle

In der Textilindustrie ersetzten in wenigen Jahren die sogenannten mechanischen Webstühle, die durch Dampfmaschinen angetrieben wurden, die alten Handwebstühle.

Die Zahl der mechanischen Webstühle stieg in Preußen in 15 Jahren (von 1846 bis 1861) von 4603 auf 15258. Gleichzeitig fiel die Zahl der Handwebstühle von 78423 auf 28012. Mit mechanischen Webstühlen konnten in gleicher Zeit mehr Waren durch weniger Menschen hergestellt werden als mit den herkömmlichen Handwebstühlen. Es konnte also „rationeller" gearbeitet werden.

(1) Laß dir durch deinen Physiklehrer erklären, wie eine Dampfmaschine funktioniert.
(2) Erkläre die Bedeutung der Dampfmaschine für die Herstellung von Industriewaren.
(3) Nenne vier wichtige Voraussetzungen für die Entwicklung eines Staates von einem „Agrarstaat" zu einem „Industriestaat".
(4) Versuche zu beurteilen, wie Weber, die an Handwebstühlen ihr Geld verdient hatten, darüber dachten, daß in Fabriken mechanische Webstühle das Tuch webten.

Lokomotive und Dampfschiff – die neuen Verkehrsmittel. Günstige Verkehrswege gelten als Voraussetzung für die Gründung von Industriebetrieben. Wie sollen Rohstoffe zur Fabrik herangeschafft werden? Wie sollen fertige Waren zu den Märkten gelangen?

Neue Transportmittel

Seit zweitausend Jahren transportierte man Handelswaren auf die gleiche Art: in Lastkähnen, auf Pferdefuhrwerken und auf dem Rücken von Tieren. Die Fuhrleute benötigten Wochen, um auf den schlechten, ungepflasterten Landstraßen voran-

Entwicklung des Eisenbahnnetzes in Mitteleuropa bis 1855.

zukommen. Lastkähne konnten nicht alle Orte erreichen. Sie waren abhängig von Strömung und Wassertiefe der Flüsse und Kanäle. Doch alles änderte sich durch zwei Erfindungen: Dampfschiff und Lokomotive. Jetzt konnten die Waren und Rohstoffe schneller und billiger transportiert werden. Fabrikunternehmer hatten deshalb ein großes Interesse am Bau von Kanälen und Eisenbahnen. Einer von ihnen schrieb im Jahre 1825:

Eisenbahn

„Durch die rasche und billige Fortschaffung der Güter wird der Wohlstand eines Landes bedeutend vergrößert ... Größere Vorteile als die bisherigen Verkehrsmittel (Kanäle, schiffbare Ströme und Straßen) scheinen Eisenbahnen zu bieten ... Eine Maschine von acht Pferdekraft würde innerhalb 10 Stunden 1000 Zentner Kohlen von Duisburg nach Arnheim schaffen; die Lastkähne liegen allein acht Tage in Ladung. Die sämtlichen Ruhr-Zechen erhielten durch eine Eisenbahn den unschätzbaren Vorteil eines raschen und regelmäßigen Absatzes unter großen Frachtersparungen ...
Möge auch im Vaterlande bald die Zeit kommen, wo der Triumphwagen des Gewerbefleißes mit rauchenden Kolossen bespannt ist."

(Friedrich Harkort, Über Eisenbahnen; in: Treue, Pönicke, Manegold, Quellen zur Geschichte der industriellen Revolution, a.a.O., S. 69)

1835

Zehn Jahre danach (1835) wurde in Deutschland die erste Eisenbahn festlich eingeweiht. Die Strecke war sechs Kilometer lang und führte von Nürnberg nach Fürth. Die erste Festfahrt mit der schnaubenden Dampflokomotive kam vielen Menschen ungeheuerlich vor. Es fehlte deshalb nicht an warnenden Stimmen:

Angst vor Neuerungen

„Die schnelle Bewegung muß bei den Reisenden unfehlbar eine Gehirnkrankheit ... erzeugen. Wollen aber dennoch Reisende dieser gräßlichen Gefahr trotzen, so muß der Staat wenigstens die Zuschauer schützen ... Es ist notwendig, die Bahnstelle auf beiden Seiten mit einem hohen Bretterzaun einzufassen."

(Aus dem Gutachten des Bayrischen Obermedizinalkollegiums 1838, zitiert nach: Treue, Pönicke, Manegold, Quellen, a.a.O., S. 84)

Eisenbahnindustrie

Um Eisenbahnen zu bauen, waren neue Industriebetriebe notwendig. In kurzer Zeit entstanden Bahnschienenwalzwerke und Lokomotivfabriken. Die Eisenbahnindustrie wurde in Deutschland ein wichtiger Industriezweig. Man baute zwischen 1850 und 1860 schon 3122 Lokomotiven und verlegte Eisenbahnschienen über weite Strecken. Das deutsche Eisenbahnnetz umfaßte:

1835	6 km	1860	11 023 km
1840	549 km	1880	33 865 km
1845	2131 km	1900	49 878 km
1850	5822 km	1910	59 031 km

(Zahlen aus: Treue, Pönicke, Manegold, Quellen, a.a.O., S. 93)

(5) Erkläre die Bedeutung von Verkehrswegen für den Standort von Fabrikanlagen.
(6) Erörtere den Vorteil von Eisenbahnen gegenüber Landstraßen beim Transport von Waren.
(7) Die Eisenbahnindustrie wurde um die Mitte des 19. Jh. zur „Schlüsselindustrie" in Deutschland. Versuche diesen Begriff zu erklären und auf moderne Industriezweige (z. B. Automobilbau) anzuwenden.
(8) Beantworte mit Hilfe der Karte S. 165 folgende Fragen:
a) In welchen Gebieten Deutschlands entstanden die ersten Eisenbahnen? Warum wohl gerade hier?
b) Wo ist das Streckennetz besonders dicht?
c) Informiere dich, welche Strecken heute von der Bundesbahn stillgelegt werden sollen.
(9) Erörtere die Aussagen des Arztkollegiums gegen den Bau von Eisenbahnen. Sind dir heutige Beispiele bekannt, in denen Neuerungen heftig umstritten sind? Berichte darüber.

Karikatur aus dem Jahr 1834. „Sie sehen, Herr Grenzwächter, daß ich nix zu verzolln hab', denn was hinte auf dem Wage is, hat die lippische Grenze noch nit überschritte, in der Mitt' is nix, und was vorn drauf is, is schon wieder über die lippische Grenz drübe."

12.3. Wirtschaftspolitik der Staatsregierungen

Zollgrenzen behindern den Handel. Jeder deutsche Staat war ein Zollgebiet, d. h. alle Waren, die aus Nachbarstaaten kamen, galten als vom „Ausland" eingeführt; sie wurden an der Staatsgrenze verzollt. 38 Zollinien behinderten in Deutschland den Handelsverkehr.

Schlagbäume

„Jeden Augenblick wurden die Warenzüge auf der Landstraße durch Schlagbäume aufgehalten, bei Wind und Wetter wurden die Waren ausgepackt, auf der Straße ausgebreitet und durchsucht . . . In seinem Kontor verlor der Kaufmann viel Zeit mit dem Studium der zahllosen Zolltarife und Wegegelder. Aber das Tollste war: während jeder einzelne deutsche Staat sich vom anderen durch hohe Zollmauern absperrte, gab es keine geschlossene Linie nach außen, so daß die Waren aus England in ungeheuren Mengen nach Deutschland kamen."

(F. Schnabel, Deutsche Geschichte im 19. Jh., Die moderne Technik und die deutsche Industrie. Freiburg 1965, S. 121)

Geldwechsel

„Jeder Duodez-Fürst [d. h. Fürst eines winzigen Staates], deren es eine Menge gab, hatte seinen Schlagbaum und seine Münze [eigene Währung]. Es ist vorgekommen, daß ich an einem Tag dreimal das Geld habe wechseln müssen und jedesmal mußte ich dabei verlieren. Kaum hatte man eine Meile gemacht, so war man an einem Schlagbaum, dann hieß es: ‚Wer hat ihm erlaubt, in unser Fürsten- oder Herzogtum zu kommen? Paß her!' Dann wurde etwas in den Paß hineingeschmiert, und nur zu oft wurde man zurückgewiesen. Das war eine Misere . . ."

(C. Scholl, Erinnerungen eines alten Handwerkers aus Memel. In: Historisches Lesebuch, Bd. 1, a.a.O., S. 111)

Um den Handel zu erleichtern, forderten die Fabrikanten und Händler einen „großen Markt", d. h. Waren, die z. B. in Hamburg hergestellt wurden, sollten ungehindert und möglichst billig in München angeboten und verkauft werden können.

(1) Erkläre den Begriff „Zoll". Das Jugendlexikon „Wirtschaft" hilft dir dabei.
(2) Stelle auf der Karte S. 185 fest: Wie viele Zollschranken mußte ein Fuhrmann vor 1835 durchqueren, wenn er Waren von Hamburg nach München fuhr?

Zollverein **1834**

Zollschranken werden aufgehoben. Die Zollschranken zwischen 18 deutschen Staaten fielen nach langen Verhandlungen 1834. Damit waren die Forderungen der Unternehmer nach einem „großen Markt" erfüllt. Wichtige Artikel im Vertrag über die Aufhebung der Zollgrenzen, dem sogenannten Zollvereinsvertrag, waren:

Art. 4 In den Gebieten der Staaten, die dem Zollverein angeschlossen sind, sollen übereinstimmende Gesetze über Eingangs-, Ausgangs- und Durchgangsabgaben bestehen.
Art. 5 Zolltarife werden in Übereinstimmung festgesetzt.

Art. 6 Zwischen den Staaten besteht Freiheit des Handels und Verkehrs. Die Zolleinnahmen von Drittstaaten sind gemeinsam.

Art. 14 Die Staaten wollen sich bemühen, ein einheitliches Münz-, Maß- und Gewichtssystem einzuführen.

(nach: H. Pönicke, Die wirtschaftliche und soziale Entwicklung Europas im 19. Jahrhundert. Schöningh, Paderborn 1970, S. 42)

Gemeinsamer Markt

(3) Warum sollen in einem „großen Markt" die Gewichte, Maße und Münzen gleich sein?
(4) Frage den Lehrer nach Zielsetzungen der heutigen „Europäischen Gemeinschaft" (EG). Vergleiche diese Ziele mit denen des Zollvereins von 1834. Beachte vor allem die Bestimmungen über Zolltarife und Zolleinnahmen gegenüber Staaten, die nicht zu den Vertragspartnern zählen.
(5) Nenne Vorteile, die für die Bevölkerung durch die Abschaffung der Zölle entstehen.
(6) Erörtere Vor- und Nachteile, die für Unternehmer durch die Schaffung eines „großen Marktes" entstehen. Beachte dabei das Problem der Konkurrenz.

Die Aufhebung der Zollschranken, der sich nach und nach fast alle übrigen deutschen Staaten anschlossen, war auch eine wichtige Voraussetzung für den Bau von langen Eisenbahnstrecken:

Eisenbahnnetz

„Der Zollverein und das Eisenbahnsystem sind siamesische Zwillinge; zur gleichen Zeit geboren, körperlich aneinander gewachsen . . . unterstützen sich wechselseitig . . . Ohne Zollverein wäre ein deutsches Eisenbahnsystem nie zur Sprache gekommen."

(Friedrich List, Zum Nationalen Eisenbahnsystem, in: H. Pönicke, Wirtschaftliche Entwicklung, a.a.O., S. 45)

12.4. Die „bürgerliche Gesellschaft"

Besitzbürgertum

Eine neue Führungsschicht. Die Industrialisierung veränderte die Grundlagen der gesellschaftlichen Gliederung. Der Großgrundbesitz war die Voraussetzung für die Vorrangstellung des Adels gewesen (vgl. S. 159). Als die Industrie vor der Landwirtschaft den ersten Platz in der Gütererzeugung erlangte, verlor der grundbesitzende Adel die Führung. Wichtiger als Grundbesitz war jetzt der Besitz von Fabrikanlagen, Großhandelsfirmen, Banken, Eisenbahn- oder Schiffahrtslinien. Mancher Adlige erwarb zwar Industrieanlagen oder legte sein Geld in Anteilscheinen (Aktien) an. Im allgemeinen galt es unter Adligen jedoch als unstandesgemäß, solche Geschäfte zu machen. Dieser Bereich der Wirtschaft war Sache des Bürgertums. Die Unternehmer in der frühen Zeit der Industrialisierung kamen meist aus bürgerlichen Familien und arbeiteten sich durch Sparsamkeit, Können, Erwerbssinn und nüchtern abwägendes Gewinnstreben empor. Wenn sie Erfolg hatten und gut verdienten, steckten sie den Gewinn in den Betrieb, erweiterten die Fabrikanlagen oder kauften andere hinzu, kurz sie „investierten" ihren Gewinn. Je größer die Unternehmen wurden, desto mehr gab das Kapital den Ausschlag für den Erfolg. Diejenigen Unternehmer setzten sich durch, die über ein großes Vermögen verfügten. Sie waren geachtet oder gefürchtet und nahmen immer mehr Einfluß auf das öffentliche Leben und die Politik. Das Besitz- und Geldbürgertum – auch Bourgeoisie genannt – übernahm allmählich die Führung in der Gesellschaft, wenn auch der Adel in manchen Ländern wie z. B. in Deutschland weiterhin bestimmte Vorrechte behielt.

Gewerbefreiheit

Abstieg und Aufstieg in der Gesellschaft. „Freie Bahn dem Tüchtigen" lautete ein Grundsatz des Bürgertums. Darum bekämpfte man die alten Schranken zwischen den Ständen und begrüßte die „Bauernbefreiung" (vgl. S. 158) wie auch die Aufhebung der Zunftgesetze und die Einführung der „Gewerbefreiheit" (vgl. S. 142). Das Gesetz erlaubte jetzt jedem, seinen Beruf und Arbeitsplatz frei zu wählen, einen Betrieb zu eröffnen oder ein Geschäft zu gründen, wo er wollte. Die Folge war:

„[Eine Menge von Unerfahrenen] eröffnete einen Laden, eine Schankstätte, einen Handwerksbetrieb oder welches Geschäft auch immer, viele Gesellen machten sich selbständig, gründeten

Borsigs Maschinenfabrik vor dem Oranienburger Tor in Berlin. Holzschnitt 1848. Beachte, wie im Fabrikhof eine Dampfmaschine (sogenanntes „Lokomobile") transportiert wird.

mit dem Geschäft eine Familie, die Zahl der zunftfreien Meister wuchs . . ., und bald zeigten sich die Folgen der entfesselten freien Konkurrenz. Schnell begründetes Glück brach oft ebenso schnell zusammen, zahlreiche Meister verloren ihren alten Beruf, und die Armenlast der Städte wuchs auf unerwartete Weise an. In Berlin war z.B. 1831 jeder vierte von öffentlicher Unterstützung abhängig. Die Armut in den Städten hielt mit der Bevölkerungsvermehrung Schritt und wurde oft durch sie verschärft."

Armut in den Städten

(R. Koselleck, Staat und Gesellschaft in Preußen 1815–1848. In: H.-U. Wehler (Hrsg.); Moderne deutsche Sozialgeschichte. Neue Wissenschaftliche Bibliothek Bd. 10. Kiepenheuer und Witsch Verlag, Köln/Berlin [3]1970, S. 74)

Manchen Kaufleuten, Handwerkern oder „Verlegern" (vgl. S. 187) gelang es jedoch, Großhändler, Fabrikant und Unternehmer zu werden und so in die Bourgeoisie aufzusteigen. Auch die Angehörigen der „freien Berufe", die Ärzte, Apotheker, Advokaten, Gelehrten, Gymnasialprofessoren gewannen eine geachtete Stellung und zählten – wie auch die Pastoren – zu den „Honoratioren" der Gesellschaft. Sie bildeten zusammen mit den höheren Beamten eine weitere Oberschicht des Bürgertums, die die gleichen oder ähnliche Interessen besaß wie das reiche Großbürgertum, die „Bourgeoisie". Aus diesen beiden oberen Schichten des Bürgertums kamen die meisten Abgeordneten in den Landtagen und Stadtparlamenten. Die Söhne aus dieser Schicht besuchten das Gymnasium, und später wurde es üblich, daß diejenigen, die nicht studieren wollten (oder konnten), wenigstens versuchten, das „Einjährige" zu erreichen, d.h. den Abschluß der Untersekunda (10. Klasse); damit konnten sie in einer einjährigen Militärdienstzeit zum Reserveleutnant aufsteigen. Das bedeutete: Sie zählten aufgrund von Rang und Uniform zur „besseren" Gesellschaft.

Honoratioren

„Bessere" Gesellschaft

(1) Erläutere die Ausdrücke „Bourgeoisie", „Honoratioren".
(2) Zwischen Volksschülern und Schülern am Gymnasium entstand nicht nur ein Bildungsunterschied, sondern auch eine gesellschaftliche Kluft. Erkläre, wie das kam, und vergleiche mit den heutigen Verhältnissen.
(3) Nimm Stellung zu dem Grundsatz „Freie Bahn dem Tüchtigen".

Standesgemäße Heiraten

Klassenschranken. Die reichen Bürger versuchten wie früher der Adel, ihre Vorzugsstellung für sich zu behaupten und sie den eigenen Kindern zu vererben, indem sie sich nach unten abschlossen. Man achtete streng auf „standesgemäße" Heiraten und sorgte so dafür, daß die „besseren" Familien „unter sich" blieben. Dienstboten, Arbeiter, Tagelöhner galten als einfaches Volk, als „Proletarier" (vgl. S. 177f.). Bürgertum und Proletariat waren durch eine Klassenschranke getrennt.

„Durch den Gehrock und durch die Sorgfalt ihrer Kleidung unterschied sich die bürgerliche Klasse vom gemeinen Volk ... Das Geld entschied, ob man zur Bourgeoisie und gar zu deren Spitzen zählte oder nicht. Der Besitz von Geld führte zu einer geachteten sozialen Stellung und zu Ansehen in der Gesellschaft ... Bürgerlich leben bedeutete eine gut eingerichtete Wohnung zu besitzen, die Söhne studieren lassen und den Töchtern eine Aussteuer geben zu können; es bedeutete für die Frau, Besuche zu empfangen und Besuche zu machen ..."

(R. Schnerb, Das bürgerliche Zeitalter. Kindlers Kulturgeschichte. Kindler Verlag, München 1971, S. 97f.)

Unterschiede und Abstufungen. Allerdings bestanden auch große Unterschiede innerhalb des Bürgertums.

Einkommensgefälle

„Man betrachte die Gehaltsabstufungen etwa des Jahres 1822. Es scheint in keinem Verhältnis zu stehen, wenn der Oberbürgermeister von Berlin [im Jahr] ein Gehalt von 5500 Talern, der Bürgermeister ein Gehalt von 3500 Talern bezog, während ein Kammergerichtsrat nur 1600, der Baurat nur 1380 Taler erhielt. Und man blickt tiefer in die sozialen Verhältnisse der Zeit hinein, wenn man zu den Subalternen [unteren Beamten] hinabsteigt. Der erste Kassenverwalter von Berlin stand sich auf 1050 Taler, ein Stadtsekretär auf 1100, ein Registrator auf 700, ein Kanzlist auf 450, die Boten wurden mit 300, die Magistratsdiener gar mit 150 Taler abgefunden ..."

(E. Heilborn, Zwischen zwei Revolutionen, 1927, in: F. Pietzcker [Hrsg.], Revolutionen des Bürgertums. Diesterweg 7551, S. 91f., leicht gekürzt)

Man kann auch nicht sagen, daß die Industrie das Handwerk völlig abgelöst und den alten Mittelstand der Handwerker und kleinen Geschäftsleute einfach beseitigt habe.

Neuer Mittelstand

„Im spezialisierten Großbetrieb entfalteten Bergwerke und Fabriken eine Nachfrage nach immer mehr ausgebildeten Arbeitern; und die Industrialisierung erzeugte teils unmittelbar, teils mittelbar einen neuen Mittelstand von Werkmeistern, kaufmännischen Angestellten, Technikern, Ingenieuren, Seeoffizieren, Lehrern usw., die den verminderten alten Mittelstand der Handwerker, Krämer, Gastwirte, Makler, Agenten usw. auffrischte und ergänzte."

(Aus: R. Engelsing, Sozial- und Wirtschaftsgeschichte Deutschlands. Vandenhoeck und Ruprecht Verlag, Göttingen 1973, S. 150)

(4) Welche Berufsgruppen würdest du heute zur Oberschicht, welche zum Mittelstand, welche zur Unterschicht zählen?

Eine Gesellschaft von Klassen. Ein Wissenschaftler, der am Ende des 19. Jh. den Aufbau der Gesellschaft in Deutschland untersuchte, kam zu dem Ergebnis:

Vier Klassen

„Danach unterscheiden wir in der modernen Gesellschaft vier soziale Klassen: 1. die Feudalaristokratie, kürzer und schlichter: die Junker; 2. die Bourgeoisie; 3. das Kleinbürgertum, auch Handwerkertum im weiteren Sinne bezeichnet; 4. das Proletariat."

(W. Sombart, Die deutsche Volkswirtschaft im neunzehnten Jahrhundert, 1903. Neudruck Darmstadt 1954, S. 440, gekürzt)

Die Gliederung der Gesellschaft in unterschiedliche Klassen spiegelte sich in vielen Einrichtungen der Zeit. In der Oper gab es vier Ränge, wobei der vierte und letzte Rang oft nur „Stehplätze" enthielt. In der Eisenbahn hatte der Fahrgast die Wahl zwischen vier Klassen: Die vierte Wagenklasse hatte nur hölzerne Bänke ohne Kissen und kein Dach; sie hing unmittelbar an der Lokomotive, so daß – wie ein Zeitgenosse schrieb – „man den Vorteil hat, beim etwaigen Springen des Dampfkessels sofort bei der Hand zu sein und überhaupt einigen Aschenstaub und Feuerflocken auf den Rock zu bekommen, wovon schon die dritte Klasse unter dem Segeltuch nichts bemerkt."

(5) Wovon war der Zutritt zu den vorderen Rängen der Oper oder die Benutzung der besseren Wagenklasse der Eisenbahn abhängig?
(6) Diskutiert über die unterschiedlichen Klassen im Krankenhaus, in der Eisenbahn, die es auch heute noch gibt.

Das Wachstum englischer Städte zwischen 1800 und 1850.

Zur Lernkontrolle

1. Erläutere anhand von Zahlen das Bevölkerungswachstum in Deutschland in den letzten 180 Jahren und vergleiche mit der Entwicklung in anderen Ländern. Erkläre den Zusammenhang zwischen Bevölkerungszuwachs und dem Bau großer Fabrikanlagen.
2. Beschreibe die Voraussetzungen für die Industrialisierung Englands und zeige am Beispiel der Verbreitung von Dampfmaschinen oder der Entwicklung der Eisenbahn, wie Deutschland industrialisiert wurde.
3. Berichte über den Abbau der Zollgrenzen in Deutschland um 1834. Vergleiche mit dem Abbau der Zollgrenzen in der EG.
4. Das „Bürgertum" im 19. Jh.: Wie war es zusammengesetzt, wie war es abgestuft, welche Gesellschaftsschicht stand über, welche unter ihm?

13. Die Arbeiterbewegung im 19. Jahrhundert

Lernziele

- Du kannst dich über die Hintergründe der „Landflucht" und „Verstädterung" im vergangenen Jh. informieren und so Einsicht in Probleme gewinnen, die auch heute bei der Arbeits- und Wohnungssuche bestehen.
- Aufgrund der Informationen über die Lage der Arbeiter kannst du dir ein Urteil darüber bilden, ob und wie Arbeiter „ausgebeutet" wurden.
- Das Kapitel zeigt verschiedene Programme und praktische Versuche, die zur Lösung der „sozialen Frage" im 19. Jh. entwickelt wurden. Prüfe sie und versuche, deinen eigenen Standpunkt dazu einzunehmen.
- Karl Marx hatte mit seiner Erklärung der Verhältnisse und seinem Programm zur Veränderung der Gesellschaft die größte Wirkung. Stelle fest, was er lehrte, und setze dich damit auseinander.

13.1. Lage der Arbeiter zu Beginn der industriellen Entwicklung

„Landflucht" in die Fabrikstadt oder Auswanderung. Der große Bevölkerungszuwachs im 19. Jh. brachte vielen Menschen die Sorge: Wie das tägliche Brot erwerben? Woher eine Wohnung nehmen? Viele waren deshalb froh, wenn sie Arbeit in einer Fabrik fanden. Massenweise zogen Menschen aus Dörfern in die Städte, in denen große Fabriken entstanden. Um 1800 gab es in ganz Deutschland nur 85010 „Industriearbeiter", also Arbeiter, die nicht in der Landwirtschaft beschäftigt waren; 1848 gab es bereits 900000.

Mitteldeck eines Auswandererschiffes. Zeichnung von 1847. Links und rechts die Schlafkojen.

Industriearbeiter

Am Beispiel der Stadt Essen und des Industriebetriebes Krupp läßt sich die Massenflucht der Landbevölkerung in die Fabrikstadt deutlich aufzeigen:

Einwohner Essens[1])

1800	4000
1850	9000
1880	57000
1900	119000

Wachstum der Städte

Beschäftigte bei Krupp[2])

1812	2	1870	8400
1830	8	1890	24000
1850	241	1910	68000

[1] Zahlen aus Köllmann, Industrielle Revolution, a.a.O., S. 8
[2] Zahlen aus: Menschen in ihrer Zeit, Bd. 3. Klett Verlag, Stuttgart 1970, S. 132

Auswanderung

Um 1800 hatten in Deutschland nur zwei Städte mehr als 100000 Einwohner (vgl. S. 149). Im Jahr 1910 waren es 48. Viele, die auch in der Stadt keine Möglichkeit sahen, ihren Lebensunterhalt zu verdienen, wanderten aus; von 1820 bis 1890 insgesamt 4½ Millionen Menschen. Sie erwarteten in anderen Ländern – hauptsächlich in den USA – bessere Lebensbedingungen (vgl. S. 224).

Lohndruck

Arbeit für wenig Geld. Da viele Menschen darauf angewiesen waren, in einem Industriebetrieb zu arbeiten, war kaum jemand unentbehrlich. Der Arbeitslohn richtete sich deshalb – wie auf dem Warenmarkt – nach Angebot und Nachfrage. Wenn ein großes Warenangebot besteht, kann der Preis sinken; besteht ein großes Arbeiterangebot, kann der Arbeitslohn gesenkt werden. Oft waren die Unternehmer auch nicht in der Lage, gute Löhne zu bezahlen; denn der Preis der Fertigwaren sollte wegen der scharfen Konkurrenz niedrig sein. Außerdem wollte jeder investieren, d.h. seinen Betrieb vergrößern. Hierzu brauchte er Geld. Je weniger Lohn ein Unternehmer bezahlte, desto leichter konnte er Geld für die Betriebserweiterung erwirtschaften.

Eine Arbeiterfamilie mit drei Kindern benötigte in Elberfeld 1849 durchschnittlich in der Woche 4 Taler, 4 Silbergroschen für: Miete, 3½ Pfund Fleisch, 3 Schwarzbrote, Kleider, Schuhe usw. Als guter Lohn galten in der Woche 3 Taler 7 Silbergroschen.

(Zahlen aus: Köllmann, Die industrielle Revolution, a.a.O., S. 44)

Frauenarbeit

Ein Arbeiter verdiente also oft weniger, als er zum Lebensunterhalt seiner Familie brauchte. Also mußten Frau und Kinder mit Geld verdienen. Manche Fabrikherren bevorzugten sogar Frauen und Kinder als Arbeitskräfte, da sie diesen noch weniger Lohn bezahlen konnten als den Männern.

(1) Nenne Gründe für den niederen Lohn von Fabrikarbeitern im 19. Jh.
(2) Erörtere die Schwierigkeiten eines Arbeiters, der durch Krankheit oder Unfall arbeitsunfähig war. Beachte: Eine Kranken- oder Unfallversicherung bestand nicht.

Kinder als Arbeiter. Heute ist bei uns Kinderarbeit in der Fabrik verboten. Vor 150 Jahren jedoch betrachtete man Kinderarbeit als selbstverständlich:

Kinderarbeit

„Die Kinder waren ebenso billige – wie auf Grund ihrer Not – willige Arbeitskräfte. In einer rheinischen Spinnereifabrik arbeiteten 1825 ... bei Tage 95, bei Nacht 80 Kinder. Die Arbeitszeit dauerte im Sommer von 7 Uhr früh bis 9 Uhr abends, im Winter von 8 Uhr früh bis 9 Uhr abends. Die Nachtarbeit begann mit dem Schluß der Tagarbeit und dauerte bis zu deren Wiederbeginn. Der Verdienst war nach Alter gestaffelt. Die kleineren Kinder bekamen in dieser Fabrik bis zu zwei Silbergroschen, die größeren drei Silbergroschen täglich ..."

(E. Deuerlein, Gesellschaft im Maschinenzeitalter. Hamburg 1970, S. 52)

Die Arbeitszeit für Kinder betrug durchschnittlich 10 bis 15 Stunden. In vielen Betrieben mußten Kinder Arbeit tun, für die Erwachsene zu groß waren, z. B. durch den Schornstein klettern oder in Bergwerksschächten die Kohlenwagen schieben. Oft saßen kleinste Kinder von vier oder fünf Jahren 12 Stunden lang täglich im Dunkeln, um die Schachttüren vor den Kohlewagen zu öffnen und, wenn diese vorbei waren, wieder zu schließen. Viele Kinder erkrankten bei solch harter Arbeit:

Krankheit

„Bleiche Gesichter, matte, entzündete Augen, aufgeschwollene Leiber, aufgedunsene Backen, geschwollene Lippen und Nasenflügel, Drüsenschwellungen am Halse, böse Hautausschläge und asthmatische Anfälle unterscheiden diese unglücklichen Geschöpfe, die frühe dem Familienleben entfremdet wurden und ihre Jugendzeit in Kummer und Elend verbrachten, in gesundheitlicher Beziehung von Kindern derselben Volksklasse, welche nicht in Fabriken arbeiten."

(Bericht des Kultus- und Gesundheitsministers von Altenstein 1818, zitiert nach: H. Pönicke, Die wirtschaftliche und soziale Entwicklung Europas im 19. Jahrhundert, Paderborn 1970, S. 93)

Selbstverständlich blieb die Schulbildung dieser Kinder denkbar schlecht. 1819 ergab eine Untersuchung in Berlin:

Mangelnde Schulbildung

Kinderarbeit in einem schottischen Kohlenbergwerk. Holzschnitt 1844. Viele Kinder mußten täglich zwölf bis vierzehn Stunden in den Nebenstollen kauern, um die dort befindlichen Wettertüren für jeden durchfahrenden Kohlenwagen zu öffnen und zu schließen.

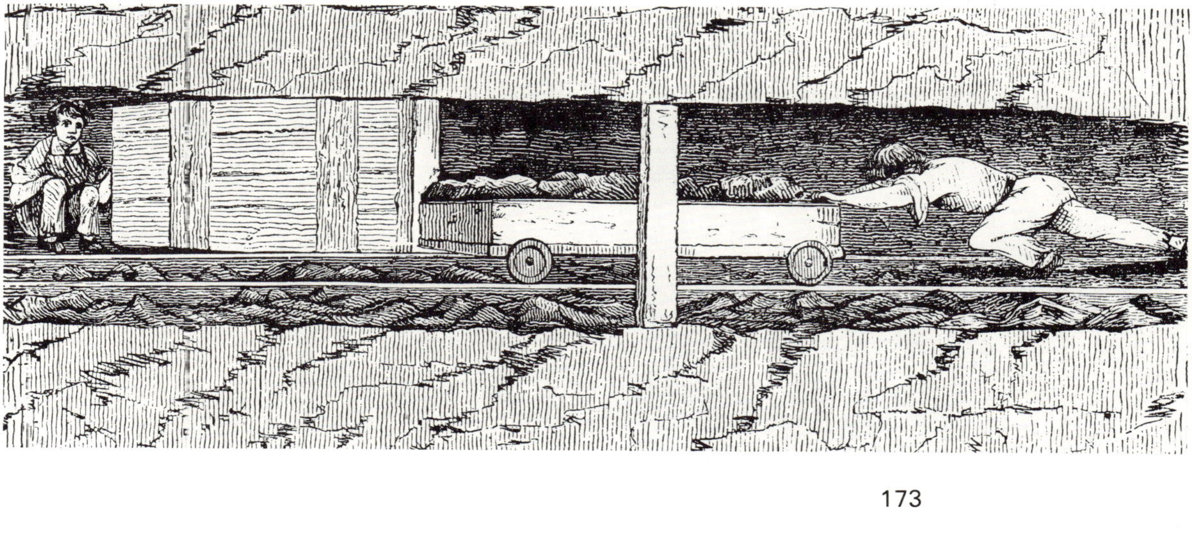

Frauen bei der Arbeit in der Zinkgrube von Scharley in Oberschlesien zu Beginn des 19. Jh. Zeitgenössische Darstellung.

„Von 715 Arbeiter-Kindern können nur 234 ein wenig rechnen; 351 können ein wenig schreiben; 455 können lesen; Religionskenntnisse besitzen 39."

(Aus: H. M. Enzensberger, Klassenbuch 1, a.a.O., S. 111)

Einsichtige Politiker, die versuchten, das Ausmaß der Kinderarbeit einzuschränken, stießen auf Widerstand. Viele Fabrikherren waren nämlich überzeugt oder gaben vor, sie seien Wohltäter, wenn sie Kinder beschäftigten; denn hierdurch würden die Kinder zu „ordentlichen Arbeitern" erzogen und müßten nicht mehr betteln gehen.
Die Lage mancher Arbeiterkinder besserte sich ein wenig, als Regierungen erste Gesetze zum Schutze der Kinder erließen. Das geschah nicht zuletzt deshalb, weil die Kinderarbeit einen schlechten Gesundheitszustand der Rekruten zur Folge hatte. So bestimmte 1839 ein Gesetz in Preußen:

Kinderschutzgesetze

„Ein Kind unter zehn Jahren darf nicht in einer Fabrik arbeiten.
Jedes Arbeiter-Kind soll einen dreijährigen Schulbesuch nachweisen können.
Die Höchstarbeitszeit für Kinder beträgt zehn Stunden am Tage. Zwischen diesen zehn Stunden sollen zwei Freistunden liegen, in denen Bewegung in freier Luft gewährt werden soll."

(Nach: Regulativ der preußischen Regierung vom 9. 3. 1839; in: Köllmann, Die industrielle Revolution, a.a.O., S. 42)

Im Jahr 1853 verbot die preußische Regierung die Arbeit für Kinder unter zwölf Jahren.

(3) Der gesetzliche „Schutz" der Kinder bezog sich nur auf die Industriearbeit. Suche Gründe, warum die Mitarbeit von Kindern in der Landwirtschaft erlaubt blieb.
(4) Diskutiert die Ansicht, daß Arbeit die Kinder vor Verwahrlosung bewahre.

Wie waren die Arbeitsbedingungen für Arbeiter im 19. Jahrhundert? Natürlich litten nicht nur die Kinder unter langen Arbeitszeiten und schlechten Arbeitsbedingungen.

Arbeitszeit

„[Um 1840] hatte die Länge des Arbeitstages vielfach ihre Grenze verloren; er dauerte und dauerte schier endlos bis zu 15 und 16 und 17 und noch mehr Stunden . . . Die Periode von 1870–90 begann mit einer allgemeinen Entwicklung zum 12-Stunden-Tag . . ." Um 1900 war der 11-Stunden-, beziehungsweise 10-Stunden-Tag üblich.

(J. Kuczynski: Die Lage der Arbeiter in Deutschland von 1800 bis in die Gegenwart Bd. 1. Berlin 1947, S. 268)

Arbeitsunfälle

Die Arbeiter aßen meistens am Arbeitsplatz, um keine Arbeitszeit zu verlieren. Die Arbeitsplätze boten in der Regel keinen Schutz gegen Unfälle; das bedeutete: Viele Arbeiter verletzten sich, wurden arbeitsunfähig.

„Am häufigsten kommt es vor, daß ein einzelnes Glied von einem Finger abgequetscht wird . . . Die gefährlichsten Stellen der Maschinen sind aber die Riemen [die die Kraft auf andere Maschinenteile übertragen.] Wer von diesen Riemen ergriffen wird, den reißt die treibende Kraft pfeilschnell mit sich herum, schlägt ihn oben gegen die Decke, daß selten ein Knochen am Körper ganz bleibt."

(Friedrich Engels, Die Lage der arbeitenden Klassen in England, 1845; zitiert nach: Köllmann, Die industrielle Revolution, a.a.O., S. 42)

(5) Erkundige dich nach den Arbeitszeiten, die heute in der Bundesrepublik Deutschland üblich sind, und vergleiche sie mit den Arbeitszeiten im 19. Jh.
(6) Erkundige dich in einem Handwerksbetrieb oder in einem Industriebetrieb, welche Unfallschutzvorschriften bestehen.
(7) Wie hat nach deiner Ansicht der sogenannte Feierabend eines Arbeiters im 19. Jh. ausgesehen?
(8) Besprecht die Folgen des langen Arbeitstages für das Familienleben der Arbeiter.

Arbeiterwohnungen. Die vielen Arbeiter, die vom Land in die Städte zogen, fanden dort wenig oder keine Wohnungen. Die Wohnungsverhältnisse der meisten Arbeiterfamilien waren deshalb sehr schlecht. Tausende von Familien wohnten in großen „Mietskasernen". Tür an Tür lagen kleine Wohnungen, jedes Zimmer oft von sechs und mehr Personen belegt.

„Aber selbst für diese Wohnungen hatten viele . . . nicht das Geld, vor allem nicht junge Arbeiter und Arbeiterinnen. Da die Arbeitenden beim Morgengrauen das Haus verließen und erst am Abend zurückkehrten, waren sie in erster Linie an einer Schlafmöglichkeit interessiert. Daraus entwickelte sich das „Schlafburschentum". Die jungen Arbeiter und Arbeiterinnen konnten sich lediglich eine Schlafstelle in dem von der Familie des Vermieters meistens bereits voll genutzten Wohnraum leisten – eine Lagerstelle, nicht mehr, und auch diese nur für Stunden. Zahlreiche Vermieter vermieteten die Lagerstätte bei Nacht und auch bei Tag. Das Bett, oder besser das, was dafür ausgegeben wurde, wurde nicht kalt. Aber nicht nur Einzelstehende, auch Familien besaßen in der Regel nur einen Raum, der Koch-, Wohn- und Schlafraum war. In Berlin gab es . . . 1895 27471 Wohnungen mit einem Zimmer und sechs und mehr Bewohnern . . . Die Einrichtungen dieser Wohnungen waren denkbar bescheiden. [Eine Arbeiterwohnung wird wie folgt beschrieben:] Ein großer, grob gearbeiteter stark abgenutzter Tisch, gegenüber, gewissermaßen als Sofa, eine Gartenbank mit Lehne, eine alte Kommode, drei Betten mit zerrissenen Strohsäcken und weichen, nicht vollen Federkissen, das Fenster ohne Vorhang . . ., zwei alte Holzstühle und als Schmuck eine Schwarzwälder Uhr."

(Deuerlein, Gesellschaft im Maschinenzeitalter, a.a.O., S. 55/56)

Oben: Ein Straßenbild aus dem ärmsten Stadtteil Londons (Whitechapel). Stich von Gustave Doré.
Unten: „Ein Schwein ist mehr wert als ein alter Arbeiter" schrieb die satirische Londoner Zeitschrift „Punch" 1846 unter diese Karikatur mit dem Titel „Rivalen".

Arbeitslose in einer Londoner Nachtherberge. Zeichnung von Dammann.

In welcher Not solche Arbeiterfamilien lebten, zeigt folgender Bericht:

Armut

„In Nr. 66 traf ich die ganze Familie beisammen. Zwei kleine Kinder schliefen auf einem Strohsack am Boden mit einem leichten Tuch bedeckt. Die Mutter lag krank im Bett. Krankheit hatte die Familie in größte Armut gebracht. Die Armenunterstützung der Stadt genügte in keiner Weise, das Leben zu fristen."

(Bettina von Arnim, zitiert nach: Pönicke, Die wirtschaftliche Entwicklung, a.a.O., S. 100)

(9) Nenne zwei Gründe, warum Arbeiter so schlechte Wohnungen bewohnen mußten.
(10) Nimm Stellung zu folgenden Behauptungen:
a) Je enger die Wohnverhältnisse sind, desto mehr Spannungen und Auseinandersetzungen entstehen zwischen den Menschen.
b) Je mehr Wohnungen in einem Haus, desto mehr Verbrechen in diesem Haus (Behauptung amerikanischer Wissenschaftler).

13.2. Die Arbeiterfrage und Karl Marx

Die Arbeiterfrage

Die Arbeiterschaft – der „vierte Stand"? Bis zur Industrialisierung war die Gesellschaft nach Ständen gegliedert: Adel, Klerus, Bürger und Bauern hatten ihren „Stand", ihren Platz in der Gesellschaft. Wohin gehörten aber die Arbeiter? Bildeten sie im 19. Jh. einen neuen, den vierten und untersten Stand? Wenn ja, worin glichen die Arbeiter sich und warum waren sie so schlecht gestellt?
Alle waren Lohnarbeiter, die in gleicher Weise ihre Arbeitskraft gegen Geld einsetzen mußten, um leben zu können. Sie hatten kein Eigentum, weder an Grund und Boden, noch an anderen Produktionsmitteln, d.h. an den Maschinen in der Fabrik. Sie handelten auch nicht mit fertigen Waren. Die Arbeiter hatten aber auch die gleichen Probleme: Erhöhung der Löhne, Verbesserung der Arbeitsplätze, Verkürzung der Arbeitszeit, Schutz vor Arbeitslosigkeit, Vorsorge gegen Krankheit und Unfall, Verbesserung der Ausbildung, Verbesserung der Wohnverhältnisse. Und sie hatten auch gleiche politische Forderungen: Das gleiche Wahlrecht, wie es den Angehörigen der höheren Stände zustand, Vertretung im Parlament, politische Gleichberechtigung.
Die Arbeiterfrage lautete also zusammengefaßt: Wie können die Arbeits- und Lebensbedingungen der Arbeiter verbessert werden und wie erreicht die Arbeiterschaft, daß sie gleichberechtigt in Staat und Gesellschaft über das, was alle angeht, mitbestimmen kann? Da am Ende des 19. Jh. in manchen Ländern fast die Hälfte der Bevölkerung zur Arbeiterschaft zählte, waren diese Fragen von entscheidender Bedeutung.

(1) Schreib in drei Spalten die hier aufgeführten wirtschaftlichen, sozialen und politischen Probleme der Arbeiter im 19. Jh. auf und kreuze an, welche noch heute bestehen.

Lebensweg

Karl Marx. Keiner hat sich ein Leben lang so konsequent um die Lösung der „Arbeiterfrage" bemüht wie Karl Marx und sein Freund Friedrich Engels. Karl Marx wurde als Sohn eines Rechtsanwalts 1818 in Trier geboren. Er studierte in Berlin Philosophie und Geschichte, wurde Journalist und leitete eine liberale Zeitung in Köln. Wegen „staatsfeindlicher" Artikel erhielt er von der preußischen Regierung Schreibverbot und emigrierte 1843 zunächst nach Paris, dann nach Brüssel, wo er mit Friedrich Engels zusammen das bekannte „Kommunistische Manifest" verfaßte, schließlich nach London, wo er bis zum Tode in meist ärmlichen Verhältnissen lebte. In London schrieb er sein Hauptwerk „Das Kapital", das zum Teil erst nach seinem Tod 1883 von Engels herausgegeben wurde.

„Entfremdung"

Marx forschte in seinen Werken nach den Ursachen des sozialen Wandels, den er in seiner Zeit erlebte (vgl. S. 146ff.). Er führte die gesamte geschichtliche Entwicklung darauf zurück, daß sich die Produktionsweise der Menschen fortwährend veränderte. Er sah, daß die wachsende Arbeitsteilung in der Industrie dazu führte, daß die Menschen über das, was sie herstellten, immer weniger verfügen konnten: Sie wurden der Arbeit entfremdet. Die Arbeit verschaffte ihnen statt einer Befriedigung nur noch den kargen Lohn. Marx schreibt: „In Manufaktur und Handwerk *bedient* sich der Arbeiter des Werkzeuges, in der Fabrik *dient* er der Maschine." Das war nach seiner Auffassung nur dadurch zu ändern, daß die Arbeiter die Verfügung über die Produktionsmittel (Maschinen, Fabriken, Grundbesitz, Handelsbetriebe) selbst in Besitz nahmen, um gemeinsam die Güter herzustellen, die sie zur Befriedigung ihrer Bedürfnisse brauchten.

„Proletarier aller Länder, vereinigt euch!"
So lautete die Parole im „Kommunistischen Manifest" (1848). Warum dieser Aufruf an die Arbeiterschaft? Marx sah in der Lage der Arbeiter eine zwangsläufige Folge der geschichtlichen Entwicklung. Diese habe zu immer neuen Gegensätzen zwischen besitzenden Klassen und abhängigen Volksschichten geführt.

„Die Geschichte aller bisherigen Gesellschaft ist die Geschichte von Klassenkämpfen ... Unsere Epoche, die Epoche der Bourgeoisie, zeichnet sich jedoch dadurch aus, daß sie die Klassengegensätze vereinfacht hat. Die ganze Gesellschaft spaltet sich mehr und mehr in zwei große feindliche Lager, in zwei große sich direkt gegenüberstehende Klassen."

(zitiert nach Schraepler, Quellen zur Geschichte der sozialen Frage in Deutschland. Musterschmidt Verlag, Göttingen [3]1964, S. 100)

Der Aufstieg des Bürgertums, der Bourgeoisie, hatte nach Auffassung von Marx die arbeitenden Schichten zu Proletariern gemacht. Zur Bourgeoisie zählt er alle, die über Geld, also über Kapital verfügen, mit dem sie Fabriken bauen können oder Handel treiben. Proletarier sind alle, die nichts besitzen als ihre Arbeitskraft; diese Arbeitskraft müs-

Karl Marx. Zeitgenössischer Stich.

sen sie fortwährend an Kapitalisten verkaufen, um sich ihren Lebensunterhalt zu verdienen.

Mehrwert

„Was ist der Wert der Arbeitskraft? Der Wert jeder Ware wird gemessen durch die zu ihrer Herstellung erforderliche Arbeit. Die Arbeitskraft existiert in der Gestalt des lebendigen Arbeiters, der zu seiner Existenz sowie zur Erhaltung seiner Familie, welche die Fortdauer der Arbeitskraft auch nach seinem Tode sichert, einer bestimmten Summe von Lebensmitteln bedarf. Die zur Hervorbringung dieser Lebensmittel nötige Arbeitszeit stellt also den Wert der Arbeitskraft dar. Der Kapitalist zahlt ihn wöchentlich und kauft dafür den Gebrauch der Wochenarbeit des Arbeiters . . . Gesetzt, der Wochenlohn eines Arbeiters repräsentierte drei Arbeitstage, so hat der Arbeiter, der montags anfängt, am Mittwoch abend dem Kapitalisten den vollen Wert des gezahlten Lohnes ersetzt. Hört er dann aber auf zu arbeiten? Keineswegs. Der Kapitalist hat seine Wochenarbeit gekauft, und der Arbeiter muß die drei letzten Wochentage auch noch arbeiten. Diese Mehrarbeit des Arbeiters über die zur Ersetzung seines Lohnes nötige Zeit hinaus ist die Quelle des Mehrwertes, des Profits, der stets wachsenden Anschwellung des Kapitals."

(Friedrich Engels, Das Kapital von Marx, erschienen im „Demokratischen Wochenblatt" Leipzig vom 21. und 28. März 1868. Zitiert nach: H. Pönicke, Die sozialen Theorien im 19. Jahrhundert in Deutschland. Paderborn o. J., S. 33)

(2) Erkläre, warum Marx die Gesellschaftsordnung seiner Zeit als „Kapitalismus" bezeichnet.
(3) Erläutere die Begriffe „Klassenkampf" und „Mehrwert". Benutze dazu das Jugendlexikon „Politik" oder „Gesellschaft".

Kapitalanhäufung

Wohin führt der „Kapitalismus"? Marx lehrte: Durch die Anhäufung von Kapital werden die Kapitalisten immer reicher und mächtiger; sie können z. B. immer mehr Fabriken bauen. Es können immer mehr Großbetriebe entstehen, denn „Kleinkapitalisten" (z. B. Handwerker oder kleine Unternehmer) sind der Konkurrenz der „Großkapitalisten" nicht gewachsen. Die Proletarier werden indessen immer abhängiger von den Kapitalisten; vor allem weil durch die Verbesserung der Maschinen immer weniger Arbeiter notwendig sind, andererseits die Zahl der Arbeiter aber ständig zunimmt (vgl. S. 162). Wenn jetzt die Kapitalisten mehr Waren herstellen lassen, als die Bevölkerung kaufen kann, kommt es zu einer Wirtschaftskrise, zu einer sogenannten „Überproduktionskrise"; für Waren kann dann nicht mehr der entsprechende Gegenwert in Geld eingetauscht werden.

Überproduktionskrise

Nach der Überzeugung von Marx häufen sich im Kapitalismus diese Krisen; sie zwingen die Kapitalisten dazu, die Löhne zu senken und Arbeiter zu entlassen. Das führt zu einer weiteren Verelendung der Proletarier. Werden sich die Arbeiter ihrer Lage bewußt und entwickeln ein einheitliches Klassenbewußtsein, dann können sie sich organisieren und in einer proletarischen Revolution den Sturz der Bourgeoisieherrschaft erzwingen. Nach dem Sieg über die Kapitalisten verfügen die Proletarier selbst über die Produktionsmittel und über die alleinige Macht im Staat. Wenn unter dieser „Diktatur des Proletariats" schließlich nichts mehr um des Profites willen hergestellt wird, sondern alle zur Befriedigung der Bedürfnisse der ganzen Gesellschaft arbeiten, dann gibt es auch keine Klassen und folglich keine Klassenkämpfe mehr. Die „kommunistische Gesellschaft", in der es keine Klassenunterschiede mehr gibt, kann Wirklichkeit werden. Das war das Bild, das Marx von der künftigen Entwicklung entwarf. Er begründete damit den „wissenschaftlichen Sozialismus".

Sturz der Bourgeoisie

(4) War auch das Bürgertum, die „Bourgeoisie", durch eine Revolution zur Herrschaft gekommen? Wiederhole S. 80ff., S. 117ff., S. 121ff., S. 168ff.
(5) Versuche in einem Schema darzustellen, wie sich die Verhältnisse im „Kapitalismus" nach Marx entwickeln müssen. Ist diese Entwicklung in Deutschland eingetreten?

Forderungen der Kommunisten. Eine damals noch unbedeutende Vereinigung von Arbeitern, für die Marx und Engels das „Kommunistische Manifest" verfaßt hatten, war der „Bund der Kommunisten". Er forderte 1848 u. a.:

„Die Volksvertreter werden besoldet, damit auch der Arbeiter im Parlament des deutschen Volkes sitzen könne.
Gerichtskosten werden abgeschafft.
Die fürstlichen Landgüter, alle Bergwerke werden in Staatseigentum umgewandelt.
Alle Transportmittel, Eisenbahnen, Dampfschiffe usw. nimmt der Staat in seine Hand.
Arme Leute reisen unentgeltlich.
Eine allgemeine und unentgeltliche Volkserziehung wird eingeführt."

(Schraepler, Quellen, a.a.O., Bd. 1, S. 167/168)

Die „Internationale"

1864 entstand die erste internationale Arbeitervereinigung. Marx hat sie unterstützt und ihr Programm maßgeblich bestimmt. Dieses „marxistische" Programm zielte auf einen allgemeinen gesellschaftlichen Umsturz, auf eine sozialistische Revolution. Diese Zielsetzung bewirkte, daß die Kommunisten in fast allen Ländern verboten wurden. Erst Jahrzehnte nach dem Tod von Karl Marx fand die erste sozialistische Revolution (1917 in Rußland) statt. Schon damals war die marxistische Lehre jedoch verändert und weiterentwickelt worden. Inzwischen gibt es sehr verschiedene Richtungen des „Marxismus", die sich indes alle auf die Lehren von Karl Marx berufen.

(6) Setze die einzelnen Forderungen der Kommunisten in einen Zusammenhang mit der Arbeiterfrage. Welche Forderungen kann man als revolutionär bezeichnen?
(7) Stelle nebeneinander: Forderungen der Arbeiterschaft im 19. Jh., die heute in der Bundesrepublik Deutschland erfüllt sind; Forderungen der Arbeiterschaft in der Gegenwart, die unerfüllt sind.

13.3. Gewerkschaften, Kirchen, Unternehmer

Arbeitervereine. Viele Arbeiter wußten, daß ihre Lage am wirksamsten verbessert werden konnte, wenn sie sich zusammenschlossen und gemeinsam ihre Forderungen an die Unternehmer richteten.

„Stand der Arbeiter als einzelner dem Fabrikbesitzer gegenüber, mußte er, wenn er an seinem Arbeitsplatz interessiert war, dessen Bedingungen annehmen. Traten alle Arbeiter dem Unternehmer gegenüber, geschlossen und einmütig, konnten sie diesen veranlassen, ihre Forderungen ganz oder wenigstens teilweise zu erfüllen."

(Deuerlein, Gesellschaft im Maschinenzeitalter, a.a.O., S. 85/86)

Arbeiterzusammenschlüsse

Die Fabrikbesitzer konnten nämlich nicht riskieren, z. B. alle oder viele Facharbeiter gleichzeitig zu entlassen. Die Regierungen verboten zunächst solche Arbeiterzusammenschlüsse; aber die Revolutionstage von 1848 (vgl. S. 188ff.) brachten an vielen Orten die Möglichkeit, Arbeitervereine zu gründen. In Leipzig versammelten sich 2500 Handwerksgesellen und Arbeiter.

„[Sie] traten zu einem ‚allgemeinen Gesellenverein' zusammen, der seinen Namen bald gegen den eines ‚Arbeitervereines' eintauschte. Was bewegte die Arbeiter? Sie beschlossen die Errichtung von Kassen zur gegenseitigen Hilfeleistung bei Krankheits- und Unglücksfällen und zur Unterstützung der Kindererziehung. Sie beschlossen ferner, Volksbibliotheken und Sonntagsschulen zu begründen, um sich zu einer besseren Bildung zu verhelfen und ihren Meistern und Arbeitgebern gegenüber nicht länger als einfältig und ungebildet dazustehen und vor allem in Zukunft als vollwertige Staatsbürger angesehen zu werden."

(Pönicke, Soziale Theorien, a.a.O., S. 8)

In anderen Städten schlossen sich Arbeiter ebenfalls zusammen. Sie forderten:

Soziale Forderungen

Begrenzung der Arbeitszeit; Arbeitszeit von sechs Uhr morgens bis sechs Uhr abends, morgens, mittags und nachmittags jeweils eine halbe Stunde zum Frühstück, Mittagessen und Nachmittagskaffee.
Bezahlung jeder Mehrarbeit.

Überreichung einer Petition durch eine Arbeiterdelegation an den Magistrat in Düsseldorf am 9. Oktober 1848. Gemälde von Johann Peter Hasenclever (1849).

Unterstützung der Frauen und Kinder erkrankter Arbeiter durch Weiterbezahlung der Hälfte des Lohnes des erkrankten Arbeiters.
Mindestlohn eines erwachsenen Arbeiters: 20 Silbergroschen.

(Aus: Rundschreiben der Fabrikarbeiterversammlung zu Köln 1848, nach: Schraepler, Quellen zur Geschichte, a.a.O., S. 153f.)

Gewerkschaften

1871

Die Rolle der Gewerkschaften. Aus den Arbeitervereinen entstanden die späteren Gewerkschaften. 1871 erhielten die Arbeiter in ganz Deutschland das Recht, sich zu solchen Organisationen zusammenzuschließen. Meistens bildeten die Arbeiter eine Berufsgruppe (z. B. die Drucker, die Metallarbeiter) eine Einzelgewerkschaft; sie alle schlossen sich später in einem Verband zusammen.
Die Gewerkschaften nahmen in den Jahrzehnten bis zum 1. Weltkrieg einen raschen Aufschwung. Über drei Millionen Arbeiter waren im Jahr 1913 organisiert, 2,5 Millionen davon als Mitglieder der „Freien Gewerkschaften", die der SPD nahestanden (vgl. S. 182f.); die Christlichen Gewerkschaften hatten rund 350 000, die liberalen Gewerkvereine über 100 000 Mitglieder. Die Gewerkschaften setzten sich in Verhandlungen mit den Unternehmern für höhere Löhne, Kürzung der Arbeitszeit und bessere Arbeitsbedingungen ein. Um ihre Forderungen durchzusetzen, organisierten sie u. a. Streiks. Sie unterstützten arbeitslose und kranke Mitglieder aus der Gewerkschaftskasse und richteten preisgünstige Ladengeschäfte (Konsum) ein. Aufgrund ihres Einflusses in der Öffentlichkeit gelang es den Gewerkschaften, immer mehr Rechte für die Arbeiter zu erlangen und ihre Lage spürbar zu bessern.

(1) Nenne Gründe, weshalb sich Arbeiter zu Arbeitervereinen zusammengeschlossen haben, und prüfe, ob sie berechtigt waren.
(2) Stelle die Forderungen der Gewerkschaften zusammen und zeige, wie sie durchgesetzt wurden.
(3) Erkundige dich bei einem Gewerkschaftsmitglied deines Bekanntenkreises nach den Gründen seiner Gewerkschaftszugehörigkeit.

Arbeitsraum für Knaben im „Rauhen Haus" in Hamburg (1845). Zeitgenössischer Stich.

Die Stellung der Kirchen zur „Arbeiterfrage". Es gab auch Geistliche, die sich mit den Problemen der Arbeiter befaßten. Sie wollten meist im Sinne eines „aktiven Christentums" den Arbeitern helfen. Auf katholischer Seite setzte sich schon 1848 Bischof Emanuel von Ketteler für die Arbeiter ein. Er meinte: „Die Arbeiterfrage ist in ihrem Wesen eine Arbeiterernährungsfrage." Katholische Professoren wie Franz Joseph von Buß und Franz von Baader machten früh auf die schädlichen Wirkungen der Industrialisierung aufmerksam, forderten soziale Reformen und Schutz für die Benachteiligten in der Gesellschaft. In ähnlichem Sinn handelte Adolf Kolping, der für die katholischen Gesellen Vereine gründete, um die Gesellen vor Verwahrlosung zu schützen. Er baute in vielen Städten eigene Häuser für sie und gab ihnen die Möglichkeit, sich weiterzubilden und ihre Freizeit sinnvoll zu nutzen. Auf evangelischer Seite leitete Heinrich Wichern in Hamburg ein Heim, in dem junge Leute ohne Beruf und Familie Unterkunft und Ausbildung erhielten. Pastor Bodelschwingh schuf in Bethel eine Pflegestelle für Nervenkranke und Körperbehinderte. Aus der Arbeit von Wichern und Bodelschwingh entwickelte sich das Hilfswerk der evangelischen Kirche, die „Innere Mission"; auf katholischer Seite entstand die „Caritas", wie die „Innere Mission" eine Organisation zur Unterstützung der sozial Schwachen. Die Kirchen appellierten an die Hilfsbereitschaft der Mitmenschen und waren zur Fürsorge für notleidende Arbeiter bereit; für die politischen Ziele der Arbeiter hatten sie wenig Verständnis. Die Mehrheit der Arbeiter wurde daher der Kirche entfremdet.

Aktives Christentum

Gesellenverein

„Innere Mission" und „Caritas"

(4) Diskutiert die Ansichten der genannten Geistlichen über die „Arbeiterfrage".
(5) In welchen Berufen wurden die jungen Leute in Wicherns sogenanntem „Rauhen Haus" ausgebildet? Beschreibe das obige Bild.
(6) Frage im zuständigen Pfarramt nach, welche Aufgaben „Caritas" oder „Innere Mission" heute erfüllen.

Sozialleistungen der Unternehmer

Verbesserung der Arbeitsbedingungen durch Unternehmer. Nicht alle Unternehmer handelten nach dem Grundsatz: Jeder trage selber für sich die Verantwortung und schütze sich selbst vor Schicksalsschlägen wie Krankheit, Unfall oder Invalidität. Einige Unternehmer hatten erkannt, daß die Arbeiter zu wenig Geld verdienten, um solche Vorsorgen zu treffen. Sie versuchten deshalb, die Lebensverhältnisse ihrer Arbeiter durch Stiftungen oder durch den Bau von Werkswohnungen zu verbessern. Sie hofften, durch solche Fürsorge auch ein besseres Arbeitsklima in der Fabrik zu schaffen und letztlich dadurch eine höhere Arbeitsleistung zu erzielen. Der Baumwollfabrikant Bodemer verfügte z.B. zugunsten seiner Arbeiter: „Ich bestimme, daß nach meinem Ableben eine besondere Arbeiterpensionskasse für die Arbeiter meiner Baumwollspinnerei eingerichtet wird. Zu diesem Zweck stifte ich 10000 Mark." Die Firmen Siemens und Zeiss versuchten, Arbeiter am Gewinn der Firma zu beteiligen. Auch sie richteten Pensionskassen ein. Die Badische Anilin- und Sodafabrik (BASF) baute Wohnhäuser für ihre Arbeiter. Sie galten als mustergültig. Aber diese vereinzelte Hilfe von Unternehmern konnte natürlich die allgemeinen Lebensverhältnisse der Arbeiter nicht entscheidend verbessern.

Betriebswohnungen

(7) In diesem Abschnitt stehen Informationen und Beurteilungen nebeneinander. Suche die Urteile heraus und prüfe, ob du ihnen zustimmen kannst.
(8) Im Politischen Unterricht kannst du klären, was „Mitbestimmung" der Arbeiter im Betrieb bedeutet. Kläre auch den Unterschied zwischen „Mitbestimmung" und „Gewinnbeteiligung" der Arbeiter.

13.4. Arbeiterparteien

„Allgemeiner Deutscher Arbeiterverein" und „Sozialdemokratische Arbeiterpartei". Genügte es, durch Verhandlungen zwischen Gewerkschaften und Unternehmern die wirtschaftliche Lage der Arbeiter zu verbessern? Wenn die Arbeiter ihre Lage grundsätzlich verändern wollten, mußten sie auf die Gesetzgebung einwirken. Dazu brauchten sie eine eigene politische Partei. 1863 gründete Ferdinand Lassalle in Leipzig den „Allgemeinen Deutschen Arbeiterverein" (ADAV), die erste deutsche Arbeiterpartei, der 1864 bereits 4600 Mitglieder angehörten. Lassalle wollte die Forderungen der Arbeiter durch Einfluß auf die Regierung politisch verwirklichen. Eine zweite Arbeiterpartei gründete August Bebel 1869 in Eisenach, die „Sozialdemokratische Arbeiterpartei" (SDAP). Sie stand in grundsätzlicher Opposition zur Regierung. Im Grunde stellten ADAV und SDAP jedoch überwiegend gleiche Forderungen.

ADAV und SDAP

Sozialdemokratie
1875

Gründung und Entwicklung der SPD. 1875 schlossen sich ADAV und SDAP zu einer Partei zusammen, zur „Sozialistischen Arbeiterpartei Deutschlands". Sie nennt sich seit 1891 „Sozialdemokratische Partei Deutschlands" (SPD). Ihr Programm forderte 1891 u.a.

Programm der SPD

Allgemeines, gleiches, direktes Wahl- und Stimmrecht mit geheimer und verpflichtender Stimmabgabe aller Deutschen ab dem 20. Lebensjahr.
Direkte Gesetzgebung durch das Volk.
Entscheidung über Krieg und Frieden durch das Volk.
Allgemeine und gleiche Volkserziehung durch den Staat.
Einheitliche Arbeitszeitlänge, Verbot von Sonntagsarbeit.
Schutzgesetze für Leben und Gesundheit der Arbeiter.
Gesundheitliche Kontrolle der Arbeiterwohnungen.

(Aus dem „Erfurter Programm" der SPD, nach: W. Treue, Deutsche Parteiprogramme 1861–1956. Musterschmidt, Göttingen 1956, S. 67)

Das Bürgertum lehnte die politische Betätigung der Arbeiter lange Zeit ab. Alfred Krupp, ein führender Unternehmer, erklärte 1877 seinen Betriebsangehörigen:

„Genießet, was Euch beschieden ist. Nach getaner Arbeit verbleibt im Kreise der Eurigen, bei den Eltern, bei der Frau und den Kindern, und sinnt über Haushalt und Erziehung. Das sei Eure Politik, dabei werdet ihr frohe Stunden erleben. Aber für die große Landespolitik erspart Euch die Aufregung. Höhere Politik treiben erfordert mehr freie Zeit und Einblick in die Verhältnisse, als dem Arbeiter verliehen ist. Ihr tut Eure Schuldigkeit, wenn Ihr durch Vertrauenspersonen empfohlene Leute erwählt. Ihr erreicht aber nichts als Schaden, wenn Ihr eingreifen wollt in das Ruder der gesetzlichen Ordnung. Das Politisieren in der Kneipe ist nebenbei sehr teuer, dafür kann man im Hause Besseres haben . . ."

(Ansprache Krupps 1877. In: E. Schraepler, Quellen zur Geschichte der sozialen Frage in Deutschland, Bd. 2, S. 98)

Die SPD bekannte sich in ihrem Programm zum Marxismus und zur Revolution. In der praktischen Politik versuchte sie dagegen, durch Reformgesetze die sozialen Mißstände abzubauen und die Arbeiterfrage schrittweise zu lösen. Sie arbeitete eng mit den Gewerkschaften zusammen und beteiligte sich in demokratischer Weise an den Wahlen zum Reichstag wie zu den Länder- und Stadtparlamenten.

Aufstieg der SPD

Die Partei konnte sich trotz vieler Behinderungen und obwohl sie von 1878 bis 1890 vom Staat verboten war (vgl. S. 203f.) als politische Vertretung der Arbeiter durchsetzen. Kurz vor dem Ersten Weltkrieg besaß die Partei über eine Million Mitglieder, darunter 175000 Frauen. Fast viereinhalb Millionen Wähler gaben der SPD 1912 ihre Stimme.

Zur Lernkontrolle

1. Arbeitslohn – Arbeitszeit – Kinderarbeit – Arbeitsunfälle – Wohnungselend: Berichte anhand dieser Stichworte über die „Arbeiterfrage" im 19. Jh.
2. Erläutere, was Marx in bezug auf den „Klassenkampf", den „Kapitalismus" und die „Klassenlose Gesellschaft" lehrt, und formuliere deine Meinung dazu.
3. Schreib nebeneinander Maßnahmen der Gewerkschaften und Maßnahmen der Kirchen zugunsten der Arbeiter.
4. Nenne Forderungen der SPD von 1891 und sprich darüber, wie die Partei diese Forderungen verwirklichen wollte bzw. konnte.

14. Deutscher Bund und Deutsches Reich

Lernziele

- Das Kapitel stellt zunächst die politischen Verhältnisse in Deutschland in der ersten Hälfte des 19. Jh. dar. Du kannst dabei fortschrittliche und rückschrittliche politische Kräfte erkennen.
- Anhand der Darstellung der Revolution von 1848/49 kannst du lernen, Ziele und Chancen des Kampfes um politische Freiheit besser einzuschätzen.
- In einem weiteren Teil geht es um die nationale Einheit der Deutschen, ein Problem, das bis in die Gegenwart aktuell geblieben ist. Informiere dich über Entstehung und Aussehen des deutschen Nationalstaates von 1871.
- Du erfährst dann, wie vor rund 100 Jahren die Macht in Deutschland verteilt war und wie sie ausgeübt wurde. Das hilft dir, viele Grundlagen der heutigen Politik (z.B. die Herkunft unserer Parteien) besser zu verstehen.
- Du kannst dir schließlich ein Urteil über das wirtschaftliche Wachstum und die soziale Lage in Deutschland vor rund 100 Jahren bilden.

14.1. Untertanen wollen Bürger werden

„Warum wählt ihr keinen deutschen Kaiser"? So fragte 1815 eine deutsche Zeitung den „Wiener Kongreß". Dort sollten die europäischen Fürsten nach dem Sieg über Napoleon (vgl. S. 145) die politischen Verhältnisse in Deutschland und in Europa neu ordnen. Ein deutsches Kaiserreich wünschte sich das deutsche Volk; aber die Fürsten waren dagegen: Sie wollten selbständig bleiben; und die Herrscher der europäischen Staaten fürchteten, ein deutsches Kaiserreich würde zu mächtig sein. Schließlich folgte der Wiener Kongreß den Plänen des österreichischen Staatskanzlers Fürst Metternich; sein oberstes Ziel war die Sicherheit und Stabilität in Europa, und

1814/15
Wiener Kongreß

Arbeitssitzung der bevollmächtigten Diplomaten des Wiener Kongresses. Gemälde von Jean Baptiste Isabey. Vorn links (sitzend) der preußische Staatskanzler Hardenberg. Vor dem Sessel stehend: Fürst Metternich. An der linken Tischseite (im Vordergrund) der englische Minister Castlereagh, an der rechten Talleyrand, der Vertreter Frankreichs. Neben ihm rechts sitzt Graf Stackelberg, der Bevollmächtigte des Zaren.

dieses Ziel schien erreicht, wenn alles beim alten blieb. Um diesen Zustand zu sichern, schlossen die Monarchen ein Bündnis, die „Heilige Allianz", mit dem Ziel, Europa vor Revolutionen zu schützen.
Man einigte sich, einen „Deutschen Bund" zu gründen, der praktisch nur aus einem ständigen Kongreß der Gesandten der deutschen Einzelstaaten bestand, die weitgehend selbständig blieben. Österreich nahm den Vorsitz in diesem „Bundestag" ein, der in Frankfurt tagte. Die Teilstaaten verpflichteten sich, Truppen zu einem gemeinsamen Heer zu stellen, außenpolitisch gemeinsam zu handeln und ihren Ländern eine Verfassung zu geben. Aber Österreich und Preußen, die beiden Großmächte im Deutschen Bund, hielten sich nicht an das Verfassungsversprechen. Viele, vielleicht die meisten im Volk waren unzufrieden. Die Macht gehörte wieder den Fürsten, die sie allerdings in manchen Staaten mit einem gewählten Landtag teilen mußten. Der Deutsche Bund umfaßte insgesamt 39 Einzelstaaten mit rund 30 Millionen Einwohnern, davon 9,5 Millionen Österreichern, 8 Millionen Preußen, 3,5 Millionen Bayern; von den übrigen Staaten hatten Hannover, Sachsen und Württemberg zwischen 1 und 2 Mio., die restlichen jeweils weniger als eine Mio. Einwohner.

Deutscher Bund

Was wollten die Liberalen? Nur wenige Leute wagten, gegen die fürstliche Obrigkeit anzukämpfen. Wegen ihrer freiheitlichen Auffassung nannten sie sich „Liberale". Sie beriefen sich auf die politischen Grundsätze der Aufklärung (vgl. S. 108ff.) und forderten:

Liberale Forderungen

Der Wille des Fürsten darf nicht über dem des Volkes stehen. Das erste und heiligste Menschenrecht ist die Freiheit. Darum muß jedes Land eine Verfassung erhalten, die das Recht auf freie Meinungsäußerung, Versammlungsfreiheit und Mitwirkung des Volkes an der Rechtsprechung durch Geschworenengerichte gewährt. Das Volk muß das Recht haben, Abgeordnete in ein Parlament zu wählen, das die Gesetze beschließt und über die Steuern entscheidet.

Die Wortführer der Liberalen fanden sich an den Universitäten. Dort schlossen sich liberale Studenten und Professoren in den „Burschenschaften“ zusammen. Im Jahre 1817 feierten 500 Studenten auf der Wartburg das Andenken der Reformation und zugleich das der Völkerschlacht bei Leipzig. Einige verbrannten Bücher verhaßter Schriftsteller. Alles „Undeutsche“ sollte bekämpft werden. Man warf einen Zopf, einen Korporalstock und einen Husarenschnürleib, die als Zeichen der Unfreiheit galten, ins Feuer. Zwei Jahre später ermordete der Student Karl Sand den Lustspieldichter von Kotzebue, der als russischer Staatsrat im Sinne der Heiligen Allianz die Burschenschaft bekämpft hatte. Sand wurde hingerichtet und galt deshalb vielen als Freiheitsheld und Märtyrer.

Wartburgfest

Da schlug die Obrigkeit zurück: Metternich, der in diesen Vorgängen den Anfang einer deutschen Revolution sah, verfügte in den „Karlsbader Beschlüssen“, die Burschenschaften zu verbieten. Radikale Studenten wurden zu Festungshaft verurteilt. Einige Professoren verloren ihr Amt, Polizei überwachte die Universitäten. Wer in Jena, der Hochburg der Burschenschaft, studiert hatte, konnte in Preußen nicht mehr Beamter werden. Vor allem: Zeitungen, Zeitschriften oder Flugblätter

„Karlsbader Beschlüsse“

Die deutschen Länder im Deutschen Bund 1815 bis 1866.

durften nicht „ohne Vorwissen und Genehmigung der Landesbehörden zum Druck befördert werden."

(1) Die Liberalen wehrten sich dagegen, daß die Fürsten das Volk bevormundeten. Sie lehnten dieses „patriarchalische" Verhältnis zwischen Herrscher und Untertan ab. Was besagt dieser Ausdruck? „Patriarchalische Verhältnisse" kann es auch heute noch geben, z. B. zwischen Vater und Sohn, Lehrer und Schüler, Chef und Sekretärin. Erkläre das und sage, wie du solche Verhältnisse findest.

Verfassungen

Fürsten geben Verfassungen. Während Metternich eine Politik der „Restauration" (d.h. Wiederherstellung der alten Zustände) betrieb, gab es auch fortschrittliche Staatsmänner. Sie wirkten vor allem in den Staaten, die nach dem Wiener Kongreß eine Verfassung erhielten. In Österreich und Preußen mußte das Volk allerdings mehr als 30 Jahre auf eine Verfassung warten. Anders dagegen z.B. in Baden, Württemberg, Hessen, Hannover oder in Bayern (1818). Hier gab es Verfassungen, die u.a. folgende Rechte gewährten:

1818

„Maximilian Josef, von Gottes Gnaden König von Baiern ... Wir erklären hiernach folgende Bestimmungen als Verfassung des Königreiches Baiern ...
IV. Von allgemeinen Rechten und Pflichten
§ 5. Jeder Baier ohne Unterschied kann zu allen Zivil-, Militär- und Kirchenämtern oder Pfründen gelangen.

Rechte des einzelnen

§ 8. Der Staat gewährt jedem Einwohner Sicherheit seiner Person, seines Eigentums und seiner Rechte. Niemand darf seinem ordentlichen Richter entzogen werden. Niemand darf verfolgt oder verhaftet werden, als in den durch die Gesetze bestimmten Fällen, und in der gesetzlichen Form. Niemand darf gezwungen werden, sein Privat-Eigentum, selbst für öffentliche Zwecke abzutreten ...
§ 9. Jedem Einwohner des Reichs wird vollkommene Gewissens-Freiheit gesichert...
VI. Von der Stände-Versammlung
§ 1. Die zwei Kammern der allgemeinen Versammlung der Stände des Reichs sind:
a) die der Reichsräte
b) die der Abgeordneten ...

Wahlrecht

§ 11. Jede Klasse wählt in jedem Regierungs-Bezirke die sie daselbst treffende Zahl von Abgeordneten nach der in dem angeführten Edikte vorgeschriebenen Wahlordnung für die sechsjährige Dauer der Versammlung ..." [erst 1848 wurde diese Wahlordnung nach dem Prinzip eines demokratischen Wahlrechts umgestaltet].

(Aus: Dokumente zur deutschen Verfassungsgeschichte, hrsg. v. E. R. Huber, Bd. 1. Kohlhammer Verlag, Stuttgart 1961, S. 141ff., Rechtschreibung modernisiert)

Opposition gegen die Obrigkeit. Mit den Verfassungen war ein erster Schritt zu einer freieren und gerechteren Ordnung in Deutschland getan. Wie begrenzt aber der Fortschritt blieb, zeigt folgendes Beispiel.

Friedrich List

„1820 wurde Friedrich List [Professor an der Universität Tübingen] in die württembergische Kammer [Landtag] gewählt. Er machte sich zum Anwalt derer, die mit der Landesverwaltung unzufrieden waren ... [So vertrat er] auch die Forderungen seiner Reutlinger Wähler auf ... Trennung von Gericht und Verwaltung, Richterwahl auf Lebenszeit durch die Gemeinde, keine Behinderung des Gemeinderates durch Regierungsbehörden, gleiche direkte Steuer für alle Stände, keine Steuererhebung ohne Landtagsbeschluß u. a. – Der Minister ließ den Abgeordneten List sofort wegen ‚Majestätsbeleidigung' anklagen, und der König schloß ihn aus der Kammer aus ... Das Gericht verurteilte ihn dann zu 10 Monaten Festungshaft. Der ehemalige Professor mußte auf der Festung Hohenasperg in stumpfsinniger, zweckloser Arbeit alte Militärakten kopieren. 1825 stellte man ihn vor die Wahl: weitere Haft oder Auswanderung nach Amerika. List wählte die Verbannung."

(W. Trog, Die nationale und die industrielle Revolution. Bilder aus der Weltgeschichte, Heft 11, Diesterweg 7211, S. 29)

List kehrte nach 5 Jahren als reicher Mann aus den USA zurück und kämpfte nun für eine liberale Wirtschaftspolitik, für Gewerbefreiheit, den Abbau der Zollschranken und den Ausbau der Eisenbahn (vgl. S. 165ff.). Wie die liberale Bewegung anwuchs, zeigen die Parolen, denen auf einem Fest bei Hambach 1832 rund 30000 „Vaterlandsfreunde" begeistert zustimmten:

Hambacher Fest

„Es lebe das freie, das einige Deutschland! – Hoch leben die Polen, der Deutschen Verbündete! – Hoch leben die Franken, der Deutschen Brüder, die unsere Nationalität und Selbständigkeit achten! – Hoch lebe jedes Volk, das seine Ketten bricht und mit uns den Bund der Freiheit schwört! Vaterland – Volkshoheit – Völkerbund hoch!"

(Zitiert nach: Materialien für den Geschichtsunterricht, Die Neuzeit, Diesterweg 7333, S. 266)

Einer der geistigen Führer des Liberalismus, Karl von Rotteck, warf der Obrigkeit vor, sie wolle „das Volk, d.h. die Masse der Nation, in fortwährender politischer Unmündigkeit erhalten". Noch radikaler kritisierte der Dichter Georg Büchner in geheimen Flugschriften die herrschenden Zustände:

Kritik an den Verhältnissen

„Das Leben der Vornehmen ist ein langer Sonntag: sie wohnen in schönen Häusern, sie tragen zierliche Kleider, sie haben feiste Gesichter und reden eine eigne Sprache; das Volk aber liegt vor ihnen wie Dünger auf dem Acker. Der Bauer geht hinter dem Pflug, der Vornehme aber geht hinter ihm und dem Pflug und treibt ihn mit den Ochsen am Pflug, er nimmt das Korn und läßt ihm die Stoppeln. Das Leben des Bauern ist ein langer Werktag ... In Ordnung leben heißt hungern und geschunden werden. Wer sind denn die, welche diese Ordnung gemacht haben und die wachen, diese Ordnung zu erhalten? Das ist die Großherzogliche Regierung. Die Regierung wird gebildet von dem Großherzog und seinen obersten Beamten. Die andern Beamten sind Männer, die von der Regierung berufen werden, um jene Ordnung in Kraft zu halten. Ihre Anzahl ist Legion: Staatsräte und Regierungsräte, Landräte und Kreisräte, geistliche Räte und Schulräte, Finanzräte und Forsträte usw. mit allem ihrem Heer von Sekretären usw. Das Volk ist ihre Herde, sie sind seine Hirten, Melker und Schinder ... Ihnen gebt ihr 6000000 Gulden Abgaben; sie haben dafür die Mühe Euch zu regieren; das heißt sich von Euch füttern zu lassen und Euch eure Menschen- und Bürgerrechte zu rauben."

(G. Büchner, Der Hessische Landbote 1834. In: Lesewerk zur Geschichte, Restauration und Fortschritt 1815–1871, hrsg. v. R. Ruland. Langewiesche-Brandt Verlag, Ebenhausen bei München 1963, S. 64ff.)

(2) Nenne Mittel, mit denen die Obrigkeit damals „die Ordnung aufrechterhalten" wollte. Vergleiche sie mit den Möglichkeiten, die unser Staat hat.

Warum rebellierten die schlesischen Weber?

Fabrikarbeiter gab es damals in Deutschland noch nicht sehr viele. Man schätzt, daß es weniger als 5% aller Beschäftigten waren (vgl. S. 171). Weit mehr Arbeiter verdienten ihren kärglichen Lohn in Heimarbeit. Ihnen ging es am schlechtesten. Sie erhielten Garn oder Wolle von einem Großhändler oder „Verleger" und fertigten zuhause auf ihrem Handwebstuhl Leinwand oder

Das Elend in Schlesien und die „offizielle Abhülfe". Karikatur in den „Fliegenden Blättern", 1848.

Wollstoffe, die ihnen der Verleger nach Stücklohn bezahlte. Manche Verleger nutzten die Lage am Arbeitsmarkt rücksichtslos aus.

Weberaufstand **1844**

Die Gebrüder Zwanziger z. B. zahlten in Peterswaldau in Niederschlesien im Jahr 1844 für ein Stück Barchent (Grobleinwand), an dem ein Weber gute 8 Tage zu arbeiten hatte, 12 Silbergroschen; das ergab, selbst wenn Frau und Kinder mitarbeiteten, keine 50 Taler (1 Taler = 30 Silbergroschen) im Jahr. Man schätzt, daß zum Unterhalt einer Familie in der Stadt 100–200 Taler im Jahr erforderlich waren. Der Unternehmer verdiente dagegen das Fünfhundert- bis Tausendfache. Ein Zeitgenosse berichtet:

„Das anfangs nicht allzu große Vermögen der Zwanziger war in kurzer Zeit zu großem Reichtum angewachsen. Sechs prächtige Gebäude gaben Zeugnis davon. Herrliche Spiegelscheiben, Fensterrahmen von Kirschbaumholz, Treppengeländer von Mahagoni, Kleider- und Wagenpracht sprachen der Armut der Weber Hohn. Als bei der letzten Lohnverkürzung die Weber erklärten, daß sie nun gar nicht mehr bestehen und selbst nicht mehr Kartoffeln kaufen könnten, sollen die Zwanziger geäußert haben, sie würden noch für eine Quarkscheibe arbeiten müssen oder – wie andere berichten – die Weber möchten nur, wenn sie nichts anderes hätten, Gras fressen; das sei heuer reichlich gewachsen. Als einer der Weber in einem Spottlied die Zwanziger als Schurken bezeichnete und daraufhin von der Polizei ergriffen wurde, scharten sich die andern zusammen, stürmten das Haus ihres Arbeitgebers und schlugen alles kurz und klein. In den Nachbardörfern schlossen sich weitere Aufständische an, insgesamt rund 3000 Mann. Als das Militär zum Schutz der Fabrikanten erschien, kam es zum Gefecht, und erst der Einsatz weiterer Truppen zwang die Weber zum Nachgeben. Ein paar hundert von ihnen wurden verhaftet. Die Eingezogenen sind der Beschädigung fremden Eigentums aus Rache angeklagt und dürfen sonach einer schweren Strafe gewiß sein. Doch haben sie den Trost, daß sie im Zuchthaus sich immer noch besser befinden als in der sogenannten Freiheit. Sie werden wenigstens nicht verhungern, nachdem sie der Staat in seine Obhut genommen."

(Nach: W. Wolff, Das Elend und der Aufruhr in Schlesien. 1845, in: Materialien für den Geschichtsunterricht. Die neueste Zeit 1850–1945. Diesterweg 7334, S. 25ff.)

(3) Untersuche die Gründe für den Aufstand der schlesischen Weber und erkläre, welche Ziele die Aufständischen verfolgten.

14.2. 1848/49: Volkserhebungen ohne Sieg

Wachsendes Elend. In den Jahren nach dem schlesischen Weberaufstand verschlechterte sich die Lage der armen Bevölkerung. Mißernten trafen fast ganz Europa. In Norddeutschland stieg der Preis für Roggen und Kartoffeln fast auf das Dreifache an. In Irland verhungerten infolge der Kartoffelfäulnis mehr als eine Million Menschen. In England hatte die Industrie zu viel produziert und konnte die Waren nicht loswerden. In ganz Europa gerieten die ärmeren Schichten in äußerste Not. Viele glaubten, daß nur noch eine völlige Änderung der Verhältnisse helfen könne. Zeitungen kündigten schon die drohende Revolution an. Das von Karl Marx 1848 veröffentlichte „Kommunistische Manifest" (vgl. S. 177) schließt mit den Worten:

Hungerrevolte in Stettin am 24. April 1847. Zeitgenössischer Holzstich.

„Die Kommunisten verschmähen es, ihre Absichten zu verheimlichen. Sie erklären es offen, daß ihre Zwecke nur erreicht werden können durch gewaltsamen Umsturz aller bisherigen Gesellschaftsordnung. Mögen die herrschenden Klassen vor einer kommunistischen Revolution zittern. Die Proletarier haben in ihr nichts zu verlieren als ihre Ketten. Sie haben eine Welt zu gewinnen. Proletarier aller Länder, vereinigt euch!"

Aufruf zum gewaltsamen Umsturz

(Aus dem Kommunistischen Manifest. In: Geschichtliche Quellenhefte mit Überblick, Heft 8: Restauration und Liberalismus 1815–1849. Diesterweg 7348, S. 43)

Revolution in Paris

Kampf zwischen Bürgern und Arbeiterschaft in Frankreich. Im Unterschied zu Deutschland gab es damals in Frankreich mehr Fabriken, mehr Arbeiter, größere Städte und vor allem eine Hauptstadt, in der sich die Politik des Landes entschied. In Paris verlangten im Februar 1848 Demonstranten eine Änderung des Wahlrechts, denn nur die Reichen – rund 200 000 Franzosen – konnten damals Abgeordnete wählen. Als die Regierung sich wehrte, errichtete das Volk Barrikaden, und es kam zu Straßenkämpfen. Da dankte der König freiwillig ab. An seine Stelle trat eine „Provisorische Regierung". Sie rief die Republik aus und verkündete ein allgemeines Wahlrecht. Jetzt konnten 9 Millionen wählen. Die neue Regierung wollte den Arbeitern helfen: Sie errichtete Fabriken, die dem Staat gehörten, sogenannte „Nationalwerkstätten", in denen alle Arbeitslosen ihr „Recht auf Arbeit" finden sollten. Aber die Betriebe wirtschafteten unrentabel und brauchten Zuschüsse von der Regierung. Als das Geld knapp wurde, mußte man die Nationalwerkstätten schließen. Jetzt zogen Arbeitslose, Männer und Frauen der Elendsviertel von Paris, auf die Straßen. Sie forderten Enteignung der Reichen, Verteilung des Eigentums an das Volk.

Februar 1848

Nationalwerkstätten

Die Abgeordneten der neuen Nationalversammlung waren zwar von Leuten aus allen Schichten gewählt, doch sie vertraten überwiegend die Bourgeoisie und das Kleinbürgertum: Bauern, Handwerker, Facharbeiter, kleine Beamte. Erschreckt von den Forderungen der Pariser Massen, fürchteten sie nun den Umsturz der bestehenden Ordnung. Sie wollten – wie die meisten ihrer Wähler – ihr erworbenes Eigentum schützen und befahlen, den Aufstand niederzuschlagen. Der Kommandant der eingesetzten Truppen befahl, den „Feind zu zerschmettern, die Masse, wie im Krieg". In dreitägigem fürchterlichem Kampf wurden die Arbeiter besiegt. Lieber wollten die Bürger künftig weniger Freiheit, wenn sie dafür mehr Sicherheit vor dem Proletariat einhandeln konnten. So stimmten sie in der folgenden Präsidentenwahl für den Kandidaten, der Frankreich als starker Mann zu regieren versprach: Louis Napoleon, ein Neffe Napoleons I., der sich schließlich 1852 als Napoleon III. zum Kaiser ausrufen ließ.

Bürgertum gegen die Revolution

Napoleon III.

(1) Politische und soziale Ursachen der Revolution von 1848. Berichte darüber.
(2) Diskutiert die Forderungen der Arbeiter in Paris.
(3) Erkläre den Satz: Lieber wollten die Bürger künftig weniger Freiheit, wenn sie dafür mehr Sicherheit vor dem Proletariat einhandeln konnten.

Hoffnungen auf Einheit und Freiheit in Deutschland. Kaum war im Februar 1848 in Paris der König verjagt und die Republik ausgerufen, brach die Revolution auch in Deutschland aus:

Unruhen in Deutschland

„Ein Sturm von Versammlungen, Straßenkundgebungen, Delegationen, getragen vom Bürgertum, verstärkt und vorwärtsgetrieben von den kleinen Leuten, Bauern, Handwerkern, Arbeitern, brachte während der ersten Märzwochen die Führer der liberalen Opposition an die Spitze der Regierungen in Baden, Württemberg, Bayern, in Darmstadt, Nassau, Kassel, Sachsen, Hannover. Es waren überall dieselben Forderungen, getönt und gesteigert je nach der Eigenart der bisherigen Mißwirtschaft; überall wurde ihnen mit der gleichen Bereitwilligkeit nachgegeben, so als seien die Herrschenden heimlich längst von der Unhaltbarkeit ihrer seitherigen Gewohnheiten überzeugt gewesen. Freiheit der Presse und der Versammlungen, Bewaffnung des Volkes oder Bürgerwehr, Geschworenengerichte, Reform des Wahlrechts wo es eines gab, Mitarbeit am Aufbau eines deutschen Bundesstaates, all das wurde zugesagt ..."

(G. Mann, Deutsche Geschichte des 19. Jahrhunderts. Büchergilde Gutenberg, Frankfurt/M. 1958, S. 189f.)

Wien

Nicht so kampflos gaben die Regierungen in Wien und Berlin den Forderungen nach. In Wien wagten Studenten den offenen Aufruhr und rissen das Volk mit; es kam zu Straßenkämpfen. Da trat Metternich, der fast 40 Jahre lang die konservative Politik in Deutschland bestimmt hatte, von der Regierung zurück und floh ins Ausland. Ein Bürgerausschuß übernahm die Regierungsgewalt. Der Kaiser versprach dem Volk eine Verfassung. Nun brach im ganzen Habsburgerreich die alte Ordnung zusammen. Alle Völker der Monarchie wollten frei sein. Ungarn machte sich selbständig, Mailand vertrieb die österreichische Besatzung, Venedig rief die Republik aus, und die Kroaten verlangten eine eigene Verfassung.

Berlin

März 1848

Als in Berlin bekannt wurde, daß in Wien die Revolution gesiegt hatte, verlangte eine Volksversammlung vom König den Abzug der Truppen aus der Stadt, Pressefreiheit, Bewaffnung der Bürger, Umwandlung des Deutschen Bundes in einen Einheitsstaat. Am 18. März gab Friedrich Wilhelm IV. vom Balkon des Schlosses bekannt, daß die Forderungen des Volkes gewährt seien. Aber bevor sich die Leute entfernt hatten, entstand ein Tumult, es fielen Schüsse, und nun kam es zu Straßenkämpfen zwischen der Bevölkerung und den Soldaten. Am Morgen gab der König endgültig nach, zog die Truppen ab, und eine Bürgerwehr übernahm den Schutz von Ruhe und Ordnung. 240 Männer, meist Arbeiter und Handwerker, waren gefallen. Der König erwies den Toten auf dem Schloßplatz die letzte Ehre.

Vorparlament

Liberale und Radikale. Die Fürsten gaben überall, erschreckt durch die Unruhen, dem Volkswillen nach, ernannten liberale Minister und versprachen Reformen. Während noch allgemeine Unsicherheit herrschte, kamen entschlossene Männer aus den Länderparlamenten in Frankfurt zusammen, um die Sache des Volkes selbst

Barrikadenkämpfe in Berlin. Zeitgenössische Darstellung. Für den Guß von Gewehrkugeln werden die Bleifassungen von Fensterscheiben verwendet. Was läßt sich aus der Kleidung und Bewaffnung der Barrikadenkämpfer über ihre berufliche und soziale Herkunft schließen?

Aufbahrung der im März gefallenen Revolutionäre vor der Neuen Kirche auf dem Gendarmenmarkt in Berlin. Unvollendetes Gemälde von Adolf Menzel (1848), der in vielen Bildern historische Ereignisse überzeugend wiedergegeben hat.

in die Hand zu nehmen und ein freies, einiges Deutschland zu schaffen. Aber wie? Die Radikalen wollten die unmittelbare Herrschaft des Volkes, das Ende der Fürstenherrschaft, die Republik. Ihr Sprecher, der badische Abgeordnete Hecker, erklärte:

„Ich will die Freiheit, die ganze Freiheit, für alle, gleichviel in welcher Staatsform sie zu erreichen ist. Aber keine Freiheit nur für die Privilegierten oder für die Reichen; ich bin, wenn ich es mit einem Wort benennen soll, Sozialdemokrat.“ *Radikale*

Demgegenüber warnte der hessische Vertreter Heinrich von Gagern:

„Auch ich würde Republikaner sein, wenn das deutsche Volk die republikanische Staatsform beschließen würde; ich kann Republikaner sein, denn ich habe einfach zu leben gelernt; aber ich will keine Pöbelherrschaft, kein Liebäugeln mit dem Pöbel.“ *Liberale*

(Beide Reden in: H. Jessen (Hrsg.), Die deutsche Revolution, S. 111)

Die Mehrheit der Abgeordneten wollte mit den Regierungen zusammenarbeiten und ohne gewaltsame Revolution die beiden Ziele erreichen: einen einheitlichen deutschen Staat zu schaffen und ihm eine Verfassung zu geben. Sie beschlossen, freie Wahlen für eine deutsche Nationalversammlung auszuschreiben. Diesem Beschluß stimmten die Länderregierungen zu. *Freie Wahlen*

(4) Worin bestanden die ersten Erfolge der Volkserhebungen?
(5) Nenne die Ziele der Radikalen und der Liberalen, vergleiche sie miteinander.

Die Abgeordneten der Nationalversammlung, die am 18. Mai 1848 in der Frankfurter Paulskirche zusammentrat, waren als Persönlichkeiten nach ihrem Ansehen und Vertrauen, das sie in der Öffentlichkeit besaßen, gewählt worden. Ihrer politischen Richtung nach lassen sie sich in folgende drei Gruppen einteilen: Mai 1848 *Paulskirche*

Sitzung der Nationalversammlung in der Frankfurter Paulskirche. Auf der Rednertribüne (stehend) der Präsident Heinrich von Gagern, vor ihm der republikanische Abgeordnete Robert Blum, der nach der Niederschlagung der Revolution in Wien am 9. November 1848 hingerichtet wurde.

Die Abgeordneten

„Die Linke [Republikaner] mit der äußersten Linken [Radikale], das Zentrum [konstitutionelle Liberale] und die Rechte [Konservative]. Es gab keine geschlossenen Parteien, sondern nur Gruppen, denen die Abgeordneten beitraten, solange sie mit deren Absichten einverstanden waren. Von überall her waren die 586 Abgeordneten zusammengekommen: Aus Schlesien und vom Rhein, von Tirol und aus Schleswig; der Osten und der Westen, Nord- und Süddeutschland, das ganze deutsche Volk hatte zum erstenmal in der Geschichte seine Vertreter zu einer einzigen Versammlung entsandt. Man zählte unter den Abgeordneten 95 Rechtsanwälte, 224 Richter und Beamte, 104 Gelehrte, 12 Schriftsteller, 15 Ärzte, 10 Soldaten, 34 Grundbesitzer und 13 Industrielle und Kaufleute. Nie wieder gab es ein deutsches Parlament mit solchen Köpfen und Namen . . ."

(W. Trog, Die nationale und industrielle Revolution. Diesterweg 7211, S. 76)

Politische Richtungen

Die Abgeordneten der Paulskirche verstanden es, gescheite Reden zu halten. Monate verstrichen, ohne daß sie in wichtigen Punkten übereinstimmten. Die Linken sagten: Das Volk will Freiheit und Gleichheit in einem Staat ohne Fürsten und Adel. Die Rechten wollten zuerst die Einheit Deutschlands, und zwar unter einem starken Monarchen. Die Mitte hatte die überwältigende Mehrheit; sie diskutierte über alles, lehnte aber die Forderung nach einer Republik ab. Wie es zuging, als über einen entsprechenden Antrag abgestimmt wurde, berichtet Jakob Grimm in einem Brief:

Keine Republik

„Wir haben gestern und heute die frechen und törichten anträge für Hecker und seine Partei gehabt, lärmendere sitzungen als je, und heute mußte endlich die [Zuschauer]galerie, worauf gewiß 1500 menschen standen, geräumt werden. du kannst dir denken, mit welchem widerstreben das geschah, und über eine halbe stunde ging hin, eh es bewerkstelligt wurde, alles mußte hinaus, auch die frauen, und die türen wurden verschlossen, aber draußen auf dem platz blieben die haufen versammelt und hielten reden, bis endlich bürgermilitär anrückte und die kirche ringsum besetzte. inwendig griff die linke zu ihrem letzten mittel und entfernte sich aus dem saal, um nicht mitzustimmen; wir andern ließen uns nicht irren, sondern setzten die sache durch und stimmten sie nieder, was alles durch namentlichen aufruf geschah und viel zeit kostete. heute nacht wird es nicht an fackelzügen [für die unterliegenden] und an katzenmusiken fehlen . . ."

(J. Grimm, Brief vom 6. 8. 1848 an seine Schwägerin. In: H. Jessen (Hrsg.), Die deutsche Revolution, a.a.O., S. 188)

(6) Man nannte die Nationalversammlung ein Professorenparlament. Mit welchem Recht?
(7) Nenne einzelne politische Richtungen („Parteien") der Paulskirche und ihre Ziele und schildere, wie sie diese Ziele durchsetzen wollten.
(8) Was erfährt man aus dem Brief von J. Grimm über das Verhalten der Bevölkerung?

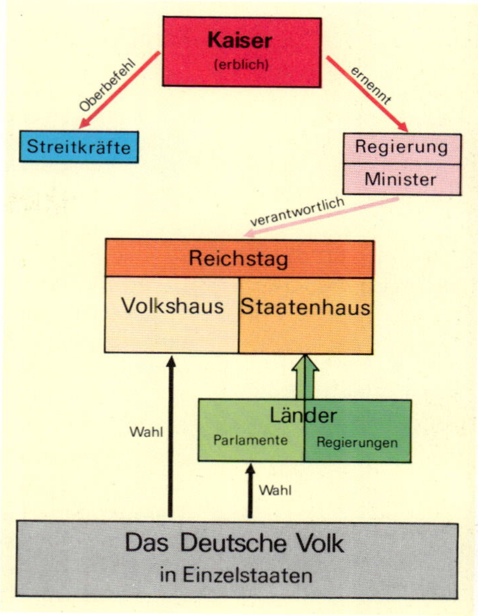

Verfassungsentwurf der Paulskirche.

Was konnte die Nationalversammlung leisten? Die Aufgabe der Nationalversammlung bestand darin, dem deutschen Volk die Einheit und Freiheit zu bringen. Aber das Parlament in der Paulskirche glich einem Architekten, der ohne Geld und ohne Handwerker ein Haus bauen soll. Es gelang den Abgeordneten zwar, die Grundsätze zu bestimmen, nach denen das Haus bewohnt werden sollte: Sie verkündeten folgende Grundrechte des deutschen Volkes:

„Jeder Deutsche hat das deutsche Reichsbürgerrecht. Vor dem Gesetz gilt kein Unterschied der Stände. Der Adel ist als Stand aufgehoben. Die Deutschen sind vor dem Gesetz gleich. Die Wehrpflicht ist für alle gleich. Die Freiheit der Person ist unverletzlich. Das Briefgeheimnis ist gewährleistet. Jeder Deutsche hat das Recht, durch Wort, Schrift, Druck und bildliche Darstellung seine Meinung frei zu äußern. Jeder Deutsche hat volle Glaubens- und Gewissensfreiheit. Die Wissenschaft und ihre Lehre ist frei. Für die Bildung der deutschen Jugend soll durch öffentliche Schulen überall genügend gesorgt werden."

(Aus der Verfassung des deutschen Reiches von 1849. In: Geschichtliche Quellenhefte mit Überblick, Heft 8, Diesterweg 7348, S. 50)

Als man aber das Staatsgebäude selbst errichten wollte, häuften sich die Schwierigkeiten. Wie sollten die Grenzen verlaufen? Man einigte sich: Nur deutsche Länder konnten zum Reich gehören. Aber was bedeutete das für Österreich, die „Donaumonarchie" mit ihren vielen Völkern? Viele Abgeordnete wollten ein „großdeutsches Reich", dem alle deutschsprachigen Teile Österreichs angehörten mit einem Habsburger als deutschem Kaiser. Aber Wien lehnte ab. Hier hatten inzwischen die Gegner der Revolution gesiegt. Tschechen, Italiener und Ungarn hatten vergeblich um ihre Unabhängigkeit gekämpft; ihre Aufstände waren von österreichischem und russischem Militär niedergeschlagen worden. Der neue Staatskanzler in Österreich, Fürst Schwarzenberg, regierte absolutistisch wie Metternich. Österreich sollte eine selbständige europäische Großmacht bleiben und war nicht gewillt, im Deutschen Reich aufzugehen. Der russische Zar hatte Wien mit Truppen unterstützt, weil ein geeintes großdeutsches Reich ein übermächtiger Nachbar geworden wäre.
So planten die Abgeordneten in Frankfurt ein „kleindeutsches Reich" ohne Österreich, unter Führung des preußischen Königs. Doch auch in Berlin hatte die Armee inzwischen die Stadt besetzt,

Zeitgenössische Karikatur zur Ablehnung der Kaiserkrone durch Friedrich Wilhelm IV. Rechts der Preußenkönig mit dem russischen Bären. Germania fragt den Abgesandten der Paulskirche: „Wat heulst'n kleener Hampelmann?" – „Ick habe Ihr'n Kleenen 'ne Krone jeschnitzt, nu will er se nicht!"

das gewählte Parlament und die Bürgerwehr aufgelöst und die Macht des Königs wiederhergestellt.

Ablehnung der Kaiserkrone
1849

„Der preußische König lehnte die deutsche Kaiserkrone, die ihm eine Delegation der Paulskirche ... antrug, im April 1849 dann auch ab, und damit war die Revolution gescheitert ... [Der König] empfand sich ganz bewußt als Herrscher von Gottes Gnaden. Die Krone aber, die ihm die Nationalversammlung verleihen wollte, hatte den ‚Ludergeruch der Revolution', sie erschien ihm als ‚Hundehalsband, mit dem man mich an die Revolution von 1848 ketten will'."

(E. Zechlin, Die deutsche Einheitsbewegung. Ullstein DG 3/1, Berlin 1967, S. 152)

Niederlage des Volkes

„Gegen Demokraten helfen nur Soldaten!" Das soll der preußische König der Delegation aus Frankfurt mitgeteilt haben. Als ein Teil der Nationalversammlung, die sich allmählich selbst auflöste, in Stuttgart weiterarbeiten wollte, wurden die gewählten Volksvertreter von Truppen verjagt. Noch einmal kam es zu Volkserhebungen. In Sachsen, in Westfalen floß Blut, in Baden schlossen sich Infanterie und Artillerie den Freiheitskämpfern an; preußische Truppen marschierten ein und besiegten nach dreiwöchigem Bürgerkrieg die Revolutionsarmee. Nun folgte die Rache der alten Mächte: standrechtliche Erschießungen, hohe Zuchthausstrafen. Unzählige Männer – Demokraten, Liberale, Republikaner – fielen den Verfolgungen zum Opfer. Eine Auswanderungswelle folgte dem Zusammenbruch der Freiheitsbewegung. Bis 1851 verließen über eine Million Menschen das Vaterland, z. B. auch Carl Schurz, der in den USA zum Führer der Deutschamerikaner wurde und dort schließlich das Innenministerium leitete. Seiner Meinung nach hatten den Sieg der Revolution verhindert: Das Offizierscorps der preußischen Armee, der Hofadel, das Junkertum und die Beamtenschaft in den Ministerien.

Reaktion

„All diese Einflüsse, die im Volksmund gemeinhin als ‚die Reaktion' bezeichnet wurden, wirkten zusammen, um den König von der Bahn, die er in den Märztagen betreten, abzuwenden mit der Hoffnung, ihn zur möglichst vollständigen Wiederherstellung der alten Ordnung der Dinge benutzen zu können – wohl wissend, daß, wenn sie ihn kontrollierten, sie durch ihn die preußische Armee kontrollieren würden, und in dieser Armee eine ungeheure, vielleicht entscheidende Macht in den Kämpfen der Zukunft ..."

(C. Schurz, Die Jünglingsjahre in Deutschland. In: F. Pietzcker, Revolutionen des Bürgertums, a.a.O., S. 119)

Ein anderer Zeitgenosse der Revolution von 1848/49 urteilt:

Ursachen des Scheiterns

„Der König von Hannover sagte einmal im Jahre 1848 in seinem gebrochenen Deutsch: ‚Was, die Deutschen glauben, sie können die Einheit machen auf dem Papier? Wenn sie wollen haben die Einheit, dann müssen sie gehen durch Blut bis an die Brust.' Und der alte Herr hatte nicht unrecht. Wenn man sich vergegenwärtigte, wie in den Jahren 1848 und 1849 die Wünsche der Bevölkerung durcheinander wogten, ... so mußte sich wohl der Gedanke aufdrängen, daß nur offene Gewalt eine Einheit Deutschlands herbeizuführen im Stande sein werde. Aber [inzwischen] war die große Frage ziemlich hoffnungslos geworden, weil jetzt das Volk durchweg sich ganz gleichgültig verhielt."

(Der Bremer Senator A. Duckwitz rückblickend über die Revolution von 1848/49, Bremen 1860. In: Historisches Lesebuch, Bd. 1, a.a.O., S. 232f.)

(9) Zeige auf der Karte S. 185 die Grenzen, die damals ein „großdeutsches" bzw. ein „kleindeutsches" Reich erhalten hätte.
(10) Nenne verschiedene Gründe für das Scheitern der Revolution von 1848/49, und prüfe die Meinung des preußischen Königs (oben), die von C. Schurz und die von A. Duckwitz.

14.3. Die Gründung des Deutschen Reiches 1871

Brauchten die Deutschen ein Vaterland? Auf die Frage, welcher Nation sie angehörten, hätten die Menschen im Deutschen Bund vor 150 Jahren unterschiedlich geantwortet, zum Beispiel: zur bayerischen oder preußischen oder badischen.

Aber zugleich fühlten sie sich auch als Deutsche, denn sie hatten eine gemeinsame Sprache, eine gemeinsame Geschichte, eine gemeinsame Kultur. Ihr Nationalgefühl wuchs, seitdem immer mehr Menschen über die Grenzen der engeren Heimat hinausblickten, sei es auf Reisen, sei es durch Informationen in Zeitungen oder Zeitschriften; mit der Schulpflicht wuchs der Kreis derer, die deutsche Literatur und Kultur kennenlernten. Gelehrte und Schriftsteller beschrieben damals die besonderen Vorzüge der Deutschen, und das Deutschlandlied, das damals (im Jahr 1841) gedichtet wurde, pries „Deutschland, Deutschland über alles!" *Nationalgefühl*

Ein Zwang zur Einheit ging vor allem von der wirtschaftlichen Entwicklung aus.

Wirtschaftseinheit

„Die aufstrebende junge Bourgeoisie im Rheinland und in Schlesien, in Baden, Württemberg, Hannover und Sachsen ist aufeinander angewiesen. Die Webereien in Schlesien suchen ebenso Absatzgebiete wie die Grubenbesitzer Westfalens und Mitteldeutschlands. Die Reeder in Bremen und Hamburg sind auf die Verbindung mit dem Binnenland angewiesen . . ., und wenn sie ihre Schiffe übers Meer senden, aber auf die englische, französische und auch schon auf die amerikanische Konkurrenz stoßen, wird ihnen bewußt, wie gering die politische Macht ist, auf die sie sich stützen dürfen . . ."

(K. Kersten, Die deutsche Revolution 1848–1849. Europäische Verlagsanstalt, Frankfurt/M. 1955, S. 14)

(1) Informiere dich auf S. 92ff. über die Entwicklung deutscher Staaten im Absolutismus und erkläre, weshalb Deutschland kein „Nationalstaat" geworden war (vgl. auch die Karten S. 139).
(2) Du kennst vermutlich den Text des Deutschlandliedes. Wie beurteilst du den Vers „Deutschland, Deutschland über alles, über alles in der Welt!"?
(3) Man sagt, die Deutschen seien bis 1871 nur eine „Kulturnation" gewesen. Was will man damit ausdrücken? Nenne mindestens zwei Gründe.
(4) Warum brauchte die Wirtschaft die nationale Einigung? (Vgl. S. 167f.).

„Dualismus" in Deutschland

Wie wurde Österreich aus Deutschland verdrängt? Nur zwei Staaten in Deutschland besaßen die Macht, eine politische Einigung durchzusetzen: Preußen und Österreich. Sie wurden feindliche Brüder, weil keiner dem andern die Vormacht in Deutschland zubilligen wollte. Der preußischen Regierung gelang es, Österreich zunächst wirtschaftlich aus Deutschland hinauszudrängen, und zwar durch Stärkung des Zollvereins und durch Druck auf die deutschen Mittel- und Kleinstaaten, die dazu gebracht wurden, daß sie fast nur noch mit Preußen Handel trieben.

1862

1862 übernahm Otto von Bismarck als neuer Ministerpräsident die Regierung in Preußen. Der König berief ihn in einer schwierigen Lage. Das Parlament hatte den Antrag des Königs abgelehnt, die Wehrpflicht auf drei Jahre zu erhöhen und auf die Kontrolle über den Heeresetat zu verzichten. Als die Liberalen, die entschiedenen Gegner des Königs, bei Neuwahlen siegten, wollte König Wilhelm zurücktreten. Bismarck erklärte ihm: „Ich will lieber mit dem König untergehen, als Eure Majestät im Kampf mit der Parlamentsherrschaft im Stich lassen." Wilhelm blieb König, und Bismarck regierte jahrelang, ohne sich um den Landtag zu kümmern. Er ließ Steuern erheben ohne Bewilligung durch das Parlament. Die Verfassung war in Frage gestellt. Bismarck konzentrierte sich auf die Außenpolitik. Er wollte die nationale Stimmung in Deutschland für Preußen ausnützen: *Verfassungskonflikt*

„Preußen muß seine Kraft zusammenfassen und zusammenhalten auf den günstigen Augenblick, der schon einigemale verpaßt ist; Preußens Grenzen . . . sind zu einem gesunden Staatsleben nicht günstig. Nicht durch Reden und Majoritätsbeschlüsse werden die Fragen der Zeit entschieden – das ist der Fehler von 1848 und 1849 gewesen –, sondern durch Eisen und Blut . . ." *Eisen und Blut*

(Bismarck Ende September 1862. In: H. Böhme [Hrsg.], Die Reichsgründung. dtv dokumente, München 1967, S. 129)

Krieg gegen Österreich **1866**

„Wir brauchen Krieg, nur Krieg", erklärte Bismarck im Mai 1866. Den Vorwand zum offenen Bruch mit Österreich fand Bismarck in einer Streitigkeit um die Verwaltung

Österreichische Verwundete auf dem Bahnhof von Pardubitz nach der Schlacht von Königgrätz. Zeitgenössische Darstellung.

der Herzogtümer Schleswig und Holstein, die der Deutsche Bund an Preußen und Österreich übertragen hatte.

Königgrätz

„Nun fand zwischen den beiden Staaten eine rasche und blutige Auseinandersetzung statt. Die preußische Armee, die mit neuartigen Waffen wie Hinterladern und Gußstahlkanonen ausgerüstet war und zum erstenmal in der Geschichte die Eisenbahn für den Aufmarsch ihrer Truppen benutzte, besiegte die Österreicher ohne besondere Anstrengung bei Königgrätz in der Nähe von Prag."

(S. C. Burchell, Bürger, Dandies, Ingenieure. Rowohlt Life 40, Hamburg 1974, S. 106)

Die preußischen Volksvertreter hatten Bismarcks Politik abgelehnt, denn sie widersprach allen liberalen Grundsätzen. Nach dem Erfolg war die Mehrheit jedoch der Meinung:

Realpolitik

„Die Zeit der Ideale ist vorüber. Die deutsche Einheit ist aus der Traumwelt in die prosaische Welt der Wirklichkeit hinuntergestiegen. Politiker haben heute weniger als je zu fragen, was wünschenswert, als was erreichbar ist . . ."

(Rede des liberalen Abgeordneten Miquel. In: H. Böhme [Hrsg.], Die Reichsgründung, a.a.O., S. 188)

Norddeutschland preußisch

Der Krieg wie der Friede waren das Werk Bismarcks. Gegen den Willen des Königs, der gern siegreich in Wien einmarschiert wäre, setzte Bismarck einen „Verständigungsfrieden" durch. Österreich verließ den Deutschen Bund, der sich auflöste, und mußte das Land um Venedig an das mit Frankreichs Hilfe geeinte Italien abtreten (vgl. S. 214). Preußen kassierte seine Kriegsbeute bei den Verbündeten Österreichs in Norddeutschland: Außer Sachsen, Mecklenburg und Hessen-Darmstadt wurden fast alle Gebiete nördlich des Mains dem preußischen Staat einverleibt. Was für ein Erfolg für Preußen, ein Erfolg für Bismarck!

(5) Die Politik Bismarcks nannte man „Realpolitik". Lies den Ausschnitt aus der Rede von Miquel noch einmal durch und erkläre, wie du seine Worte verstehst.
(6) Bismarck versprach, Deutschland unter preußischer Führung zu einigen. Was erwartete Preußen davon?

Bismarcks Aufstieg

Bismarck – was für ein Staatsmann? Er stammte aus einem alten preußischen Adelsgeschlecht, war 1815 geboren, hatte Jura studiert und war nach 1848 in den diplomatischen Dienst Friedrich Wilhelms IV. getreten. Dessen Nachfolger, König Wilhelm I. (1861–1888), hatte Bismarck zum Ministerpräsidenten gemacht. Den zwischen Krone und Parlament entstandenen Streit entschied Bismarck unter Mißachtung der parlamentarischen Rechte zugunsten des Königs (vgl. S. 195). Die Ziele seiner Politik erläuterte er 1866 – während des Krieges mit Österreich – einem französischen Journalisten in einem Interview:

Seine politischen Grundsätze

„Ich verfolge mit durchaus ruhigem Gewissen einen Endzweck, den ich als für mein Land und Deutschland nützlich ansehe. Was die Mittel betrifft, so habe ich in Ermangelung anderer mich derer bedient, die sich mir darboten. Bei der gegenwärtigen Lage Preußens in Deutschland und gegenüber Österreich mußten wir vor allem eine Armee haben. Das ist in Preußen die einzige disziplinierbare Macht. In der Armee ist jeder Preuße ein prächtiger Soldat und schlägt sich wie ein Löwe für die Ehre des Landes. Durch meine Familie, meine Erziehung bin ich vor allem der Mann des Königs. Vor sechzehn Jahren lebte ich ruhig als Landedelmann [Junker]. Da rief mich der Wille des Königs als Bundestags-Gesandten nach Frankfurt. Schon damals faßte ich den Plan, den ich jetzt auszuführen suche: Norddeutschland in seiner vernünftigen und natürlichen Gestalt unter die Führung Preußens zu bringen. Um dieses Ziel zu erreichen, würde ich allem trotzen, dem Exil und selbst dem Schafott. Im Konflikt zwischen König und Parlament stand ich auf der Seite des Königs; meine persönliche Ehrfurcht vor ihm, meine ganze Vergangenheit, alle meine Familienüberlieferungen machten mir das zur Pflicht. Allein, daß ich von Natur oder aus Prinzip der Gegner des parlamentarischen Systems sein soll, das ist eine ganz grundlose Unterstellung . . ."

(Aus dem Interview zwischen Vilbort und Bismarck in der Zeitung Siècle vom 10. 6. 1866. In: Lesewerk zur Geschichte, a.a.O., S. 202 ff., gekürzt)

Norddeutscher Bund

Der Krieg gegen Frankreich. Nach dem Frieden von 1866 gründete Bismarck den „Norddeutschen Bund", dem neben Preußen die restlichen Staaten nördlich des Mains angehörten. Der preußische König Wilhelm führte den Bund, der nur als Übergangslösung gedacht war. Mit den süddeutschen Fürsten schloß Bismarck ein „Schutz- und Trutzbündnis"; sein Ziel blieb der Zusammenschluß aller deutschen Fürsten unter preußischer Führung. Das Mittel dazu war ungewöhnlich: Krieg gegen den gemeinsamen Feind, gegen Frankreich, das seit 1866 Preußen mißtrauisch gegenüberstand. In Frankreich fürchtete man die Macht eines geeinigten, von Preußen geführten Deutschland und wollte den Beitritt der süddeutschen Länder zum Norddeutschen Bund verhindern. Das empfanden die meisten Deutschen als unerhörte Behinderung der deutschen Einheitsbestrebungen. Man rechnete in beiden Ländern mit Krieg. Carl Schurz stellte bei einem Besuch in seiner alten Heimat fest, „daß sich überall ein neubelebter nationaler Ehrgeiz entfaltet". Bismarck, mit dem er sich unterhielt, prophezeite ihm: „Dieser Krieg mit Frankreich, der wird kommen."
Der Anlaß zum Krieg ergab sich, als die Spanier einen neuen König brauchten und dafür einen Hohenzollern,

Otto von Bismarck. Gemälde aus dem Jahre 1858.

Spanische Thronfolge

einen entfernten Verwandten des preußischen Königs, in Aussicht nahmen. Weil aber die französische Regierung heftig widersprach, trat der Hohenzollernprinz von der Kandidatur zurück. Trotzdem verlangte der französische Botschafter von König Wilhelm zusätzliche Zusicherungen. Wilhelm lehnte ab und ließ Bismarck aus Bad Ems telegraphisch über die Vorgänge berichten. Bismarck verfaßte aus dieser „Emser Depesche" einen Pressebericht in absichtlich verkürzter Form, in dem es hieß:

„Emser Depesche"

„S. M. der König hat es darauf [d.h. auf die Forderung des französischen Botschafters, sich zu verpflichten, niemals einer Kandidatur eines Hohenzollern zuzustimmen] abgelehnt, den französischen Botschafter nochmals zu empfangen, und demselben durch den Adjutanten vom Dienst sagen lassen, daß S. M. dem Botschafter nichts weiter mitzuteilen habe."

(Die Emser Depesche, in: Materialien für den Geschichtsunterricht, Diesterweg 7334, S. 73f.)

Deutsch-französischer Krieg

1870/71

Die Erklärung wirkte in Frankreich wie ein rotes Tuch. Innerhalb weniger Tage erklärte Frankreich an Preußen den Krieg. Als die französische Kriegserklärung am 19. 7. 1870 in Berlin eintraf, stand fest, daß die Schutz- und Trutzbündnisse mit den süddeutschen Staaten in Kraft treten würden. Eine Welle nationaler Begeisterung vereinte die Deutschen nördlich und südlich der Mainlinie. „Die Begeisterung für den Krieg hatte fast alle in gleichem Maße erfaßt – die Berufssoldaten so gut wie ihre Angehörigen. In zahlreichen Volksversammlungen wurde diese Begeisterung noch bestärkt und erhöht", so berichtete ein Journalist aus Berlin.

Frankreichs Niederlage

Mit großer technischer Überlegenheit rückten drei deutsche Armeen unter Führung des preußischen Generalstabs in Frankreich ein, noch ehe die französische Armee die Mobilmachung und den Aufmarsch abgeschlossen hatte. Napoleon III. hoffte vergebens auf die Hilfe Italiens und Österreichs, auch England und Rußland blieben neutral. Nach wenigen Wochen war Frankreich besiegt und Napoleon in Gefangenschaft. Das französische Kaiserreich brach zusammen, eine neue Regierung rief in Paris die Republik aus (vgl. S. 214).

(7) Untersuche, wie sich die Vorstellung von einem gemeinsamen Feind auf das Nationalgefühl auswirkte.
(8) Warum kann man die Schuldfrage für den deutsch-französischen Krieg von 1870/71 nicht eindeutig klären? Nimm Stellung zur Politik Bismarcks.

Einigung Deutschlands

18. 1. 1871

„Hoch lebe der Deutsche Kaiser!" Für Bismarck war jetzt der Zeitpunkt gekommen, die gesamtdeutsche Einheit unter preußischer Führung durchzusetzen. Geduldig verhandelte er mit den einzelnen Fürsten, ohne sie die Überlegenheit Preußens fühlen zu lassen. Bayern stimmte einem Zusammenschluß erst zu, als ihm Sonderrechte – z.B. eine eigene Post- und Militärhoheit – gewährt wurden. Am 18. Januar 1871 war es so weit. Der badische Großherzog, den die Fürsten zum Sprecher erhoben, notierte später in sein Tagebuch:

Kaiser Wilhelm I.

„Um 11.30 Uhr versammelten sich in dem großen Spiegelsaal des Schlosses von Versailles 2000 Offiziere, Beamte und Geistliche. Als die Fürsten sich dann um den König gestellt und die ganze Versammlung sich ihm zugewandt hatte, nahm der König ein Papier zur Hand und las etwa folgende Ansprache: Nachdem ihm die deutschen Fürsten und freien Städte die Kaiserwürde angeboten hätten, erkläre er unter dem Ausdruck des Dankes, die Krone des Reiches für sich und seine Erben annehmen zu wollen. Nun verlas der Kanzler des Reiches, Bismarck, ein Manifest, und dann kam die Reihe an mich. Ich rief so laut wie möglich in die harrende lautlose Versammlung: „Seine Kaiserliche und Königliche Majestät, Kaiser Wilhelm, lebe hoch, hoch, hoch!" Es begann ein begeistertes sechsfaches Hochrufen, das man gehört haben muß, aber nicht beschreiben kann."

(H. Oncken, Großherzog Friedrich I. von Baden, 1927. In: M. Wein, Ich kam, sah und schrieb. dtv. dokumente, München 1964, S. 339f., gekürzt)

Die Kaiserproklamation von Versailles am 18. Januar 1871 wurde von Anton von Werner nach Skizzen gemalt, die er während der Zeremonie angefertigt hatte.

Über die Siegesfeier, mit der man später die Reichsgründung in Berlin beging, schrieb die „Gartenlaube", die größte damalige Familienzeitschrift:

„Es war der größte Tag, welchen Berlin jemals gesehen und wie wir einen größeren zu erleben weder hoffen noch begehren dürfen. Es war ein Fest- und Weihetag der gesamten deutschen Nation, von welchem die Geschichte den spätesten Geschlechtern erzählen wird . . . !"

In Süddeutschland dachten manche nüchterner über das neue Reich unter preußischer Führung und meinten, für den Bürger bedeutete es „Maulhalten – Steuer zahlen – Soldatwerden!"

14.4. Die politischen Verhältnisse im Deutschen Kaiserreich

Das Deutsche Reich

Wer hatte die Macht im Staat? Das Deutsche Reich war das Werk der Fürsten. Im Spiegelsaal von Versailles fehlten die Abgeordneten des Volkes. Entsprechend sah auch die Grundordnung, die „Verfassung" des Deutschen Reiches von 1871 aus. Nicht vom Volk, sondern vom Kaiser und den Fürsten ging die oberste Staatsgewalt aus. Das Reich war ein „unauflöslicher Verein" von 22 Monarchen und 3 Freien Städten, ein Bundesstaat. An der Spitze stand der preußische König als „Deutscher Kaiser". Er besaß das Recht, Bündnisse und Verträge mit dem Ausland zu schließen, Krieg zu erklären und Frieden zu schließen. Im Krieg führte er den Oberbefehl über Heer und Flotte Der Kaiser ernannte die Mitglieder der Reichsregierung, vor allem den Reichskanzler. Dieser war nur dem Kaiser, nicht dem Parlament verantwortlich.
Vertreter der Länderregierungen bildeten den Bundesrat. Dort führte der Reichskanzler den Vorsitz. Dem Bundesrat mußten alle Reichsgesetze und der Reichshaushalt zur Bewilligung vorgelegt werden. Direkte Steuern konnte das Reich nicht erheben; es erhielt die Zolleinnahmen und war im übrigen auf Beiträge der Länder angewiesen. Das Gewicht der Bundesländer war ungleich verteilt:

Stellung Preußens

> „Preußen war größer und stärker als alle anderen Bundesstaaten zusammengenommen: Über die Hälfte des Reichsgebietes und der Reichsbevölkerung waren preußisch; die wichtigsten Rohstoffgebiete und Industrien Deutschlands lagen in Preußen; mehr als zwei Drittel des Reichsheeres waren preußische Truppen. Dem Kaiser standen die Machtmittel, die er als König von Preußen besaß, zu Gebote, und hinter dem Reichskanzler stand die Macht des preußischen Staatsministeriums (d.h. der preußischen Regierung); denn er war . . . gleichzeitig auch preußischer Ministerpräsident."

(K. E. Born; in: B. Gebhardt, Handbuch der deutschen Geschichte, Bd. 3. Union Verlag, Stuttgart [9]1970, S. 225)

Leistungen des Reichstags

Neben dem Bundesrat stand der Reichstag als gesetzgebende Gewalt. Sein Einfluß auf die Außenpolitik war gering. Aber die inneren Verhältnisse im Deutschen Reich bestimmte er maßgeblich. So hat er die Währung vereinheitlicht und überall die Reichsmark eingeführt, einheitliche Maße und Gewichte im Reich geschaffen und die Grundlage für eine einheitliche Post und Eisenbahn gelegt. Er vereinheitlichte vor allem das Recht, das in den Bundesstaaten sehr ungleich gewesen war (vgl. S. 140).

Das Deutsche Reich 1871.

(1) Vergleiche die Rechte, die der Kaiser besaß, mit denen, die heute der Bundespräsident und der Bundeskanzler besitzen.

Zweierlei Wahlrecht. Der Reichstag bestand – wie die Nationalversammlung der Paulskirche – aus Abgeordneten, die das ganze Volk wählte. Das Wahlrecht war modern und entsprach dem, was die Liberalen immer gefordert hatten: Es war allgemein, frei, gleich, geheim und direkt. Wer in seinem Wahlkreis die meisten Stimmen erhielt, war gewählt. Die Frauen besaßen allerdings noch kein Stimmrecht.
Der Kaiser und Bismarck brauchten die Wahlen zum Reichstag nicht zu fürchten. Auch wenn dort die Opposition stark war, blieb die Volksvertretung in den Bundesstaaten und vor allem in Preußen königstreu. Dafür sorgte das in Preußen geltende „Dreiklassenwahlrecht", das die Wähler in drei Gruppen einteilte. Die erste bestand aus den wenigen Reichen, die am meisten Steuern bezahlten; das waren knapp 2,5 %; die nächste Gruppe bildet der wohlhabende Mittelstand, rund 12 %; der Rest, die große Masse, konnte zusammen nur so viele Vertreter wählen wie jede der beiden ersten Gruppen. Das führte dazu, daß im preußischen Landtag rund 160 Großgrundbesitzer und 130 hohe Beamte, aber nur 6 Handwerker und 2 Arbeiter als Abgeordnete saßen.

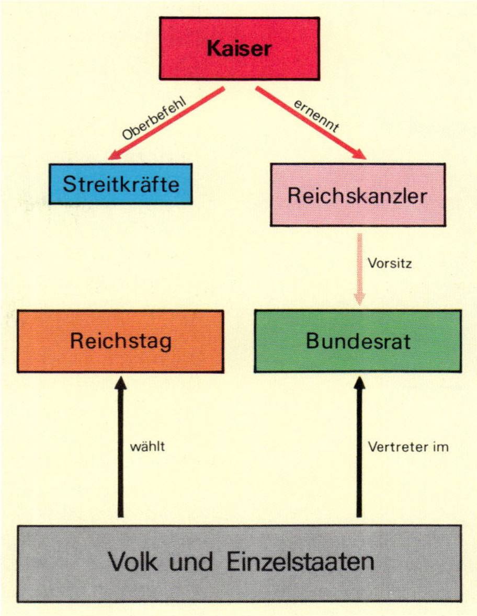

Die Verfassung von 1871.

„[Dieses Wahlrecht] hieß im Volk das ‚Groschenwahlrecht', weil der Groschen und nicht die Intelligenz entscheidend war, nicht der Wille der Wähler, sondern der nackte, pure Besitz . . .; um dieses Verhältnis vor Augen zu führen, erzählte das Volk das Beispiel von einem Bauern, der ein paar Ochsen besaß und deshalb in der zweiten Klasse wählen konnte und, als ihm durch einen Unglücksfall die Ochsen abhanden kamen, in der dritten Klasse wählen mußte, so daß er sagte: wer hat das Wahlrecht gehabt, ich oder meine Ochsen?"

(Aus einer Rede des sozialdemokratischen Reichstagsabgeordneten Bernstein, 1906. In: Historisches Lesebuch, Bd. 2, hrsg. v. G. A. Ritter. Fischer Bücherei 834, Frankfurt/M. 1967, S. 121)

Die Parteien. Die Abgeordneten im Reichstag und in den Landtagen gliederten sich nach Parteien. Unter den damaligen Parteien gab es drei Richtungen, die man – nach ihrer Sitzordnung im Parlament – als „rechts", „links" und „Mitte" einteilte (vgl. S. 226). Rechts saßen die Konservativen (die Partei der preußischen Junker) links die Sozialdemokraten, die Partei der organisierten Arbeiter; die Mitte bildete die breite Mehrheit, die aus mehreren Parteien bestand: den „Nationalliberalen", dem „Zentrum" (der Partei der Katholiken) und einigen kleinen Parteien, die vor allem das Kleinbürgertum vertraten.

Rechte, Linke, Mitte

Parteien im Reichstag (Sitze)

	1871	1878	1884	1890	1912
Konservative	57	59	78	73	43
Nationalliberale	125	99	51	42	45
Fortschrittspartei	46	26	67	66	42
Zentrum	63	94	99	106	91
Sozialdemokraten	2	9	24	35	110

In den meisten Parteien – die Sozialdemokraten ausgenommen – gaben wenige Männer den Ton an; Leute mit großem Ansehen (Honoratioren), die finanziell un-

Honoratiorenpartei

abhängig waren (vgl. S. 169); denn Abgeordnete erhielten keine Diäten wie heute. Die Wähler konnten weder das Programm noch die praktische Politik der Parteien beeinflussen; die Zahl der Mitglieder und Ortsgruppen war klein. Das Geld stammte meist von reichen Gönnern. Die Parteivorsitzenden ließen sich selten von Parteimitgliedern oder -gremien leiten. Vom Führer der badischen Zentrumspartei Wacker berichtet einer seiner Freunde z. B.:

Kandidatenaufstellung

„Die Partei leitete Wacker in ziemlich diktatorischer Weise (ob es wohl anders überhaupt möglich ist?). Typisch für seine Art der Parteiführung war z. B. seine Art der Kandidatenaufstellung zum Landtag oder Reichstag. Für Kirchturmsinteressen und für Streber hatte er kein Verständnis. So kam es, daß er sich mit der Aufstellung der Kandidaten von langer Hand befaßte, mit den Wahlkreisvorsitzenden verhandelte und sondierte, bis der Kandidat für ihn feststand. Dann ging er in die Vertrauensmännerversammlung und forderte Vorschläge von Kandidaten. Ein Vertrauensmann nach dem andern erhob sich: dieser schlug seinen Bürgermeister, jener seinen Ratschreiber, ein Dritter einen Handwerker, der gleichzeitig Schnapsbrenner war, ein Vierter den Vorstand seines Gesangsvereins, ein weiterer seinen Verwandten, der Vorstand des Militärvereins im Orte war, und endlich ein Letzter einen Tabakarbeiter vor. Wacker hörte aufmerksam zu, dann erhob er sich, sang ein Loblied auf die Zusammensetzung der Zentrumspartei in diesem Bezirk, aber, im gegenwärtigen Augenblick brauche der Landtag dringend einen höheren Baubeamten; er habe gerade den vorliegenden Bezirk für die Ehre auserwählt, dem badischen Volke diese unschätzbare Kraft zur Verfügung zu stellen; er schlage deshalb den (dem Bezirk bis jetzt völlig unbekannten) Oberbaurat X. als Kandidat vor . . . Die Abstimmung ergab meist die einstimmige Annahme des Wackerschen Vorschlags."

(H. Köhler, Lebenserinnerungen des Politikers und Staatsmannes 1878–1949, Stuttgart 1969. In: Historisches Lesebuch, Bd. 2, a.a.O., S. 138f., gekürzt)

(2) Schreib einen Zeitungsbericht, in dem du die Art der Kandidatenaufstellung durch den Zentrumsführer Wacker kritisch darstellst.
(3) Informiere dich, wie heute bei einer Kandidatenaufstellung verfahren wird.

Kampf mit der katholischen Kirche. Im neuen Deutschen Reich befanden sich die Katholiken in der Minderheit. An führender Stelle wirkten Männer, die entweder der protestantischen Kirche angehörten oder als „aufgeklärte" Liberale die katholische Kirche als überholte Einrichtung betrachteten. Die Katholiken hielten, in der Zentrumspartei vertreten, treu zum Papst in Rom. Bismarck und die Liberalen verdächtigten die Zentrumsanhänger einer „reichsfeindlichen Gesinnung". Als der Papst 1870 in einem Dogma seine Unfehlbarkeit in Sachen des Glaubens und der Sittenlehre verkündete, trennte sich ein Teil der Katholiken von Rom. Diese „Altkatholiken", wie sie sich nannten, wurden von der Regierung unterstützt. Als die katholischen Bischöfe dagegen protestierten, antwortete der Staat mit offenem Kampf. Er nahm den Geistlichen durch Gesetz den beherrschenden Einfluß auf die Schule, den sie noch immer ausgeübt hatten, verbot den Jesuitenorden in Deutschland, verlangte von allen Priestern ein Staatsexamen, bevor sie ihren Beruf ausüben durften, und entzog den Pfarrern das Recht, das Standesamt zu führen. Viele Pfarrer und Bischöfe leisteten – zusammen mit gläubigen Katholiken – leidenschaftlichen Widerstand.

„Kulturkampf"
1871–1878

Das Zentrum bekam großen Zulauf, und Bismarck mußte die Grenzen der staatlichen Macht erkennen: Sie endete am Glauben vieler Bürger. Deshalb suchte Bismarck den Ausgleich mit dem Papst, der sich ebenfalls zur Verständigung bereit zeigte. Als der Kanzler die politische Unterstützung des Zentrums im Reichstag brauchte, beschleunigte er den Abbau der Zwangsmaßnahmen gegen die katholische Kirche und beendete 1878 diesen „Kulturkampf". Die Zentrumspartei aber besaß seitdem einen starken Rückhalt im katholischen Volksteil; ihre Mitglieder kamen aus allen Schichten; gegen Ende des 19. Jh. wurde sie vom katholischen „Volksverein" unterstützt, einer Organisation, die fast in jeder Pfarrei eine Ortsgruppe besaß. So entwickelte sich das Zentrum zu einer Massenpartei.

Zentrumspartei

Schwurgerichtsverhandlung in Leipzig 1872. Die Angeklagten: August Bebel (rechts sitzend) und Wilhelm Liebknecht (vor ihm stehend). Zeitgenössische Darstellung. Beachte die Zuschauer. Bebel und Liebknecht wurden wegen Vorbereitung zum Hochverrat zu zwei Jahren und wegen Majestätsbeleidigung zu neun Monaten Gefängnis verurteilt.

Was geschah mit der Arbeiterpartei? Bismarck und die meisten Adligen, aber auch das Bürgertum, betrachteten die Sozialdemokraten mit großem Mißtrauen. Diese Partei (vgl. S. 182 und 210) hatte 1877 rund eine halbe Million Wähler und 12 Reichstagsabgeordnete. Man hielt die Sozialisten für „Reichsfeinde", weil ihr Programm auch marxistische Ideen enthielt, die den neuen Staat bedrohten. So wartete Bismarck auf eine Gelegenheit, um die Sozialdemokratie durch scharfe Gesetzesmaßnahmen zu vernichten. Diese Gelegenheit kam, als zwei Attentate auf Kaiser Wilhelm verübt wurden. „Jetzt habe ich sie!" Bismarck legte ein „Gesetz gegen die gemeingefährlichen Bestrebungen der Sozialdemokratie" vor, obwohl sich herausstellte, daß die Sozialdemokraten nichts mit den Attentaten zu tun hatten. Der Reichstag nahm das Gesetz mit großer Mehrheit an. Es verbot alle sozialistischen Vereine und Zeitungen sowie alle sozialistischen Versammlungen und ermöglichte die Inhaftierung oder Ausweisung der Parteiführer (1878). Über die Auswirkungen des „Sozialistengesetzes" schreibt ein moderner Geschichtswissenschaftler: 1878

Sozialistengesetz

„Die Partei hatte in der Zeit der Verfolgung unter dem Sozialistengesetz 1878–1890 fast den Charakter einer großen Familie angenommen, die für ihre Mitglieder nicht nur eine politische Gesinnungs-, sondern auch eine soziale Gemeinschaft bildete . . ., eine eigene Gesellschaft in der Gesellschaft, einen Staat im Staat. Der sozialdemokratische Arbeiter trank sein Bier in einer von einem Parteigenossen betriebenen Kneipe; er bezog seinen Tabak im Zigarrenladen eines Genossen; seine Frau kaufte die Lebensmittel der Familie bei einem sozialistischen Ladenbesitzer; er kegelte, sang, schwamm oder turnte in einem aus Parteianhängern gebildeten Verein, er beteiligte sich mit seiner Frau und seinen Kindern an den von der lokalen Parteiorganisation veranstalteten Sommerfesten, Theateraufführungen, Konzerten und Bildungsveranstaltungen, er hatte seine Freunde und Skatpartner unter den Parteigenossen und fand die Zahl-

Arbeiter und Staat

abende der lokalen Partei, wo man jeden kannte, so richtig gemütlich. Nicht die Stärkung der revolutionären Kräfte, sondern Entfremdung vom Staat, Abkapselung von der bürgerlichen Gesellschaft ... waren also die bedeutsamsten Konsequenzen der Unterdrückungspolitik des Staates."

(G.A. Ritter, Einleitung zu Historisches Lesebuch, Bd. 2, a.a.O., S. 17)

SPD

Da die Partei ihre Arbeit im geheimen fortsetzte oder sie als Bildungsarbeit tarnte, erlitt sie bei Wahlen keine Verluste. Als das Sozialistengesetz 1890 aufgehoben wurde, erhielt die als Sozialdemokratische Partei Deutschlands (SPD) wiederbegründete Partei fast 20% aller Wählerstimmen. Sie schickte 35 Abgeordnete in den Reichstag; 1912 war sie mit 110 Abgeordneten die stärkste Partei und besaß als moderne Massenpartei die weitaus größte Mitgliederzahl mit einem gut ausgebauten Parteiapparat (vgl. S. 183).

(4) Nenne einige Auswirkungen des Sozialistengesetzes und gehe dabei auf die Einstellung der Arbeiterschaft zum damaligen Staat ein.
(5) Wodurch unterscheidet sich eine „Massenpartei" von einer „Honoratioren-Partei"?

Haltung des Kanzlers

Wie regierte der Kanzler? Trotz der Bedeutung des Reichstags (vgl. S. 201) lag die Macht in Wirklichkeit in anderen Händen. Zwei englische Historiker schreiben: „Es übten die preußische Monarchie, die preußische Bürokratie, die preußische Armee und vor allem der preußische Ministerpräsident die entscheidende Macht aus." Wie Bismarck über das Parlament dachte, erfuhr ein Besucher z.B. in einem Gespräch:

„Im übrigen, das sagte er wohl dreimal, sei ihm das Fraktionswesen, konservativ oder liberal, völlig gleichgültig, heute mehr denn je; er gehe seinen Weg; wer mit ihm gehe, sei sein Freund, wer wider ihn gehe, sein Feind – bis zur Vernichtung."

(Benda an Benningsen, 1878. In: M. Stürmer [Hrsg.], Bismarck und die preußisch-deutsche Politik 1871–1890. dtv dokumente, München 1970, S. 130)

(6) Was hältst du von Bismarcks Einstellung zum Parlament? Lies dazu auch noch einmal das Interview auf S. 197.

Bismarck konnte ziemlich souverän regieren. Ein starker Staat lag im Interesse der preußischen Junker und des hohen Beamtentums, das nach unten Gehorsam und Pflichterfüllung verlangte, wie auch im Interesse der staatstreuen Armee, d.h. der konservativen Offiziere. Im Ganzen standen die oberen Schichten positiv zu Bismarcks Staatsführung. Denn sie war erfolgreich für sie: Deutschland entwickelte sich unter Bismarck zur führenden Wirtschaftsmacht und zum Zentrum der europäischen Politik (vgl. S. 219). Da der Kanzler nicht die Zustimmung des Volkes brauchte, genügte das Vertrauen des Kaisers. Solange Wilhelm I. lebte, konnte Bismarck unbesorgt sein, denn dieser hielt den Kanzler für wichtiger als sich selbst; er ließ ihm freie Hand. Erst als im Jahr 1888 Wilhelm II. mit 29 Jahren Kaiser wurde, kam es zu Gegensätzen. Der ehrgeizige Monarch wollte sich von seinem jetzt 75jährigen Kanzler nichts vorschreiben lassen. Schließlich reichte Bismarck ein Rücktrittsgesuch ein, darauf entließ ihn der Kaiser am 20. März 1890.

Bismarcks Rücktritt **1890**

„Gott sei Dank, daß er fort ist!" urteilte ein linksliberaler Abgeordneter, „es wäre ein Segen für das Reich gewesen, wenn er schon viel früher beseitigt worden wäre. Aber auf die Dauer wird kein Volk anders regiert, wie es regiert zu werden verdient." Und ein Wissenschaftler jener Zeit schrieb:

„Was war Bismarcks politisches Erbe? Er hinterließ eine Nation ohne alle und jede politische Erziehung ... Und vor allem eine Nation ohne allen und jeden politischen Willen, gewohnt, daß der große Staatsmann an ihrer Spitze für sie die Politik schon besorgen werde."

(Max Weber, Parlament und Regierung im neugeordneten Deutschland. In: Historisches Lesebuch, Bd. 2, a.a.O., S. 262)

Adolf Menzel (vgl. S. 191) wählte 1875 die Arbeiter in einem Eisenwalzwerk zum Thema eines Gemäldes. Wie im öffentlichen Leben erhielt die industrielle Entwicklung nun auch in der Kunst ihren Platz.

14.5. Wirtschaft und Gesellschaft zur Bismarckzeit

Das Tempo der Industrialisierung. In England begann die Industrialisierung vor rund 200 Jahren. In Frankreich entwickelte sich die Industrie seit Beginn des letzten Jahrhunderts. In Deutschland kam sie erst seit der Mitte des 19. Jh. in Schwung, und der steile Aufstieg erfolgte mit der Reichsgründung.

Wirtschaftswachstum

„Um 1830 hatten vier Fünftel der Bevölkerung ihren Lebensunterhalt in der Landwirtschaft gefunden, Mitte der achtziger Jahre war es knapp die Hälfte. Die Industrie entfaltete sich in fast märchenhafter Weise: Zwischen 1871 und 1874 entstanden genau so viele Hochöfen, Eisenhütten und Maschinenfabriken wie in der Zeit von 1800 bis 1870. An die Stelle der handwerklichen Einzelanfertigung trat die Massenfabrikation im Großbetrieb. Die Produktivität der Industrie stieg zwischen 1870 und 1890 um die Hälfte, im Braunkohlenbergbau um das Doppelte, in der Roheisenerzeugung gar um das Fünffache. Entsprechend wuchs das Bankkapital, bei der Deutschen Bank z. B. von 15 auf 100 Millionen, und die Zahl der Effekten [Aktien] an der Berliner Börse vervierfachte sich im gleichen Zeitraum. Eine wesentliche Triebkraft des wirtschaftlichen Aufschwungs war der zukunftssichere Optimismus, der dem siegreichen Krieg und seinen politischen Folgen entsprang."

(K. H. Höfele, Geist und Gesellschaft der Bismarckzeit (1870–1890), Einleitung. Musterschmidt Verlag, Göttingen 1967, S. 25)

Die gesamte Produktion erhöhte sich in Deutschland von 1850 bis 1913 auf das Fünffache. Da sich die Bevölkerungszahl im gleichen Zeitraum etwa verdoppelte, kann man errechnen, daß pro Kopf der Bevölkerung 1913 etwa zweieinhalb mal so viel produziert wurde wie 1850. Das ergibt umgerechnet ein jährliches Wirtschaftswachstum von durchschnittlich 1,6%. Die wirtschaftliche Entwicklung verlief jedoch keineswegs gleichmäßig. Verschiedene Forscher haben nachgewiesen, daß im letzten

Jahrhundert auf eine Phase des Wachstums, die etwa von 1842 bis 1873/74 dauerte, eine Phase der Stockung mit sinkenden Preisen und geringerem Zuwachs der Produktion folgte, die erst 1894/96 wieder von einem Aufschwung, einer „Konjunktur" abgelöst wurde. Auch innerhalb der „langen Wellen" der wirtschaftlichen Entwicklung gab (und gibt) es „Zyklen" der Konjunktur mit Zeiten der „Expansion" und der „Krise".

„Konjunktur"

Wachstum und Wandel der Bevölkerung. Die Zahl der Menschen, die im Deutschen Reich lebten, stieg von 1871 bis 1910 von 41 auf 65 Millionen, allein in Preußen nahm die Bevölkerung von 25 auf 40 Millionen zu. Der Anteil der Stadtbewohner erhöhte sich überdurchschnittlich rasch. Über ein Drittel der Deutschen wohnte zu Beginn des 20. Jh. in großen Städten.

Wachstum der Großstädte

Wachstum einiger deutscher Großstädte (in Tausend)

	1800	1850	1880	1900	1910
Berlin	172	419	1122	1889	3730
Hamburg	130	132	290	706	932
München	20	110	230	500	595
Leipzig	40	63	149	456	588
Dresden	60	97	221	396	547
Frankfurt/M.	48	65	137	289	415

Bevölkerungsverschiebung

Gleichzeitig veränderte sich die Zusammensetzung der deutschen Bevölkerung. Der Anteil derjenigen, die in der Landwirtschaft arbeiteten, ging ständig zurück; andere Wirtschaftszweige beschäftigten immer mehr Arbeitskräfte:

Beschäftigte in den Wirtschaftszweigen 1849–1939 (in v. H. aller Beschäftigten)

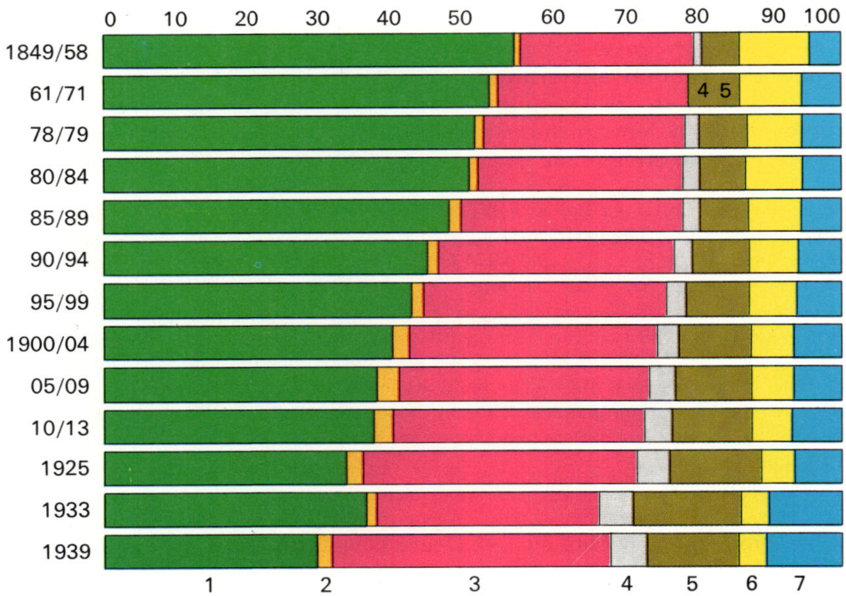

1 = Landwirtschaft, Forstwirtschaft, Fischerei; 2 = Bergbau und Salinen; 3 = Industrie und Handwerk; 4 = Verkehr; 5 = Handel, Banken, Versicherungen, Gaststätten; 6 = häusliche Dienste; 7 = sonstige Dienstleistungen einschl. Verteidigung

(nach W. G. Hoffmann)

(Aus: K. Borchardt, in: Handbuch der deutschen Wirtschafts- und Sozialgeschichte, Bd. 2. Stuttgart 1976, S. 211)

Der Spittelmarkt in Berlin im Jahr 1882. Zeitgenössische Darstellung.

(1) Suche festzustellen, wie alt die ältesten Industriebetriebe in deiner Heimat sind, wann die Eisenbahnlinie in eurer Gegend gebaut wurde, wie groß deine Heimatgemeinde vor 100 Jahren war.
(2) Das durchschnittliche Wirtschaftswachstum betrug im 19. Jh. 1,6%. Wie hoch war es im vergangenen Jahr in der Bundesrepublik Deutschland? Welche Schlüsse ziehst du daraus?
(3) Die Bevölkerung nahm in Deutschland im 19. Jh. pro Jahr im Durchschnitt um 1% zu. In vielen Entwicklungsländern beträgt die Zuwachsrate zur Zeit 3%. Vergleiche und versuche, die durch die „Bevölkerungsexplosion" entstehenden Probleme einzuschätzen.

Wirtschaftspolitik der „Gründerjahre". In den ersten Jahren nach Gründung des Deutschen Kaiserreiches herrschte Hochkonjunktur. Die Regierung vertrat den Grundsatz: Jeder sollte sein Glück versuchen, sollte herstellen und verkaufen, wovon er sich einen Gewinn versprach. Der Staat legte nur den Rahmen fest; er bestimmte die Währung, vereinfachte das Münzwesen, vereinheitlichte Maße und Gewichte, erließ neue Handelsgesetze (vgl. S. 200). Indem das Deutsche Reich im Friedensvertrag von 1871 von Frankreich rund 5 Milliarden Mark Kriegsentschädigung erzwang, sorgte es auch für den Zustrom von Kapital. Kein Wunder, daß nun breite Schichten des Bürgertums und viele Großgrundbesitzer von der Erwerbsgier gepackt wurden und mit Aktien reich werden wollten. In den drei Jahren von 1871 bis 1874 entstanden nicht weniger als 857 Aktiengesellschaften mit einem Kapital von über vier Milliarden Mark. Man nennt diese Zeit daher auch die „Gründerjahre". Da begann auch das „Zeitalter der Großbanken":

„Gründerjahre"

Großbanken

„Meist schon vor 1870 gegründet, werden sie zu Großbanken erst jetzt: zu Organisationen mit Tausenden von Angestellten, mit Marmorpalästen in der Berliner Friedrichstadt, Tempeln des neuen Gottes: Deutsche Bank, Dresdner Bank, Darmstädter Bank, Disconto-Gesellschaft, Berliner Handelsgesellschaft. Sie wachsen an der Industrie, deren Wachstum sie fördern; finanzieren ihre Expansion, beteiligen sich an Neugründungen, gründen selber. Ihre Direktoren sitzen, mitkontrollierend, in den Aufsichtsräten der industriellen Unternehmungen. In keinem anderen Land, sagen uns die Fachleute, besitzen einige wenige Großbanken einen so entscheidenden Einfluß auf die Steuerung der Wirtschaft wie in Deutschland; dergestalt, daß schließlich beide Machtbereiche, Industrie und Finanz, wie zu einem einzigen werden."

(G. Mann, Deutsche Geschichte des 19. Jahrhunderts, a.a.O., S. 393)

Mit dem Geld der Aktionäre wurden Eisenbahnen und Fabriken, Geschäftshäuser und Restaurants gebaut; ganze Stadtviertel schossen aus dem Boden – es herrschte ein Boom ohnegleichen.

Wirtschaftskrise **1873/74**

Eine Wirtschaftskrise und ihre Folgen. Dann kam es 1873/74 zum großen „Krach". In der Hoffnung auf Ertrag und Profit hatten viele mehr Geld ausgegeben, als sie besaßen. Zahlreiche Firmen „platzten", kleine und größere Aktionäre verloren ihr Geld, die Konkurrenz, vor allem die ausländische, zwang die Unternehmer zu Preisen, die unter den Herstellungskosten lagen. Viele machten bankerott. In dieser Lage verlangte das bisher so liberale Bürgertum den Schutz des Staates, einen starken Staat. Die gleiche Forderung kam auch von den „Rechten", von der konservativen Partei und den adligen Gutsbesitzern. Auch sie fühlten sich durch die freiheitliche Handelspolitik bedroht, denn seit die Dampfschiffe Getreide, Holz und Wolle billig aus Übersee in die europäischen Häfen brachten und dort zollfrei verkaufen konnten, stockte der Absatz der einheimischen Landwirtschaft. Gemeinsam forderten daher

Schutzzölle

Großindustrielle und Großgrundbesitzer staatliche Schutzzölle auf die Einfuhr ausländischer Waren, um so den Markt für eigene Erzeugnisse zu sichern. Bismarck ging 1878/79 auf diese Forderungen ein, denn er gewann so die beiden herrschenden Klassen für seine Politik: Adel und Großbürgertum. Die Schutzzölle schützten freilich nicht den Verbraucher, sondern den Produzenten, und sie sorgten überdies dafür, daß die Reichsregierung mehr Geld, vor allem für den Ausbau von Heer und Marine, bekam; denn die Zölle flossen der Staatskasse zu.

Bündnis von Roggen und Stahl

Das Bündnis, das damals zwischen Landadel und Großbürgertum, zwischen „Roggen und Stahl" entstand, hat viele Jahrzehnte gehalten. Aus diesen Schichten kamen die hohen Offiziere und leitenden Beamten (vgl. S. 160). Noch vor 60 Jahren waren in Preußen von 25 kommandierenden Generalen 22 adliger Herkunft, 3 stammten aus geadelten Bürgerfamilien. 11 von 12 Oberpräsidenten waren Adlige, 23 von 36 Regierungspräsidenten, weit über die Hälfte (268 von 481) der Landräte trugen den Adelstitel.

„Dem Adel am nächsten stand die oberste Schicht des Bürgertums: das Besitz- oder Großbürgertum, die eigentlichen Vertreter des Kapitalismus. Die Fabrikherren, Bankiers und Inhaber von Großhandelsfirmen standen dem Adel näher als den übrigen Gruppen des Bürgertums. Nicht wenige von ihnen wurden denn auch in den Adelsstand aufgenommen."

(E. Deuerlein, Gesellschaft im Maschinenzeitalter. Bilder aus der deutschen Sozialgeschichte, a. a. O., S. 137 f.)

(4) Vergleiche Zeitpunkt und Absicht von Bismarcks Bündnis mit Adel und Großbürgertum mit Zeitpunkt und Ziel des Sozialistengesetzes.
(5) Früher gab es zwischen dem Adel und den Unternehmern viele Unterschiede. Mit Hilfe des Registers kannst du im Buch nachlesen, worin die Unterschiede bestanden.
(6) Wenn Adel und Großbürgertum die Politik beherrschen, hat das Folgen für alle. Kannst du einige nennen?

Die sozialen Verhältnisse. Eine Beschreibung der Zeitverhältnisse von 1884 stellt fest, daß „unser Leben nicht nur leichter und sicherer, sondern auch schöner, besser und im vollen Sinne des Wortes länger geworden ist". Der Fortschritt zeigte sich vor allem in den Städten. Dagegen urteilte ein anderer Zeitgenosse:

Links: Wohnungsnot im Hamburger Gängeviertel am Ende des 19. Jahrhunderts. – Rechts: Verhaftung eines streikenden Arbeiters nach Unruhen in Berlin-Moabit 1910.

Vorzüge und Nachteile der Stadt

„Nun hat ja jede Großstadt unverkennbar eine Reihe von allgemeinen Einrichtungen für das leibliche und geistige Wohl ihrer Einwohner, wie z. B. Wasserleitungen, Straßenbeleuchtung, Kanäle, Markthallen, Schlachthäuser, Schulen der verschiedensten Art . . ., Krankenhäuser, Armenanstalten, Verkehrseinrichtungen etc., wie sie in kleineren Städten nicht oder doch lange nicht so vollkommen getroffen werden . . .; doch gibt es eine Unmasse [von Menschen in der Stadt], die an diesen Vorteilen wenig oder gar nicht teilnehmen können, dagegen entweder in Elend und Entbehrung ein jammervolles Dasein führen, von Tag zu Tag vergeblich auf Besserung oder plötzliche Glücksfälle hoffend, oder gar in unredlicher Weise um ihre Existenz ringend; die Großstadt tauscht dagegen das Elend, verdorbene Luft, verkommene Sitten, Unsicherheit, Krankheiten und Epidemien aller Art ein und kann den Zuzüglern doch nicht den Ersatz für den Erwerb verschaffen, den sie auf dem Lande, wenn auch in bescheidener Art, gefunden hätten . . ."

(J. Jaeger, Das Anwachsen der Großstädte, 1889. In: K. H. Höfele, Geist und Gesellschaft der Bismarckzeit, a.a.O., S. 103f.)

Lohnentwicklung

Die Löhne, die in der Gründerzeit nach oben geschnellt waren, sanken danach. Aber da die Preise noch stärker zurückgingen, nahm das reale Einkommen der Arbeiter zu. Im Durchschnitt stiegen die Löhne von 1871 bis 1913 um etwa 50%. Daß die Verbesserungen die Arbeiter nicht befriedigen konnten, zeigt die Anzahl der Streiks, die gegen Ende des letzten Jahrhunderts erheblich zunahmen. Ein Wissenschaftler (W. Sombart) schrieb 1903, es sei sicher nicht wahr, daß die Ärmsten durch die Industrialisierung in Deutschland noch ärmer geworden seien, daß der Mittelstand abgenommen habe und die Zahl der Reichen geschrumpft sei, und er belegte das mit vielen Zahlen. Aber er bestätigte auch, daß in den Großstädten die Mehrzahl der Arbeiter menschenunwürdig wohnen mußte, oft mit der ganzen Familie in einem einzigen Zimmer (vgl. S. 175).

„In den 12 größten Städten des Reichs lebten zu Beginn des 20. Jh. zwei Drittel bis drei Viertel der Menschen in Wohnungen großer Wohnblocks mit nur einem oder zwei beheizten Räumen . . . Bei steigender Nachfrage wurden die Mieten zu teuer und oft aus Geldnot Schlafburschen oder Schlafmädchen zur Nacht aufgenommen. Bei steigender Wohnungsüberfüllung stieg die Sterblichkeit bis über das Doppelte des Durchschnitts an."

(W. Conze, in: Handbuch der deutschen Wirtschafts- und Sozialgeschichte, Bd. 2. Stuttgart 1976, S. 638)

Löhne und Preise im Deutschen Kaiserreich um 1880

Durchschnittlicher Tageslohn für Männer (Baden)		1,90 Mark
Durchschnittlicher Tageslohn für Frauen (Baden)		1,43 Mark
Jahreseinkommen einer vierköpfigen Familie eines Schwarzwälder Uhrenschildmalers		1125,64 Mark
Jahreseinkommen einer dreiköpfigen Familie eines Nürnberger Arbeiters		1091,36 Mark
1 kg Brot kosteten 1880 (in Baden)	27 Pfennig	
1 Zentner Kartoffeln	3,30 Mark	
1 Pfund Rindfleisch	52 Pfennig	
1 Pfund Butter	1,00 Mark	
10 Eier	60 Pfennig	
1 Liter Rapsöl	87 Pfennig	

Die langsame Emanzipation der Frau. Besonders schwer hatte es die berufstätige Frau. Aus dem Bericht einer Fürsorgerin erfahren wir:

Armut

„So kam ich einmal zu einer armen Witwe, die sich und ihre vier Kinder mit Wäschenähen zu ernähren bemühte und um Unterstützung nachgesucht hatte. Durch einen engen dunklen Hof mußte ich gehen, in dessen dumpfer Kellerluft eine Schar blasser, kleiner Buben und Mädchen sich herumtrieb . . . [In der Wohnung] stellte ich die Frage: ‚Wie alt sind Sie?' – ‚Sechsundzwanzig'. Erschrocken sah ich auf: dies gelbe, faltige Gesicht, der krumme Rücken, die dünnen Haare, der erloschene Blick – sechsundzwanzig Jahre! Ich sah plötzlich meine Tante vor mir, die vierzigjährige – und ein dumpfer Zorn bemächtigte sich meiner. ‚Wie lange arbeiten Sie am Tage?' – ‚I steh halt um fünfe auf und leg mich um zwölfe nieder!' – Und das alles nur, um das elende Leben am nächsten Tag weiter zu fristen! ‚Was verdienen Sie in der Woche?' ‚Sechs Mark, und wenns arg gut geht, achte. In der stillen Zeit gibts oft keine drei oder vier'."

(L. Braun, Memoiren einer Sozialistin, München o. J. In: K. H. Höfele, Geist und Gesellschaft, a.a.O., S. 109ff.)

Emanzipation

Rechte der Frau

Der Mitbegründer der deutschen Sozialdemokratie, August Bebel, schrieb 1879 ein Buch mit dem Titel „Die Frau und der Sozialismus", in dem er ausführte, daß Frauen und Arbeiter immer unterdrückt worden seien, aber erst in dieser Zeit die Ursachen dafür erkannt hätten und sie zu überwinden begännen. Gewiß hatten schon die vornehmen Damen im 18. Jh. für ihre „Emanzipation" gekämpft, nicht ohne Erfolg (vgl. S. 156). Aber er kam nur den Frauen gehobener Schichten zugute. Das Schicksal der Frauen in den unteren Schichten hat sich in den Anfängen der Industrialisierung verschlechtert. Sie galten für viele Fabrikherren als billige Arbeitskräfte. Eigene Rechte konnten sie nicht erkämpfen. Sie hatten kein Wahlrecht und konnten nicht in führende Stellen gelangen. Erst seit 1892 durften Frauen an einzelnen deutschen Universitäten studieren. 1919 erhielten die Frauen durch die Weimarer Reichsverfassung das Wahlrecht. Eine völlige soziale und rechtliche Gleichstellung – am Arbeitsplatz, in der Ehe und in der Öffentlichkeit – wurde jedoch nicht erreicht.

(7) Schreib auf, wie du die Lage der Arbeiter im Bismarckreich beurteilst.
(8) Überlege, worauf du die Benachteiligung der Frau vor 100 Jahren – und heute – zurückführst.

Das Bismarckreich ein Wohlfahrtsstaat? Parlament und Regierung erkannten wohl die sozialen Probleme der Zeit. Bismarck forderte die Abgeordneten auf: „Geben Sie dem Arbeiter das Recht auf Arbeit, solange er gesund ist, sichern Sie ihm Pflege, wenn er krank ist, sichern Sie ihm Versorgung, wenn er alt ist . . .!" In den 80er Jahren sorgte er durch Gesetze für die Verbesserung der Lebensbedingungen der Arbeiter und der Verhältnisse in den Fabriken:

Sozialversicherungen 1883/89

„In rascher Folge jagte er eine Reihe von Versicherungsgesetzen durch das Parlament: gegen Krankheit (1883), gegen Unfall (1884) und eine Altersversicherung (1889). In den ersten Jahren des 20. Jahrhunderts waren in Deutschland sämtliche Fragen des Industrielebens gesetzlich geregelt: Löhne und Stundenzahl, Freizeit, Beschwerdeverfahren, Sicherheitsmaßnahmen. Es gab selbst ein Gesetz, das . . . die Mindestzahl von Toiletten und Fenstern in den Fabriken vorschrieb. Diese Maßnahmen entsprangen allerdings nicht rein ‚selbstlosen' Motiven. Bismarck war ein hervorragender Verfechter der Realpolitik – das Gegenteil einer idealistischen Politik –, und seine Reformen entsprangen der Furcht vor der Anziehungskraft, die der Sozialismus auf die deutsche Arbeiterklasse ausübte, sowie seiner Beunruhigung über den schlechten Gesundheitszustand der wehrpflichtigen Männer . . ."

(S. C. Burchell, Bürger, Dandies, Ingenieure, a.a.O., S. 84)

Sozialversicherung im Deutschen Kaiserreich

Gesetz	Beiträge der Arbeitgeber	Beiträge der Arbeitnehmer	Leistungen
1883 Krankenversicherung	1/3 (1/2	2/3 1/2)[1]	freie ärztl. Behandlung Krankengeld
1884 Unfallversicherung	1/1	–	ärztl. Versorgung, 2/3 Lohn bei Unfall. Hinterbliebenenrente bei tödl. Unfall
1889 Alters- und Invalidenversicherung	1/2	1/2	Invalidenrente bei Arbeitsunfähigkeit; Altersrente nach dem 70. Lebensjahr

[1] Heutige Beitragsverteilung

Arbeiterschaft

Diese Sozialpolitik im Deutschen Reich war damals einmalig. Kein anderes Land der Welt besaß ähnliche Einrichtungen. Sie verbesserte auf lange Sicht die Lage der Arbeiterschaft in spürbarer Weise. Dennoch gelang es Bismarck nicht, die Arbeiter der Sozialdemokratie zu entfremden. Sie wollten nicht nur materielle Verbesserungen, sondern Gleichberechtigung als Staatsbürger und – teilweise – grundsätzliche Änderung der sozialen Verhältnisse.

Zur Lernkontrolle

1. Nenne einzelne Maßnahmen, mit denen die Obrigkeit vor rund 150 Jahren „die Ordnung" aufrechterhielt. Gegen wen richteten sie sich, wem nützten sie? Vergleiche mit heutigen Maßnahmen und bilde dir ein Urteil.
2. War nach deiner Auffassung die Revolution von 1848/49 für das Volk ohne Nutzen?
3. Schreib auf, was du über die Etappen der deutschen Einigung von 1848/49–1866–1871 weißt.
4. Stimmt es, daß die politischen Verhältnisse im Deutschen Kaiserreich undemokratisch waren? Begründe deine Meinung.
5. Erkläre, wie es zur Macht der Großindustrie und der Banken in Deutschland kam und weshalb sich das Großbürgertum mit dem Adel verbündete.
6. Schildere, welche Parteien es vor rund 100 Jahren in Deutschland gab, wie sie aufgebaut waren und wie sie wirkten. Versuche, einige Vergleiche mit heute zu ziehen.

15. Europa und die Welt im letzten Jahrhundert

Lernziele

- Die Weltpolitik wird von Großmächten bestimmt. Das folgende Kapitel informiert über die Gründe der besonderen Stärke der europäischen Großmächte im letzten Jahrhundert.
- Die Staaten Lateinamerikas blieben Entwicklungsländer. Du erfährst die Ursachen, indem du die Entwicklung dieser Länder im 19. Jh. erklärst.
- Du kannst einige Stufen des Aufstiegs der USA zur Weltmacht kennenlernen.
- In der 2. Hälfte des 19. Jh. vollzog sich im Fernen Osten ein grundlegender Wandel. Du lernst die unterschiedliche Entwicklung in China und Japan kennen.

15.1. Die europäischen Großmächte formieren sich

Englands wirtschaftliche Überlegenheit

Worin war England überlegen? Vor rund 130 Jahren (1851) fand die erste „Weltausstellung" statt. 6500 Aussteller zeigten, was Industrie und Technik damals leisteten. Die Stadt, die dieses imposante Schaufenster des Fortschritts zum ersten Mal aufbaute, war – selbstverständlich für die damalige Zeit – London; und England füllte allein die Hälfte der rund 100 000 qm Ausstellungsfläche mit seinen Maschinen und industriellen Erzeugnissen.

Kein Land der Welt konnte damals mit England konkurrieren. Hier standen die größten Hochöfen, hier wurden die ersten eisernen Schiffe und Brücken konstruiert,

Königin Viktoria und Prinzgemahl Albert eröffnen die Londoner Weltausstellung 1851. Gemälde von H.C. Selous. Das Ausstellungsgebäude, der sogenannte „Kristallpalast", bestand aus gegossenen Metallteilen und Glas und leitete eine neue Epoche der Bautechnik ein.

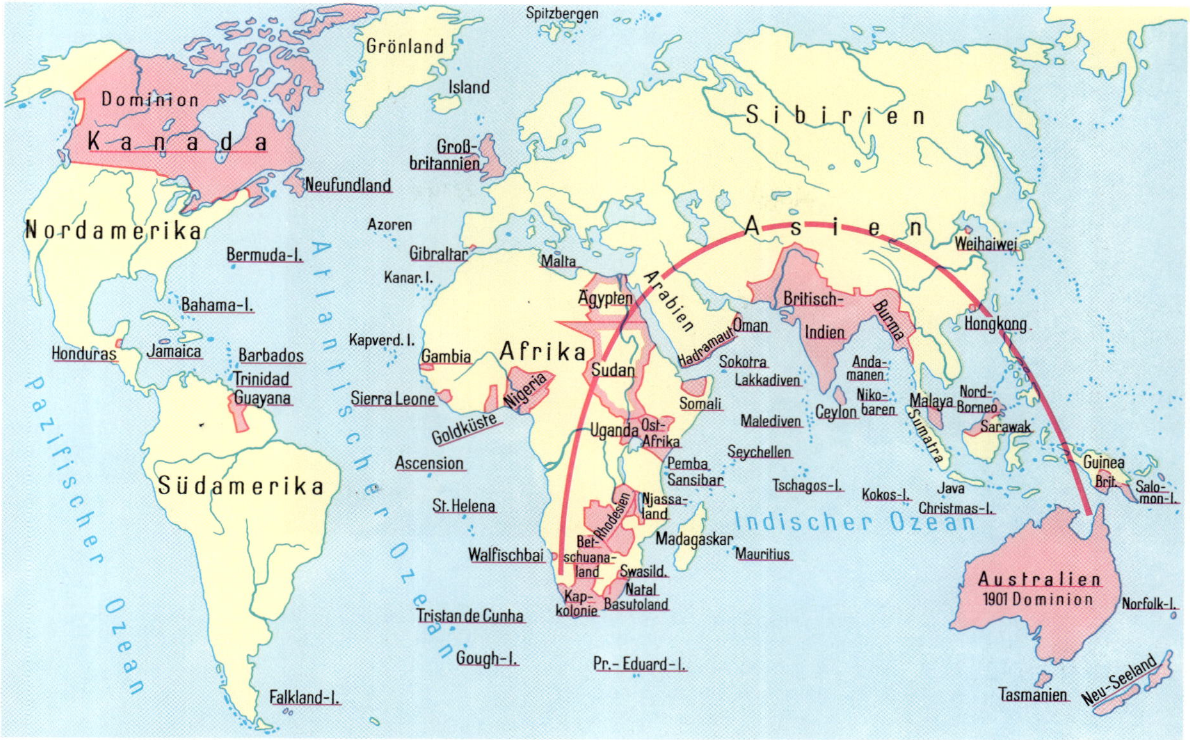

Englische Kolonien im 19. Jahrhundert.

hier wurden die besten Stoffe gefertigt, und hier lebten auch die meisten Millionäre. In England gelang (1855) die Herstellung von Stahl – ein Grund mehr, den industriellen Vorsprung zu halten, zumal genug Kohle da war, um immer mehr Erz zu schmelzen und mehr Dampfmaschinen anzutreiben. Dazu kam, daß England vorzügliche Techniker, weltweite Handelsbeziehungen und Geld (Kapital) besaß.

Wem verdankt England den wirtschaftlichen Fortschritt? Ganz offensichtlich hat England seinen wirtschaftlichen Fortschritt auch damit erkauft, daß die Unternehmer die Arbeiter rücksichtslos ausnutzten. Die Klassenunterschiede waren – wie überall in Europa – groß, aber die englische Gesellschaft war doch in mancher Hinsicht demokratischer als zum Beispiel die deutsche. Ein Grund: Die englische Mittelklasse (das Bürgertum) wuchs rasch an Zahl und Bedeutung. Sie, diese Mittelklasse, erzwang Reformen des Wahlrechts: Neben der Oberschicht durften auch Handwerker und gelernte Facharbeiter, später die Bergleute und Landarbeiter wählen, d.h. sie erhielten volles Stimmrecht und damit politische Mitbestimmung. Man erlaubte Gewerkschaften (offiziell seit 1871); die Löhne stiegen, während der großzügige Freihandel die Einfuhr billiger Lebensmittel ermöglichte.

Weltmacht

England vermittelte seinen Bürgern das stolze Gefühl: Wir sind angesehen in aller Welt, wir sind mächtig. Die englischen Häfen waren Knotenpunkte des Welthandels; englische Schiffe beherrschten die Meere, englische Banken den internationalen Geldverkehr. Die Börse in London zeigte täglich: England war zugleich eine wirtschaftliche und eine politische Weltmacht; es regierte das mächtigste Kolonialreich der Welt.

Links: Napoleon III. empfängt zusammen mit Kaiserin Eugenie eine siamesische Gesandtschaft im Schloß Fontainebleau. Zeitgenössisches Gemälde. Siam (Thailand) gehörte damals zum Interessengebiet Frankreichs wie Indochina, das damals französische Kolonie wurde.

Rechts: Einer der vielen Prozesse gegen Teilnehmer am Kommuneaufstand. Zeitgenössische Fotomontage.

(1) Erkläre, wieso England eine wirtschaftliche, wieso es eine politische Großmacht war.
(2) Versuche den Aufstieg der englischen Wirtschaft zu beurteilen aus der Sicht
— eines englischen Arbeiters,
— eines englischen Staatsmannes,
— eines englischen Fabrikbesitzers.

Napoleon III.

Frankreichs ehrgeiziger Kaiser. Nach der Revolution von 1848 regierte in Frankreich rund 20 Jahre ein Kaiser: Napoleon III., ein Neffe des großen Napoleon (vgl. S. 189). Er wollte, daß alle Welt mit Bewunderung auf Frankreich blicke. Damals erhielt Paris seine Prachtstraßen, die breiten Boulevards, und wurde zur „Lichterstadt" mit all ihren Reizen der Kunst und des Vergnügens. Die französische Hauptstadt wuchs auf nahezu 2 Millionen Menschen. Der „fortschrittliche" Kaiser gewährte dem Land freiheitliche Rechte: Die Presse war frei, Parteien und Arbeitervereinigungen waren erlaubt. Mit prunkvollen Staatsempfängen und Auslandsreisen demonstrierte Napoleon den „Glanz der Nation" und ihres Herrschers. Er sprach von Frieden und Völkerverständigung.

Frankreichs Außenpolitik

Aber er suchte auch den militärischen Erfolg. So machte er sich 1854 zusammen mit England zum Schutzherr der Türkei, die mit Rußland im Krieg stand, und besiegte die Russen im Krimkrieg. Er half den italienischen Patrioten, die Italien befreien und einigen wollten, gegen Österreich und gewann auch diesen Krieg (1859). Die führende Schicht, das französische Bürgertum, war stolz auf die Siege des Kaisers und trieb das Land auch in den Krieg mit Preußen/Deutschland (1870/71) (vgl. S. 198). Die Niederlage traf Frankreich hart. Der Sieger verlangte 5 Milliarden Goldmark Kriegsentschädigung und die Abtretung von Elsaß-Lothringen. Nur langsam gewann Frankreich, das Republik geworden war, seine Großmachtstellung zurück. Es konzentrierte seine Außenpolitik auf den Erwerb von Kolonien, vor allem in Afrika und Südostasien.

Pariser Kommune
1871

1871: Bürgerkrieg in Paris. Die Niederlage von 1870 führte zum Bürgerkrieg in der Hauptstadt. Die Bevölkerung, rund 2 Millionen Menschen, davon etwa ein

Viertel Fabrikarbeiter, lehnte die im Februar 1871 gewählte Nationalversammlung ab, weil sie glaubte, diese werde die Nation an den Feind verraten und die Monarchie wiederherstellen. Vertreter der Nationalgarde, die bewaffneten Männer der Stadt, riefen das Volk zu Gemeindewahlen auf, aus denen ein revolutionärer Gemeinderat, die „Kommune" hervorging. Doch die Zentralregierung, die sich inzwischen in Versailles gebildet hatte, ließ Truppen gegen diese „Selbstregierung" in Paris marschieren. Die Führung der Kommune rief zum bewaffneten Widerstand auf:

Bürgerkrieg

„Bürger von Paris! Wir sind jetzt zu den großen Tagen erhabenen Heldentums und größter Tugend zurückgekehrt! Das Glück des Landes, die Zukunft der ganzen Welt liegen in eurer Hand. Auf euch wartet der Segen oder der Fluch künftiger Generationen. Arbeiter, täuscht euch nicht: Wenn ihr es müde seid, in Unwissenheit dahinzuvegetieren und im Elend zu verkommen, wenn ihr wollt, daß eure Kinder Menschen seien, die aus ihrer Arbeit Nutzen ziehen, und nicht eine Art besonders dressierter Tiere für die Fabrik oder den Kampf ... wenn ihr nicht mehr wollt, daß Ausschweifungen und Elend die Männer in die Hände der Polizei und die Frauen in die Arme der Prostitution treiben, wenn ihr schließlich wollt, daß die Gerechtigkeit herrsche, dann Arbeiter, seid klug, erhebt euch und schleudert mit kräftiger Hand die schmutzige Reaktion zu Boden! Bürger von Paris, Kaufleute, Gewerbetreibende, Kleinhändler, Gelehrte, ihr alle schließlich, die ihr arbeitet und ehrlich eine Lösung der sozialen Probleme sucht, das Zentralkomitee beschwört euch, einig voranzumarschieren."

Aufruf des Zentralkomitees

(Proklamation des Zentralkomitees vom 5. 4. 1871. In: H. Swoboda [Hrsg.], Die Pariser Kommune 1871. dtv dokumente, München 1971, S. 141)

Warum ist die Pariser Kommune gescheitert? Das politische Ziel der Kommune war:

Ziele der Kommune

„Anerkennung der Republik. Anerkennung des Rechts von Paris, sich zu regieren durch einen frei erwählten und innerhalb der Grenzen seiner Befugnisse souveränen Rat, seine Polizei, seine Finanzen, seine öffentliche Wohltätigkeit, seinen Schulunterricht und die Ausübung der Gewissensfreiheit zu regeln. Die Obhut von Paris ist ausschließlich der aus allen berechtigten Wählern zusammengesetzten Nationalgarde anvertraut."

(B. Becker, Geschichte der Pariser Kommune. In: H. Swoboda [Hrsg.], Die Pariser Kommune, a.a.O., S. 142)

Praktische Politik

Aber dem Rat der Kommune blieb kaum Zeit, Gesetze zu machen oder sie durchzuführen. Man war sich auch nicht einig: Die einen wollten mehr Freiheit, die andern mehr Gleichheit der Bürger. Eine klare Linie war nicht zu erkennen. Man enteignete den Besitz der Kirche und schleppte den Erzbischof von Paris ins Gefängnis, wo er als Geisel erschossen wurde. Man verbot die Erhöhung der Mieten und die Nachtarbeit in den Bäckereien; mehr erreichte man nicht. Seit April 1871 tobte der Bürgerkrieg.

Niederlage der Kommune

„Der Kampf während der ‚Blutigen Woche' wurde mit der Leidenschaft eines Bürgerkriegs geführt. Straße um Straße mußte gewonnen werden ... Öffentliche Gebäude wie die Tuilerien und das Hôtel de Ville wurden niedergebrannt, 480 Geiseln, darunter der Erzbischof von Paris, erschossen, während andererseits die Regierungstruppen Gefangene kurzerhand niedermachten und Standgerichte gegen 20000 Todesurteile vollstrecken ließen. Kriegsgerichte besorgten anschließend die Verurteilung der Aufständischen ... 36000 Communards kamen vor 26 Kriegsgerichte, etwa 10000 wurden zu Zwangsarbeit, Deportation, Verbannung und Gefängnis verurteilt; von 93 Todesurteilen sind 23 vollstreckt worden."

(R. v. Albertini, Frankreich: Die Dritte Republik bis zum Ende des I. Weltkriegs (1870–1918). In: Handbuch der europäischen Geschichte, hrsg. v. Th. Schieder, Bd. 6. Stuttgart 1968, S. 235f.)

Ein Mitglied der Kommune rechtfertigte sich später:

Die Schuldfrage

„Wir hegten keine Feindschaft gegen die Geiseln und würden sie auch nicht erschossen haben, wenn MacMahons [Befehlshaber der Regierungstruppen] Heer Paris nicht in einen Riesenfriedhof verwandelt hätte. Die sogenannte reguläre Armee hat 35000 Menschen hingeschlachtet; wir haben nur hundert erschossen, aber natürlich sind wir die Mörder; wahrscheinlich, weil wir die Besiegten sind."

(E. Forin, 1888. In: H. Swoboda [Hrsg.], Die Pariser Kommune, a.a.O., S. 314)

(3) Warum bekämpfte die Regierung die Kommune? Diskutiert eure Meinungen in der Klasse.
(4) Womit rechtfertigte die Kommune die Revolution? Versuche, dir eine eigene Meinung zu bilden.

Ausdehnung Rußlands

Gegensätze im Reich des Zaren. Vor 100 Jahren war Rußland – seiner Ausdehnung und Bevölkerungszahl nach – die stärkste Macht in Europa, und dieses Reich dehnte sich noch weiter aus: nach Sibirien, in den Kaukasus; im Südwesten mißlang allerdings der Versuch, Teile der Türkei zu gewinnen, weil Frankreich und England, später auch Österreich, dazwischentraten (1878). In seiner Wirtschaft konnte Rußland mit dem Westen noch nicht konkurrieren. Es war in seinen östlichen Teilen dünn besiedelt, besaß wenig Industrie, hatte schlechte Straßen, kaum Eisenbahnlinien und kein Kapital, um die Wirtschaft anzukurbeln. Zar Alexander II. (1855–1881) meinte, schuld an den Mängeln sei vor allem die Leibeigenschaft der russischen Bauern (vgl. S. 91). Dem Adel erklärte er:

„... Sie wissen natürlich selbst, daß die bestehende Ordnung der Herrschaft über Seelen (Leibeigenschaft) nicht unverändert bleiben kann. Es ist besser, das Recht der Leibeigenschaft von oben her aufzuheben, als den Zeitpunkt abzuwarten, da seine Aufhebung ohne unser Zutun von unten her beginnen würde."

(Zar Alexander II. 1856 vor einer Adelsversammlung. Zitiert nach: W. Marienfeld, Geschichte im Lehrbuch der Hauptschule. Stuttgart 1972, S. 101)

Bauernbefreiung
1861

Wenige Jahre darauf (1861) erließ der Zar folgendes Manifest:

„1. Die Leibeigenschaft wird aufgehoben. Alle Bauern sind freie Bürger.
2. Die Bauern erhalten ihre Höfe zur dauernden Nutzung und können ihn durch Kauf zu gesetzlich vorgeschriebenem Preis in persönliches Eigentum umwandeln.

3. Die Bauern erhalten einen bestimmten Landanteil zur dauernden Nutzung ...
6. Die Gutsherren sind nicht mehr verpflichtet, ihren Bauern im Falle wirtschaftlicher Not oder vor Gericht beizustehen."

(Manifest Alexanders II. vom 3. 3. 1861. Zitiert nach Marienfeld, a.a.O., S. 101)

Hinrichtung russischer „Terroristen". Zeitgenössische Darstellung.

Aber das Gesetz hat mehr Unzufriedenheit als Zustimmung ausgelöst.

Durchschnittliche Größe der Bauerngüter in Rußland

8–10 ha	5 ha	2,8 ha
Um 1860	nach 1861	um 1910

Opposition und Terror

Gründe für die Unzufriedenheit gab es genug. Die Schulden wuchsen den Bauern über den Kopf, und der Adel wußte mit seinem Besitz ohne das Heer der Leibeigenen nichts Rechtes anzufangen. Die übrige Bevölkerung, Bürger und Arbeiter, waren unzufrieden, weil der Zar die Rechte verweigerte, die sich in den Verfassungsstaaten des Westens durchgesetzt hatten. So bildete sich eine vielfältige Opposition im Land. Junge Leute, Studenten und Angehörige des gebildeten Bürgertums, fingen an, aus den Städten aufs Land hinauszugehen, um dort die Bauern anzusprechen und politisch aufzurütteln. Man nannte sie „Narodniki", die Volksfreunde. Einer radikalen Richtung genügte das nicht. Sie wollten die bestehende Herrschaftsordnung gewaltsam ändern. Diese „Terroristen" legten Brände in den Städten, verübten Anschläge auf Regierungsgebäude und töteten Polizeipräsidenten, Gouverneure und hohe Beamte. Auch Zar Alexander II. erlag einem Attentat in Petersburg (1881).

(5) Vergleiche die Folgen der Bauernbefreiung in Rußland und in Preußen (S. 158ff.).
(6) Schildere die politischen Verhältnisse in Rußland vor 100 Jahren. Erkläre den Begriff „Zarismus".

Österreich-Ungarn, der Vielvölkerstaat. Im Jahr 1866 war das Habsburgerreich von Preußen besiegt und aus dem Deutschen Bund ausgestoßen worden (vgl. S. 195f.). Seitdem verlor Wien zusehends die Kraft, die vielen Völker der Donaumonar-

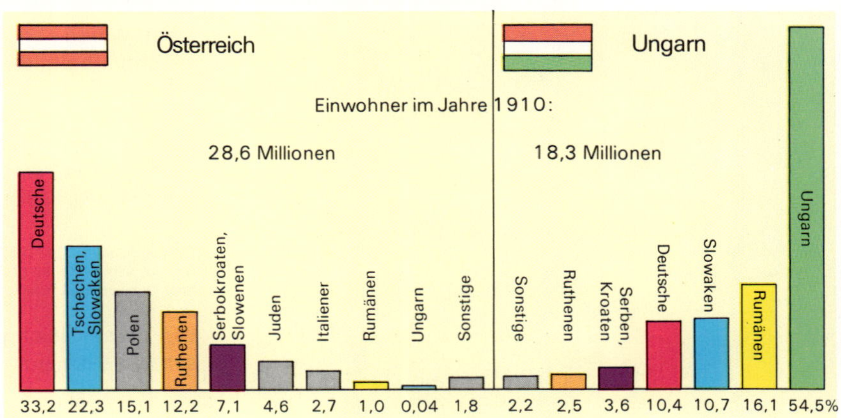

Die Nationalitäten in Österreich-Ungarn.

Doppelmonarchie Österreich-Ungarn
1867

chie zusammenzuhalten. Die Ungarn verlangten mehr Selbständigkeit und erhielten sie 1867, indem der Staat zu einer „Doppelmonarchie" umgestaltet wurde: Der Kaiser in Wien blieb zugleich König der Ungarn und leitete die gemeinsame Außenpolitik, das Militär und das Finanzwesen, im übrigen bildete Ungarn einen selbständigen Staat. Auch die anderen Völker verlangten mehr nationale Rechte: Die Tschechen wehrten sich gegen den politischen Vorrang der Deutschen in Böhmen, die Polen wollten Galizien als eigene Provinz verwalten. Prag erhielt 1882 eine tschechische Universität, und die tschechische Sprache wurde als Amtssprache in Böhmen zugelassen. Aber die Gegensätze der Nationalitäten ließen sich durch solche Zugeständnisse nicht beseitigen. Viele Slawen, also Tschechen, Polen, Serben und vor allem Russen, dachten an ein großes Reich aller Slawen unter russischer Führung. Das verschärfte die Spannungen zwischen Österreich und Rußland; denn dieser „Panslawismus" bedrohte die Einheit des österreichischen Staates. Auch die außenpolitischen Interessen der beiden Großmächte stießen auf dem Balkan aufeinander. Da brauchte Wien einen starken Verbündeten. Den suchte es im Deutschen Reich.

Panslawismus

Nationalismus

Wie lange bleibt der Frieden erhalten? Die europäischen Länder machten, vor allem seit sie Nationalstaaten geworden waren und sich industrialisierten, eine ganz egoistische Politik. Jeder Staat galt in dieser Zeit als ein Wesen mit eigenem Willen, mit berechtigten Ansprüchen und Interessen, die man verteidigen oder durchsetzen mußte. Frankreich fühlte sich z.B. durch die Niederlage von 1870/71 in seiner nationalen Ehre gekränkt und suchte Revanche gegen Deutschland. Italien wollte die „unerlösten Gebiete" seiner Nation befreien, die Österreich noch in Besitz hielt. Rußland wollte alle Slawen für sich gewinnen und zwang z.B. den Polen in seinem Reich die russische Sprache auf. Österreich konnte kaum die verschiedenen Nationalitäten im Staat zusammenhalten, trotzdem wollte es weitere nichtdeutsche Gebiete von der schwachen Türkei auf dem Balkan erwerben und geriet deshalb in Streit mit Rußland. Für das Deutsche Reich erklärte zwar Bismarck, es sei „saturiert" (gesättigt) und habe keine weiteren Ansprüche; aber dem traute man nicht.

Im übrigen kamen zu solchen „nationalen" Gegensätzen noch weltpolitische: Die Großmächte trieben jetzt Weltpolitik, wollten neue Kolonien erwerben und Gebiete in anderen Kontinenten beherrschen. Diese „imperialistischen" Ziele (vgl Bd. 3, bes. S. 8ff.) steigerten die Gegensätze. Wenn trotzdem nach 1871 in Europa 40 Jahre lang Frieden herrschte, lag es wohl daran, daß führende Staatsmänner der Ansicht waren, an den bestehenden Grenzen und Machtverhältnissen solle sich nichts Wesentliches ändern.

„In der Zeit, in der wir leben, mehr noch als zu irgendeiner anderen geschichtlichen Epoche fordert es das Interesse der großen Monarchien, den Krieg zu vermeiden ..."

(Bismarck am 10. 11. 1887 an Kaiser Wilhelm I. In: W. Bussmann [Hrsg.], Die Auswärtige Politik des deutschen Reiches unter Bismarck 1871/1890. Klett Quellen- und Arbeitsheft 4232, S. 63)

Um das Gleichgewicht in Europa zu sichern, schloß Bismarck Bündnisse mit Österreich und

Das Bündnissystem Bismarcks.

Europa um 1890.

Bündnispolitik

Rußland, vermittelte weitere Bündnisverträge zwischen Österreich, Italien und England, und half als neutraler Vermittler, daß Konflikte zwischen Staaten beigelegt wurden. In diesen Jahren war Berlin ein Zentrum der europäischen Politik und der Weltpolitik. Der Frieden gab den europäischen Staaten die Möglichkeit zu einer einzigartigen wirtschaftlichen Entfaltung, obwohl die Wirtschaft die Politiker auch dazu zwang, sich durch Schutzzölle und ähnliche Mittel gegen andere Staaten abzugrenzen.

(7) Erkläre, worin die nationalen Interessen eines Volkes bestehen können; wiederhole dazu S. 194 ff.
(8) Nenne einzelne Gegensätze zwischen den europäischen Großmächten und zeige, wie sie vorläufig ausgeglichen wurden.

15.2. Lateinamerika; politisch frei, aber wirtschaftlich abhängig

Wie machte sich Lateinamerika unabhängig? Wer von „Amerika" und den „Amerikanern" spricht, denkt meistens an die Vereinigten Staaten von Amerika. Das Gebiet südlich der USA bezeichnet man als „Lateinamerika" – im Gegensatz zum englischsprachigen „Angloamerika" (USA und Kanada) –, weil die Menschen hier spanisch oder (in Brasilien) portugiesisch sprechen: Sprachen, die aus dem Lateinischen entstanden sind. Lateinamerika umfaßt heute rund 20 selbständige Staaten mit über 300 Millionen Menschen.

Die südamerikanischen Staaten zu Beginn des 19. Jahrhunderts.

Ende des 18. Jh. waren diese Länder noch Kolonien (vgl. S. 23). Aber nach der Französischen Revolution und unter dem Einfluß der Unabhängigkeit Nordamerikas entstand auch in Lateinamerika eine Unabhängigkeitsbewegung: Die Menschen forderten Freiheit. Die Zeit war günstig, denn Napoleon I. hatte die Könige von Spanien und Portugal verjagt. Als sie nach dem Sturz Napoleons I. wieder auf ihren Thron zurückkehrten, verlangten die Kolonien die volle Unabhängigkeit. Die weißen Siedler, die in den Kolonien geboren und aufgewachsen waren („Kreolen"), wollten nicht länger spanischen Beamten und Offizieren aus dem Mutterland dienen. Amerika sollte von Amerikanern regiert werden. Es kam, weil die Spanier nicht nachgaben, zum Krieg. Die Mestizen („Mischlinge") und Indios kämpften meist auf der Seite der Kreolen. Man kämpfte in kleinen Trupps, siegte in vielen Gefechten, bis Männer wie José de San Martin und Símon Bolívar einzelne Befreiungsgruppen zu großen Armeen zusammenfaßten. England schickte Soldaten, Kriegsschiffe, Waffen und Geld, und so besiegte Bolívar 1824 die Spanier. Er gilt als „Befreier Lateinamerikas". Brasilien erhielt kurz zuvor (1822) die Freiheit, und zwar kampflos, weil mit dem Einverständnis des Königs von Portugal dessen Sohn zum Kaiser eines unabhängigen Brasilien ausgerufen wurde.

(1) Nenne verschiedene Gründe für die Unabhängigkeitsbewegung in Lateinamerika.
(2) Vergleiche, wie die USA und wie Lateinamerika zur Unabhängigkeit kamen.

Zersplitterung Lateinamerikas

„Amerika den Amerikanern!" Vergeblich versuchten Männer wie Bolívar, die unabhängigen Staaten Lateinamerikas zu einem Staatenbund zu vereinigen. Brasilien, Argentinien, Chile wollten selbständig bleiben, Großkolumbien zerfiel in mehrere kleine Staaten, Mexiko ging bald seinen eigenen Weg, gegen Paraguay führten die Nachbarstaaten sogar einen Krieg, dem fast die ganze Bevölkerung des Landes zum Opfer fiel. Nur gegen die Ansprüche der europäischen Kolonialherren wehrte sich Lateinamerika gemeinsam, ja sogar mit Hilfe der Vereinigten Staaten. Der Präsident der USA, Monroe, warnte 1823 in einer berühmten Erklärung die europäischen Großmächte:

Monroe-Doktrin
1823

„Was die Regierungen anbelangt, die ihre Unabhängigkeit erklärt und behauptet haben, und deren Unabhängigkeit wir nach reiflicher Überlegung und aus gerechten Prinzipien anerkannt haben, so können wir irgend ein Eingreifen einer europäischen Macht mit dem Zweck, sie zu unterdrücken, nur als Kundgebung einer unfreundlichen Gesinnung gegen die Vereinigten Staaten betrachten . . ."

(Aus der Kongreßbotschaft von Präsident Monroe vom 2. 12. 1823. In: Krautkrämer/Trent, Die Vereinigten Staaten von Amerika, Diesterweg 7558, S. 66)

Diese „Monroe-Doktrin" bedeutete nichts anderes, als daß künftig Amerika den Amerikanern gehörte und Europa hier keinen politischen Einfluß mehr habe. Tatsächlich handelten die USA bis heute nach der Monroe-Doktrin. Die Staaten Lateinamerikas fühlten sich von den USA gegen die Interessen der europäischen Großmächte geschützt. In Europa erkannte man: „Die Trennung zwischen der Neuen und der Alten Welt ist vollendet und unwiderruflich geworden", wie ein Berater Metternichs sagte.

(3) Warum handelten die USA nach der Monroe-Doktrin? Besprecht eure Meinung in der Klasse.
(4) Heute wehren sich lateinamerikanische Staaten gegen den Einfluß der USA. Erkundige dich, welche und warum.

Soziale Unterschiede

Wer wurde in Lateinamerika wirklich frei? Die Kolonialherrschaft war abgeschüttelt, aber die Folgen blieben, z. B. die Klassenunterschiede. Die Weißen – Kreolen und neue Einwanderer – stehen noch immer oben: Sie haben großen Grundbesitz auf dem Land, Geschäfte in der Stadt, sind Beamte, Akademiker, Verwaltungsfachleute, und sie beherrschen auch die Politik. Die Mestizen sind noch immer meist Kleinbauern, Handwerker, Arbeiter. Indios und vor allem die zahlreichen Schwarzen haben noch immer keine echte Chance, in der Gesellschaft aufzusteigen. Es gibt zwar keine Rassentrennung in Lateinamerika:

Reiche Oberschicht

„Dennoch besteht in Lateinamerika de facto eine „soziale" Rassentrennung. Ober- und Mittelschichten setzen sich in beinahe allen Ländern nur aus Weißen zusammen, während die Mischbevölkerung, vor allem aber Neger und Indianer, erst langsam zu diesen Schichten Zugang finden und zum größten Teil der Unterschicht angehören."

(G. Maurer/P. Molt, Lateinamerika. Eine politische Länderkunde. Colloquium Verlag, Berlin 1970, S. 12)

Diese Klassenunterschiede gehen auf die Kolonialzeit zurück. Der fruchtbare Boden gehört einer dünnen Oberschicht. Sie entwickelte auf ihren großen Gütern, den „Haziendas", Herrschaftsbereiche, in denen alles – Land und Leute, Vieh und Fabriken, Werkstätten und Läden – dem Haziendéro, dem Großgrundbesitzer, gehört:

„Es ist das Ziel jeder Hacienda, nichts kaufen zu müssen und alles innerhalb der eigenen Grenzen herzustellen. Das Herrenhaus ist aus Hölzern gebaut worden, die in dem betreffenden Gebiet wachsen, und wenn es Mahagoni ist. Die Möbel werden selbst verfertigt. Die

Kaffee-Ernte in Brasilien, 1835. Zeitgenössische Darstellung.

Hacienda

Lamas, Ochsen und Pferde werden an Ort und Stelle aufgezogen und verwertet. Aus den Häuten der geschlachteten Tiere macht man Sättel, Zügel und Geschirre. Der hölzerne Pflug, der Wagen, die Windmühle, die das Korn mahlt, oder die Wassermühle, die das Zuckerrohr zerkleinert, sie alle werden auf der Hacienda verfertigt. Die meisten Bewohner sind auf der Hacienda geboren. Sie können sie nicht verlassen, weil sie vielleicht Schulden haben oder gar nicht wissen, wohin sie gehen sollten ... Wenn die Hacienda groß ist, können 200 oder mehr Familien in ihren Grenzen leben. Sie wohnen in Gruppen von fünf bis zehn Familien in verschiedenen Gegenden, je nach dem Gelände und der Art des Anbaus. Der Arbeiter hat für gewöhnlich eine Hütte, die er selbst gezimmert hat, und ein Stück Boden, das er allein oder mit anderen bebauen kann ... Die der Hacienda geschuldete Arbeitskraft wird dafür eingesetzt, die Ländereien zu bestellen, deren Ertrag ausschließlich dem Besitzer zufällt. Es kann sich dabei um Zuckerrohr handeln, das mit Hilfe von Ochsen und Wasserkraft in einer kleinen Mühle zerkleinert wird; aus dem daraus gepreßten Saft gewinnt man dann ‚panela' [schwarzen ungereinigten Zucker] oder Rum. Die Haupteinkünfte könnten aber auch aus dem Anbau von Kaffee, Kakao und anderen Produkten [z. B. Getreide, Kokosnüsse, Bananen, Äpfel und Birnen] stammen ...

(F. Tannenbaum, Lateinamerika. Kontinent zwischen Castro und Kennedy. Kohlhammer Verlag, Stuttgart ²1967, S. 65f.)

(5) Versuche, die Stellung der besitzlosen Landarbeiter auf einer Hazienda zu beschreiben. Vergleiche sie mit der Stellung von Sklaven auf den Plantagen.
(6) Die alten Besitzverhältnisse blieben in vielen Staaten Lateinamerikas bis heute bestehen. Was sollte nach deiner Meinung geschehen, um das zu ändern? Denke an „Landreform", „Genossenschaftsgründung" u. ä. Möglichkeiten.

Der wirtschaftliche Einfluß des Auslands. Die Kolonialzeit hinterließ ein weiteres Erbe. In den Kolonien war die Wirtschaft ganz einseitig entwickelt worden: Die weißen Herren ließen Indios und Negersklaven auf Plantagen und in Bergwerken arbeiten, produzierten Nahrungsmittel und Rohstoffe wie Baumwolle oder Erze; aber alle Gebrauchsgüter mußten aus Europa eingeführt werden. Deshalb hat sich das Handwerk kaum entwickelt, die Industrie überhaupt nicht. Folge: Die industrialisierten Staaten Europas fanden im freien Lateinamerika einen günstigen Markt, vor allem die Engländer. Als Napoleon 1806 den englischen Schiffen die europäischen Häfen sperrte (vgl. S. 142), fuhren diese nach Südamerika und verkauften ihre Waren dort zu billigen Preisen; denn die Lagerbestände mußten dringend abgebaut werden. Den Engländern folgten Franzosen und Deutsche, und seit der Mitte des letzten Jahrhunderts die USA. Durch den Import ausländischer Waren ging der einheimischen Wirtschaft viel Geld verloren, und es fehlte der Anreiz zum Aufbau einer eigenen Industrie. Die lateinamerikanischen Länder mußten im Austausch gegen Industriewaren ihre eigenen Erzeugnisse liefern, vor allem Baumwolle, Zucker, Kaffee und Kakao. Auf den großen Plantagen, auf denen auch nach dem Verbot der Sklaverei noch immer Hunderte von Sklaven beschäftigt wurden, produzierten die Großgrundbesitzer diese Erzeugnisse, die fast ausschließlich für den Export bestimmt waren, während sie die einheimische Landwirtschaft kaum entwickelten. Viele Länder blieben ganz auf ein einziges oder auf wenige Produkte spezialisiert, sie waren dadurch ganz vom Weltmarkt abhängig. So produzierte z. B. Brasilien Rohzucker und Kaffee, Kuba lieferte fast ausschließlich Zucker, Argentinien Fleisch von seinen riesigen Rinderherden der Pampa, Chile Salpeter und später Kupfer. Der Handel befand sich meistens in der Hand von Europäern, vor allem von Engländern, die dabei glänzend verdienten. Guano, ein Düngemittel aus Peru, wurde z. B. in Europa für das Zwanzigfache des Preises verkauft, den die Peruaner dafür erhielten. Europäer gaben auch das Kapital zum Ausbau von Eisenbahnlinien, die freilich fast nur dem Transport der Rohstoffe zu den Seehäfen dienten, nicht der Erschließung des Landes. Europäische Banken gründeten Niederlassungen in den Hauptstädten und prägten

Plantagen und Bergwerke

Fertigwaren gegen Rohstoffe

Monokulturen

Ausländisches Kapital

mit ihren prachtvollen Marmorpalästen das Stadtbild. Ausländisches Geld beherrschte immer mehr die lateinamerikanische Wirtschaft.

(7) Der vorangehende Abschnitt enthält nicht nur Informationen. In welchen Sätzen wird eine bestimmte Beurteilung der Entwicklung ausgedrückt?
(8) Erkläre, weshalb der Handel mit Industrieländern die lateinamerikanischen Staaten benachteiligte.
(9) Nenne Ursachen für die unterschiedliche Entwicklung der Küstenstädte und des Landesinnern in vielen Staaten Lateinamerikas (z. B. Brasilien).

15.3. Der Aufstieg der USA

Die Vereinigten Staaten – eine demokratische Nation? Vor 140 Jahren schrieb ein Franzose, Alexis de Tocqueville, nach einer Studienreise durch die USA ein Werk über die Demokratie in Amerika. Darin heißt es u. a.:

Gleichheit

„Von allem Neuen, das während meines Aufenthaltes in den Vereinigten Staaten meine Aufmerksamkeit auf sich zog, hat mich nichts so lebhaft beeindruckt wie die Gleichheit der gesellschaftlichen Bedingungen. Manches Wichtige ließe sich über die Gesellschaftsordnung der Anglo-Amerikaner sagen, eines aber ist vor allem wichtig: ihre Gesellschaftsordnung ist zutiefst demokratisch. Die Menschen haben dort die Gleichheit des Vermögens und die Gleichheit der Geistesbildung, oder – um es anders auszudrücken – die Gleichheit der gesellschaftlichen Bedingungen in viel stärkerem Maße verwirklicht als in irgend einem Land der Erde . . . Es wird eine Zeit kommen, da werden in Nordamerika 150 Millionen gleicher Menschen leben, gleicher Herkunft, gleicher Kultur, gleicher Sprache, gleicher Religion, gleicher Gewohnheiten und gleicher Sitten. Alles übrige ist zweifelhaft, aber dies ist sicher."

Tocqueville schließt sein erstes Buch mit einer kühnen Voraussage über Amerika und Rußland:

„Es gibt heute auf der Erde zwei große Völker, die, von verschiedenen Punkten ausgehend, zum selben Ziel vorzurücken scheinen: die Russen und die Anglo-Amerikaner. Alle anderen Völker scheinen etwa die Grenzen erreicht zu haben, die ihnen von der Natur gezogen sind, und scheinen diese nur noch bewahren zu wollen. Rußland aber und Amerika wachsen. Der Amerikaner kämpft gegen die Hindernisse, die die Natur ihm bietet. Um sein Ziel zu erreichen, baut der Amerikaner auf das private Interesse und läßt die Kraft und die Vernunft des einzelnen wirken, ohne sie zu dirigieren. Der Amerikaner erobert mit dem Pflug, der Russe mit dem Schwert des Soldaten. Freiheit ist dem einen der Antrieb, Knechtschaft dem anderen. Ihr Ausgangspunkt ist verschieden, verschieden ist ihr Weg; und doch nach einem geheimen Plan der Vorsehung scheint jeder von ihnen berufen, dereinst die Geschicke der halben Welt zu lenken."

(A. de Tocqueville, Die Demokratie in Amerika. 1832. Hrsg. v. J. P. Mayer, Fischer Bücherei 138, Frankfurt/M. 1956. Auszüge von S. 17, 39, 125 f.)

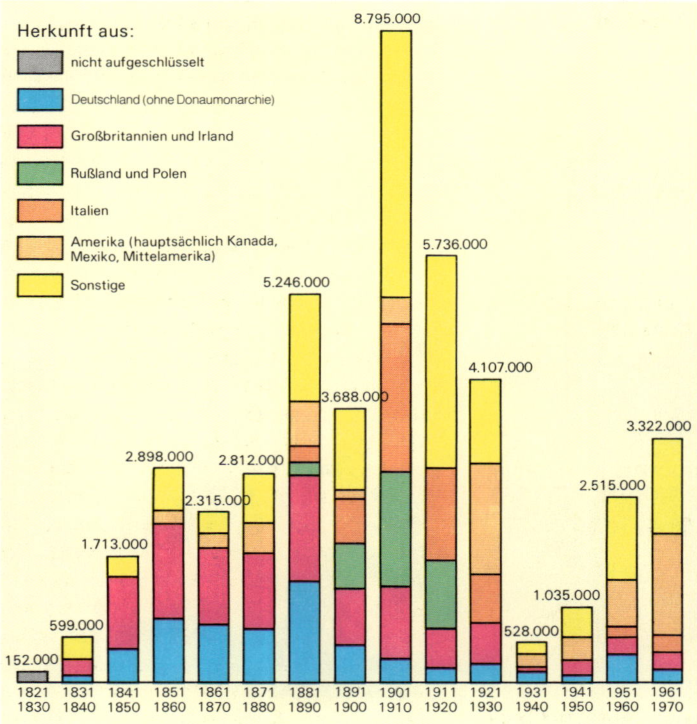

Einwanderung in die USA.

(1) Die beiden Zitate enthalten drei wichtige Aussagen über die USA: Die Bürger der USA seien frei, seien gleich, und der Staat sei dabei, eine Weltmacht zu werden. Womit begründete Tocqueville seine Auffassung?

Ausdehnung der USA

Von 1776 bis zum Ende des letzten Jahrhunderts waren die USA von 13 auf 48 Bundesstaaten angewachsen. Die Fläche hatte sich mehr als verdreifacht, die Bevölkerung war auf das Zwanzigfache gestiegen. Sie bestand am Anfang vorwiegend aus Siedlern, die immer weiter westwärts zogen und fruchtbares Neuland erschlossen. In dieser Pionierzeit war jeder auf sich gestellt, vor allem die „Grenzer“, die in den „wilden Westen“ vordrangen; sie bildeten eine gemischte Gesellschaft von Farmern und Jägern, Abenteurern und Geschäftemachern. Im Jahr 1829 wurde ein Mann vom Schlag dieser Pioniere Präsident der USA: Andrew Jackson. Er prägte den Stil

Demokratie des Erfolgs

der amerikanischen Demokratie im letzten Jahrhundert, eine Demokratie, in der alles auf den Erfolg ankam: in der Partei, im Staat und in der Wirtschaft. Die Beamtenposten besetzte er mit Leuten, die machten, was er wollte. Sein Grundsatz war „Dem Sieger gehört die Beute!“ In diesem Staat gab es keine Privilegien, aber auch keine soziale Hilfe für Schwache. Jeder sollte sich selbst durchsetzen – oder er ging unter.

Sozialer Abstieg und Aufstieg

„Von hier nahm das seinen Ausgang, was die Europäer späterhin so oft als amerikanische Hemdsärmeligkeit empfinden sollten, als Betonung und Überbetonung einer Gleichheit und Gleichberechtigung ... Es entstand etwas, was zuweilen wie eine klassenlose Gesellschaft scheint – während in Wirklichkeit nur die ständige Umschichtung von arm zu reich und von reich zu arm, das ständige Ab- und Aufsteigen zwischen den Klassen, die Grenzen zwischen ihnen verwischt und es aussehen läßt, als ob Klassen in Amerika überhaupt nicht existierten.“

(W. Richter, Kleine Geschichte der Vereinigten Staaten. Scheffler Verlag, Frankfurt/M. 1954, S. 98)

(2) Versuche, die amerikanische Demokratie zu kennzeichnen. Erkläre in diesem Zusammenhang den Grundsatz „Dem Sieger die Beute!“
(3) „Als ob Klassen in Amerika überhaupt nicht existierten“. Erkläre, was das heißt. Informiere dich, ob das heute noch zutrifft.

Goldgräberstadt im „Wilden Westen“. Zeitgenössische Darstellung.

Die „Grenze" im Westen. Im 19. Jh. vollzog sich eine „zweite" Entdeckung Amerikas: Siedler erschlossen die weiten Gebiete im mittleren Westen und drangen bis zum Pazifischen Ozean vor.

Erschließung des Westens

„Seit den vierziger Jahren [des 19. Jh.] ist der Vormarsch nach Westen immer erfolgreicher geworden, weil das Land am rechten Ufer des Mississippi das reichste der ganzen Union ist. Es ist die Zone der schwarzen Erde, deren Fruchtbarkeit bald sagenhaft wird. Über den riesigen Fluß sind Brücken geschlagen worden, unter denen hindurch Schiffe landwirtschaftliche Geräte und schwere Säcke voll Getreide und Mais unter günstigen Bedingungen transportieren. Der mittlere Westen und seine Industrie interessiert sich immer mehr für diesen Wertzuwachs. Denn für diese Gegend produziert er seine Pflüge und seine Eggen, dies ganze Material, das von Tag zu Tag vollkommener wird und selbst auf den europäischen Ausstellungen Erstaunen hervorruft. Außerdem beginnen die Amerikaner zu ahnen, daß jenseits des Mississippi in den Rocky Mountains riesige Vorräte lagern. Ist ein so reiches und so freies Land nicht ein neues Paradies auf Erden?"

(C. Morazé, Das Gesicht des 19. Jahrhunderts. Die Entstehung der modernen Welt. Diederichs Verlag, Düsseldorf 1959, S. 184)

Indianer

Auf verschiedenen Wegen durchquerten die Siedler den Gebirgszug der Appalachen. Die Indianer, die hier ihre Jagdgründe hatten, wurden mit Verträgen überlistet, die kein Weißer einhielt; nach und nach vertrieb oder vernichtete man alle Rothäute bis auf etwa 200000, ein knappes Fünftel der Ureinwohner. Sie wurden in Reservaten angesiedelt, wo sie sich inzwischen wieder auf rund 800000 vermehrten. Riesige Territorien wurden teils von anderen Staaten gekauft (z. B. Louisiana, Florida, Kalifornien, Alaska), teils in Kriegszügen erkämpft (z. B. Texas, New Mexiko). Wenn in einem Gebiet die Zahl der Siedler auf 60000 Männer gestiegen war, erklärte die Bundesregierung das Gebiet zum Staat innerhalb der Union. Als wichtigste Verbindungslinien wurden Eisenbahnen gebaut. In raschem Tempo trieben Ingenieure und Arbeiter – meist Einwanderer, die für diesen harten Job schon auf dem Schiff einen Vertrag unterzeichneten – die Schienenstränge voran. Die unbestimmte Grenze im Westen zog immer neue Menschen an. Sie suchten und fanden billiges Land, entdeckten Gold oder andere Bodenschätze, brachten Rinder in die grasreiche Gegend zwischen den Rocky Mountains. Hier hatten vorher Millionen von Büffeln geweidet, deren Fleisch zur Versorgung der Bauarbeiter diente. Jetzt weideten da Viehherden:

Reichtum des Landes

„Sie weiden rings um die großen, holzgebauten Farmen, die Festungen gleichen und in der Lage sind, sich gegen die Indianer zu verteidigen. Man kann das Vieh sich selbst überlassen und braucht es nur gegen Diebstahl zu schützen. Die Cowboys wachen in der Prärie, in der das Vieh aufwächst und sich vermehrt wie in der argentinischen Pampa. Der Verkauf des Fleisches bringt viel Geld ein, da die Ausrüstung der Cowboys primitiv und billig ist: guter Stacheldraht, ein Lasso, feste Stricke und natürlich der unentbehrliche Colt . . ."

(C. Morazé, Das Gesicht des 19. Jahrhunderts, a.a.O., S. 303f.)

Ein volles Jahrhundert verging, bis die letzten Flächen des nordamerikanischen Kontinents (ohne Kanada) den USA gehörten und von seinen Bürgern erschlossen und neu besiedelt waren. Als 1890 die Grenzerbewegung endgültig abgeschlossen war, hatten die USA, wie sie glaubten, ihre vorherbestimmte Aufgabe, ihr „manifest destiny", erfolgreich zu Ende gebracht.

„manifest destiny"

(4) Kennst du Geschichten aus Karl May oder Filme, die von den Ereignissen erzählen, die hier behandelt sind? Erzähle.
(5) Aus der Sicht der heutigen Amerikaner wird die Zeit der Pioniere oft idealisiert. Was hältst du von den Cowboys?

Oben: Ankündigung einer Sklavenauktion in den Südstaaten.
Unten: Bevölkerung und Wirtschaft in den USA um 1861.

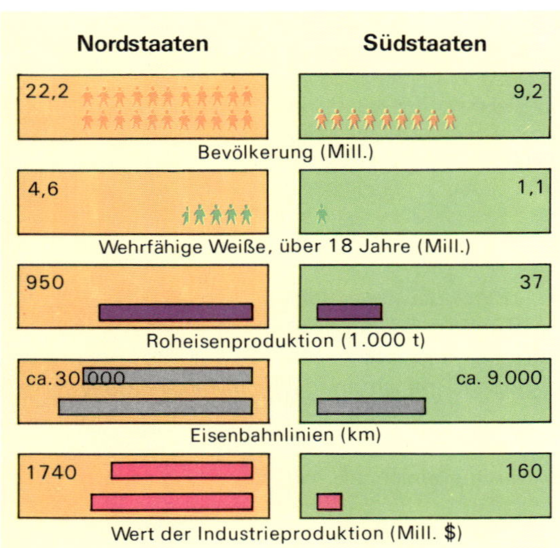

Krieg um die Einheit der Nation. Bei der Ausdehnung nach Westen entstand ein Streit über die Frage, ob in den neuen Bundesstaaten die Sklaverei erlaubt oder, wie in den nördlich liegenden Staaten, verboten sein sollte. In den Südstaaten hielt die weiße Herrenschicht die Beschäftigung von Negersklaven für selbstverständlich; auf jeder Plantage arbeiteten in der Regel ein paar Hundert von ihnen. Im Norden lehnten die Farmer, Industriearbeiter und die städtische Mittelschicht die Sklaverei ab. Angeregt durch den Roman „Onkel Toms Hütte" verlangte die öffentliche Meinung im Norden die Abschaffung der Sklaverei in allen Staaten. Jetzt drohten einzelne Sklavenhalterstaaten, aus der Union auszutreten.

„Da wurde am 6. 11. 1860 Abraham Lincoln zum Präsidenten gewählt. Er hatte nicht von vornherein die Absicht, die Abschaffung der Sklaverei durchzusetzen, aber als 11 Südstaaten ... eine Konföderation [einen selbständigen Staatenbund] mit eigener Verfassung bildeten, kämpfte er, seinem Eid getreu, für die Einheit der Nation. Der harte und verlustreiche Sezessionskrieg [Krieg zwischen den Südstaaten und den übrigen Staaten der USA] dauerte 4 Jahre (1861–1865) und endete mit einem Sieg des Nordens. Der Süden war weit unterlegen, zwar nicht so sehr an Kämpfern als vielmehr an Bevölkerung und an Potential. Der Süden war vorwiegend Agrarland mit exportorientierten Plantagen (Baumwolle, Tabak, Reis und Zucker), der Norden war industriell führend, war finanziell weit überlegen und verfügte über gute Straßen und Eisenbahnverbindungen. Außerdem konnte der Norden genug Kriegsschiffe ausrüsten, um die Küsten der Konföderation von der Zufuhr von Lebensmitteln und Material abzuschneiden und die Häfen zu bedrohen oder einzunehmen. Große Nachschubschwierigkeiten und Hungersnöte und das Ausbleiben ausländischer Hilfe zwangen schließlich die Armeen der Konföderierten zur Kapitulation, nachdem sie nach vielen anfänglichen Siegen den vernichtenden Vormarsch der Unionstruppen nicht mehr aufhalten konnten. Mit etwa 800 000 toten und verwundeten Soldaten ist dies ein ungewöhnlich verlustreicher Krieg gewesen."

(Informationen zur politischen Bildung: Die Vereinigten Staaten von Amerika. Bonn 1973, S. 10)

Der Friede brachte, was die Mehrheit in den USA anstrebte: Die Sklaverei wurde in allen Staaten gesetzlich verboten, und die Einheit der Nation blieb erhalten. Die Südstaaten, verwüstet und schwer geschädigt, unterstanden mehrere Jahre einem harten Besatzungsregime des Nordens. Sie haben bis heute den wirtschaftlichen Wohlstand und die demokratische Struktur des Nordens der USA nicht eingeholt. Die „freien" Schwarzen blieben arm und sozial verachtet. Ein neuer Gegensatz, der Rassengegensatz, entstand; er ist bis heute nicht überwunden.

(6) „Vom Sklavenproblem zum Rassenproblem". Was beinhaltet diese Überschrift?

Industrieller Aufstieg

Wie entwickelte sich die kapitalistische Wirtschaft in den USA? Die Industrie der Nordstaaten machte durch den Krieg große Geschäfte. Waffenfabriken, Schiffswerften, Textilbetriebe, Waggonfabriken bekamen Millionenaufträge. Nach dem Krieg trieb die Regierung die Erschließung des Westens beschleunigt voran, verkaufte den Boden für billiges Geld und unterstützte den Bau der Transkontinentalbahnen. Die landwirtschaftlichen Maschinen – Stahlpflüge, Getreidemäher, von Windrädern getriebene Wasserpumpen – machten den Boden ertragreicher. Der Absatz stieg an, denn die Lebensmittel- und Konservenindustrie nahm gewaltige Mengen auf: Allein in den Schlachthäusern von Chicago wurden am Fließband pro Jahr eine halbe Million Tonnen Fleisch verarbeitet und eine Milliarde Konservendosen gefüllt. Wenn die Farmer gut verdienten, konnten sie mehr Maschinen, Möbel und Hausrat anschaffen. Davon profitierte wieder die Industrie; sie produzierte so viel, daß das ganze Land mit Industriewaren überschwemmt wurde. Große Warenhäuser entstanden und brachten – wie heute noch – einen Massenabsatz von billigen Waren. Da begannen nach 1873 in der ganzen Welt die Preise zu fallen. Die Europäer versperrten ihre Märkte durch Schutzzölle (vgl. S. 208), so mußten die amerikanischen Farmer ihre Ernten zu Schleuderpreisen verkaufen. Der Absatz stockte, viele Menschen sind arbeitslos geworden, vor allem Landarbeiter, die in die Städte strömten und die Zahl der Arbeitsuchenden vermehrten. Nun sorgte die amerikanische Regierung ebenfalls durch Schutzzölle dafür, daß kaum mehr Waren importiert werden konnten; außerdem gab sie Staatskredite und vermehrte die Geld-

Wirtschaftskrise

Bevölkerungsentwicklung in den USA.

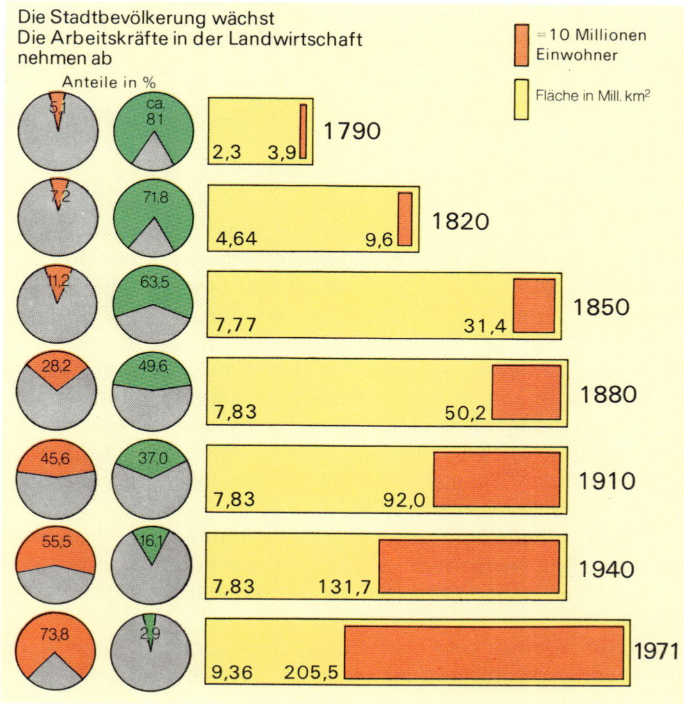

Die Vollendung der Pacific-Bahn. Begegnung der Lokomotiven bei Promontory/Utah am 10. Mai 1869. Historische Ereignisse werden seit der Jahrhundertmitte in zunehmendem Maße auch durch die Fotografie überliefert.

menge, so daß die Banken günstige Zinsen gewährten. So erholte sich die amerikanische Wirtschaft rasch.

Überwindung der Krise

Diese Krise ist – wie spätere auch – von Spekulanten ausgenutzt worden. Sie kauften Grundstücke oder Fabriken, die vor dem Ruin standen, zu Spottpreisen. So sind sie zu Millionenvermögen gekommen. Einige Geschäftsleute konnten ihren Gewinn

Monopole

ins Riesenhafte steigern, vor allem wenn sie ein Monopol in einem Wirtschaftszweig hatten. Ein paar Dutzend Multi-Millionäre bekamen die Schlüsselindustrie ganz unter Kontrolle: Vanderbilt und Harriman besaßen die größten Eisenbahnlinien; Carnegie, der „Stahl-König", beherrschte die Stahlindustrie; Rockefeller, der Öl-Millionär, schuf einen Mammutkonzern zur Förderung und zum Vertrieb des Petroleums. Alle diese Männer kamen aus einfachen Verhältnissen: Der eine war Bootsvermieter in

Selfmademen

seiner Jugend, der andere Laufbursche, ein anderer (Jacob Astor) war vom Metzgerburschen zum reichsten Mann der USA aufgestiegen. Manche sind durch Erfindungen reich geworden: Edison entwickelte 1882 die Glühbirne und baute in New York das erste Elektrizitätswerk der Welt.

Reiche Geschäftsleute und Industrielle konnten die fortschreitende Technik nutzen, am Fortschritt verdienen und immer mehr Einfluß auf die Politik der USA nehmen.

USA – größte Industriemacht

Ihr Land war gegen Ende des 19. Jahrhunderts zur größten Industriemacht der Welt geworden.

Auch die Farmer und Industriearbeiter suchten einen angemessenen Anteil am wachsenden Wohlstand zu erringen. Die meisten Amerikaner hielten das kapitalistische Wirtschaftssystem der USA für das beste der Welt.

Die USA in der zweiten Hälfte des 19. Jh.

Durchschnittliches Prokopfeinkommen um 1895 (in Pfund Sterling)

USA	44	Frankreich	31,2	Österreich	16,7
England	38	Deutschland	24,7	Rußland	9,5

(Nach: K. Borchardt, in: Handbuch der deutschen Wirtschafts- und Sozialgeschichte, Bd. 2, a.a.O., S. 206)

15.4. China und Japan werden dem Westen geöffnet

Das „Reich der Mitte" fühlte sich stark. Um 1800 regierte der Kaiser von China (vgl. Bd. 1, S. 237 ff.) mit seinen Beamten das mächtigste Reich in ganz Ost- und Zentralasien. In keinem Staat der Erde lebten – und leben noch heute – so viele Menschen: China umfaßte fast 300 Millionen Einwohner, und deren Zahl wuchs bis 1850 um weitere 100 Millionen; in der gleichen Zeit stieg die Bevölkerungszahl in Europa von 188 auf 266 Millionen. Selbstbewußt schrieb der Kaiser an den Vertreter Englands, der ein Handelsgeschäft mit chinesischen Kaufleuten abschließen wollte:

Chinesisches Selbstbewußtsein

„Die majestätische Tugend Unserer kaiserlichen Dynastie dringt in sämtliche Länder unter dem Himmel. Könige aller Völker, zu Lande und zur See, haben Uns ihre kostbaren Tribute gezahlt. Seid überzeugt, Wir besitzen alles, was Wir brauchen. Eure fremden Güter sind Uns wertlos, und Wir benötigen nichts von dem, was Uns euer Land schicken will. Dies ist Unsere Antwort! Es geziemt euch, Unsere Worte zu achten: Unterwerft euch in Zukunft treu und ergeben Unserem Thron, damit euer Land Frieden und Wohlstand erlange."

(Kaiser Tao-Kuang an den englischen Kapitän Elliot 1838)

Trotz dieser offiziellen Einstellung des Kaisers gab es schon einen lebhaften Handel zwischen Chinesen und ausländischen Kaufleuten, vor allem aus England. Die Einfuhr z.B. von Zinn, Blei und Wollstoffen bezeichnete man in China als Tributgeschenke fremder Völker, die durch „Gegengeschenke", d.h. durch die Ausfuhr z.B. von Tee oder Seide erwidert wurden. Die Hafenstadt Kanton bildete den wichtigsten Umschlagplatz.

Außenhandel

Wie China zu „ungleichen Verträgen" gezwungen wurde. Ihre Handelsbeziehungen nutzten die Engländer dazu, Opium, ein Rauschgift, nach China einzuführen. Sie brachten das Gift in großen Mengen aus Bengalen, das zum englischen Kolonialreich gehörte. Die chinesischen Behörden versuchten, die Einfuhr des Giftes zu verhindern und das Opiumrauchen streng zu verbieten. Vergeblich. Der Schmuggel blühte, gefördert durch bestechliche chinesische Beamte. Die Staatsgewalt konnte sich nicht mehr durchsetzen. Als schließlich ein kaiserlicher Kommissar in Kanton 19179 Kisten und 1229 Säcke Opium beschlagnahmen und verbrennen ließ, erklärte England den Chinesen den Krieg. Im Opiumkrieg (1839–1842) ließen die „Fremdlinge" zum erstenmal die Chinesen rücksichtslos ihre militärische Überlegenheit spüren. Englische Kriegsschiffe fuhren in den Perlfluß bei Kanton und in den Jangtsekiang, während Landetruppen die Grenzfestungen und Hafenstädte erstürmten. Die Chinesen mußten erkennen, daß sie keine Möglichkeit besaßen, die „fremden Teufel" aus dem Land zu vertreiben.

Opiumkrieg

„Knebelvertrag"
1842

Im Frieden von Nanking (1842) mußte China seine Niederlage teuer bezahlen: Es mußte Hongkong an England abtreten, 21 Millionen Silberdollar Kriegsentschädigung zahlen, außer Kanton vier weitere „Vertragshäfen" den englischen Kaufleuten öffnen, die dort Niederlassungen gründeten. In den nächsten Jahren folgten weitere „Knebelverträge", zuerst mit England, dann auch mit Frankreich, Rußland, Deutschland und später mit Japan. Sie schränkten die Staatshoheit Chinas immer mehr ein und enthielten im wesentlichen jeweils die folgenden Punkte:

Abhängigkeit Chinas

„1. Die Exterritorialität, d.h. die Unterstellung der Fremden in ganz China unter die Gerichtsbarkeit ihrer Konsuln, die ihr Heimatrecht anwendeten.
2. Die Beschränkung der chinesischen Zollhoheit durch einen vertraglich festgesetzten sehr niedrigen Zollsatz, der China die Möglichkeit einer eigenen Zollpolitik [zum Schutz der eigenen Wirtschaft] nahm.
3. Niederlassungen und Pachtgebiete auf chinesischem Boden unter fremder Verwaltung und Polizeihoheit.
4. Freiheit der fremden Schiffahrt in den chinesischen Binnen- und Hoheitsgewässern.

Dazu kam die Kontrolle fast aller wirtschaftlichen Unternehmen in China durch ausländisches Kapital sowie die besonderen Rechte der christlichen Missionare."

(Informationen zur politischen Bildung: China. Teil 1: Geschichtlicher Überblick. Bonn 1961, S. 16)

Die europäischen Großmächte behandelten China fast wie eine ohnmächtige Kolonie. Wenn sie China nicht – wie zum Beispiel Afrika – unter sich aufteilten, dann

Zeitgenössische Karikatur auf den Opiumkrieg.

China und Japan zwischen 1840 und 1914.

lag es vor allem an der Größe des Landes und an der Konkurrenz der Europäer untereinander. Trotzdem mußte das „Reich der Mitte" immer deutlicher spüren, wie es von den Europäern wirtschaftlich ausgebeutet und politisch gedemütigt wurde.

(1) Welche Schlüsse kannst du aus dem Schreiben des chinesischen Kaisers an den englischen Kapitän ziehen?
(2) Wie sind die „ungleichen Verträge" aus heutiger Sicht zu beurteilen? Besprecht eure Meinung in der Klasse.

Die Taiping-Revolution. Die Kriegsschulden, Steuer- und Zollverluste bedrückten den ganzen Staat. Die Regierung versuchte, die Lasten auf die Bevölkerung abzuwälzen. Welche Folgen das hatte, schildert ein Beamter 1852:

Mißstände

„Es ist schwer, die Steuern zu bezahlen. Heutzutage ist der Verkauf von 6 Scheffeln Reis (ca. 36 kg) noch nicht genug, um die Grundsteuer für einen Morgen Land (ca. 600 qm) zu bezahlen. Manchmal, wenn die eigentliche Familie nicht bezahlen kann, werden wohlhabendere Mitglieder der gleichen Sippe festgenommen und für die Bezahlung an Stelle jener verantwortlich gemacht. Das Volk haßt die Beamten und widersetzt sich ihnen. Diebe und Räuber sind zahlreich, und es ist für die rechtschaffenen Leute schwierig, in Frieden zu leben. An hellichten Tagen plündern und rauben die Banditen und fangen Menschen, um Lösegeld zu erpressen. Heutzutage gibt es überall die schlechten Soldaten und habgierigen Amtsdiener, die die Banditen großziehen und nachgiebig gegen die Banditen sind. Recht und Unrecht sind auf den Kopf gestellt . . ."

(Tseng Kuo-fan an den Kaiser 1852. In: Materialien für den Geschichtsunterricht, Bd. 4. Diesterweg 7334, S. 31 f., gekürzt)

Bauernrevolution

In China hatte es schon mehrfach Bauernaufstände gegeben. Nun erhob sich in Südchina die Masse der verarmten Pächter und Kleinbauern unter der Führung eines Lehrers, der in seiner Jugend auf der Missionsschule das Christentum kennengelernt hatte und seinen Anhängern ein „Reich des himmlischen Friedens", eine „Gemeinschaft der Taiping" versprach. Mit dem Schlagwort „Alles Land den Pflügern!" zogen die Taipingleute durch die Provinzen Chinas. Sie vertrieben die Großgrundbesitzer und verteilten den Boden. Erst nach vielen Jahren besiegten Regierungstruppen die Revolutionäre. 20 Millionen Chinesen sollen während der Kämpfe durch Feuer, Schwert, Seuchen oder Hunger umgekommen sein (1850–1864).

(3) Inwiefern kannst du in der Taiping-Revolution Voraussetzungen des kommunistischen China von heute erkennen?

Industrialisierung

Was brachte die Modernisierung? In den Vertragshäfen entstanden um 1879, von Europäern gefördert, erste Industrieunternehmen: Eisenwerke und Baumwollspinnereien. Telegraphenleitungen und Eisenbahnlinien wurden gebaut. Fast alle Firmen gehörten den Europäern. Sobald man die Hafenstädte verließ, sah man sich aber immer noch weit in die Vergangenheit zurückversetzt. Die Menschen lebten und arbeiteten dort wie vor Jahrhunderten. Landwirtschaft und Gewerbe hielten an alten Regeln fest:

Traditionelle Wirtschaft

„Nichts wird vernachlässigt, was die Erde wiederbeleben könnte. Abfälle, menschlicher Dünger, zerriebene Knochen, Asche, alles wird ihr wiedergegeben, was organische Überbleibsel enthalten könnte. Der Chinese ist immer dabei, mit seinen einfachen Geräten die Erde zu verbessern. Er zerschlägt die Klumpen, ebnet den Boden, vollendet diese minutiöse Arbeit mit Händen und Füßen, vernichtet alles schlechte Gras, er kalkuliert genau die Bewässerung, kennt aus langer Erfahrung die Unterschiede der einzelnen Böden und sät dementsprechend zu geeignetster Zeit den Samen aus, der sich für einen bestimmten Boden am ertragreichsten erwiesen hat. Das ist mehr Gartenarbeit als Landwirtschaft . . ."

(C. Morazé, Das Gesicht des 19. Jahrhunderts, a.a.O., S. 344 f.)

Europäischer Einfluß

Europäischen Geschäftsleuten gelang es im Laufe der Zeit, den chinesischen Markt mit billigen Industrieerzeugnissen zu erobern. Das einheimische Gewerbe ging zurück; viele verloren Arbeit und Verdienst, der Lebensstandard sank. Und die Regierung, die immer mehr vom Ausland abhängig wurde, verlor Ansehen und Macht. Viele Beamten ließen sich von Ausländern und Einheimischen bestechen.

Kommodore Perry bei seinen Verhandlungen mit den Japanern. Zeichnung von Wilhelm Heine, der an dem Unternehmen Perrys als Berichterstatter teilnahm

„Ausgenommen von der allgemeinen Verarmung sowohl der alten Oberschicht als auch der Bauern waren nur einige Teile der Mittelklasse, besonders eine Schicht von gewissen Kaufleuten, die durch Zusammenarbeit mit den Europäern reich geworden waren. Diese Leute europäisierten sich und ihre Umgebung, sie kauften Land auf aus den Händen der verarmenden Gentry [Landadel], sie schickten ihre Söhne ins Ausland auf fremde Universitäten. Sie sammelten Kapital an und gründeten die ersten industriellen Unternehmungen und erlernten die europäischen kapitalistischen Methoden. Diese Schicht fand sich natürlich vor allem in den Hafenstädten im Süden und in deren Hinterland. Der Süden bis hinauf nach Shanghai wurde moderner, fortschrittlicher, der Norden blieb stehen. Im Süden lernte man europäische Gedanken kennen, man lernte vergleichen zwischen chinesischen Theorien und europäischen. Man begann zu kritisieren."

(W. Eberhard, Geschichte Chinas. Kröner, Stuttgart 1971, S. 356)

Feudalsystem

Wie kam es zur „Öffnung" von Japan? Der Inselstaat Japan hielt sich – ebenso wie das „Reich der Mitte" – seit Jahrhunderten nach außen abgeschlossen. Im Innern blieb die Entwicklung stehen: Ein Kaiser war dem Namen nach das Oberhaupt aller Japaner; der Oberfeldherr der japanischen Krieger, der „Shogun", besaß die Regierungsgewalt; draußen im Land herrschten zahlreiche Lehnsfürsten mit einer Schar von Soldaten, die als besondere Kaste viele Vorrechte besaßen. Die Lehnsfürsten unterstanden allerdings der Kontrolle des Shogun. Sie mußten abwechselnd jeweils zwei Jahre in Tokyo und in ihrem eigenen Land leben. Vier Fünftel der Bevölkerung waren Bauern, die ihre kleinen Reisfelder in schwerer Arbeit bebauten; auch die gewerblichen Güter stellte man meist im eigenen Haushalt her. Verkehrswege und Verkehrsmittel waren unterentwickelt: Die Landstraßen bestanden in der Regel aus festgetretenen Fußpfaden; die reichen und vornehmen Leute ließen sich auf Sänften tragen, der übrige Verkehr war gering. Da geschah etwas, wodurch sich alle Verhältnisse änderten:

Perry erzwingt Vertrag
1853

„Es war im Sommer des Jahres 1853, als ein gewisser Perry, der sich der Gesandte der Vereinigten Staaten von Amerika nannte, plötzlich in Uraga in der Provinz Sagami mit vier Kriegsschiffen ankam und erklärte, er bringe einen Brief von seinem Lande, den er an den Herrscher von Japan abzuliefern wünsche ... Der Brief drückte den Wunsch der Vereinigten Staaten aus, einen freundschaftlichen Verkehr mit Japan herzustellen, und schloß damit, daß, wenn man ihnen dies verweigere, sie Feindseligkeiten beginnen würden ... [Die Berater des Shoguns kamen nach langer Prüfung zur Auffassung]: Wenn wir versuchen, sie zu verjagen, werden sie sofort Feindseligkeiten beginnen, und dann werden wir kämpfen müssen ... Der Feind wird unsere Ufer vollständig einschließen, er wird unsere Dschunken nehmen, unsere Häfen blockieren und uns aller Hoffnung berauben, unsere Küsten zu verteidigen."

(Geschichte von Genjis Traum. In: Materialien für den Geschichtsunterricht, Bd. 4, a.a.O., S. 33)

Aus Angst schloß nun der Shogun den erzwungenen Vertrag mit den Amerikanern. Er glich den „ungleichen Verträgen", die China mit europäischen Großmächten schließen mußte (vgl. S. 230). Doch die Wirkung in Japan war anders.

Modernisierung

Erneuerung von Staat und Gesellschaft. Die führenden Männer in Japan erkannten, daß nur ein starker Staat sie davor bewahren könne, von den Ausländern ausgenutzt und unterworfen zu werden. Viele scharten sich deshalb um den Kaiser, dem sie wieder Anerkennung als oberstem Souverän verschafften. Der Shogun, der seine Macht dem Kaiser nicht zurückgeben wollte, wurde besiegt. Der Kaiser verlegte die Residenz von Kyoto nach Tokyo, wo nun alle Regierungsbehörden ausgebaut und eine einheitliche Staatsverwaltung geschaffen wurde. Der Kaiser erklärte 1869:

Gleichheitsgrundsätze

„Jeder Untertan, von den Beamten und Kriegern bis zum einfachen Manne, soll die Möglichkeit haben, sein Lebensziel zu erreichen, um seine Fähigkeiten in nutzbringender Weise wirken zu lassen. Überlebte Gebräuche und Gewohnheiten sollen abgeschafft werden; Gerechtigkeit und Unparteilichkeit sollen nach natürlichen Grundsätzen zur Grundlage allen Handelns gemacht werden. Aus allen Teilen der Welt sollen Kenntnisse und Wissen aufgenommen werden zum Zweck der Errichtung der Grundlagen des Kaiserreiches."

(Programmatische Erklärung des Meiji-Kaisers 1869. In: Historisch-politisches Quellenbuch, Bd. 2. Diesterweg 7377, S. 123)

Staatsbewußtsein

Mit diesen Worten bekannte sich der japanische Kaiser zu „modernen" Grundsätzen: Staatsbürger sollen gleich sein; die Privilegien der Adels- und Kriegerkaste mußten aufgehoben werden. Alle Japaner erhielten Freizügigkeit und das Recht auf freie Berufswahl. Durch die allgemeine Wehrpflicht entstand eine nationale Armee. Die allgemeine Schulpflicht, die gleichzeitig eingeführt wurde, sollte die Jugend fördern und für den gemeinsamen Staat erziehen. Die führenden Männer stellten sich ganz in den Dienst des Staates und bildeten eine Elite, die dem Volk als Vorbild, dem Kaiser als Instrument dienen sollte.

(4) Das alte Japan läßt sich mit dem mittelalterlichen Europa vergleichen. Was war ähnlich, was war anders?
(5) Worin unterschied sich die Reaktion Japans auf die gewaltsame Öffnung des Landes von dem Verhalten Chinas?
(6) Mit den neuen Gesetzen wurde in Japan ein sozialer Wandel eingeleitet. Was für Folgen konnte das haben (vgl. S. 158ff.)?

Europäische Einflüsse

Verwestlichung und Selbstbesinnung. Viele Japaner aus allen Schichten besuchten zu Studienzwecken das westliche Ausland. Die Regierung gewann ausländische Berater für den Aufbau der Wissenschaft, des Schulwesens, der Armee und Marine, der Eisenbahn und des Nachrichtenwesens, bis 1890 schon über 3000 europäische und amerikanische Fachleute. Man übernahm aus Europa das Rechtswesen und die Kunst der Diplomatie, um damit die Vorrechte, die den Ausländern

Prinz Iwakura verläßt am 23. Dezember 1871 den Hafen von Yokohama, um mit der ersten japanischen Delegation im Ausland Europa und Amerika zu besuchen. Zeitgenössische Darstellung von Hoshun Yamaguchi.

durch die „ungleichen Verträge" zustanden, zu beseitigen. Viele Japaner waren vom Westen begeistert:

„Sie kleideten sich begierig nach westlicher Mode, trugen Anzüge und Hüte, ließen ihr Haar wachsen, stolzierten mit Uhren und Schirmen umher und lernten Fleisch essen. Das ganze Land übernahm rasch die materielle Kultur des Westens, manchmal mit gedankenlosem Eifer. Eisenbahn- und Telegraphenlinien wurden eilig durch das Land gelegt, für Regierungsgebäude und Fabriken wurden neue Baustile eingeführt, deutsche, französische und angloamerikanische politische und soziale Ideen wurden in das Erziehungswesen eingegliedert . . ."

(J. W. Hall, Das Japanische Kaiserreich. Fischer Weltgeschichte, Bd. 20. Frankfurt/Main 1968, S. 282)

Eigenständigkeit

Aber die Führungsschicht verlor das Ziel nicht aus den Augen. So schrieb der japanische Ministerpräsident Fürst Ito:

„Von Anfang an haben wir das Erfordernis erkannt, daß das japanische Volk sich nicht nur westliche Methoden aneignen solle, sondern auch möglichst bald befähigt sein müsse, ganz ohne Hilfe fremder Anweisungen fertig zu werden. In der ersten Zeit haben wir viele Ausländer nach Japan gebracht, um zur Einführung moderner Methoden behilflich zu sein, aber wir hielten dabei stets im Auge, japanische Studenten zu befähigen, ihre berechtigte Stellung in der Nation einzunehmen, sobald sie etwas gelernt hatten . . ."

(Fürst Ito über die Restauration in Japan. In: P. Ostwald [Hrsg.], Quellen zur Geschichte Ostasiens. Schöningh Verlag, Paderborn 1953, S. 13)

(7) Die Maßnahmen zur Modernisierung Japans erinnern an Peter den Großen (vgl. S. 88f.) sowie an moderne Entwicklungsländer. Was haben nach deiner Auffassung die Japaner besonders geschickt gemacht?

Verfassung für Japan
1889

Unter Ministerpräsident Ito verkündete der Kaiser im Jahr 1889 eine Verfassung für das Japanische Kaiserreich, die ihm, dem „heiligen und unverletzlichen Tenno", zwar eine starke Stellung einräumte, aber auch ein Parlament schuf, sowie politische Parteien und eine freie Presse zuließ.

„Den starken Vorrang des Militärischen in der Politik der Regierung zeigt am besten die Tatsache, daß ein Drittel des nationalen Haushalts am Ende der Meiji-Periode für Armee und Marine ausgegeben wurde. Die Rüstungsindustrie stand unter scharfer staatlicher Kontrolle, genau wie alle anderen Einrichtungen von militärischem Wert, also etwa das Telegraphennetz. Der Telefondienst wurde zu einem Regierungsmonopol, als man ihn 1890 für die Öffentlichkeit zuließ. Auch die Eisenbahnen, die die Regierung zu dreißig Prozent gebaut hatte, wurden 1906 verstaatlicht, damit

Das erste japanische Parlament (1890). Rechts auf dem Thron: Kaiser Meiji. Zeitgenössische Darstellung.

ihre weitere Entwicklung den strategischen Absichten entspräche. So ließen fast alle Phasen der Modernisierung erkennen, daß ihnen militärische Überlegungen zugrunde lagen.
Trotzdem waren die Reformen keineswegs nur auf politische und militärische Fragen begrenzt. Sie umfaßten auch Rechtsprechung, Erziehung, Wirtschaft und viele andere Gebiete, so daß sie sich schließlich auf jeden Teil der japanischen Gesellschaft auswirkten. Gerade die Tatsache, daß die Reformen in so kurzer Zeit und in so gedrängter Form abliefen, rechtfertigt eigentlich erst von ‚Modernisierung Japans' zu sprechen. Auch China hatte vom Westen im neunzehnten Jahrhundert militärische Methoden übernommen, die Verwendung der Telegraphie gelernt und Eisenbahnen gebaut. Für die Chinesen war damit aber keineswegs auch eine Umwälzung ihrer Lebensart und Lebensordnung verbunden gewesen. Daß dies bei den Japanern weitgehend der Fall war, verdanken sie den Meiji-Regierungen, die das gewaltige Reformwerk auf allen Gebieten mit erstaunlicher Phantasie, Anpassungsfähigkeit und natürlich auch Rücksichtslosigkeit durchführte."

(W. G. Beasley, Geschichte des modernen Japan. Köln u. Berlin 1963, S. 112f.)

Großmacht

Das Japanische Kaiserreich ließ erkennen, daß es sich nicht mehr zu den Nationen zweiten Ranges zählte. Seine Wirtschaft entwickelte sich glänzend. Die Bevölkerung wuchs und verdoppelte sich von 1867 bis 1913 von 26 auf 52 Millionen: ein fleißiges, selbstbewußtes Volk, das gegen Ende des 19. Jh. in den Kreis der Großmächte eintrat.

Zur Lernkontrolle

1. Erläutere an einer Karte (S. 219) die Machtverhältnisse in Europa am Ende des letzten Jahrhunderts. Berücksichtige dabei auch die innere Entwicklung der Staaten.
2. Berichte, wie es zur politischen Unabhängigkeit Lateinamerikas kam, und erkläre, weshalb diese Länder dennoch als ehemalige Kolonien „unterentwickelt" und wirtschaftlich abhängig blieben.
3. Zeige an folgenden Merkmalen: Demokratie, Pioniergeist, Kapitalismus die Eigenart der Vereinigten Staaten von Amerika auf. Nimm Beispiele zu Hilfe.
4. Stelle die Auswirkungen der Öffnung durch den Westen auf China und Japan dar und versuche, die Entwicklung der beiden Reiche zu beurteilen.

Leonardo da Vinci **1442–1519** *Martin Luther* **1483–1546** *Karl V., Röm. Kaiser* **1519–1556**

1450 1500 1550

Humanismus und Renaissance

1450 Erfindung des Buchdrucks
1513 Machiavelli: Il Principe
1525 Jakob Fugger gestorben

Entdeckungen und Eroberungen

1492 Kolumbus entdeckt Westindien (Amerika)
1498 Vasco da Gama erreicht Indien
1521 Mexiko wird spanisch

Reformation – Glaubensspaltung

1517 Luthers Thesen
1519 Leipziger Disputation
1521 Wormser Edikt
1524/26 Bauernkrieg
1534 Suprematsakte Heinrichs VIII.
1541 Calvin reformiert Genf
1555 Augsburger Religionsfrieden

Philipp II., König von Spanien **1556–1598** *Ferdinand II., Röm. Kaiser* **1619–1637**

1550 1600 1650

Katholische Erneuerung – Gegenreformation

1534 Gründung des Jesuitenordens
1545–1563 Konzil von Trient
1582 Bartholomäusnacht
1571 Lepanto: Seesieg über die Türken
1581 Union von Utrecht Unabhängigkeit Hollands
1588 Untergang der Armada

Dreißigjähriger Krieg

1618 Prager Fenstersturz
1629 Restitutionsedikt
1632 Tod Gustav Adolfs
1634 Wallensteins Ermordung
1648 Westfälischer Frieden

Ludwig XIV., König v. Frankreich **1643–1715** *Peter I., Zar v. Rußland* **1689–1725** *Prinz Eugen* **1663–1736**

1650 1700 1750

Absolutismus und Merkantilismus

1661 Regierungsantritt Ludwigs XIV.
1683 J. B. Colbert gestorben
1661–1684 Bau von Versailles
1649 Hinrichtung Karls I.
1653–1658 O. Cromwell
1688 Glorreiche Revolution
1715 Friede von Utrecht

Aufstieg Rußlands, Preußens und Österreichs

1697/98 Peters I. Europareise
1703 Gründung von St. Petersburg
1721 Sieg über die Schweden
1683 Belagerung Wiens
1713 Pragmatische Sanktion
1718 Friede von Passarowitz (Sieg über die Osmanen)

Jean Jaques Rousseau **1712–1778** *Friedrich II., König v. Preußen* **1740–1786** *Kaiserin Maria Theresia* **1740–1780**

1750 — 1775

Europäische Aufklärung

1637 Descartes: Discours de la methode
1748 Montesquieu: Vom Geist der Gesetze
1762 Rousseau: Gesellschaftsvertrag
1763 Ende der Schlesischen Kriege
1781 Aufhebung der Leibeigenschaft d. Josef II.
1794 Allgemeines Landrecht in Preußen

Unabhängigkeit der USA

1773 Tea-Party in Boston Unabhängigkeitserklärung der USA
1783 Anerkennung der USA durch England

Maximilien Robespierre **1758–1794** *Napoleon Bonaparte* **1769–1821** *Alexander I., Zar v. Rußland* **1801–1825**

1775 — 1800

Französische Revolution

1789 Generalstände Bastillesturm Menschenrechtserklärung
1791 Konstitutionelle Monarchie
1792 Frankreich wird Republik
1792 Beginn der Revolutionskriege
1793 Hinrichtung Ludwigs XVI.
1794 Sturz Robespierres
1795 Direktorium

Herrschaft Napoleons

1795 Napoleons Oberbefehl in Italien
1799 Napoleons Staatsstreich: Erster Konsul
1804 Kaiserkrönung Napoleons
1806 Ende des Röm. Reiches Dt. Nation
1807 Kontinentalsperre
1812 Rußlandfeldzug
1813 Schlacht bei Leipzig
1815 Waterloo

Freiherr vom Stein **1757–1831** | *Fürst Metternich* **1773–1859** | *Karl Marx* **1818–1883**

1800 | 1825 | 1850

Frühindustrialisierung

1769 Erfindung der Dampfmaschine
1807 Bauernbefreiung in Preußen
1825 Erste Dampflokomotive

Restauration

1814/15 Wiener Kongreß
1823 Monroe-Doktrin
1834 Gründung des Zollvereins
1848 Kommunistisches Manifest

Revolution von 1848/49

1848 Februarrevolution in Frankreich
Märzaufstände in Berlin, Wien u.a. Hauptstädten
1848/49 Nationalversammlung in Frankfurt

Otto v. Bismarck **1815–1898** | *Napoleon III., Kaiser v. Frankreich* **1852–1870** | *Alexander II., Zar v. Rußland* **1855–1881** | *Abraham Lincoln, Präsident der USA* **1861–1865**

1850 | 1875 | 1900

Deutsche Einigung

1862 Bismarck preußischer Ministerpräsident
1866 Preußisch-Österreichischer Krieg
1870/71 Dt.-Franz. Krieg
1871 Gründung des Deutschen Kaiserreichs

Bürgerliche Nationalstaaten

1861 Aufhebung der Leibeigenschaft in Rußl.
1861–65 Sezessionskrieg in den USA
1871 Pariser Kommune
1875 Gründung der SPD
1878 Sozialistengesetz
1883/89 Sozialversicherungen
1890 Bismarcks Entlassung

Früher Imperialismus

1839–42 Opiumkrieg gegen China
1850–64 Taiping-Revolution
1854 Öffnung Japans
1889 Japanische Verfassung

Namenregister (Orts-, Länder- und Personennamen)

Das Namenregister enthält nicht alle Orts- und Personenangaben, die im Buch vorkommen, sondern beschränkt sich auf diejenigen Orte und Personen, die für den geschichtlichen Zusammenhang wichtig erscheinen.

Sachregister

Das Sachregister dient dazu, diejenigen Stellen aufzufinden, an denen bestimmte Sachverhalte im Buch dargestellt sind. Dabei werden in der Regel Oberbegriffe verwendet, z. B. „Parlament" (nicht: Kongreß, Abgeordnetenhaus, Landtag usw.).

Sach- und Jugendbücher zu den Themen dieses Bandes

1. Humanismus und Renaissance: Eine neue Zeit beginnt

E. Allan: Lorenzo der Prächtige. Stuttgart 1963
M. Bowen: Der Tyrann von Mailand. Würzburg 1972
F. Habeck: Taten und Abenteuer des Doktor Faustus. Hamburg 1974
F. Habeck: Johannes Gutenberg. Reutlingen 1971
F. Hendricks: Der Weg aus der Tretmühle. Ein Abriß der Geschichte der Technik der Neueren Zeit. Düsseldorf [3]1966
A. Rommel: Der junge Michelangelo. Stuttgart 1965
A. Rommel: Mein Leben für Florenz. Gütersloh 1962
L. Ugolini: Der Titan aus Florenz. Graz 1963
J. Williams: Leonardo da Vinci. Abenteurer des Geistes. Reutlingen 1965

2. Europa nimmt von Afrika, Amerika und Asien Besitz

J. Bayer: Hernando Cortes. Balve 1975
F. Braumann: Sonnenreich des Inka. Würzburg 1969
V. v. Hagen: Sonnenkönigreiche. Azteken, Maya, Inka. München 1962
K. A. Frank: Als der Sonnenadler stürzte. Düsseldorf 1972
A. Hageni: Herrscher über Wind und Meer. Düsseldorf o. J.
H. Harrer/H. Pleticha: Entdeckungsgeschichte aus erster Hand. Würzburg 1968
C. Howard/H. Pleticha: Pizarro und die Eroberung von Peru. Reutlingen 1970
I. Isenbörger: Die Erde ist rund. Mainz 1966
S. O'Dell: Vor dem Richter des Königs. Olten 1968
H. Schreiber: Weltgeschichte der Seefahrt. Würzburg 1973
K. R. Seufert: 3000 Jahre Afrika. Baden-Baden 1973
L. Ugolini: Mit Magellan um die Welt. Graz [2]1973
L. Ugolini: Er gab Amerika den Namen. Graz 1971
E. Volkmar: Der Weg zum Dorado. Stuttgart

3. Glaubensspaltung und Glaubenskrieg

I. Engelhardt: Hexen in der Stadt. Stuttgart 1971
F. Feld: Die Komödianten des Königs. Stuttgart 1967
Ch. v. Grimmelshausen: Die Abenteuer des Simplicius Simplicissimus. Reclam
F. Habeck: Der einäugige Reiter. Wien/München 1966
R. Huch: Der Dreißigjährige Krieg, 2 Bde., Insel Tb. 1973
P. Merimé: Die Bartholomäusnacht. Manesse Zürich o. J.
H. Pleticha: Landsknecht, Bundschuh und Söldner. Würzburg 1974
H. Wolfhart: Don Juan De Austria. Graz 1965
L. B. Wright/H. Pleticha: Shakespeare und seine Zeit. Reutlingen 1965

4. Absolutismus oder: Der Staat, das bin ich

K. Bartz: Der Sonnenkönig. Das Leben Ludwigs XIV. Berlin 1952
E. Kyle: Die Hoffnung von Versailles. Stuttgart 1964
S. Pfeilstücker: Liselotte von der Pfalz. Düsseldorf 1956
F. Sieburg: Das Geld des Königs. Eine Studie über Colbert. Stuttgart 1960

5. England wird Verfassungsstaat und Wirtschaftsmacht

H. C. Kirsch: England aus erster Hand. Würzburg 1969
H.-O. Meissner: Louisiana für meinen König. Stuttgart 1966
P. O. Schulz: Piraten ihrer Majestät. Würzburg 1971
R. Sutcliff: Simon der Kornett. Wien
D. v. Tippelskirch: Totenkopf und Enterbeil. Die Piratensaga. Düsseldorf 1973

6. Rußland, Preußen, Österreich – ihr Aufstieg zu Großmächten

G. Goldron: Die glanzvolle Musik des Barock. Lausanne 1966
L. Heiss: Plötzlich jagt ein Sturm daher. Reutlingen o. J.
J. Klepper: Der Vater. Stuttgart 1961
H. Knobloch: Die Mutter vieler tausend Kinder (Maria Theresia). Graz 1958
P. Lonsworth: Die Kosaken. Legende und Geschichte. Wiesbaden 1973
H. Moskow: Rußland und die Zaren. Reutlingen 1964
R. Schneider: Die Hohenzollern. Darmstadt 1958
F. L. v. Thadden: Die Türken kommen. Wien 1968

7. Die Aufklärung: Aufbruch des modernen Denkens

W. Bixby: Galilei und Newton. Reutlingen o.J.
Proklamationen der Freiheit, hrsg. v. J. Musulin. Frankfurt 1959
L. Ugolini: Der rebellische Astronom. Graz

8. Die Entstehung der USA

J. Davis: Hier war noch kein Weißer. Düsseldorf 1960
F. v. Gagern: Das Grenzerbuch. Von Pfadfindern, Häuptlingen und Lederstrümpfen. Hamburg 1954
F. Hetmann: Die Spur der Navahos. Leben und Geschichte eines indianischen Volkes. Recklinghausen 1969
F. Hetmann: Profil der Demokratie. Würzburg 1969

9. Revolution in Frankreich 1789–1799
10. Napoleon und Europa 1799–1815

L. Bourliaquet: Die Kanonade von Valmy. Stuttgart 1969
V. Cronin: Napoleon. Düsseldorf 1973
H. Hohlwein: Napoleon Bonaparte. Stuttgart 1964
W. zu Mondfeld: Piraten und Schmuggler von Saint Malo. Würzburg 1975
H. P. Richter: Saint-Just und die Französische Revolution. Balve 1975
C. Wethekam: Mamie, geb. 1780, gest. 1794. Stuttgart 1975
C. Wethekam: Tignasse. Kind der Revolution. Stuttgart
S. Zweig: Fouché. Bildnis eines politischen Menschen. Stuttgart 1966

11. Soziale Verhältnisse und sozialer Wandel um 1800
12. Die Industrialisierung
13. Die Arbeiterbewegung im 19. Jahrhundert

U. Bräker: Lesebuch. Frankfurt 1973
J. Duché: Vom Tauschhandel zur Weltwirtschaft. Stuttgart 1969
P. Lahnstein: Report einer „guten alten Zeit". Stuttgart 1970
E. Larsen: Zwölf, die die Welt veränderten. München 1960
H. Schreiber: Vom Experiment zum Erfolg. Würzburg 1969
H. Straub: Sie stürmten die Maschinen. Würzburg 1969
W. Unsworth: Die Teufelsmühle. Olten 1970

14. Deutscher Bund und Deutsches Reich

R. Federmann: Barrikaden. Wien–München 1973
H. Hohlwein: Aufbruch der neuen Zeit. Von Metternich bis Marx. Stuttgart 1969
K. F. Kahlenberg: Alexander von Humboldt. Balve 1975
H. Kranz: Bismarck und das Reich ohne Krone. Stuttgart 1962
H. Kranz: Schwarzweißrot und Schwarzrotgold. Stuttgart 1961

15. Europa und die Welt im letzten Jahrhundert

D. Brown: Begrabt mein Herz an der Biegung des Flusses. Hamburg 1972
C. S. Hagen: Hölle auf Rädern. Freiburg 1972
C. S. Hagen: Heiße Meilen. Freiburg 1974
A. Haller: Der Sklavenbefreier. Aarau [4]1969
F. Hetmann: Das schwarze Amerika. Freiburg 1971
I. Hunt: Im fünften Frühling kehrten sie heim. Olten 1969
J. Misch: Der letzte Kriegspfad. Stuttgart 1970
H.-O. Meissner: In Alaska bin ich Zar. Stuttgart 1967
S. O'Dell: Geh heim, Navaho-Mädchen. Olten 1973

Hilfsmittel zum Nachschlagen

dtv-Atlas zur Weltgeschichte, 2 Bde., München dtv 3001/3002
dtv Wörterbuch zur Geschichte, 2 Bde., München dtv 3036/3037
Der farbige Ploetz. Illustrierte Weltgeschichte von den Anfängen bis zur Gegenwart. Würzburg 1973
Jugendlexikon Gesellschaft. Reinbek bei Hamburg 1976, rororo 6195
Jugendlexikon Politik. Reinbek bei Hamburg 1975, rororo 6183
Jugendlexikon Wirtschaft. Reinbek bei Hamburg 1975, rororo 6189
Taschenhandbuch zur Geschichte, bearb. v. E. Goerlitz. Paderborn/Hannover 1970

Bildnachweis

Für die Abdrucksgenehmigung und die überlassenen Reproduktionsvorlagen dankt der Verlag Museen und Bibliotheken, den Fotografen, Agenturen und Verlagen:
Archiv Gerstenberg, Frankfurt am Main (10). Archiv für Kunst und Geschichte, Berlin (4). archivio foto B, Mailand (1). Jean Arlaud, Genf (1). Bayerisches Nationalmuseum München (2); Foto Braumüller und Weila. Bayerische Staatsgemäldesammlungen München (1); Foto Joachim Blauel. Erwin Böhm, Mainz (1). Borsig Aktiengesellschaft, Berlin (1). Deutsches Museum München (3). Frauenkloster St. Klara, Stans (1); Foto Weber-Odermatt. Galleria Doria Pamphilj, Rom (1); Foto arte fotografica. Germanisches National Museum Nürnberg (1). Hachette, Paris (1). Hamburger Kunsthalle (1); Foto Ralph Kleinhempel. Heeresgeschichtliches Museum Wien (1); Foto Lichtbildwerkstätte Alpenland. Herzog-Anton-Ulrich-Museum Braunschweig (1). Hirmer Fotoarchiv, München (1). Historia-Photo, Bad Sachsa (10). Historisches Museum Frankfurt am Main (1); Foto Klaus Meier-Ude. Holle-Bildarchiv, Baden-Baden (1). Kunsthistorisches Museum Wien (1); Photo Meier. Landesmuseum für Kunst und Kulturgeschichte Münster (1); Foto Wilhelm Rösch. Liebig-Museum Gießen (1); Foto Winterhoff. Memorial Picture Gallery, Meiji Shrine, Tokio (1). Musée Beaux Arts Rouen (1); Photographie Giraudon. Musée Cantonal des Beaux-Arts Lausanne (1); Foto André Held. Musée Condé Chantilly (1); Foto J. E. Bulloz. Musée National du Louvre Paris (1); Photographie Giraudon. Musée Versailles Chateâu (3); Photographie Giraudon. Museo Nacional de Arqueologia, Lima (1); Foto Wilfredo Loayza Loayza. Museo del Prado Madrid (2); Foto Scala. Museum für Völkerkunde Wien (1). Photographie Giraudon, Paris (8). Radio Times Hulton Picture Library, London (3). Jean Roubier, Paris (1). Scala, Antella (10). Staatliche Graphische Sammlung München (1). Staatliche Museen zu Berlin (Ost), National-Galerie (1). Staatliche Schlösser und Gärten, Schloß Charlottenburg (1). Staatsbibliothek Preußischer Kulturbesitz Berlin, Bildarchiv (23). Stadtarchiv Nördlingen (1); Foto Georg Finck. Stadtmuseum München (1). Ullstein-Bilderdienst, Berlin (2). USIS, Bonn (1). Victoria and Albert Museum London (2); Foto Fleming & Co. Walker Art Gallery Liverpool (1). Zeitbild Maywald, Garmisch-Partenkirchen (6).
Aus Büchern entnommen: Paul Sethe „Morgenröte der Gegenwart", Deutsche Verlags-Anstalt (1). „Weltgeschichte der abendländischen Kultur", Georg Westermann Verlag (1).

Hinweis

Für Benutzer der bisherigen Fassung des Bandes 1 (3311) ändern sich im vorliegenden Band 2 die Seitenhinweise folgendermaßen:

S. 12 → Bd. 1, S. 185
S. 13 → Bd. 1, S. 152
S. 14 → Bd. 1, S. 181 f.
S. 19 → Bd. 1, S. 193
S. 28, → Bd. 1, S. 128
S. 34 → Bd. 1, S. 178 u. S. 184
S. 73 → Bd. 1, S, 178 ff.
S. 76 → Bd. 1, S. 177
S. 86 → Bd. 1, S. 192
S. 120 → Bd. 1, S. 30 ff.
S. 135 → Bd. 1, S. 46 f.
S. 229 → Bd. 1, S. 193 ff.

77/98